Lin und Larry Pardey

FAHRTEN-SEGELN VON A-Z

Vorbereitung · Sicherheit · Tips

Pietsch Verlag Stuttgart

Einbandgestaltung: Gunar Braunke

Copyright © 1987 by Mary Lin und Lawerence F. Pardey
Die englische Originalausgabe ist erschienen bei
W. W. Norton & Comp., New York/London, unter dem Titel
»THE CAPABLE CRUISER«

Die Übersetzung ins Deutsche besorgte: **Hermann Leifeld**

ISBN 3-613-50117-1

1. Auflage 1991
Copyright © by Pietsch-Verlag, Postfach 103743, 7000 Stuttgart 10.
Ein Unternehmen der Paul Pietsch-Verlage GmbH & Co.
Sämtliche Rechte der Speicherung, Vervielfältigung und Verbreitung
in deutscher Sprache sind vorbehalten.
Gesamtherstellung: Ebner, Ulm
Printed in Germany

Für Monk Farnham, Patience Wales und Murray Davis
mit herzlichem Dank –
Ihr habt Anteil genommen und zwei Neulinge ermutigt

Inhaltsverzeichnis

Vorwort

Der Wind blies, der Regen prasselte, die Insekten flogen ihre Angriffe – es war eine nette Party. Die Crews von elf Tourenyachten saßen gemeinsam unter Persenningen, die zwischen den Bäumen an einem ruhigen Strand gespannt waren, und ließen sich die beiden Lämmer schmecken, die sie langsam über einem offenen Feuer gegrillt hatten, das im Schutz eines umgedrehten Dinghis brannte. Wir aßen Dutzende von rohen und gekochten Austern, tranken Wein aus kleinen Fäßchen, sangen, scherzten und erzählten von anderen Besuchen in anderen Ländern. Der Nachmittag erreichte seinen Höhepunkt, als zuerst in Englisch und dann in der jeweiligen Muttersprache der Segler aus sieben verschiedenen Ländern «Stille Nacht» gesungen wurde. Am nächsten Tag verließen wir unsere Freunde und segelten quer durch die schöne Whangaroa Bay, die geschützt hinter dem Nordzipfel Neuseelands liegt, zu einem Treffen mit Faye und Richard Stephens, zwei Neuseeländern, die wir erst in der Woche zuvor am Keri Keri River dreißig Meilen weiter südlich kennengelernt hatten. Wir gingen neben ihrer hübschen 11m-Slup *Young Nick* vor Anker und machten Pläne für das Muschelsammeln am nächsten Tag. Irgendwann am Abend kam das Gespräch auf die Leute, die sich dem Fahrtensegeln verschrieben hatten. »Wie vielen gelingt es letztendlich?« fragte Richard.

Ich dachte an die Gruppe, mit der wir den letzten Abend verbracht hatten. Alle hatten es kaum erwarten können weiterzusegeln. Immer wieder war von »nach Neuseeland« die Rede gewesen. Die Frauen standen ihren Männern in Ungeduld und Begeisterung um nichts nach. Drei Paare hatten Kinder, die in unseren Augen aufgeweckt und gut erzogen waren. All diese Leute waren der Hurrikangefahr auf den Fidschi- oder Tonga-Inseln entkommen und eintausend Meilen über ein manchmal stürmisches Meer gesegelt und hatten dabei ihre Schiffe derart in Schuß gehalten, daß sie nur eine oder zwei Wochen später schon wieder willens waren, von Opua, dem Einreisehafen, zu dem in schöner Einsamkeit gelegenen Treffpunkt zu kommen.

Aus der Erfahrung unserer einundzwanzig Jahre in der Welt des Fahrtensegelns, in den wir vierzehn Jahre lang tatsächlich auf See gewesen waren, wußten wir, daß diese Gruppe ungewöhnlich zufrieden war.

Wenn erfolgreiches Fahrtensegeln bedeutet, daß man in dem, was man tut, Befriedigung und Spaß findet, daß an Bord Harmonie herrscht, daß man froh ist, all das erlebt zu haben, daß man es kaum erwarten kann, wieder auszulaufen, dann würden wir behaupten, daß die Erfolgsquote unter Leuten, die zu einem zeitlich begrenzten Törn von sechs Monaten bis zu eineinhalb Jahren aufbrechen, etwa fünfunddreißig bis vierzig Prozent beträgt. Bei denjenigen, die sagen, »mich seht ihr nicht wieder« oder »ich mache eine Weltumsegelung« fällt diese Quote auf unter zwanzig Prozent. Nach Meinung anderer, die sich für Statistiken interessieren, könnte sie sogar nur zehn Prozent betragen. Wahrscheinlich gibt es Dutzende von Gründen für diese Enttäuschungen, und deshalb finden wir es leichter (und angenehmer), nach den Gründen zu suchen, aus denen bestimmte Menschen den Herausforderungen des Fahrtensegelns erfolgreich begegnen.

Als wir unser erstes Buch *Handbuch für Fahrtensegler – Ratschläge erfahrener Skipper* zusammenstellten, schrieben wir, daß es die sorgfältige Wahl von Schiff und Ausrüstung und das durch Praxis und Erfahrung gewonnene Können seien, die einen erfolgreichen Fahrtensegler ergeben. Während wir jetzt unsere Zeitschriftenartikel aus den vergangenen fünf Jahren umschreiben und auf den neuesten Stand bringen und zusätzliche Artikel für dieses Buch schreiben, wird uns klar, daß in der Gruppe der erfolgreichen Langzeitsegler wie die, mit denen wir den Weihnachtstag verbrachten, zwei weitere Eigenschaften anzutreffen sind, nämlich Selbstvertrauen gemischt mit Umsicht und die Bereitschaft, die an Land geltenden Werte hinter sich zu lassen, wenn sie auslaufen.

Selbstvertrauen läßt diese Gruppe ihre Träume vom Fahrtensegeln weiterverfolgen und nicht auf Freunde hören, die da sagen: »Ihr wäret verrückt, so einen guten Job, ein großartiges Haus und einen festen Liegeplatz im Yachthafen aufzugeben, um ziellos in der Welt herumzusegeln.« Selbstvertrauen läßt diese Menschen ihre eigenen Törnpläne machen und Entscheidungen unbeeinflußt von anderen treffen, die vielleicht sagen: »Vergiß deine Takelage und komm mit zum Tauchen« oder »Die Reede hier ist sicher genug, sehen wir zu, daß wir über den

Hügel da zur nächsten Kneipe kommen, bevor es dunkel wird.« Und schließlich bringt Selbstvertrauen Entspannung, weil man weiß, daß man sein Bestes gegeben, die Probleme berücksichtigt, die richtigen Vorbereitungen getroffen und die Ausrüstung in Ordnung gehalten hat und genügend weiß, um die Entscheidungen zu treffen, bei denen Schiff und Besatzung nicht in Gefahr geraten. Mit anderen Worten, jetzt kann man sich in dem Bewußtsein zurücklehnen und entspannen, daß man alles im Griff hat.

Die an Land geltenden Werte zurückzulassen, kann sehr schwer sein, wenn man erst im Alter mit dem Fahrtensegeln anfängt. Dann ist man praktisch darauf abgerichtet, Zeitpläne einzuhalten, physische Erleichterungen zu suchen und zu wissen, wenn und wann man Erfolg gehabt hat. Nach einem Zeitplan zu leben, der vom Wetter vorgegeben wird, bis zum Tagesanbruch beizuliegen, zwei Tage lang auf See zu warten, um sich dann bei klarem Wetter zwischen Riffen und Untiefen hindurchzuschlängeln, oder sieben Tage lang in einer abgeschiedenen Lagune zu liegen, bis die Schlechtwetterfront durchgezogen ist, kann für denjenigen, der seine Werte von Land mitgenommen hat, derart frustrierend sein, daß er ungerechtfertigte Risiken eingeht, um einen selbst auferlegten Zeitplan einzuhalten. Auf Annehmlichkeiten zu bestehen, die an Land alltäglich sind, statt seine Wünsche so zu beschneiden, daß sie im Rahmen der verfügbaren Mittel und Fertigkeiten bleiben, kann jeden Versuch eines erfolgreichen, pannenfreien Fahrtensegelns zunichte machen. Und schließlich kann man sich seinen Törn auch noch damit ruinieren, daß man erwartet, beim Fahrtensegeln dieselbe Art von Belohnung, Spaß und Befriedigung wie an Land zu finden. Die See ist ein völlig anderes Umfeld; man muß seine an Land erlernten Überlebenskünste völlig vergessen und neue Prioritäten erlernen, die das Leben auf dem Schiff risikolos machen. Während wir die letzten Seiten dieses Buches so durchblättern, will es uns scheinen, als ob die Betonung hier viel mehr auf der Seemannschaft liegt als damals in dem Buch *Handbuch für Fahrtensegler – Ratschläge erfahrener Skipper*, in dem es mehr darum ging, unabhängig und autark zu werden. Und möglicherweise sollte das auch so sein, denn wenn man erst einmal gelernt hat, unabhängig zu sein, wird einem diese Unabhängigkeit zur zweiten Natur. Die Seemannschaft hat jedoch so viele Aspekte und die Bedingungen unterwegs ändern sich derart oft, daß es gefährlich ist zu glauben, man wisse und kenne bereits alles. Mit anderen Worten – jedesmal, wenn wir glauben, uns können nichts mehr passieren, gibt Neptun uns einen Tritt in die Kniekehlen.

Das Ego ist angekratzt, das Schiff angeschlagen, die Kasse hat ein Loch bekommen. Nur in den extremsten Fällen wie etwa denen, über die wir am Ende des Buches schreiben, sind diese Momente des übermäßigen Selbstvertrauens vollkommen destruktiv. Aus den eigenen Fehlern und denen anderer Leute lernen wir, daß ununterbrochene Wachsamkeit und Aufmerksamkeit die Waage Fortunas zu unseren Gunsten ausschwingen läßt. Wir lernen immer wieder, daß echte Seemannschaft im Grunde bedeutet, erkennen zu können, wann man in Sicherheit ist und wann nicht.

Die Eigenschaften, von denen wir hier sprechen, Unabhängigkeit, Selbstvertrauen und seemännisches Können, kann jeder erwerben. Man braucht keine höhere Schulbildung, und man muß nicht besonders clever oder körperlich stark sein, um sie zu praktizieren. Wir kennen Achtzehnjährige, die fähige Seeleute sind, und Achtundsiebzigjährige, die immer noch auf Fahrt sind. Das Fahrtensegeln ist ein wunderbar persönliches – und erreichbares – Ziel, und wir hoffen, daß dieses Buch Sie, den Leser, dazu anregt, einmal einen Versuch zu wagen, und sei es nur auf einem Zweitagestörn. Wir hoffen, ein paar Ideen zur Ausrüstung und Verbesserung Ihres Schiffes beisteuern zu können. Wir hoffen, ein paar Lektionen aufzeigen zu können, die wir und andere auf die harte Tour gelernt haben. Dann gehören auch Sie vielleicht eines Tages zu der Gruppe erfolgreicher, gut vorbereiteter und positiv eingestellter Fahrtensegler, die sich weitab der Heimat zu einem weihnachtlichen Grillfest treffen.

Lin und Larry Pardey
Arkles Bay, Neuseeland
Juni 1986

Dank und Anerkennung

Mehrere Artikel aus diesem Buch sind bereits in den Zeitschriften *Cruising World, Sail, Yachting, Practical Boat Owner, Cruising Helmsman, Cruising Skipper* und *Nautical News* erschienen, deren Redakteuren wir herzlich danken. Wir haben oft auf ihre grammatikalischen, orthographischen und textlichen Änderungen zurückgegriffen, um das hier vorliegende Buch zu verbessern. Besonderer Dank gilt Keith Taylor, Herausgeber der Zeitschrift *Sail,* für seine Ermutigung und Unterstützung, die es uns ermöglichte, nach Cabo San Lucas zu fliegen, um die von der Katastrophe betroffenen Segler zu interviewen, und später lange Ferngespräche zu führen, um uns bestimmte Informationen bestätigen zu lassen. Danken möchten wir auch den Seglern von Cabo für ihre offenen Antworten auf unsere Fragen und für ihre Bereitschaft, andere an den Lektionen aus dem verheerenden Vorfall teilhaben zu lassen. Ein Dankeschön geht auch an Ces Bailey, Chris Frost und Linda Stanley, die zur Zeit der Cabo-Katastrophe im Pacific Marine Supply Store in San Diego, Kalifornien, waren und uns damals halfen und später bereitwillig Informationen zu anderen Artikeln beisteuerten.

Wir danken Lyle C. Hess für die Zeichnungen und Risse der *Taleisin,* Bruce Laybourne von *Nautical News* für seine Photos, Jim Townsing von der *Coaster Newspaper* hier in Neuseeland für die Hilfe bei unseren Photos und der Umrechnung der Maßeinheiten, Stephen Davis für die schöne Zeichnung der *Taleisin* und Mike Davidson von *Australia's Cruising Skipper* für seine Photos. Dutzende andere beantworteten unsere Fragen und ließen uns an ihren Vorstellungen und Ideen teilhaben, während wir dieses Buch schrieben. Wir haben versucht, ihre Namen im Text unterzubringen, wo immer das möglich war.

Wer seinen Namen nicht findet, möge uns bitte verzeihen und dieses etwas unpersönliche Dankeschön entgegennehmen. Wir haben auch seine Hilfe geschätzt und hoffen, daß unsere Artikel aufgrund dieser Hilfe präziser geworden sind.

Wayne Dillon stellte uns sein hübsches Ferienhaus am Strand zur Verfügung, damit wir Platz hatten, um dieses Projekt zu beenden. John Maurice verschaffte uns in den Salthouse Boatyards bei Auckland einen sicheren bewachten Liegeplatz für die *Taleisin*. Danke schön; das Bewußtsein, daß unser eigentliches Heim gut geschützt war, hat uns die Arbeit leichter gemacht. Cecilia Turnbill opferte ihre Schulferien, um das Manuskript zu tippen; ihr Lächeln verschönerte uns die Tage. Auch A.B. und Adrienne Atkinson steuerten ihre kostbare Zeit bei; sie lasen das gesamte Manuskript und zeigten uns so manche Stelle, die überarbeitet und verbessert werden mußte.

Ein gesondertes und von Herzen kommendes Dankeschön geht an Patience Wales, Weltumseglerin und leitende Redakteurin bei *Sail*. Sie war der Resonanzboden für viele unserer Artikel und Ideen in den vergangenen vierzehn Jahren. Sie hat uns gezeigt, wo wir etwas wunderlich erschienen, und uns immer wieder darauf hingewiesen, wir sollten das, was wir zu sagen hätten, auf positive Art und Weise sagen. Das haben wir versucht.

Dank gebührt zum Schluß noch all denjenigen, die wir auf unseren weiteren Fahrten kennenlernen. Das Wissen und die Kenntnisse, an denen sie uns alle bereitwillig teilhaben lassen, gibt uns eine nahezu unendliche Liste von Vorstellungen und Ideen, mit denen wir uns befassen können, um anschließend darüber zu schreiben.

Lin und Larry Pardey
Arkles Bay, Neuseeland
Juni 1986

Vorbereitung

Die Entscheidungen, die zu treffen sind, wenn das Hochseesegeln zum Traum wird, sind die erste Prüfung für das Selbstvertrauen, das man in diesem neuen Leben benötigt, um darin Erfolg zu haben. Unmengen von Büchern, Dutzende von Zeitschriftenartikeln, Hundertschaften von Werbefachleuten und Bekannten versuchen einem klarzumachen, wie die perfekte Tourenyacht aussieht. Die meisten Nachbarn aus der Gemeinde, die Familie, Arbeitgeber und Freunde versuchen einen davon abzuhalten. Andere erklären einem, das könne man sich nicht leisten. Damit der Traum sich nicht verflüchtigt, muß man das Negative ignorieren und das Positive mit jeder Faser des Körpers in sich aufnehmen, jede Möglichkeit zum Segeln wahrnehmen und Erfahrungen sammeln, um Fakten von Meinungen und praktische Informationen von Aussagen aus der Werbung trennen zu können; anschließend braucht man dann das Selbstvertrauen, um zu sagen: »So will *ich* segeln lernen und mich auf das Fahrtensegeln vorbereiten, das ist das Schiff, das *ich* mir leisten kann und mit dem *ich* sowohl körperlich als auch finanziell ohne Probleme fertig werde.« Zum Schluß braucht man noch das Selbstvertrauen, an seinen Plänen festzuhalten, und zwar trotz der Hunderte von Hindernissen, die einem in den Weg gelegt werden, während man spart und sich darauf einstellt, ein freier Mensch zu werden.

1 Parameter für die Wahl einer Tourenyacht

Irgend jemand hat einmal behauptet, auch die perfekteste Ehe sei ein ausgezeichneter Kompromiß. Dasselbe läßt sich von Tourenyachten sagen. Wie bei jeder langfristigen Partnerschaft gibt es so etwas wie Perfektion dort nicht. Das Schiff, das wie angegossen paßt, wenn man zu sonnigen Tropeninseln segelt, schrumpft möglicherweise auf unbequeme Proportionen, wenn man auf Nordkurs geht, um bei Nässe und Schnee zu überwintern. Die luxuriöse 14m-Yacht, die sich mit vier Freunden an Bord traumhaft vor dem Wind segelt, wird möglicherweise zum Alptraum, wenn man auf dem Rückweg zu zweit über zwei- oder dreitausend Meilen am Wind laufen muß. Manche Menschen träumen davon, ihr ganzes Leben lang zu segeln, während andere ihr ansonsten geschätztes Leben an Land nur einmal für ein Jahr hinter sich lassen wollen. Für den einen kommt Ästhetik vor Komfort, der andere setzt Funktionalität mit Schönheit gleich und wählt sein Schiff unter diesem Gesichtspunkt. Wenn man uns um eine einfache Antwort bittet oder hören will, das eine oder andere Schiff sei ein perfektes schwimmendes Heim, müssen wir deshalb passen. Wenn wir eine solche Frage beantworten könnten, hätten wir nicht für uns selbst zwei Schiffe zu bauen brauchen, Schiffe, die ähnlich aussahen, letzten Endes aber so verschieden waren, wie sich auch unsere Pläne und unser Bedarf im Laufe der fünfzehn Jahre zwischen dem Bau der beiden Yachten geändert hatten.

Zu Beginn der Wahl einer Tourenyacht steht die genaue Festlegung der Zielvorstellungen. Wenn man plant, vier oder sechs Monate lang auf Fahrt zu gehen, wäre der Versuch, die Superlangstreckenyacht mit maximalem Stauraum und optimaler Wohneinrichtung zu kaufen, etwa so, als bestelle man einen schweren Schaufelbagger, um im Vorgarten ein Blumenbeet anzulegen. Für denjenigen, der davon träumt, im Verlauf von ein oder eineinhalb Jahren nach Tahiti oder zu den Azoren zu segeln, zahlt es sich möglicherweise aus, ein weniger als optimales Schiff zu nehmen, vielleicht die Touren- und Regattayacht, die er schon besitzt. Wenn ihm das Fahrtensegeln dann gefällt, kann er zurückkehren und mit dem erworbenen Wissen und Können die nächste, besser auf seine Bedürfnisse abgestellte Tourenyacht wählen. Nur wenn man sicher weiß, daß man drei oder vier Jahre lang auf Fahrt gehen will, wenn man seine Zukunft als Nomade mit einem Heim sieht, das aus diesem komplizierten Inselchen namens Boot besteht, nur dann lohnt es sich, die Zeit und das Geld zu investieren, um eine perfekte Tourenyacht zu suchen oder zu bauen.

Im Verlauf der Jahre haben wir festgestellt, daß Leute, die nach vier oder sechs Monaten nach Hause zurückkehren wollen, sich ein größeres Schiff leisten können als Langzeitsegler. Der Kurzzeitsegler hat in der Regel ein festes Einkommen, einen Arbeitsplatz, an den er zurückkehrt. Er kann die Kosten und Probleme der Instandhaltung begrenzen, indem er das Boot wieder in den Heimathafen bringt, bevor die Grundüberholung fällig ist. Dort bekommt er die besten Preise und kann die teureren Reparaturen in der eigenen Werkstatt vornehmen. Kurzzeitsegler nehmen oft Freunde und Bekannte mit an Bord, so daß der Umgang mit einem größeren Schiff kein Problem ist. Ein halbes Dutzend Segler zu finden, die unterwegs an Bord kommen wollen, ist einfach, wenn der weiteste Punkt des Torns mit dem Flugzeug für vier- oder fünfhundert Mark zu erreichen ist. Mit diesen zusätzlichen Gästen zahlt sich zwar die Geräumigkeit einer 12m-Yacht aus, aber die Stau- und Ladekapazität, die ein Langzeitsegler benötigt, braucht man nicht. Auf unseren Überführungstörns haben wir festgestellt, daß auf Schiffen zwischen elf und sechzehn Metern zwei Besatzungsmitglieder zusätzlich erforderlich waren und daß auf zweimonatigen Törns pro Person 180 – 270 kg zusätzlich gerechnet werden mußten. Darin enthalten waren zusätzlicher Proviant, Wasser, Frischverpflegung, Bettwäsche, persönliche Ausrüstung und das zweite Dinghi, das man in diesem Fall wahrscheinlich mitnimmt.

Wenn diese Kurztörns meine persönliche Zielvorstellung wären, würde ich mich nach einer stabil gebauten Regatta- und Tourenyacht aus einer Klasse umsehen, die in meinem eigenen Revier aktiv gesegelt wird. Auf diese Weise wäre mir der Wiederverkaufswert sicher, wenn ich mich entschlösse, meine seglerischen Ziele höher zu stecken.

Wer sich nicht ganz sicher ist, daß er eine solche Yacht mehrere Jahre behält, um regelmäßig damit auf Fahrt zu gehen, sollte sie nicht zu sehr auf seine eigenen Bedürfnisse und Wünsche hin zuschneiden. Beim Verkauf bekommt man oft nicht einmal die Hälfte der Ausrüstungskosten wieder herein.

Wo sich Kosten und Nutzen beim Umbau einer Yacht auf die eigenen Bedürfnisse die Waage halten, läßt sich nur schwer sagen. Unserer Ansicht nach dürfte dieser Punkt bei einem geplanten Törn irgendwo zwischen neun und fünfzehn Monaten liegen. Dann zahlen sich die Kosten für eine Windfahnensteuerung, einen wirkungsvollen Eiskasten, eine vernünftige Reffvorrichtung, eine perfekt gebaute Koje, einen guten Herd usw. aus. Wir haben festgestellt, daß Segler, die sechs Monate oder länger unterwegs sind und dabei die Grenze von vierhundert Mark für ein Flugticket überschreiten, längst nicht immer damit rechnen können, Gäste zu bekommen, die ihnen beim Steuern und Reffen helfen. Deshalb brauchen sie Steuer- und Segelhilfen, die es ihnen gestatten, mit dem Schiff auch zu zweit fertig zu werden. Auch der Stauraum wird problematischer, weil man jetzt mit etwa 550 kg pro Besatzungsmitglied rechnen muß. Dieses zusätzliche Gewicht ergibt sich aus der Ausrüstung für Kurztörns plus weiterem Ankergeschirr für die zu erwartenden verschiedenen Bedingungen, Ersatzteilen für das gesamte Gerät an Bord, Reparaturwerkzeug und Unterhaltungsutensilien wie Kassettenrecorder, Bücher und Naßtauchausrüstung. Außerdem braucht man persönlichen Stauraum, damit man sich heimisch fühlt. Auch hier gilt, daß die vielleicht schon vorhandene Touren- und Regattayacht wohl am besten geeignet ist, diesen Traum zu verwirklichen. Statt in eine teure Riesenyacht zu investieren, gibt man sein Geld möglicherweise besser dafür aus, eine gute gebrauchte Touren- und Regattayacht auszurüsten, die man relativ einfach wieder verkaufen kann, wenn sich herausstellt, daß das Fahrtensegeln doch nicht das Richtige ist.

Wenn wir Möchtegern-Langzeitsegler kennenlernen, die noch kein Schiff für Törns über zwei oder drei Monate besitzen, geben wir ihnen den Tip, sich nach älteren Regatta- und Tourenyachten umzusehen, wie sie etwa beim *Cruising Club of America* häufig zu finden sind – mit Ruder am Kiel oder als Flossenkieler konzipiert. Wir kennen Schiffe wie diese, die problemlos und ohne viel Geld verstärkt und zu sichern, wetterfesten Heimen für mittlere Fahrten umgebaut wurden. Bei umsichtigem Kauf aus zweiter Hand und mit etwas Eigenarbeit kann

18

aus so einer Interimslösung eine Investition werden, die später einen Teil der Kosten für eine Yacht, auf der man dauernd lebt, abdeckt.

Erst wenn einem das Fahrtensegeln in Fleisch und Blut übergegangen ist, wenn das Heim der Ort ist, an dem man sich gerade befindet, und nicht der Ort, von dem man ausgelaufen ist, wenn man feststellt, daß man sich den Lebensunterhalt unterwegs verdienen kann und seine irdischen Besitztümer dabeihaben muß, erst dann ist es an der Zeit, sich nach dem hochspezialisierten Instrument dafür umzusehen – der Langstreckenyacht mit großer Tragfähigkeit. Dieses Musterschiff muß in der Lage sein, pro Besatzungsmitglied 900 kg Zuladung aufzunehmen, darunter alles, was man für Kurzzeittörns braucht, sowie das gesamte Werkzeug, zusätzliche Bücher und Ersatzteile, Kleidung für warmes und kaltes Klima, Kleidung für besondere Gelegenheiten, die besten Skistiefel und die Muschelsammlung. Es muß sich von der normalen Besatzung problemlos segeln lassen, im finanziellen Rahmen bleiben, leicht instand zu halten sein und die Segeleigenschaften aufweisen, die es auch dann noch seetauglich machen, wenn die Maschine ausfällt.

Jeder Segler, der einige Jahre auf See gewesen ist, wird bei dieser Beschreibung auf ein anderes Schiff zeigen, aber ich glaube, daß alle unter ihnen mit mindestens neunzig Prozent der allgemeinen Leistungsmerkmale einverstanden sind, mit denen wir uns auf den nächsten Seiten beschäftigen.

Die Basis allen gefahrlosen, erfreulichen Fahrtensegelns ist das Segeln. Das mag sich wie eine Plattitüde anhören, aber unserer Ansicht nach gehen viele Törns in die Binsen, weil die Leute bei der Wahl ihrer Schiffe andere Parameter höher bewerten als die Segeleigenschaften. Jede Tourenyacht muß eine vernünftige Geschwindigkeit laufen, braucht gute Amwind-Eigenschaften und sollte in relativ kleinen Häfen nur unter Segeln mit der Mindestbesatzung manövrierfähig sein. Auf Tahiti lernten wir eine Familie kennen, die auf dem Weg nach Hause war. Sie verkaufte das Schiff und ließ das Segeln Segeln sein, weil sie sich für eine ältere 13,4m-Hanna-Ketsch entschieden hatte, die zwar einen romantischen Anblick bot, aber miserable Segeleigenschaften hatte. Die Familie hatte nicht nur feststellen müssen, daß sie für ihre Törns eineinhalbmal so lange brauchte wie andere Schiffe der gleichen Länge, sondern traute ihrer unterbesegelten Ketsch, die beim Wenden nur langsam durch den Wind drehte, für den Fall eines Maschinenschadens auch nicht genügend, um aus dem Hafen von Papeete hinauszusegeln. Was ist, wenn die Maschine den Geist aufgibt und die Strömung uns auf ein Riff setzt? fragte der Eigner.

In den ersten beiden Dezemberwochen 1985 wurden sechs amerikanische Yachten, die von den Fidschi- und den Tonga-Inseln kamen, in den Hafen von Opua, Neuseeland, geschleppt. Der fünf Meilen lange Meeresarm, der nach Opua führt, ist gut befeuert und mindestens vierhundert bis vierhundertfünfzig Meter breit. Man kann überall gefahrlos ankern. Aber auf allen sechs Schiffen war die Maschine ausgefallen, und die Skipper waren im Hinblick auf die Fähigkeit ihrer Yachten, in engen Gewässern aufzukreuzen, so unsicher gewesen, daß sie um Hilfe gebeten hatten. Einer mußte beim Schleppen sein Bugspriet abschreiben, ein anderer – auf einer unterbesegelten 9,75m-Yacht – traute sich nicht zu, bei den vorhergesagten acht bis zehn Knoten Wind die letzten zwanzig Meilen in acht Stunden zurückzulegen.

Dieses Problem der Segelleistung erstreckt sich auch auf das Langzeitsegeln. Wir trafen einmal einen Eigner, der meinte: Mein 8,80m-Schiff ist zu klein zum Fahrtensegeln, alle anderen sind schneller im Hafen als ich. Yachten mit 8,80 m sind einfach zu langsam. Als wir unsere Aufzeichnungen mit den seinen verglichen, mußten wir ihm zustimmen: *Seine* 8,80m-Yacht war zu langsam. Seine Törns hatten eineinhalbmal so lange gedauert wie unsere auf der *Taleisin* mit ihren neun Metern und wie die von Bekannten mit der *Eleu*, einem 9,45 m langen Cape-George-Cutter. Aber schon ein einziger Blick auf sein Schiff ließ den Grund deutlich werden. Er hatte eine Leichtverdrängungsyacht gekauft und dann alles an Bord gebracht, was er besaß. Das Schiff lag zwanzig Zentimeter zu tief im Wasser und war für seine Verdrängung im beladenen Zustand völlig unterbesegelt.

Das ist der zweitwichtigste Punkt, an den es bei der Wahl einer Langstreckenyacht zu denken gilt. Es ist ein Trugschluß, daß alle Schwerverdrängungsschiffe langsam und leegierig sind, wie es auch ein Trugschluß ist, daß leichte Verdrängung Geschwindigkeit bedeutet. Geschwindigkeit ist eine Frage der Konstruktion und des Segelns, nicht des Typs. Die Reisegeschwindigkeit hängt von der Fähigkeit des Schiffes ab, zusätzliches Gewicht aufzunehmen, von seiner Fähigkeit, die Besegelung zu tragen, von dem richtigen Segeltrimm bei Schwach- und Starkwind, vom Zustand des Unterwasserschiffes und schließlich von der Art des Propellers. Allan Warwick, ein geachteter neuseeländischer Konstrukteur von Leicht- und Schwerverdrängern, erklärte uns einmal: Wenn ich alles, was ich besitze, jahrelang mit auf See nehmen wollte, würde ich bei Schiffen unter 12 m auf einen Rumpf mit vollerem Kiel achten. Ein solche Yacht könnte mehr Gewicht tragen und trotzdem bei jeder Lage zum Wind eine gute Durchschnittsgeschwindigkeit erzielen, weil das Unterwasserschiff beim Eintauchen ins Wasser seine Form weniger ändern würde. Auf gleiche Weise, so meinen wir, eignen sich Unterschiffe mit leichterer Verdrängung bei Yachten über 14 m recht gut zum Fahrtensegeln, weil sie die 900 kg Ladung pro Besatzungsmitglied problemlos tragen, ohne tiefer als vorgesehen in das Wasser einzutauchen. Je kleiner eine Tourenyacht wird, desto wichtiger ist es, auf einen Rumpf mit größerer Verdrängung zu achten.

Allein mit Länge erzielt man keinen großen Zuwachs an Fahrtgeschwindigkeit. Um ein längeres Schiff auf Höchstgeschwindigkeit zu bringen, braucht man mehr Kraft und Arbeit, als um ein kleineres Boot gut in Fahrt zu halten. Außerdem muß der Längenzuwachs gewaltig sein, um die Fahrt so viel schneller zu machen, daß sich der Aufwand lohnt. Der von Lyle Hess konstruierte, 8,50 m lange Bristol Channel Cutter mit einer Wasserlinie von 8 m, kommt regelmäßig auf 145 sm am Tag. Mindestens eins dieser Schiffe, die von Roger Olsen, einem Nichtregattasegler, gesegelte *Zipthias*, schaffte auf einem Törn von Kalifornien zu den Marquesas im Schnitt 140 Meilen pro Tag. Steve Dashew, ein ehemaliger Regattasegler, kam bei seinem Törn von Mexiko zu den Marquesas mit seiner Columbia 50 mit 12,80 m Wasserlinienlänge auf einen Schnitt von 177 sm/Tag und erklärte, häufig seien 160 sm pro Tag die Grenze. Um zwanzig Prozent schneller zu sein, mußte er ein Schiff kaufen, instand halten und segeln, das eine eineinhalbmal so lange Konstruktionswasserlinie wie die *Zipthias* und leicht den dreifachen Preis hatte.

Qualitativ hochwertige Yachten werden wie Steaks im Restaurant nach Gewicht berechnet. Nicht verlocken lassen, Hacksteak zu kaufen; niemals ein Boot kaufen, das für die Gesamtlänge das wenigste Geld kostet. Um die Qualität der Arbeit und des Materials zu bekommen, die man für das Langzeitsegeln braucht, muß man bei einem auslaufbereiten Serienschiff mit mäßiger Verdrängung und sehr wenigen Wahlmöglichkeiten pro Pfund mit zehn bis fünfzehn Mark rechnen. Dieser Preis geht bei größeren Leichtverdrängern in die Höhe, weil dort technisch anspruchsvoller gebaut werden muß, damit das Schiff so stabil wird, wie es sein muß. Der Pfundpreis bei Schiffen der Leichtgewichtsklasse über 12 m Länge sollte bei fünfzehn bis zwanzig Mark liegen. Wenn ein Bootsbauer mit niedrigeren Preisen lockt, ist Skepsis angebracht. Dann wird möglicherweise am Material oder am Endausbau gespart. Wo die Kosten eingespart wurden, stellt sich dann möglicherweise erst heraus, wenn man weitab vom Heimathafen Reparaturen durchführen muß. Selbst in Übersee darf man nicht weniger als fünfundsiebzig Prozent dieser Preise bezahlen. In Cabo San Lucas sahen wir das Wrack eines zwölf Monate alten 13,40m-Schiffes aus Übersee, das für weniger als acht Mark pro Pfund an einen unvorsichtigen potentiellen Fahrtensegler verkauft worden war, und mußten erstaunt feststellen, daß das Deck keinerlei Bolzenverbindungen zum Rumpf hatte und am Heck nur von Schrauben gehalten wurde, die in die Stirnseite der Spiegelversteifung aus Sperrholz führten. Demzufolge hatte sich das Deck wie an einer Perforierung vom Rumpf gelöst. Was innen fehlte, war von vornherein nicht vorhanden gewesen, und was zu sehen war, zeugte von schlechter Arbeit mit möglichst billigem Material.

Die einzigen Schnäppchen kann man gelegentlich auf dem Markt für gebrauchte Schiffe machen. Aber auch hier zahlt es sich aus, den ursprünglichen Preis pro Pfund Schiff ausfindig zu machen, die inflationsbedingte Verteuerung hinzurechnen und dann zu schauen, ob der Preis im Rahmen der oben genannten Zahlen liegt. Wenn es um das Schiff geht, von dem die eigene Sicherheit abhängig ist, zählt Qualität, nicht Quantität.

Ich nehme an, in uns steckt ein bißchen von einem Verbraucheranwalt – wir wollen nicht, daß Menschen mit schlecht montierten und konstruktiv mangelhaften Booten auf Fahrt gehen. Anders als im Kraftfahrzeug-, Flugzeug-, Motorrad- und Fahrradbau gibt es für Segelschiffe keine vom Staat erlassenen oder überwachten Baunormen, nach denen sich die Bootsbauer zu richten haben. Uns persönlich gefällt diese fehlende staatliche Aufsicht besser, aber wir wissen, daß mit Sicherheit irgend eine amtliche Stelle versuchen wird, uns allen das Korsett staatlicher Vorschriften anzulegen, wenn wir als Segler uns nicht mit der Materie befassen und konstruktiv einwandfreie Schiffe fordern oder wenn es zu oft Schiffbruch aufgrund technischer Mängel gibt.

Sobald in etwa feststeht, welches Boot man braucht und sich leisten kann, gilt es, einen genauen Blick auf Rumpf, Rigg, Deckskonstruktion, Innenausbau und Konstruktionsweise zu werfen und ein Bewertungssystem aufzustellen, das dann bei den unausweichlichen Kompromissen Hilfestellung leisten kann. Wir haben dazu ein paar Tips anzubieten.

Für die hohe See keine extreme Flossenkielkonstruktion wählen. Die kurzen und dünnen oberen Verbindungsbereiche des Flossenkiels sorgen auf vielen High-Tech-Yachten für dauernde Probleme. Lin war zufällig vor zwei Monaten in einer Werft in Auckland, als eine für das Hochseesegeln konstruierte Farr 55 aus dem Wasser geholt wurde. Das Schiff war mit etwa 6 kn auf einen Felsen gelaufen. Ein Boot mit abgewinkeltem Vorfuß und Kiel wie in Abb. 1.1 wäre wahrscheinlich auf den Felsen geglitten, was den größten Teil des Stosses aufgefangen hätte. Die gerade Flosse der Farr 55, die etwa so aussieht wie in Abb.

Abb. 1.1

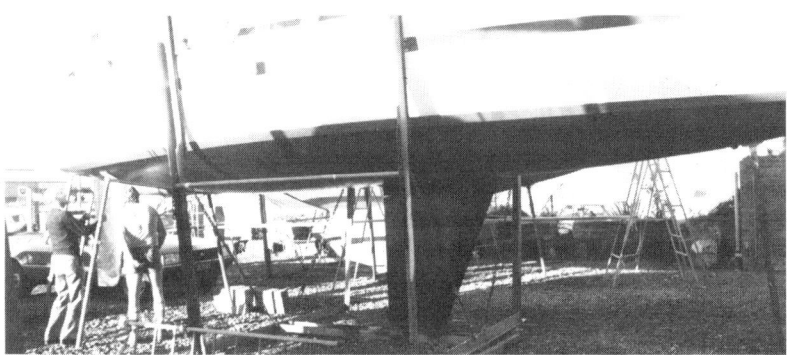

Abb. 1.2

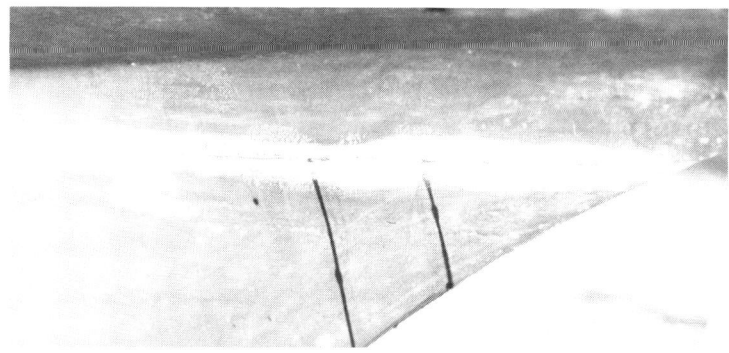

Abb. 1.3 Hier ein Beispiel für die Probleme, die man bekommt, wenn man einen Bleikiel an einen flachen Schiffsboden anbolzt. Aus der Verbindung zwischen Kiel und Rumpf tropft Wasser heraus.

1.2, hatte das Boot augenblicklich zum Halten gebracht. Ein längeres Unterwasserschiff mit gerundeten Abschnitten hätte einen Teil der Stoßbelastung aufgenommen und so verteilt, daß sich der Schaden wahrscheinlich auf die Vorderseite des Bleikiels beschränkt hätte. Stattdessen hatte sich die schmale, schräg zulaufende Rückseite der Kielflosse wie ein Beil in das Holz des Kiels gebohrt und Schotten, Kajütboden und Spanten durchschlagen. Die Reparaturrechnung belief sich auf mehr als dreißigtausend US-Dollar.

Bei allen Flossenkielern auf eine gut gerundete Kielbeplankung achten. Wenn dieser Bereich zu schmal ist, kann die Kielverbindung nicht so fest sein, wie sie solite, um unerwünschte Bewegungen zu verringern. Sämtliche Maxi-Schiffe, die 1985 an der Whitbread-Regatta um die Welt teilnahmen, wurden bei McMullen and Wings in Auckland aus dem Wasser geholt. Wir mußten mit Bestürzung sehen, daß sich bei allen in diesem Bereich Risse zeigten. Die »UBS Switzer-land«, die »Lion« und die »Cote D'Or« ließen die Risse, die darauf hinwiesen, daß die schmale Verbindung zwischen Kiel und Rumpf arbeitete, vor dem Überstreichen mit einer Kleb- und Spachtelmasse ausfüllen.

Das Unterwasserschiff einer in Frage kommenden Yacht so genau ansehen, als wenn man es selbst aufpallen und aus dem Wasser holen müßte. Zusätzliches Aufpallen an Bug und Heck kostet dieses Jahr in Papeete dreißig Dollar pro Stunde neben den regulären Kosten für das Herausholen des Schiffes aus dem Wasser. In anderen Gegenden ist es ähnlich. Das heißt, daß Yachten mit Unterwasserschiff wie etwa die

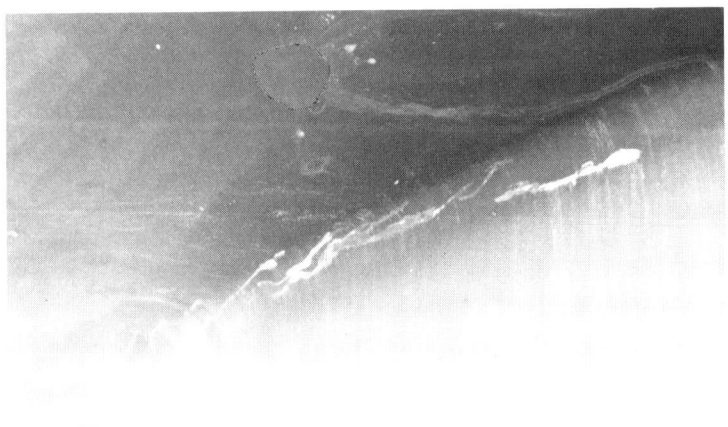

Abb. 1.4 Die Rumpf/Kiel-Verbindung bei der neuseeländischen *Enterprise*. Alle Maxi-Schiffe bei der Regatta um die Welt wiesen ähnliche Risse auf.

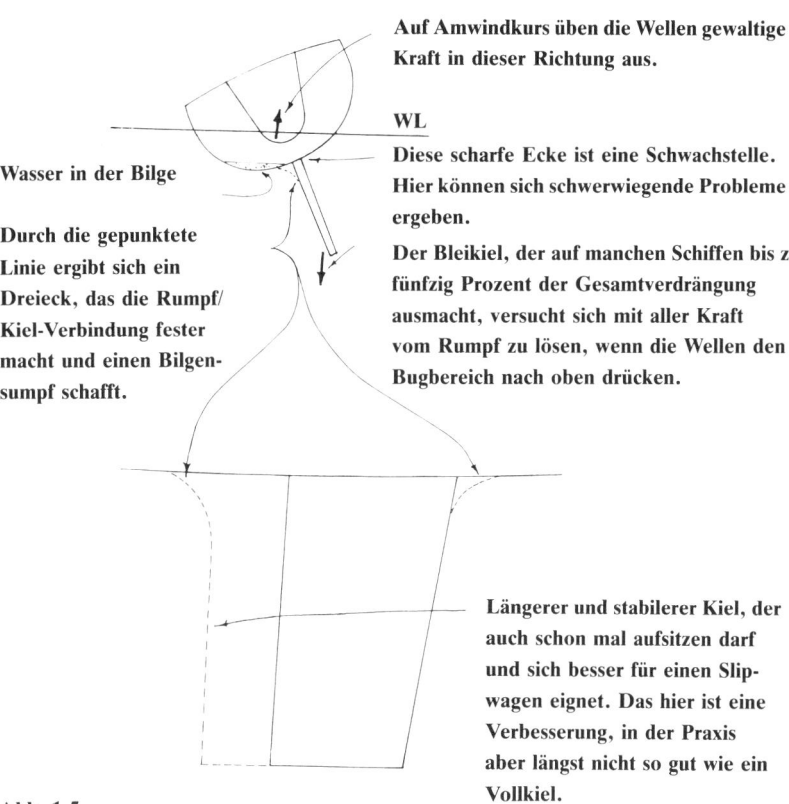

Auf Amwindkurs üben die Wellen gewaltige Kraft in dieser Richtung aus.

WL

Diese scharfe Ecke ist eine Schwachstelle. Hier können sich schwerwiegende Probleme ergeben.

Der Bleikiel, der auf manchen Schiffen bis zu fünfzig Prozent der Gesamtverdrängung ausmacht, versucht sich mit aller Kraft vom Rumpf zu lösen, wenn die Wellen den Bugbereich nach oben drücken.

Wasser in der Bilge

Durch die gepunktete Linie ergibt sich ein Dreieck, das die Rumpf/ Kiel-Verbindung fester macht und einen Bilgensumpf schafft.

Längerer und stabilerer Kiel, der auch schon mal aufsitzen darf und sich besser für einen Slipwagen eignet. Das hier ist eine Verbesserung, in der Praxis aber längst nicht so gut wie ein Vollkiel.

Abb. 1.5

Swan-Serie beim jährlichen Neuanstrich schwerer aus dem Wasser zu holen sind und teurer kommen. In Neuseeland, England oder Australien, wo man sein Boot wegen des Gezeitenunterschieds problemlos trockenfallen lassen und gegen eine Gebühr von zwei bis drei Dollar abschrubben und streichen kann, kommen auf Fahrtensegler mit Flossenkielern hohe Kosten für das Herausholen aus dem Wasser zu, weil sich diese Schiffe beim Trockenfallen entweder auf den Bug legen oder zumindest nicht problemlos auf Kiel setzen lassen.

Schiffe mit flachem, U-förmigem Profil anstelle eines abgerundeten Unterwasserschiffs haben keinen Bilgensumpf. Das bedeutet, daß beim Segeln schon die kleinste Menge Wasser aus einer undichten Stopfbuchse oder einer umgekippten Flasche in Schapps oder über den Kajütboden läuft. Darüber klagten unter anderem auch die Eigner der *Cezzane*, einer hübschen modernen Yacht von Townsend, nach einer vierjährigen Weltumsegelung. Mona erklärte uns: »Wir nahmen bei

25

einem Sturm etwas Wasser über, das in sämtliche Kleiderschränke eindrang.« Aus diesem Grunde alle Schiffe meiden, deren Bilge so flach ist, daß die Bodenbretter schon bei zwanzig oder dreißig Litern Wasser aufschwimmen.

Nach einem breiten Schiff Ausschau halten. Breite zahlt sich im Hinblick auf den Innenraum erstaunlich aus. Das Schiffsvolumen nimmt mit der Breite weitaus schneller zu als mit der Länge. Mehr Breite verschafft mehr Möglichkeiten bei der Innenausstattung, erlaubt breitere, sicherere Seitendecks und verringert unter der Voraussetzung, daß das Schiff sorgfältig konstruiert ist, die Schlingerneigung. Um aber mit der Breite gut zurechtzukommen, muß das Schiff wirklich sorgfältig konstruiert und an Bug und Heck gut ausbalanciert sein; andernfalls läßt es sich bei stärkerem Wind nur schwer steuern.

Im Rahmen der verfügbaren Mittel das Schiff mit der längsten Wasserlinie kaufen. Große Überhänge sehen zwar hübsch aus, vergrößern das Platzangebot und den leicht zugänglichen Stauraum aber nicht wesentlich.

Die letzte Überlegung bei der Rumpfkonstruktion gilt dem Ruder. Es muß stabil mit dem Rumpf verbunden sein und entweder durch einen durchgehenden Kiel vor Beschädigung geschützt sein oder an einer superstabilen Ruderhacke sitzen. Wenn der Anker nicht hält und das Boot gegen ein Korallenriff oder einen Steinkai knallt, reicht es schon aus, wenn man das Ruder reparieren muß, ohne auch gleichzeitig noch die Ruderhacke instand setzen zu müssen. Freihängende Spatenruder sind keine kluge Wahl, weil schon ein relativ kleines Mißgeschick dafür sorgen kann, daß sich der Schaft verbiegt und das Ruder sich am Rumpf verklemmt. Bei heftiger Grundberührung könnte das Ruder sogar direkt durch den Rumpf gedrückt werden. Das Ruder sollte relativ einfach auszubauen und zu reparieren sein. Bei einem langen Schaft, der durch den Rumpf führt, muß man möglicherweise ein sehr tiefes Loch graben, um das Ruder nach unten herausnehmen zu können.

Das Rigg wird oft unter persönlichen oder ästhetischen Gesichtspunkten gewählt. Es gibt aber ein paar allgemeine Parameter, die für jede Takelung gelten, ob es sich um eine Ketsch, eine Slup, einen Kutter oder einen Schooner handelt. *Was die instinktiven Gefühle auch sagen mögen – zum Fahrtensegeln niemals die Größe oder die Höhe des Riggs verringern.* Tourenyachten brauchen Kraft, um in Bewegung zu bleiben, denn sie sind fast immer schwer beladen. Wir sind der Meinung, daß man mit acht Quadratmetern Arbeitssegel pro 900 kg (Großsegel und ein volles Vorsegel bei der Slup, Großsegel, Fock und Klüver beim Kutter) bei voller Beladung ein Schiff erhält, das sich bei

Windgeschwindigkeiten zwischen sieben und acht Knoten angenehm segeln läßt, ohne daß man gleich zu Genuas oder Zusatzsegeln wie Spinnakern und Driftern greifen muß. Nach unseren Erfahrungen auf Überführungstörns sowie den Fahrten mit der *Seraffyn* und jetzt der *Taleisin* gehen fünfundsechzig Prozent aller Törns bei Wind mit zwölf Knoten oder darunter vonstatten. Eric Hiscock erzählte uns, daß der Passat, dessen er sich auf dreieinhalb Weltumsegelungen bediente, im Schnitt vier Windstärken erreichte, d.h., elf bis fünfzehn Knoten. Südpazifiksegler, die im Dezember 1985 nach Neuseeland kamen, berichteten übereinstimmend von Windgeschwindigkeiten unter zehn Knoten jenseits von 23° südlicher Breite.

Wir meinen zwar, daß man zum Fahrtensegeln ein angemessen großes Rigg braucht, stimmen aber all denen zu, die sagen, ein Großsegel von 32 – 37 m² reiche für eine Zweiercrew völlig aus. Auf der anderen Seite findet Lin, ein 56 m² großer Nylondrifter sei problemlos zu setzen und leicht im Segelsack zu verstauen. Um große Vorsegel verwenden zu können, sollte man deshalb eine Hochtakelung mit möglichst großem J-Maß wählen.

Ein Stagsegelrigg ist beim Fahrtensegeln ein großer Vorteil, und zwar besonders, wenn das Stagsegel groß genug ist, um das Ruder in Verbindung mit dem einmal gereeften Großsegel auszubalancieren. Dann kann man bei auffrischendem Wind die Segel weiter innenbords fahren. Das Stagsegelrigg bietet mit nur drei Arbeitssegeln eine schnell zu verkleinernde Mehrzweckbesegelung (weitere Einzelheiten zu Stagsegeln in Kap. 9).

Ein übermäßig spezialisiertes Rigg kommt für eine Tourenyacht nicht in Frage. Nur Anfänger, Träumer und gelegentlich ein glücklicher Weltumsegler, der seinen Törn in zwei Jahren auf der direkten Passatroute macht, meinen, daß sich ein Rigg, das nur für Vormwindkurse konzipiert ist, auszahlt. Um nicht nur im Passat segeln zu können, braucht man ein Boot, das auch akzeptabel am Wind segelt. Ich durfte schon auf ein paar schönen Regattayachten mitsegeln, darunter Halbtonner, Olson 30, Cal 40 und Cal 39 sowie viele Langkieler, und kann mit aller Bestimmtheit sagen, daß kein Boot gut genug am Wind läuft – das ist alles relativ. Darauf achten, daß das Schiff nach Kompaß auf neunzig Grad wenden kann (mit dem Kompaß erhält man genauere Werte als mit Anzeigeinstrumenten für den scheinbaren Wind). Boote, die über mehr als hundert Grad wenden, kommen nicht in Frage. Weniger als fünfundachtzig Grad zwischen den Kreuzschlägen darf man nicht erwarten; das schaffen nur High-Tech-Regattayachten, und die müssen bei unruhiger See die Schoten fieren und fünfundvierzig Grad abfallen, wenn sie in Bewegung bleiben wollen. Bei rauhem oder vor dem Wind gibt es keine Probleme; unter solchen Bedingungen segeln fast alle Boot gut.

Kein verkürztes Rigg nehmen und auch keins mit Backstagen. Das sind im Grunde arbeitsintensive Regattariggs. Für mich gibt es nichts Schlimmeres, als nachts mit einem verkürzten Rigg halsen zu müssen. Eine Hochtakelung mit Achterstag ist die bessere Wahl. Der Mast kann dort niedriger und besser abgestützt sein als bei einem verkürzten Rigg mit derselben Segelfläche.

Letztlich gilt es noch, Profilwanten wie die Pest zu meiden – auf einer Tourenyacht haben die nichts verloren. Wie sorgfältig man sie auch inspiziert, sie brechen ohne Vorwarnung. Die *Atlantic Privateer*, die Maxi-Yacht, die bei der Whitbread-Regatta 1986 gerade als erste den Äquator überquert hatte, verlor den Mast und mußte auf dem Abschnitt nach Südafrika aussteigen, als ein nagelneues Profilwant zwei Stunden nach der letzten Inspektion brach. Als die *Atlantic Privateer* in Auckland war, sprachen Lin und ich mit Marko, dem Segelmacher und Wachgänger, der sich jedes Teil des Riggs angesehen und auch den Bereich des Wants abgetastet hatte, in dem es dann brach. Er hatte weder Risse noch Verfärbungen festgestellt. Das Want war im Neuzustand geröntgt worden, drei Monate vor dem Bruch. Es war aus dem besten Qualitätsstahl, der in England erhältlich gewesen war; es hatte einen kaltgeschmiedeten Kopf und alle erforderlichen festen und flexiblen Verbindungen. Draht jeder Art hingegen, ob Edelstahl oder verzinkt, läßt fast immer irgendwie erkennen, ob es Probleme gibt. Bevor der Draht reißt, brechen einzelne Kardeele oder zeigt sich Rostbefall. Drahtwanten sind ist aufgrund ihrer Elastizität weniger anfällig für Kaltverformung und Metallermüdung als Profilwanten. Sie sind außerdem überall auf der Welt billiger und leichter zu ersetzen.

Ein gut konzipiertes Deck und Cockpit sollte bei der Wahl einer Tourenyacht auf der Prioritätenliste weit oben stehen. Man muß problemlos in das Cockpit und aus dem Cockpit heraus auf die Seitendecks kommen. Gelegentlich muß man man eiligst aus dem Cockpit auf das Vordeck. Darauf achten, daß die Stufe aus dem Cockpit herauf für alle Crewmitglieder leicht zu nehmen ist. Es müssen Handgriffe und ein freier Platz zum Drauftreten vorhanden sein, weil es auf einer Yacht kaum eine andere Bewegung gibt, bei der man so verwundbar ist. Nur zu oft machen Schoten, Winschen, Führungsschienen und hohe Sülls diesen Schritt aus dem Cockpit an Deck schwierig und gefährlich.

Breite Seitendecks sind der nächste wesentliche Punkt. Wir meinen, daß 45 cm das absolute Minimum sind. Bei Innenbordwanten oder

Führungsschienen braucht man noch mehr Breite. Auch das Vordeck muß klar genug sein, um ein Segel ausschütteln oder die schmutzige Ankerkette säubern zu können, ohne daß der Platz knapp wird.

In schönen Revieren mit Flachwasser möchte man sicherlich ständig ein Dinghi oder ein aufgepumptes Schlauchboot an Deck haben, braucht aber gleichzeitig ein aufklariertes Deck. Ein auf dem Vordeck verstautes Dinghi erschwert nicht nur den Umgang mit Segeln und Ankergeschirr, sondern versperrt auch das Vorderluk, das sich als wichtiger Fluchtweg erweisen könnte, wenn jemand bei einem Brand oder anderen Notfall unter Deck eingeschlossen ist. Außerdem ist es dort schwer zu sichern. Wir kreuzten einmal bei einer Wettfahrt mit einem anderen 9m-Kutter aus der Lagune von Tahaa in Französisch-Polynesien heraus, als beide Boote von vorn ein paar schwere Seen übernahmen. Auf dem anderen Schiff war das Dinghi auf dem Vordeck verlascht. Die Seen faßten darunter und drückten es nach achtern auf das Seitendeck. Wäre auf dem Kajütdach des Kutters Platz für das Dinghi gewesen, hätte es keinerlei Probleme gegeben, weil die Seen nicht weiter als bis zum Mast liefen.

Fallen und Winschen am Mast müssen leicht zu erreichen sein. Wir bevorzugen in Mastnähe ein Deck mit einer einzigen Ebene, damit wir nicht auf das Kajütdach steigen müssen, um an Fallen oder Reffstander heranzukommen. Das bedeutet allerdings, daß wir eine kurze Kajüte haben und uns vorn im Schiff nur geduckt bewegen können. Die meisten Serienyachten haben längere Kajüten, bei denen der Mast durch das Dach führt. Um hier sicher zu sein, braucht man eine Art Handlauf auf beiden Mastseiten, an dem man sich festhalten kann, wenn man auf das Kajütdach klettert, und der bei der Arbeit an Fallen und Reffstandern als Rückenstütze dienen kann.

Wer Ausrüstungsgegenstände an Deck verstauen muß, sollte das in festen Schapps abseits der Seitendecks tun. Freie Seitendecks sind ein lebenswichtiger Sicherheitsfaktor, wenn man bei rauhem Wetter mit den Segeln arbeitet.

Wir können uns ein Schiff ohne 20 cm hohes Schanzkleid gar nicht mehr vorstellen. Ein solches Schanzkleid hält uns und unsere Ausrüstung davon ab, sofort über Bord zu gehen. Außerdem gibt es eine solide Basis für Relingsdrahtstützen ab.

Ein leichter Zugang zur Kajüte ist zwar schön, doch weitaus wichtiger ist es, dafür zu sorgen, daß das Wasser, das unvermeidbar ins Cockpit gelangt, nicht in das Bootsinnere laufen kann. Wenn eine große achterliche See an Bord schwappt, läuft das Cockpit möglicherweise bis zur Sülloberkante voll; deshalb braucht man ein hohes Niedergangssüll oder ein stabiles Steckbrett, das diese Wassermassen aufhält, bis sie durch die Lenzventile im Cockpit abgelaufen sind. Auch bei einem kleinvolumigen Cockpit sollten Steckbretter vorhanden sein, mit denen man das Niedergangssüll bis auf die Höhe des Cockpitsülls bringen kann und trotzdem noch problemlos in die Kajüte kommt.

Die Inneneinrichtungen sind nie vollkommen. Die räumlichen Beschränkungen aufgrund der Rumpfform setzen den Konstrukteuren Grenzen. Aus diesem Grund sehen sich die meisten Tourenyachten unter Deck auch so ähnlich. Beim Vollzeit-Fahrtensegeln sollte man vor allen Dingen Wert auf Sicherheit in der Pantry legen. Die Pantry wird – ob im Hafen oder auf See – mindestens dreimal am Tag benutzt. Sie muß daher bei der Planung einen der Spitzenplätze auf der Rangliste einnehmen. Das zahlt sich dann aus, weil die Mitseglerin weiß, daß sie als Partnerin bei dem gemeinsamen Abenteuer geschätzt wird.

In der Nähe des Niedergangs sollte sich nach Möglichkeit ein Plätzchen befinden, das mit Salzwasser in Berührung kommen darf. Eine der lohnendsten Verbesserungen, die wir im Innern der *Taleisin* vorgenommen haben, ist der Wachsitz neben dem Niedergang. Er hat ein Schapp für das Ölzeug auf der einen Seite und eine Toilette auf der anderen. Auf beiden befindet sich eine Abdeckung aus unbehandeltem Teakholz. Die Sitze in der Kajüte befinden sich weit genug vom Niedergang entfernt, so daß ich mit triefend nassem Ölzeug unter Deck kommen und mich ein paar Minuten auf den Wachsitz setzen kann, ohne mir Sorgen machen zu müssen, daß Salzwasser an die Sitzbezüge aus Kunstsamt kommt.

Der Salon muß so groß sein, daß sich alle Crewmitglieder nach dem Essen bequem ausstrecken können. Für den Aufenthalt im Hafen sollten Schlafplätze außerhalb des Salons vorhanden sein. Dann hat man einen Privatbereich, in den man sich gegebenenfalls zurückziehen kann. Als Lin in Pago Pago unter einer Zerrung im Rücken litt, hatte sie die Vorderkajüte für sich, während ich gleichzeitig mittschiffs Besucher empfangen konnte.

Stauraum ist wichtig. Es lohnt sich allemal, die Geräumigkeit eines Schiffsinnern mit großen freien Flächen gegen den riesigen Stauraum zu tauschen, den man gewinnt, wenn man die Sitze und Kojen näher an die Mittschiffslinie rückt. Die Schapps unter diesen Kojen und Sitzen in Bootsmitte sind die besten, die es an Bord gibt – groß, leicht zugänglich und gut geformt für große Behälter. Leider eignen sie sich auch perfekt für Wassertanks. Die Konstrukteure lieben Tanks an diesen Stellen, weil sie dort für vermehrte Stabilität sorgen und das Schiff in Längsrichtung ruhiger halten. Die Bootsbauer setzen die Tanks gern in die Schiffsmitte, weil sie dort leicht zu installieren und anzuschließen sind. Auf Regattayachten gehören sie auch dorthin. Aber als Fahrtensegler braucht man diesen wertvollen und gut zugänglichen Platz für Proviant und andere Vorräte; deshalb gilt es beim Kauf eines Schiffes entweder darauf zu achten, daß die Tanks sich in der Bilge, vorn oder achtern befinden, oder gleich einen Umbau einzuplanen.

Ich bin schon auf Yachten gewesen, auf denen die Hälfte der zusätzlichen Ausrüstung in Kojen verstaut oder unter Tischen verlascht war. Auf Kurzzeittörns ist das nur eine kleine Unbequemlichkeit, aber beim Langzeitsegeln braucht alles einen Platz, an dem es aus dem Weg ist.

Ich weiß zwar, daß ich mich mit der folgenden Anmerkung bei meinen männlichen Mitseglern nicht gerade beliebt mache, meine aber trotzdem, daß die Navigationsstation am unteren Ende der Innenausstattungsliste stehen sollte. Ein funktioneller Kartentisch mit Satellitennavigationskonsole, Sitzplatz und einer Reihe von Anzeigeinstrumenten ist ja ganz schön, aber man kann durchaus erfolgreich seine Kurse auch auf dem Pantrytisch abstecken, wie ich es elf Jahre lang auf der *Seraffyn* gemacht habe. In den vierzig bis sechzig Tagen im Jahr, die wir heute mit der *Taleisin* auf See sind, reicht der Deckel des Eiskastens völlig aus. Auch an diesen Tagen dauert die Arbeit mit der Karte nur selten länger als vierzig Minuten. Und was sind schon diese zwanzig bis dreißig Stunden im Jahr im Vergleich zu der Zeit, die man in der Pantry oder bequem auf den Sitzbänken verbringt! Wenn alle anderen Forderungen auf der Prioritätenliste abgehakt sind und dann immer noch Platz für eine Navigationsstation ist, darf sie auf keinen Fall in Niedergangsnähe sein, damit das feuchtigkeitsempfindliche elektronische Gerät keinen Schaden leidet.

Unterhaltungen, in denen es um die nächste Tourenyacht geht, drehen sich zu fast neunzig Prozent um das Material für den Rumpf. Jedes Rumpfmaterial hat seine Vor- und Nachteile. Jedes ist nur so gut wie der Bootsbauer, der es verarbeitet. Ein schönes schwimmendes Heim kostet unabhängig vom Material eine Menge Geld oder eine Menge eigener Arbeit. Holzschiffe sind oft hübscher als andere, und zwar besonders im Innern. Sie haben eine natürliche Isolierung und sind persönlicher, und wenn man wie wir gern mit Holz arbeitet, macht auch der Bau mehr Spaß. Holzschiffe entsprechen von den Kosten her in etwa GFK- oder Alu-Schiffen der gleichen Qualität. Sie lassen sich mit relativ geringen Materialkosten wieder in fast neuen Zustand bringen, d.h., in zwei oder drei Tagen kann man den Rumpf um den Preis von zwei Dutzend Bogen Schleifpapier, einem Liter Lack und etwas Verdünner schleifen, spachteln und neu streichen, so daß er wieder glänzt wie neu. Weil man das Holz sowieso häufig neu streichen muß, sind kleinere Dellen und Kratzer durch längsseits kommende

Boote ohne Fender längst nicht so frustrierend. Wenn man sich sein Schiff nicht selbst baut, ist es andererseits oft sehr schwer, zu einem gut gebauten und erhaltenen Boot zu kommen. So etwas wird nicht häufig angeboten. Im Gegenteil, oft werden die Eigner schon auf einen eventuellen Verkauf angesprochen, wenn sie noch gar nicht daran denken, ihre Yacht zu verkaufen. Holzschiffe werden zu etwas so Persönlichem, daß man fast von Adoption sprechen könnte.

Ich meine, daß sehr gut erhaltene Holz-, Stahl- und GFK-Schiffe im Verlauf von sechs oder sieben Jahren etwa die gleiche Menge an Arbeit erfordern, wobei man Instandhaltungsarbeiten an Holz und Stahl allerdings nicht auf später verschieben kann; sie müssen regelmäßig vorgenommen werden oder man hat sechs Monate später die doppelte oder dreifache Arbeit. Vernachlässigte Holz- und Stahlschiffe verlieren ihr gutes Aussehen schneller als GFK-Yachten, um die man sich nicht kümmert. Aber ob nun Holz, Stahl oder GFK – die Material- und Arbeitskosten können bei allen dreien sehr hoch ausfallen, wenn man sich lange Zeit nicht um sein Schiff kümmert.

GFK-Rümpfe können außergewöhnlich stabil und stoßfest sein, weil sie aus einem Stück bestehen. Reparaturen sind relativ einfach. Die Preise sind vernünftig, soweit es sich um Serienschiffe handelt. Leider sind sie nur schwer zu bewerten. Auch der kenntnisreichste Käufer kann nicht feststellen, wie sorgfältig das Verhältnis von Harz zu Glasfasermatten und -roving überwacht, wie genau der Härter bemessen wurde. Die Osmose ist zu einem nahezu endemischen Problem geworden, dessen Beseitigung zunehmend teuer kommt. Freunde mit einer Swan 43 müssen das Fahrtensegeln gerade für mindestens ein Jahr aufgeben, um die osmosebedingten Reparaturen an ihrem zwanzig Jahre alten Boot zu bezahlen. Ein anderes Paar, Eigner einer hochwertigen, in Kanada gebauten kleinen Tourenyacht, hatten in nur drei Jahren dreitausend Dollar Reparaturkosten für Osmoseschäden. Die Materialkosten für die Neubeschichtung einer verblichenen, zerkratzten oder beschädigten Deckschicht können sich allein für das Überwasserschiff auf tausend Dollar belaufen. Die Leihgebühren für eine Spritzpistole oder die Lohnkosten für einen professionellen Lakkierer können die Instandhaltung von GFK-Schiffen langfristig zu einer teuren Angelegenheit machen. Die Lackierung durch einen Fachmann kostet in diesem Jahr hier in Neuseeland ohne Abschleifen und sonstige Vorbereitungen bei einem 10m-Schiff dreitausendfünfhundert Dollar.

Stahl wird oft als das perfekte Material für eine Tourenyacht gepriesen. »Damit können Sie auf ein Riff laufen und sehen anschließend nur ein paar Beulen,« hörte ich einmal einen Yachtverkäufer zu einem potentiellen Kunden sagen. Wer das glaubt, ist selbst schuld. Bei jeder Art von Schiff, das auf ein Riff gesegelt wird, ist die Bergungsquote sehr gering. Stahlschiffen ergeht es auf der Luvseite eines Riffs nicht besser als anderen Booten. Die Rundhölzer werden zerstört, die Inneneinrichtung geht in Stücke, die Maschine wird ruiniert; zurück bleibt nur noch ein mitgenommener Rumpf, den man vom Riff herunterziehen kann oder auch nicht. Ein Schiff gehört erst gar nicht auf ein Riff, und niemand sollte glauben, das Material seines Bootes erlaube es ihm, weniger wachsam zu sein. Jedes gut gebaute Schiff verträgt ein paar Stöße auf der Leeseite eines Riffs, abseits der zerstörerischen Brandung. Eine Holzyacht wie die *Seraffyn* saß drei Tage lang auf dem Riff in der Durchfahrt nach Neukaledonien und wurde für weniger als tausend Dollars wieder in einen fast neuen Zustand versetzt; fünf GFK-Schiffe überlebten die 4 m hohe Brandung am Cabo San Lucas. Während desselben Sturms mußten zwei Stahlyachten als Totalverlust abgeschrieben werden. Bernard Moitessier verkaufte die Überreste seiner *Joshua*, die nur noch aus einer völlig verbeulten Stahlhülle bestand, für fünf Dollar. Eine stählerne 50m-Motoryacht wurde auf See hinausgeschleppt und sank, weil nach einer Nacht in der Brandung nur noch der Rumpf übrig war, und der wurde beim Schleppen leck. Die wirklichen Vorteile von Stahl liegen in den niedrigeren Baukosten, wenn man bei der einfachen Knickspantbauweise bleibt (Rundspantboote haben eine kleinere benetzte Oberfläche, sind vom Bau her aber möglicherweise sehr teuer), und in der Leichtigkeit, mit der man an jeder gewünschten Stelle Tanks einbauen und Fittings anbringen kann. Stahl vermittelt ein ungeheures Gefühl der Stärke und Festigkeit, und zwar besonders, wenn man bedenkt, daß praktisch der gesamte Rumpf als Pütting für das Rigg fungiert. Die andere Seite der Medaille ist die Instandhaltung. Moderne Epoxidanstriche und Sandstrahlen sind erstaunlich teuer. Rost, Beulen und Kratzer müssen möglichst schnell behandelt und überstrichen werden, weil es sonst zu Lochfraß kommt. Jegliches Holz auf der Außenseite eines Stahlschiffes verursacht Rost, weil es Feuchtigkeit am Metall festhält. Der Wiederverkaufswert eines Stahlschiffes fällt fast um die Hälfte, wenn es erst einmal zehn Jahre alt ist. Jeder Makler wird das bestätigen.

Der Wiederverkauf ist auch einer der wesentlichsten Nachteile einer Yacht in Ferrozementbauweise. Der Mann, der sich ein Ferrozementboot baut, bekommt beim Verkauf nur selten mehr als seine Materialkosten wieder herein. Der Käufer hingegen macht oft ein gutes Geschäft. Wir lernten vor einiger Zeit den neuen Eigner einer 10,60m-Ferrozementyacht kennen, der eine oft gehörte Geschichte erzählte. Er hatte das auslaufbereite Schiff für siebentausend US-Dollar von dem ursprünglichen Erbauer/Eigner gekauft, der seit zwei Jahren auf der Suche nach einem Käufer gewesen war. Mit weiteren viertausend Dollar hatte er sich dann ein schwimmendes Heim daraus gemacht. Beim Bau eines Ferrozementschiffes in derselben Qualität wie ein GFK- oder Holzschiff spart man nur beim Material für den Rumpf. Rumpf, Deck und Kajüte machen bei einer durchschnittlichen Yacht ein Drittel der Kosten aus, so daß man insgesamt nur etwa fünfzehn Prozent spart. Der einzige echte Vorteil ist der, daß dem Amateur vor der Ferrozementbauweise nicht so bange ist wie vor anderen Methoden. Bei der Instandhaltung und Reparatur scheinen sich ähnliche Probleme wie bei Stahl zu ergeben. Aber es ist schwer, einem Ferrozementschiff ein neues Aussehen zu verschaffen und zu erhalten. Rißbildung und Brüche im Beton führen zu Rost- und Leckproblemen, die speziell an Püttings, Fußreling und Verbindung zwischen Schanzkleid und Rumpf nur schwer zu beseitigen sind.

Aluminium scheint auf den ersten Blick eine gute Lösung zu bieten; es ist leicht und fest. Aber die Anfangskosten und die zusätzlich erforderliche Isolierung schlagen ziemlich zu Buche. Der Anstrich ist teuer und muß sorgfältig aufgetragen werden, damit er auch haftet. Dauernde Probleme hat man mit der Elektrolyse und der Blasenbildung, die in der Nähe von Edelstahlfittings auftritt bzw. wenn auch nur die geringste Feuchtigkeit unter den Deckanstrich gelangt.

Kann man angesichts dieser vielen Überlegungen überhaupt eine nahezu perfekte Tourenyacht bekommen? Wir meinen, ein nahezu perfektes Schiff entwickelt sich nach und nach, es ist nicht einfach vorhanden. Es gilt, auf einem Fundament an Erfahrungen aufzubauen, die anfänglichen Parameter festzulegen und die neuen Erfahrungen, die man mit jedem Boot macht, in Verbesserungen umzusetzen, die auch auf dem nächsten Schiff funktionieren. Zu diesem Zweck zahlt es sich aus, an einem bestimmten Grundtyp festzuhalten, einem Typ, der den eigenen Wünschen generell entgegenkommt, und diesen dann zu verbessern. Wir wissen, daß Leute, die von einem Extrem ins andere fallen und beispielsweise von einem Schiff mit Superschwerverdrängung auf eines mit Superleichtverdrängung umsteigen, fast unweigerlich feststellen mußten, daß sie nur einen Satz Probleme gegen einen anderen eingetauscht hatten.

Als die Wahl der Bauweise für die *Seraffyn* anstand, hatte ich mich schon für ein Schiff mit Langkiel und mittelschwerer Verdrängung entschieden, wie ich es schon besessen und gesegelt hatte. An die erste Stelle auf meiner Prioritätenliste kam die Fähigkeit, Höhe zu laufen, knapp gefolgt von guten Segeleigenschaften bei Leichtwetter. Ich wählte eine Schiffsgröße, bei der ich sicher war, das Geld und die

Geduld für den Bau und die spätere Instandhaltung zu haben. Ich wollte mittschiffs ein festes Dinghi mitführen. Ich wollte sichere, rutschfeste Teakdecks. Ich wollte ein Boot, das seetüchtig war und auch so aussah. Alles andere war für mich zweitrangig. Nach drei Jahren Suche hatten sich zwei Yachten herauskristallisiert. Die eine, die von Gene Wells in Kalifornien konstruierte *Little Dipper*, hatte einen entzückenden Bug und einen niedrig geschwungenen Decksprung. Die andere war die *Renegade* von Lyle Hess. Ich kam zu dem Entschluß, die *Renegade* sehe stabiler aus, fast wie ein Wildfang, während die *Little Dipper* eine derartige Dame zu sein schien, daß ich mich kaum trauen würde, sie mal etwas härter anzufassen. Also baute ich das Schiff nach Lyles Plänen und war mit dem Ergebnis erstaunlich zufrieden.

Während die *Taleisin* nach und nach zu einem Traum wurde, hatten Lin und ich schon ein paar zusätzliche Parameter aufgestellt. Wir wollten ein Schiff, auf dem wir in kalten, nassen Gegenden leben konnten, eines, das sehr gut Höhe lief (d.h., mehr Ballast) und Platz bot für zwei Fahrräder, eine Sitzwanne, ein Petroleumheizgerät, eine Werkbank mit Schraubstock und den schon erwähnten Naßbereich. Wir hatten die Fahrten mit der *Seraffyn* genossen und waren zuversichtlich, daß ihr Konstrukteur für uns wieder gute Arbeit leisten würde. Also fragten wir ihn auf unsere konservative Art nach einer verbesserten modifizierten Konstruktion, die in unseren etwas besseren finanziellen Rahmen paßte. Wir wollten keine völlig neue Konstruktion, keine völlige Abkehr von dem, was – wie wir wußten – für uns ausreichte. Mit dem Ergebnis sind wir sehr zufrieden, wenn auch ein paar Kompromisse in bezug auf Innenausstattung und Verdrängung nicht zu umgehen waren.

Um eine solche Entwicklung einzuleiten, muß man zuerst einmal wissen, was an Fahrten geplant ist. Man sieht sich das Boot an, das man hat, und überlegt, ob es auf die Bedürfnisse hin umgebaut werden kann. Wenn nicht, listet man seine Prioritäten auf und segelt dann auf möglichst vielen unterschiedlichen Schiffen in kalten und warmen Revieren. Wenn zufällig irgendwo ein Boot, das in Frage käme, aus dem Wasser geholt wird, bietet man an, beim Streichen des Unterwasserschiffes behilflich zu sein. Bei solchen Gelegenheiten erfährt man eine Menge über die Instandhaltungskosten und die Arbeit, die in größeren oder anderen Yachten steckt. Wenn man einen Tag Arbeit gegen einen Tag Segeln anbietet, gibt es wahrscheinlich reichlich Angebote. Wenn jemand auf einen ganz bestimmten Typ, eine ganz bestimmte Bauweise schwört, sucht man sich einen anderen erfahrenen Segler, der das genaue Gegenteil vorzieht. Anschließend vergleicht man die Argumente der beiden. Wenn die Zeit zur Verfügung steht, geht man als Crewmitglied auf Überführungstörns. Dann bekommt man nicht nur die Seemeilen und die Erfahrung zusammen, die man später braucht, um vernünftige Entscheidungen zu treffen, sondern lernt auch die Segelsportzentren kennen, in denen man sich die Schiffe vieler Fahrtensegler anschauen kann.

Wenn sich die Auswahl auf ein halbes Dutzend Boote verengt hat, macht man einen Inspektor ausfindig, der für Versicherungsgesellschaften, Neukäufer und Bootsbauer arbeitet. Man bietet ihm für zwei Stunden seiner kostbaren Zeit einen Hunderter an und zeigt ihm die Liste. Dann fragt man ihn nach seinen Erfahrungen mit diesen Schiffen. Wahrscheinlich hat er schon einige dieser Schiffstypen inspiziert. Seine Informationen können dazu beitragen, die endgültige Wahl zu treffen, künftige Umbauten einzuplanen und die Schwachpunkte eines bestimmten Typs zu erfahren. Wir kennen in Kalifornien einen Inspektor, der nicht nur über die von ihm selbst, sondern auch über die von anderen Leuten inspizierten Yachten Buch führt, denen er vertraut. Anhand seiner Unterlagen konnte er schon so manchem künftigen Bootskäufer wertvolle Informationen und Hinweise liefern. Wenn dann ein Boot gefunden ist, das den Bedürfnissen gut gerecht wird, muß man daran denken, daß es in der Regel fünfundzwanzig Prozent vom Kaufpreis kostet, aus einem auslaufbereiten Schiff eine Hochseeyacht zu machen, die zum Fahrtensegeln geeignet ist. Das gilt speziell für neue Schiffe; bei gebrauchten Yachten braucht man vielleicht nur zehn oder fünfzehn Prozent zusätzlich, wenn sie beim Kauf bereits gut ausgerüstet sind.

Nach dem Kauf oder Stapellauf einer neuen Yacht steht eine aufregende Zeit bevor. Zumindest ist das ein Teil des Fahrtensegelns, der mir richtig Spaß macht. Das ist die Zeit, in der man sich mit den Hunderten von Kleinigkeiten beschäftigt, die eine Tourenyacht bequem und effizient machen. Dabei darf man natürlich nicht vergessen, regelmäßig segeln zu gehen, zuerst auf Tagestörns, später dann kürzere Versuchsfahrten. Auf diese Weise ist sichergestellt, daß die Modifikationen ihren Zweck erfüllen, daß der nächste Schritt des Abenteuers geplant werden kann und daß eventuelle Änderungen noch in der Nähe von Schiffsausrüstern und Werften erfolgen können. Außerdem entwickelt man in dieser Zeit das Vertrauen in das Boot, das hoffentlich die schönste Tourenyacht ist, die Planung und Kompromisse zustande bringen konnten.

2
Vom Wunsch zur Konstruktion

Wir haben wohl alle schon einmal das Spiel gespielt, das da beginnt: »Wenn ich nur einen Wunsch freihätte...« Unser Wunsch war es, eine Tourenyacht zu besitzen, die nur für uns beide konstruiert war. Er schien in Erfüllung zu gehen, als Lyle Hess uns vor neun Jahren anbot, unser Traumschiff zu konstruieren. »Erklärt mir einfach nur, was ihr wollt,« sagte er. Das taten wir, und innerhalb weniger Wochen erhielten wir ein Paket, das uns daran erinnerte, daß Wünsche eben nur Wünsche sind und daß das glückliche und zufriedene Leben, das am Ende so vieler Märchen steht, wahrscheinlich genau so voll von Kompromissen ist wie der Prozeß, mit dem wir uns zu beschäftigen hatten, während unser neues Boot sich von einer Idee zu einer ausgereiften und durchführbaren Konstruktion entwickelte.

Wir dachten, unsere Wünsche seien extrem einfach: das breitestmögliche Schiff unter 9,15 m Deckslänge mit der größtmöglichen Segelfläche, damit eine überlappende Genua erst bei weniger als acht Knoten Wind erforderlich würde, Außenborduder, Kuttertakelung, wendig und (für unsere Augen) hübsch anzusehen mit einem ähnlichen Profil wie die *Seraffyn*, unsere erste Tourenyacht.

Das Paket mit den ersten Zeichnungen traf wie die Erfüllung des magischen Wunsches ein. Aber schon beim Öffnen der Rolle und beim Betrachten der hübschen Bleistiftskizzen lernten wir die erste Lektion des Umgangs mit einem Yachtkonstrukteur. Man muß von Anfang an ganz klare Angaben zu allen Details machen, die sich auf das Unterwasserprofil des Rumpfes auswirken können. Lyle hatte ein gleichmäßig verlaufendes Kielprofil wie bei der *Seraffyn* gezeichnet. Der Vorfuß

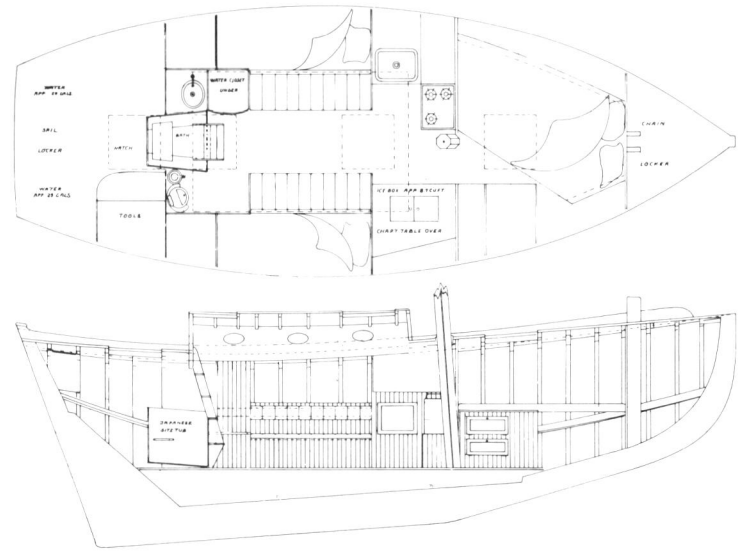

Abb. 2.1 Profil und Inneneinrichtung der *Taleisin*

reichte nicht zu tief hinunter, so daß das Boot über Stag gehen würde; es hatte achtern die für gute Richtungsstabilität erforderliche Lateralplanfläche. Aber wir hatten Lyle zu sagen vergessen, daß wir in der Kiellinie einen Bruch mit einer langen ebenen Fläche wollten, damit das Schiff problemlos auf den Strand gesetzt werden und mit Hilfe einfacher Stützen oder an einer Kaimauer auf dem eigenen Kiel stehen konnte, wenn das Wasser ablief. Wir hatten die *Seraffyn* oft genug in

Abb. 2.2

38

primitiv eingerichteten Werften aus dem Wasser geholt, um zu wissen, daß ein Flachkiel uns stundenlanges Abstützen und nächtelanges Unbehagen erspart hätte, wenn sie sich wegen des Rundkiels mit dem Bug nach unten auf den Slipwagen legte, wenn wir die Werftleitung nicht vorher überredet hatten, die Stützen und Blöcke selbst anzubringen. Wir hatten mit Lyle gelegentlich über dieses Thema gesprochen, wenn wir zufällig mal zur selben Zeit im selben Land waren, und hatten angenommen, er würde daran denken. Aber schließlich dachte er nicht nur an uns, und unser Schiff, so wichtig und einzigartig es für uns war, war nicht das einzige auf seinem Zeichenbrett. Wir hätten in unserem Schreiben den Flachkiel als sehr wichtiges Merkmal aufführen sollen. Jetzt mußte Lyle den Rumpf neu zeichnen, um den, wie er es nannte, Knick einzufügen. Dieses neue Profil veränderte den Lateralplan, so daß Lyle seine Berechnungen überprüfen mußte. Zum Glück für uns stellte er dabei fest, daß unser neues Boot ohne Bedenken dreizehn Zentimeter breiter ausfallen konnte. Sein Pech war, daß die neuen Zeichnungen und Berechnungen viel Zeit kosteten.

Die zweite Lektion, die wir wieder und wieder lernen mußten, während die Arbeit am Design unserer späteren *Taleisin* Fortschritte

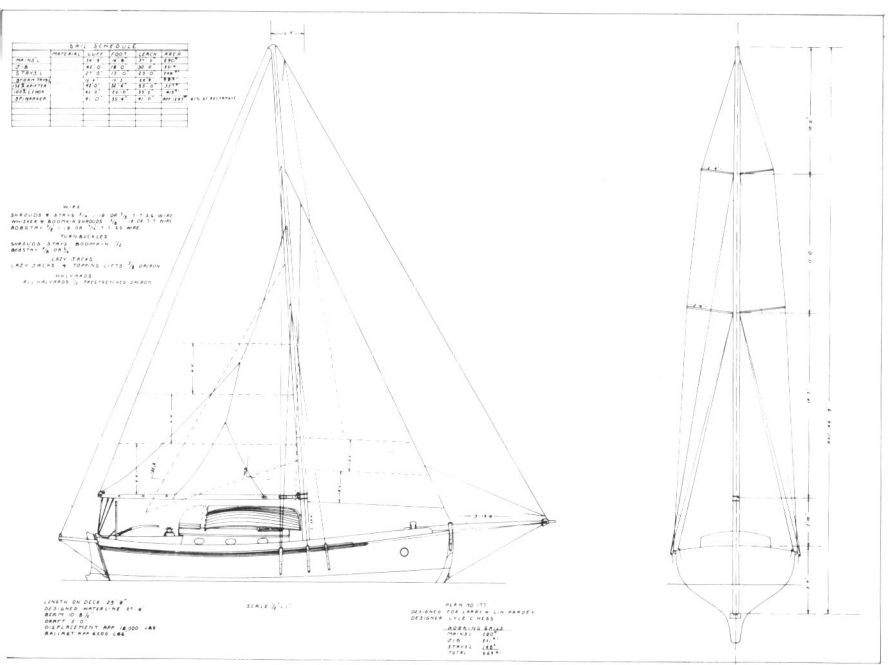

Abb. 2.3 Endgültiges Rigg der *Taleisin*

39

machte, war die, daß die kleinste Änderung sich auf die Gesamtkonstruktion auswirkt, die wiederum immer Auswirkungen auf das Rigg zu haben scheint. Auf Lyles erster Skizze der Takelage für den neuen Kutter befand sich der Mast nur Zentimeter vor der Kajütenvorderseite. Lyle wollte ein großes Vorsegel, das einen Ausgleich zum Großsegel bilden würde, wenn wir ein Reff einsteckten (Abb. 2.3). Wir wollten einen Deckskasten für die Propantanks und einen Schwerkrafttank für Wasser zwischen Mast und Kajüte. Außerdem wollten wir das Hauptschott, das sich nahe am Mast befinden mußte, weiter vorn, weil sonst die Kajüte zu kurz geraten wäre. Für uns war die Lösung simpel: Einfach den Mast fünfunddreißig Zentimeter nach vorn versetzen.»So einfach ist das wohl nicht,« erklärte Lyle. Damit das Boot leicht luvgierig ist, d.h., dazu neigt, in den Wind zu drehen, wenn es in einer Bö stark überholt, muß der Segeldruckpunkt zwischen fünfzehn und neunzehn Prozent vor dem Lateraldruckpunkt liegen (das ist der Punkt, an dem das Boot breitseits liegen bleibt, wenn es an einer dort angebrachten Schleppleine seitwärts durch das Wasser gezogen wird). Wenn der Segeldruckpunkt sich weiter vorn befindet, könnte das Schiff möglicherweise gefährlich leegierig werden. Wenn er weiter hinten liegt, wird es luvgierig und macht bei Starkwind eventuell viel Arbeit.

Wir warfen Lyles Berechnungen noch einmal über den Haufen, als wir ihn baten, den Klüverbaum von ursprünglich 1,80 m auf 2,45 m zu verlängern. Lyle war mehr für den kürzeren Klüverbaum; er meinte, speziell weniger erfahrene Segler hätten damit nicht so große Probleme. Aber dieses Boot sollte nur für uns sein, und wir wollten nach den Erfahrungen mit der *Seraffyn* unbedingt den längeren Klüverbaum, der sich besonders bei leichtem Wind bewährt hatte. Die großen Segel, die wir an ihm setzten konnten, brauchten das Großsegel überhaupt nicht zu überlappen, um das Schiff auch bei einer leichten Brise auf Amwindkurs in Fahrt zu halten. Sie ließen sich problemlos übernehmen und ermöglichten freie Sicht nach vorn. Auf Amwindkurs nahmen wir den Klüver immer vom Klüverbaum, wenn der Wind auf über 22 kn auffrischte. Mit gerefftem Großsegel und Fock wurde die *Seraffyn* dann praktisch zu einer kleinen Slup, alle Segel innenbords, leicht zu führen. An den langen Klüverbaum brauchte man bei schwerem Wetter überhaupt nicht zu denken. Ein letzter Vorteil ergab sich bei Schwachwind vor dem Wind. Wenn wir den Drifter am Ende setzten und zum ausgebrachten Großbaum führten, so daß er mit der kleinen Genua am Spinnakerbaum einen Schmetterling bildete, zogen die beiden Segel das Schiff auf erstaunlich stetigem Kurs. Das unterstützte die Windfahnensteuerung in einer der schwierigsten Situationen, die es für Selbsteueranlagen gibt. Wir wollten diese zusätzlichen

65 cm Klüverbaum unbedingt, aber die konstruktionstechnischen Auswirkungen dieser scheinbar so kleinen Änderung bedeuteten in Verbindung mit dem weiter nach vorn versetzten Mast ein paar sehr
sorgfältige Neuberechnungen für das Rigg oder den Rumpf, damit die
gewünschte Balance gewährleistet war. Lyle jonglierte also wieder
herum und brachte als Ergebnis einen hübschen Mastfall von fünfundsiebzig Zentimetern auf den Tisch.

All das ließ uns die wichtigste Erkenntnis über das Geheimnis der
Konstruktion einer neuen Yacht gewinnen. Der ganze Vorgang besteht
aus Kompromissen. Es gibt keine Konstruktion, die den Wünschen
und Vorstellungen in jeder Hinsicht entspricht. Man kann die
Geschwindigkeit eines Ultraleichtverdrängers, die Seetüchtigkeit und
den Stauraum eines langkieligen schweren Kutters, den großen Innenraum einer modernen Serienyacht mit 1,80 m Höhe und die anmutigen
Linien einer klassischen Zehmmeteryacht nicht in ein und demselben
Schiff vereinen. Um am Ende zu einer möglichst gefälligen Konstruktion zu kommen, muß man seine Prioritäten auflisten und sorgfältig
überlegen, wo man Kompromisse eingehen will und kann.

Eine der schwierigsten Situationen ergibt sich, wenn ein potentieller
Eigner der Innenausstattung höchste Priorität zumißt. Unweigerlich
soll dann mehr hinein, als vom Raumangebot her möglich ist. In
diesem Fall ist der Konstrukteur gezwungen, ein größeres Schiff vorzu-
schlagen, oder er erhöht den Sprung, um unter dem Deck mehr
Stehhöhe zu bekommen, wodurch es schwieriger wird, an Bord zu
kommen; schlimmer noch ist es, wenn er die Kajüte derart vergrößert,
daß praktisch keine Seitendecks mehr vorhanden sind. All diese Änderungen ergeben schließlich ein Schiff, das weniger Segelfreude bietet,
weniger schön aussieht und viel teurer ist. Der beste Beweis dafür, daß
es falsch ist, der Platzfrage höchste Priorität einzuräumen, sind die
weniger teuren Serienyachten, die heute angeboten werden. Um auch
zögernde Familien an die Angel zu bekommen, wollen die Verkäufer
innen ein Platzangebot, das in keinem Verhältnis zur Schiffsgröße
mehr steht. Was sie verkaufen, sind Badewannen mit zu hohen Kajüten, hoch aufragendem Überwassserschiff und gefährlich schmalen
Seitendecks. Wir fanden uns damit ab, innen nie so viel Platz zu haben,
wie wir es gern gehabt hätten. Wir hatten das Leben an Bord der 7,40
m langen und 2,75 m breiten *Seraffyn* elf Jahre lang genossen. Auf der
Taleisin mit ihren 9 m Länge und 3,27 m Breite würden wir definitiv
den zusätzlichen Platz haben, der uns wie Luxus vorkommen würde.
Deshalb kam der Innenraum an das untere und Leistung, leichte
Handhabung und Aussehen an das obere Ende unserer Prioritätenliste. Sobald Rumpfform, Rigg und allgemeiner Decksplan feststan-

41

den, begannen wir von der Innenausstattung zu träumen, die wir in dem anscheinend riesigen neuen Boot unterbringen würden. Wie die meisten potentiellen Käufer eines Konstruktionsplans frustrierten wir Lyle damit, daß wir vergaßen, daß wir aufgrund der Rumpfform keine Kopffreiheit haben würden, wenn die Sitzgelegenheiten zu weit außenbords von der Mittschiffslinie waren. Lyle versuchte, einige unserer Wünsche in Skizzen umzusetzen. Völlig verzweifelt fand er schließlich eine Lösung, bei der wir unsere eigenen Entscheidungen treffen konnten. Er zeichnete Querschnitte des Rumpfes, die jeweils siebzig Zentimeter auseinanderlagen. Darauf waren Spanten, Decksbalken, Beplankung und Kajüte zu sehen, so daß wir eine genaue Vorstellung von dem Raum bekamen, den wir vom schmalen V am Bug über das breite U mittschiffs bis zum Y am Heck zur Verfügung hatten. Wir schnitten diese Querschnitte aus und begannen, unsere eigenen Einrichtungsideen einzuzeichnen. Innerhalb von zwei Stunden tat uns jeder Yachtkonstrukteur leid, der versuchen muß, in einem Schiff unter zehneinhalb Metern eine bequeme Inneneinrichtung unterzubringen, in der es sich angenehm leben läßt.

Wenn wir den perfekten Platz für den Eßtisch gefunden hatten, konnte man sich in der Pantry nicht mehr bewegen. Wenn wir die Sitzbadewanne an einer Stelle mit Stehhöhe einplanten, war kein Platz mehr für einen schönen Eßplatz. Die Zeichnungen fransten langsam aus, während wir die Einrichtung aus Pappkörpern, -wannen, -tischen, -kochern und -kojen hin- und herschoben und immer wieder neu beschnitten, damit sie in den zur Verfügung stehenden Raum paßten. Wir verbrachten zwei Dutzend Abende damit, immer wieder neue

Abb. 2.4
A – Stauraum für Leichtwettersegel zwischen Wassertanks
B – Trimmklappe für Selbststeueranlage
C – Platz für Klappräder, unter Deck
D – Werkbank mit Schraubstock; Stehhöhe ergibt sich durch Öffnen des Luks
E – Holzofen, umgebaut zum Petroleumheizgerät
F – Sitzwanne mit Wassertank unter der Spüle; Entleerung in Schmutzwassertank in der Bilge
G – Toiletteneimer unter Backbordsitz; Steuerbordschapp gegenüber für Ölzeug
H – Geteilter Tisch an zwei 38mm-Bronzerohren, die von der Decke bis zum Boden reichen; der Tisch ist bei Krängung waagerecht auszurichten
I – Dreifach genutzter Bereich: Navigationstisch, zusätzliche Pantry-Arbeitsfläche und Eiskasten; der Eiskasten befindet sich unter dem Tisch und faßt 155 Liter
J – Deckskasten (Nut und Feder) für Wasserund Propantanks
K – Petroleumlampen an Dinghiklampen; leicht vom Schiebeluk aus erreichbar
L – Breite Sitze; darunter Stauraum für Heckanker, Tauchausrüstung, Festmacheleinen, Fender usw.

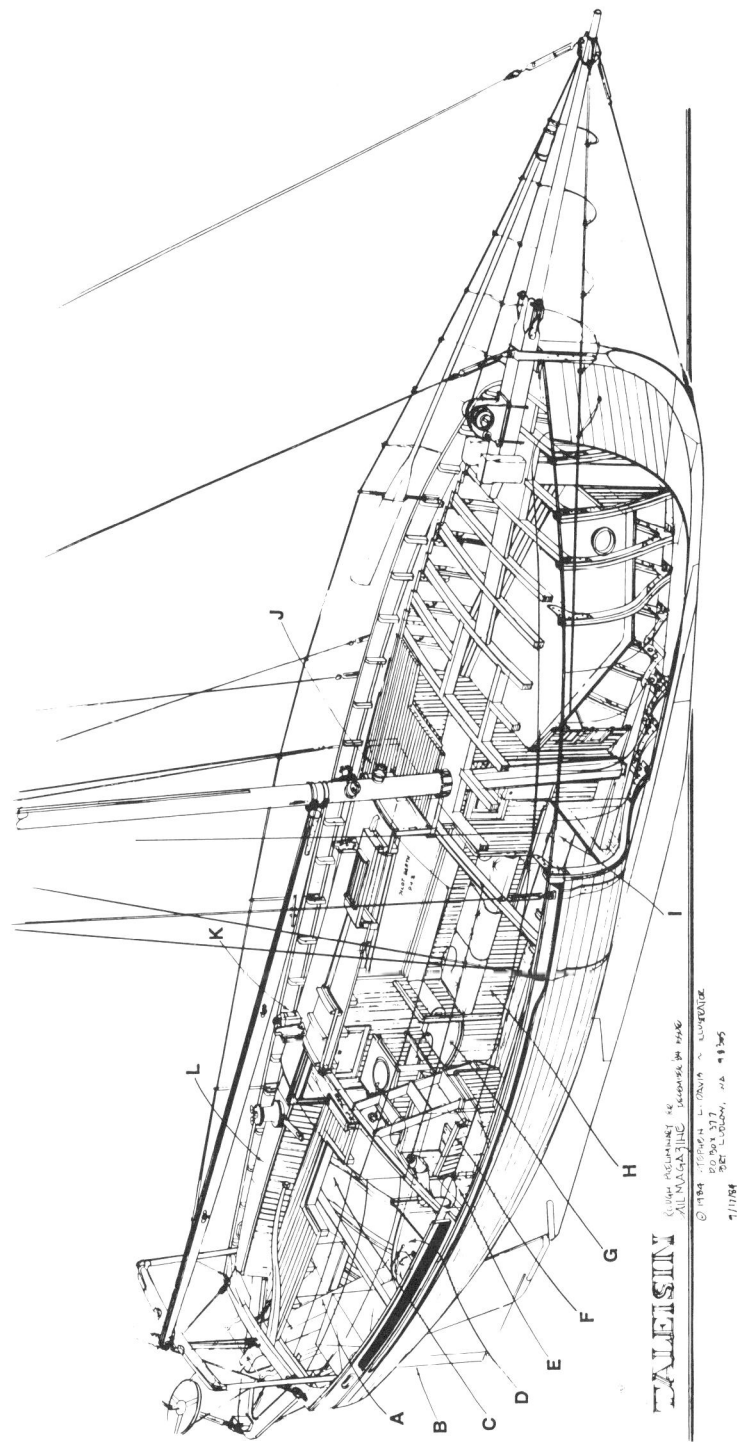

TALEISIN

ROUGH PRELIMINARY KG
DRAWING BY MARK

© 1984 JOSHUA L. DAVIS ~ LITHOGRAPHIC
P.O. BOX 337
BOX L.BROWN, MD 1965

9/17/84

A

B

C

D

E

F

G

H

I

J

K

L

Prioritäten aufzustellen, die Schiffe von Freunden auszumessen, uns in dem Versuch, unterschiedlich große Schlafbereiche vorzustellen, auf den Fußboden zu legen, um auch sicher zu sein, daß die Seekojen später groß genug waren. Wenn wir dann gerade überzeugt waren, daß alles paßte, mußten wir bei einem Blick in die Zeichnungen feststellen, daß sich zu viele schwere Einrichtungsgegenstände auf einer Seite befanden, zu viele große Vorratsschränke an Steuerbord oder zu viele Wassertanks an Backbord. Dann ging es wieder zurück an die Pappmodelle und Zeichnungen.

An dem Tag, an dem die Arbeit am Rumpf abgeschlossen, die Seitendecks mit Schanzkleid fertiggestellt waren und das Innere des Schiffes unter fünf Schichten Klarlack auf jedem einzelnen Spant erglänzte, über denen bis auf die Kajüte noch die Beplankung fehlte, an diesem Tag mußten wir feststellen, daß die Zeichnerei nur halb erfolgreich gewesen war. Die vordere Kajüte war perfekt, bis wir die riesigen Ausmaße des Kleiderschranks wahrnahmen, den wir gegenüber der Doppelkoje eingezeichnet hatten. Eine kleine Änderung ergab hier noch einen sehr nützlichen Schrank, in dem Kleidung auf Bügeln Platz findet. Die Hecklast mit dem Platz für zwei Klappräder, dem Stauraum für Segel zwischen zwei Wassertanks und der Werkbank brauchte nicht geändert zu werden. Doch mittschiffs ließen wir schließlich Zeichnung Zeichnung sein und stellten mit Abfallholz die Umrisse von Sitzgelegenheiten, Pantry und Naßzelle mit Wanne nach. Das lohnte sich insofern, als wir dabei feststellten, daß wir den Kajütfußboden um zweieinhalb Zentimeter anheben konnten und somit eine größere Breite erzielten und gleichzeitig die Kajütseiten siebeneinhalb Zentimeter niedriger ausfallen lassen konnten, so daß das Schiff das gewünschte niedrige Profil erhielt. Aber in den nächsten zwei Tagen änderten wir unsere Meinung zur Inneneinrichtung der Hauptkajüte so oft, so daß wir schließlich wieder zu der lähmend langweiligen Methode übergingen, Prioritätenlisten aufzustellen und uns daran zu halten. Die Pantry der *Seraffyn* war für ein Schiff ihrer Größe so perfekt gewesen, wie ich es mir vorstellen konnte. Also nahmen wir sie als Ausgangspunkt und vergrößerten die Abstellflächen und das Fassungsvermögen des Eiskastens einfach um dreißig Prozent. Mit einem komfortablen Bereich in Niedergangsnähe rundete sich die Inneneinrichtung dann nach und nach ab; dort konnte sich eine Person in Ölzeug bequem an Backbord oder Steuerbord hinsetzen, um bei schlechtem Wetter jederzeit schnell an Deck gehen zu können, ohne sich Sorgen machen zu müssen, daß Salzwasser auf Kunstsamtsitze tropfte oder Wasser auf die Seekojen spritzte, die gut einen Meter vom Niedergang entfernt waren.

Heute, wo die *Taleisin* seit fast drei Jahren für uns ein Heim und ein fliegender Teppich ist, der uns über mehr als neuntausend Meilen getragen hat, sehen wir, daß wir schließlich ein Schiff bekamen, das etwas anders aussieht als das, was wir uns in unserer ersten »Wünsch dir was«-Unschuld vorgestellt hatten. Die *Taleisin* verdrängt 7,9 t anstelle der 7,25 t, die wir ursprünglich eingeplant hatten. Sie hat einen Tiefgang von 1,60 m. Das sind acht Zentimeter mehr als die 1,52 m, die wir ursprünglich als optimal für Segelreviere mit Flachwasser angesehen hatten. Ihr 2,45 m langer Klüverbaum macht den Umgang mit den Segeln bei leichtem Wind schwerer, als er es mit dem von Lyle empfohlenen kürzeren Klüverbaum gewesen wäre, doch ihre erstaunliche Geschwindigkeit bei leichtem bis mittlerem Wind läßt die zusätzliche Arbeit durchaus lohnenswert erscheinen, wenn man bedenkt, daß sie regelmäßig hundertfünfundsechzig Seemeilen am Tag schafft und bei drei verschiedenen Törns in den vergangenen zwei Jahren auf einen Schnitt von hundertneunundvierzig Seemeilen gekommen ist. Wir hatten um ein leicht luvgieriges Boot gebeten und fühlten uns zunächst nicht recht wohl angesichts der Tatsache, daß es erstaunlich ausgeglichen segelte. Bei Wind unter 18 kn ist die *Taleisin* fast neutral. Die Inneneinrichtung ist nicht das, was wir uns erträumt hatten, aber es reicht. Sechs bis acht Personen sitzen einigermaßen bequem zum Cocktail, vier finden absolut genügend Platz zum Essen, und zwei können sich die ganze Zeit richtig ausbreiten. Was uns aber fehlt, ist der erträumte Tisch, der dauernd genutzt werden kann. Unseren müssen wir halb abklappen, damit ein Durchgang entsteht.

Wir verbrachten ein paar schöne Abende mit Freunden, die dieselben Träume wie wir gehabt hatten. Die beiden hatten als ihre dritte Tourenyacht eine Neukonstruktion in Auftrag gegeben und erzählten uns die lange Geschichte der Umbauten nach dem Stapellauf. Sie hatten fast zwei Jahre gebraucht, um den richtigen Trimm zu finden, und dabei unter anderem das Ruder nach achtern versetzen und Totholz am Unterwasserschiff anbringen müssen, um die Segeleigenschaften zu verbessern. Das hatte sie insgesamt mehrere tausend Dollar gekostet. Jetzt fragten sie: »Würdet ihr noch einmal eine Yacht konstruieren lassen – mit all dem Ärger, dem dauernden Entscheidungszwang und den potentiellen Enttäuschungen?«

Auch wir hatten nach dem Stapellauf ein paar Änderungen an der *Taleisin* vornehmen müssen. Die teuerste ging auf einen Fehler des Bootsbauers zurück – das Ruder verzog sich, weil das Holz nicht richtig abgelagert war. Dafür konnten wir außer uns selbst niemanden verantwortlich machen. Ein an der US-Ostküste gebautes Schwesterschiff hatte acht Zentimeter tiefer im Wasser gelegen, als Lyle geplant hatte.

Er informierte uns unmittelbar vor dem Stapellauf darüber, aber es war zu spät, um noch die Wasserlinie anzuheben, den Wasserstagbeschlag zu versetzen und das Ruder entsprechend anzupassen. Das mußte später geschehen. Das waren im Vergleich zu unseren Freunden zugegebenermaßen kleine und billige Änderungen. Doch als sie diese Frage stellten, mußte ich an die Tage nach dem Stapellauf der *Seraffyn* zurückdenken. Sie war nahezu perfekt gewesen, Konstruktionswasserlinie und Schwimmwasserlinie hatten kaum einen Zentimeter differiert, der Trimm war genau, wie wir es erwartet hatten. Aber sie war auch das zweite Boot nach Lyles Originalplänen für die *Renegade*. Lyle und sein Partner Roy hatten die *Renegade* gebaut. Hal Field, ihr erster Eigner, hatte mit ihr Regatten gesegelt und war mit ihr auf Fahrt gegangen; dabei hatte er unter anderem am Rigg herumexperimentiert und Lyle von jeder Verbesserung unterrichtet. Wir waren mehrmals auf der *Renegade* gesegelt und wußten, was wir ändern mußten, damit sie unseren Bedürfnissen entsprach. All das hatte uns jedwede Überraschung erspart. Diese Gedanken ließen uns unseren Freunden fast beipflichten. Es wäre für sie möglicherweise einfacher gewesen, nach einer bewährten Konstruktion zu bauen.

Im Vergleich zu ihnen waren wir superkonservativ gewesen. Wir hatten denselben Konstrukteur, dieselben Bootsbauer und denselben Schiffstyp gewählt. Wir waren auf verschiedenen ähnlichen Typen gesegelt, die ebenfalls von Lyles Zeichenbrett stammten. Die einzigen echten Änderungen waren eine Vergrößerung des Ballasts und der Abmessungen der *Seraffyn* gewesen, um genau das Boot zu bekommen, das wir wollten. Deshalb fühlten wir uns auch nicht unwohl bei dem Gedanken, den größten Teil unserer Ersparnisse und vier Jahre Arbeit in eine Sonderanfertigung zu stecken.

Trotz gelegentlicher Kopfschmerzen und Zweifel, trotz einiger heißer Auseinandersetzungen, die darauf zurückzuführen waren, daß drei starke Charaktere gemeinsam an etwas arbeiteten, das alle drei wollten, würden wir es wohl noch einmal machen (wenn Lyle das aushielte). Die *Taleisin* gehört uns. Wir haben das schöne Gefühl, von Anfang an an ihrem Werden teilgenommen zu haben. Und wir haben den Vorteil zu wissen, wie aus einer Idee ein richtiges Schiff wird. Außerdem haben wir ein paar unschätzbare Lektionen gelernt über die Sorgfalt, die Berechnungen und die Kompromisse, die in jede gut konzipierte Segelyacht einfließen.

3
Was kostet das Fahrtensegeln?

1983 verbrachten wir einmal einen wundervollen Abend bei einem Vortrag des bekannten französischen Einhandseglers Bernard Moitessier. Er war gerade nonstop von Tahiti nach San Francisco gesegelt, um sich mit der Vorführung seines exzellenten Films über die erste Regatta der Einhandsegler um die Welt Geld zu verdienen. In der Diskussion nach dem Film stellte jemand die Frage, die die Gedanken der meisten Fahrtensegler in spe beherrscht:»Was kostet es, ein Boot auszurüsten und dann auf Fahrt zu gehen?«

Bernard erzielte mit seiner Antwort unter den Zuhörern einen Lacherfolg:»Genau so viel, wie man hat.« Wir lachten damals ebenso laut wie alle anderen und tun es im Gedanken daran auch heute noch, denn ein Blick auf unsere durchschnittlichen jährlichen Kosten in vierzehn Jahren Fahrtensegeln zeigt ziemlich genau den Habensaldo unserer jährlichen Einnahmen.

Als wir 1969 mit viertausend Dollar Erspartem die Leinen loswarfen, lagen unsere Ausgaben zwischen zweihundertfünfzig und dreihundert Dollar im Monat. 1974, als wir einen schönen Überführungstörn an Land zogen und Zeitschriftenartikel für mehrere tausend Dollar verkauften, schossen die Ausgaben auf siebenhundert Dollar im Monat hoch. Im Jahr darauf gingen die Einnahmen zurück und daraufhin auch die Ausgaben. Die Inflation scheint mit all dem nichts zu tun zu haben. Als wir 1978 einen Großteil unseres Geldes für knapp sechs Raummeter burmesisches Teakholz zum Sonderpreis ausgaben, um irgendwann ein neues Boot bauen zu können, kamen wir mit weniger als vierhundert Dollar im Monat aus.

John und Cottee Ross kreuzten von 1983 bis 1986 mit ihrer selbst ausgebauten 11,60 m langen GFK-Slup *Skye II* für durchschnittlich dreihundert Dollar monatlich. Sie hatten zwei schnell wachsende Söhne im Teenageralter dabei und waren, wie Cottee meinte, »wohl diejenigen Fahrtensegler hier draußen, die am spartanischsten lebten.« Aber alle vier waren gesund und freuten sich des Lebens.

Ein anderer Freund mit einer 8,50 m langen GFK-Yacht mußte das Segeln fast ein Jahr lang unterbrechen, weil er fünfzig Prozent mehr ausgegeben hatte als die für einen dreijährigen Törn im Pazifik veranschlagten sechstausend Dollar im Jahr. Selbst bei gelegentlichen Jobs in Tagescharter muß er jetzt ein Jahr in Vollzeit arbeiten, um das Geld für die Fortsetzung seines Törns zu verdienen.

Wir haben uns ziemlich ernsthaft mit dieser Kostenfrage beschäftigt. 1976 veranstalteten wir diesbezüglich eine Umfrage unter sechsundsiebzig Fahrtenseglern. Alle waren seit mindestens zwölf Monaten unterwegs. Damals zeigte sich, daß Schiffsgröße und Ausrüstung sich direkt auf die Kosten auswirken. Spätere Befragungen ergaben, daß auch die Fahrtziele und die Zeit, die man in größeren Segelzentren verbringt, die Kosten wesentlich beeinflussen.

Bei der Umfrage im Jahre 1976 beliefen sich die Kosten bei Booten unter neun Metern im Schnitt auf dreihundertfünfzig bis fünfhundert Dollar im Monat für Crews bis zu drei Personen. Auf Schiffen über neun Metern fielen im Schnitt zwischen fünfhundert und neunhundert Dollar im Monat an. Offensichtliche Gründe dafür sind höhere Werftkosten, höhere Liegeplatzgebühren und höhere Rechnungen für Ersatzteile und Instandhaltungsarbeiten. Die Eigner größerer Yachten neigen dazu, mehr unter Motor zu laufen, und haben dementsprechend höhere Treibstoffkosten. Auf größeren Schiffen ist mehr Platz für sogenannte Luxusausstattung wie Funksender, Gefriergeräte, Wassererhitzer und Radargeräte. All diese Dinge müssen instand gehalten und repariert werden. Je weiter man sich vom Heimathafen entfernt, desto höher klettern diese Reparaturkosten. Wir wissen von einem Fahrtensegler, der aus den Vereinigten Staaten ein Ersatzteil im Wert von sechsundvierzig Dollar für seinen Kompressorkühlschrank bestellte, weil es auf den Fidschi-Inseln nirgendwo zu bekommen war. Als das Teil schließlich nach drei Monaten eintraf, kam er auf Kosten von insgesamt zweihundertzehn Dollar. Telegramme, Fracht, Steuer und Zollgebühren, die sich auf hundert Prozent des Teile- und Frachtwertes beliefen, Agentengebühren für den Papierkram und schließlich die Abholung vom Flugplatz hatten den Preis des Ersatzteils verfünffacht.

Auch bei Schiffen unter neun Metern kann die Instandhaltung von kompliziertem Gerät die Fahrtkosten verdoppeln. Der Unterschied zwischen den dreihundert Dollar im Monat, die John und Cottee Ross mit zwei Kindern brauchten, und den neunhundert Dollar, die der Freund auf dem 8,50m-Schiff mit durchschnittlich zwei bis drei Leuten an Bord ausgab, ließ sich direkt auf die jeweilige Einstellung zu technischem Gerät zurückverfolgen. Die *Skye II* hatte nur eine sehr kleine Hilfsmaschine mit 10 PS. Da er das Boot auf höchstens 2½ – 3½ kn brachte, wurde er nur selten angeworfen und brauchte dementsprechend keine Austauschteile. Zudem war auf der *Skye II* nur einfachste Elektronik vorhanden. Der andere Freund war der Meinung, wenn er schon ein Funkgerät an Bord habe, müsse es auch funktionieren. Seine Freundin suchte in ganz Kalifornien nach Ersatzteilen und einer speziellen Antenne und gab dafür über tausend Dollar aus. Man kann ja verstehen, daß er frustriert darüber war, etwas an Bord zu haben, das nicht funktionierte. Aber wenn es auf die Kosten ankommt, sollte man sich doch besser die Frage stellen, ob diese sogenannten Dinge, die das Fahrtensegeln einfacher machen, den Preis wert sind.

Wo man segelt, spielt eine große Rolle für die Kosten. Wenn viele der angelaufenen Häfen aus Ankerplätzen vor verlassenen Inseln bestehen, wo die Tage mit Tauchen und Spazierengehen ausgefüllt sind, gibt man eine Menge weniger aus als in pulsierenden Städten wie Athen, Monaco, Papeete oder Singapur. Es ist fast unmöglich, den geldverschlingenden Nachtclubs und Cafés aus dem Wege zu gehen. Den Touristenläden mit glitzerndem Schmuck und glänzenden Bootsausrüstungen kann man nur schwer widerstehen. Außerdem haben die Orte, die häufig von Fahrtenseglern angelaufen werden, oft kleine Yachthäfen, in denen ein Liegeplatz zehn, zwanzig oder dreißig Mark pro Nacht kostet. Aber obwohl man mit ein bißchen Planung durchaus ein Plätzchen findet, wo man umsonst ankern kann, braucht man hin und wieder eben doch ein bißchen Leben.

Die Länder, in denen unsere Kosten am niedrigsten waren, waren oft nicht gerade diejenigen, in denen der Lebensunterhalt als billig angesehen wird, nämlich England, Schweden, Finnland, Spanien, Japan und die Vereinigten Staaten. Überall dort war das Leben billiger als beispielsweise in der Karibik, in Singapur, auf Malta und in Gibraltar. Der Hauptgrund dafür war die Tatsache, daß wir uns aus den normalen Yachthäfen heraushalten konnten und Leute kennenlernten, die uns zeigten, wo man noch günstig essen und Abwechslung haben konnte. Außerdem konnten wir die schönen, aber teuren Parties meiden, die überall veranstaltet werden, wo sich ein Dutzend Schiffe aus verschiedenen Ländern zusammenfindet.

Wir waren immer absolut überrascht, wenn unsere Getränkevorräte nach einem gemütlichen Nachmittag mit anderen Fahrtenseglern völlig zur Neige gegangen waren. Meist erhöhten wir dann unsere Ausgaben durch eigene Schuld noch, indem wir beispielsweise sagten:»Aber klar kommen wir mit zum Essen bei Antonio.« Dort gaben wir weitere dreißig oder vierzig Mark für ein Essen aus, das vielleicht längst nicht so gut war wie das, was wir in einem weniger prächtigen Café für den halben Preis bekommen hätten. Nach einer Woche mit derartigen Nachmittagen waren wir selbst und unsere finanziellen Mittel dann oft erschöpft. Damit kein falscher Eindruck entsteht: Diese Rendezvous in beliebten Häfen sind ein ganz besonderer Teil unseres Lebens. Aber um unser Budget und den Grund, aus dem wir fremde Länder besuchen, im richtigen Verhältnis zu belassen, müssen wir diese gesellschaftlichen Veranstaltungen einfach rationieren.

Eine weitere Möglichkeit, die Rendezvouskosten zu beschneiden, besteht darin, darauf zu achten, daß keine Cafés oder Bars in Ankerplatznähe sind. Auf Rangiroa, einer der Tuamotu-Inseln, schossen unsere Kosten in die Höhe, als fünf Freunde in der Nähe vor Anker gingen und wir uns alle jeden Abend wie zufällig in einer sehr einladenden Bar zu treffen schienen. Für jeden von uns beiden ein oder zwei Bier zu je fünf Mark und das nahezu unvermeidliche»Es regnet; laßt uns warten, bis es aufhört und in der Zwischenzeit was essen« verdoppelten in diesem Monat die Ausgaben. Zwei weitere Treffen im gleichen Jahr, in der Lagune von Suworow und an einem ruhigen abgelegenen Strand auf Tonga, kosteten uns fast nichts. Weil keine Läden oder Bars in der Nähe waren, teilten wir uns frisch gefangene Fische und gingen sparsamer mit der begrenzten Menge Wein um, die wir an Bord hatten. Mehr Spaß hatten wir außerdem!

Es gibt verschiedene Posten im Budget, die kleiner als erwartet ausfallen. Die Ausgaben für medizinische Versorgung scheinen drastisch abzunehmen, wenn man auf See ist. Möglicherweise liegt das daran, daß man seine Probleme selbst löst, weil es schwieriger ist, einen Arzt zu finden. Ein realistischerer Grund ist jedoch der, daß man beim Fahrtensegeln sehr gesund lebt. Außerdem trifft man in der Fahrtenseglerfamilie oder an Land meist jemanden, der mit einem Arzt befreundet ist, der einem dann für einen Tagestörn und ein Picknick hilft.

Die Kosten für Bekleidung fallen um fünfzig bis fünfundsiebzig Prozent, wenn man erst einmal die Segel gesetzt hat. Keine Anzüge, Krawatten und Nylonstrümpfe mehr. Außer vielleicht zweimal im Jahr neuem Ölzeug beschränken sich die Einkäufe auf hier und da ein Souvenir-Shirt, einen handbemalten Rock für den Abend, einen Strohhut oder ein Paar Sandalen. Auch wer an Land ganze Kleiderschränke voll zu brauchen meint, muß sich das auf dem Schiff aufgrund der räumlichen Beschränkungen abgewöhnen.

Versicherungen sind eine weitere Ausgabe, um die man sich als Langzeitsegler meist nicht mehr zu kümmern braucht. Nur wenige unter uns können sich eine Versicherung leisten, die Fahrten zu weit abgelegenen Gegenden abdeckt. Die niedrigste Prämie, die wir für eine weltweit gültige Versicherung gegen Totalverlust kennen, beläuft sich auf 1,5 – 2 % des Yachtwertes pro Jahr. Das bedeutet, daß die Versicherung einer Hunderttausendmarkyacht für ein Jahr gemütliches Segeln zwischen den Marquesas-Inseln tausendfünfhundert bis zweitausend Mark im Jahr bzw. hundertsiebenundsechzig Mark im Monat kosten würde. Bei höherem Versicherungsschutz steigen die Kosten derartig, daß man sein monatliches Budget verdoppeln muß, um nur die Versicherung für Schiff und Ausrüstung zu bezahlen. Das ist der Grund dafür, daß die meisten Langzeitsegler, die wir kennen, ihr Geld lieber für zusätzliches Ankergeschirr, ausgezeichnete Seekarten und die bestmögliche Segelausrüstung ausgeben als für eine Versicherung (mehr zu Versicherungen in Kap. 6).

Essen gehen, einen Mietwagen oder ein Taxi nehmen, um etwas zu sehen, und auch mal einen Gebrauchtwagen für eine längere Tour kaufen – das sind die Ausgaben, an denen wir nicht sparen. Wenn man diese Abwechslungen an Land mit derselben Sorgfalt plant wie das Schiff und den Törn, bekommt man sie für einen überraschend niedrigen Preis. Wenn man einen einheimischen Polizisten fragt, wo er essen geht, kommt man mit Sicherheit in ein Restaurant mit einheimischer Küche, wo das Essen nur halb so viel kostet wie in dem malerischen Café direkt am Wasser. Mit etwas Sucherei gerät man immer an jemanden, der bereit ist, für ein paar Mark am Tag sein Motorrad zu verleihen. Wir kennen ein unternehmungslustiges Pärchen, das mit seinen Klapprädern per Bus zu den höchsten Punkten in allen Ländern Europas fuhr, in denen die beiden waren. Von dort aus ging es dann mit dem Rucksack auf dem Rücken immer bequem bergab. Übernachtet wurde in Pensionen und gegessen in einfachen Cafés. Die Kosten beliefen sich auf etwa vierzig Mark am Tag, mit allem Drum und Dran.

Wir haben es auf eine andere Weise versucht. Nachdem wir uns auf den Balearen sorgfältig umgesehen hatten, gaben wir schließlich umgerechnet tausend Dollar für ein gebrauchtes 350er Motorrad aus. Mit zwei Schlafsäcken, einem Tunnelzelt, zwei Weinflaschen und drei Sätzen Kleidung ging es dann sechs Wochen lang kreuz und quer durch Europa. Wir aßen jeden Abend in einem netten Café und begnügten uns tagsüber mit Aufschnitt und frischem Brot. Die Kosten beliefen sich auf durchschnittlich hundertzehn Dollar in der Woche. Bei der

Rückkehr erzielten wir für das Motorrad denselben Preis wie beim Kauf. Dieses Erlebnis abseits der Seehäfen, hoch in den Schweizer Alpen und an den Flüssen Frankreichs entlang, war jeden Preis wert.

Es gibt noch verschiedene andere Möglichkeiten, die Fahrtkosten niedrig zu halten. Gäste an Bord und nicht in Restaurants bewirten. Bei großen Gruppen von Fahrtenseglern vorschlagen, daß es zu essen gibt, was gerade an Bord ist. Bei Gästen, die man an Land kennengelernt hat, einen kurzen Törn zu einem nahegelegenen Ankerplatz vorschlagen und dort abseits von aller Betriebsamkeit etwas Besonderes servieren. Einen solchen Abend würden nur sehr wenige Landratten gegen ein Essen im besten Restaurant eintauschen. Keine Souvenirs in Touristenstädten kaufen. Dort findet man meist mehr Erinnerungsstücke, als man tragen kann. Besser und billiger kauft man in den abgelegenen Dörfern, deren Bewohner wahrscheinlich auch bereit sind, ihre Erzeugnisse gegen gebrauchte Kleidung, ein paar Dosen Fleisch oder ein Stück Leine einzutauschen. Tauschgüter mitführen, die allerdings sorgfältig auf das Zielgebiet abgestimmt sein müssen. Letztes Jahr waren beispielsweise überall auf der Route von Mexiko in den Südpazifik Musikkassetten mit beliebten Interpreten (Anne Murray, Sade, alte Beatles-Songs) und T-Shirts mit bekannten Mottos oder Pop-Siebdrucken gefragt; billiger Plastikschmuck, Angelzubehör, Fleisch und Huhn in Dosen, hübsche Stoffe, Alkohol und Zigaretten sind nützliche Tauschgegenstände. Auf Tonga und Westward kann man mit fast allem, was an Bord ist, Tauschhandel treiben. Wir erhielten eine kostbare Ta'valo, eine Art Gebetsteppich, als wir einer Familie auf Nordtonga eine Plastikdose und ein neues Badetuch mitbrachten. Die beiden Sachen waren eigentlich als Mitbringsel zum Abendessen gedacht gewesen, doch unsere Gastgeber bestanden darauf, uns im Gegenzug den Teppich zu schenken.

Auch gute Taschenbücher kann man fast überall auf der Welt eintauschen. Dasselbe gilt für Segelzeitschriften. Je weiter entwickelt das Land jedoch ist, desto weniger läßt sich tauschen.

Von allem, was einem wirklich gefällt, sollte man Farbdias machen. Von solchen Aufnahmen hat man langfristig mehr als von jedem anderen Souvenir. Ich erinnere mich daran, wie ich mich in Finnland in ein seidiges Rentierfell verliebt hatte. Es sollte nur hundert Dollar kosten, den Lebensunterhalt für eine Woche. Aber nachdem Larry ein paar Photos von mir gemacht hatte, wie ich meinen Schatz im Arm hatte, und anschließend gemeint hatte, ich sollte noch einmal darüber nachdenken, war ich es zufrieden. Wenn ich mir jetzt das Dia anschaue, frage ich mich, ob ich damals ganz bei mir war.

An allen besuchten Orten ein paar Dutzend besondere, handgefer-

Abb. 3.1
Tonganische Körbe wie diese
ergeben wunderbare Geschenke.
Das Verstauen kann jedoch an
Bord zum Problem werden.

tigte Souvenirs kaufen, eintauschen oder sammeln. Sie ergeben ausgezeichnete Mitbringsel bei Besuchen im nächsten Land. Die Muschelketten, die wir für je zwei Dollar an den Ständen auf den Straßen in Tahiti kauften, waren großartige Geschenke für die Frauen in Tonga, wo es diese Muscheln nicht gab. Die tonganischen Körbe, die wir für einen Dollar in Vavàu erstanden, dienen uns hier in Neuseeland als hübsches Mitbringsel, wenn wir zum Essen eingeladen werden. Wir füllen die Körbe mit frischem Gebäck oder einer Muschelkette anstelle der schnell vergessenen Flasche Wein, die die meisten Gäste mitbringen. Auf diese Weise bekommt die Gastgeberin etwas, das sie wieder und wieder verwenden kann.

Vorräte kaufen, wenn es billig ist. Das Schiff voll ausrüsten, auch wenn es nicht gleich auf Fahrt gehen soll. Auf den Azoren gab es mal besten portugiesischen Schinken in Dosen zu umgerechnet 1,20 DM das Pfund. Ich packte das Schapp im Vorpiek voll und ließ mir den Schinken auch ein Jahr später in Dänemark noch schmecken, wo der Schinken ungefähr acht Mark kostete. Noch wichtiger ist so etwas im Südpazifik, wo man beispielsweise für erstklassige Erdnußbutter in Amerikanisch-Samoa 1,70 „, auf Tahiti hingegen 3,00 „ pro Glas bezahlen muß.

Seekarten eintauschen oder Pauspapier mitnehmen und flache Ankerplätze in allen Einzelheiten aufzeichnen. Das ist nicht mehr schwierig, wenn man erst einmal in die Fahrtenseglergemeinde aufgenommen ist. Wir haben Karten, mit denen schon sechs andere Boote den Törn durch das Rote Meer gemacht haben. Jede Besatzung zeichnete ihre schönsten Ankerplätze ein, so daß wir jede Menge Auswahl hatten. Der Postversand für Karten, die man leihen oder jemand anderem zukommen lassen möchte, ist billig. Die Karten einfach fest zusammenrollen und so in eine nicht mehr benötigte Karte einwickeln, daß die Enden für Prüfzwecke offen bleiben. Auf diese Weise fällt nur die Gebühr für Drucksachen an.

Die Segel pfleglich behandeln. Wir legen sämtliche Segel einmal im Jahr aus und überprüfen jeden einzelnen Stich an jeder einzelnen Naht. Auch ein einzelner gerissener Stich wird repariert. Anschließend waschen wir die Segel nach Möglichkeit in Süßwasser. Die kleine Genua auf der *Seraffyn* hielt auf diese Weise im Schnitt achtzehntausend Seemeilen. Unsere Nylonsegel waren bei dieser Behandlung auch nach elfeinhalb Jahren noch nicht hinüber.

Kein neues Gerät kaufen, solange man es nicht selbst reparieren kann. Wer sich an diese Regel hält, kann viel Geld sparen. Das begehrte Satellitennavigationsgerät könnte beispielsweise zu einer doppelten Ausgabe werden, wenn man nach dem Kauf jemanden anheuern muß, der es einbaut oder repariert. Das Motorrad ist nur so lange eine gute Idee, bis das Salzwasser es in eine verrostete Masse verwandelt hat und man öfter mit Reparaturen beschäftigt ist, als man damit fährt. Dann kommt man vielleicht darauf, daß es weitaus billiger gewesen wäre, bei Bedarf ein Motorrad zu leihen.

Die Liste der Möglichkeiten, Geld zu sparen, ließe sich endlos fortsetzen. Aber letztlich steht immer noch die Frage im Raum, was das Fahrtensegeln kostet. Wir haben uns eine ungefähre Formel erarbeitet, die ganz gute Ergebnisse zu bringen scheint. Diese Formel geht von der Voraussetzung aus, daß nur wenige Menschen ihre wesentlichen Vorlieben und Wünsche drastisch ändern, wenn sie zum Fahrtensegeln stoßen. Wer zum Essen gern Wein trinkt, wird auch unterwegs Wein trinken, eifrige Zeitschriftenleser werden auch unterwegs die neuesten Zeitschriften kaufen, wer an das karge Leben eines Studenten gewöhnt ist, weiß, wie er auf diesem Niveau weiterleben kann. Wenn man also die täglichen Lebenshaltungskosten an Land nimmt, die gesamten Kosten für das Auto, zwei Drittel der Ausgaben für Bekleidung, die Miete bzw. die Hypothekenzahlungen und die Liegeplatzkosten für das Boot abzieht und dann ein Drittel zu den Lebensmittelkosten hinzurechnet, kommt man ziemlich nahe an die Fahrtkosten über einen längeren Zeitraum heran.

Das erste Jahr ist wahrscheinlich billiger als das zweite. Das liegt daran, daß das Boot neu ausgerüstet und man selbst so begeistert darüber ist, die Zwänge des Lebens an Land hinter sich gelassen zu haben, daß sich der Wunsch nach Unterhaltung und Ablenkung durch einfachere Freuden erfüllen läßt – der klare sternenübersäte Himmel, das Treiben auf den Marktplätzen oder ein paar neue Sandalen. Aber wer das erste Jahr durchhält und feststellt, daß das Fahrtensegeln ihm in Fleisch und Blut übergeht, der entdeckt auch Jahr für Jahr neue Möglichkeiten, seine finanziellen Möglichkeiten zu erweitern. Eine der wesentlichen Tatsachen ist die, daß nur sehr wenige Langzeitsegler vermögend sind. Vielleicht liegt das daran, daß jemand, der sich immer das Beste leisten kann, nicht das Bedürfnis hat, wochenlang auf dem eigenen Boot zu verbringen, um zu einer abgelegenen Insel zu gelangen. Möglicherweise macht die Arbeit, selbst ein Schiff instand zu halten, keinen Sinn für jemanden, der das Geld hat, sich teure Fachleute zu leisten. Vielleicht ist es aber auch der Umstand, daß sich reiche Leute um die Investitionen, die die Grundlage ihres Vermögens bilden, kümmern müssen, der sie wieder an Land gehen läßt.

Die meisten erfolgreichen Langzeitsegler haben eine Art Arbeitszeit-Segelzeit-Verhältnis, das ihrem Freiheitsgefühl entgegenkommt. Wir wollen beispielsweise höchstens vier volle Monate arbeiten, um Geld zu verdienen. Wenn das nicht reicht, arbeiten wir entweder schwerer oder schränken unsere Ausgaben ein. Dadurch werden wir auf der Ausgabenseite flexibel. Je nach Verfügbarkeit geldbringender Arbeit sind wir entweder reich oder arm. Wer erst nach der Pensionierung zum Fahrtensegeln kommt, kennt dieses Gefühl nicht. Da das Einkommen dann statisch ist, scheint sich der Lebensstandard dieser Leute mit den Lebenshaltungskosten der Zielgebiete zu ändern. Wo das Leben billig ist wie etwa in der Türkei, auf den Bahamas oder auf den Tonga-Inseln, blühen sie auf. Doch wenn es dann in teurere Gegenden wie Tahiti, Skandinavien oder Frankreich gehen soll, zögern sie weitaus länger als alle, die sich ihren Lebensunterhalt unterwegs verdienen.

Wer jetzt spart, um später das Geld für fünf, zehn oder fünfzehn Jahre sorgenfreies Fahrtensegeln zu haben, erreicht sein Ziel vielleicht nie. Inflation, Krankheit, weltpolitische Entwicklungen – all das kann später das Aus bedeuten, wenn man darauf abzielt, jedem Risiko aus dem Weg zu gehen. Stattdessen arbeitet man besser, bis das Geld für ein oder zwei Jahre Fahrtensegeln reicht, kauft eine effiziente kleine Tourenyacht, rüstet sie gut aus und plant erst mal nur für das nächste Jahr. Zu Hause bleibt genügend Geld zurück, daß man jederzeit zurückkehren kann, wenn man das Gefühl hat, man möchte es gern. Wenn einem aber das, was man da draußen sieht und erlebt, gefällt, findet man auch einen Weg, dieses Leben fortzusetzen.

Zwei Beispiele für Fahrtkosten – Südpazifik 1986

Cottee und John Ross auf der *Skye II* stellten die folgende Kostenaufstellung für das mittlere Jahr ihres dreijährigen Törns zur Verfügung. Cottee hatte sorgfältig Buch geführt und meinte, dieses Jahr sei typischer gewesen als das erste, in dem sie das Boot in den Vereinigten Staaten ausgerüstet hatten, und das letzte, in dem sie die Vorräte nach und nach aufgebraucht und weitaus mehr Einzeltörns als normal unternommen hatten. Cottee und John waren vorher schon einmal zwei Jahre lang mit den Kindern im Pazifik gewesen. Sie hatten dabei nicht gearbeitet und von dem vorher verdienten Geld gelebt. John begründete das folgendermaßen:»Ich kann nach Kanada zurücksegeln und in meinem Beruf als Stahlfacharbeiter sieben Monate am Stück zwölf Stunden täglich arbeiten; Cottee kann als Krankenschwester dasselbe machen, und schon haben wir wieder das Geld für drei Jahre Segeln. Außerdem – wenn ich hier draußen Arbeit bekomme, sitzt die Familie in irgendeinem Hafen fest, der ihr nicht gefällt, und ich muß mich vielleicht mit einer Arbeit herumplagen, die mir ebensowenig gefällt.« Ihre Lebenshaltungskosten stützen diese Theorie – sie konnten wahrscheinlich dreimal so viel sparen wie der Durchschnitt, wenn sie beide voll arbeiteten.

Monat	Gebiet	Kosten ($)	Besondere Umstände
Juli	Niederkalifornien	385	Solarzellen gekauft
August		340	50 $ für med. Ausgaben
September		90	
Oktober		440	Boot aus dem Wasser
November		220	Besuch der Eltern, die uns zum Essen einluden
Dezember		270	
Januar 85		500	Proviant, Schuhe, Kleidung, Souvenirs
Februar		500	
März		15	auf See
April	Marquesas	220	
Mai		100	
Juni	Papeete	430	
Juli		420	110 $ für med. Ausgaben
Summe für 13 Monate		3900	
Monatlicher Schnitt 300			

Cottee erklärte, das Boot aus dem Wasser zu nehmen – zum ersten Mal in zwei Jahren übrigens – habe dreihundertfünfzig Dollar gekostet. Die Reparaturkosten hatten in zwei Jahren zweihundertsiebzig Dollar ausgemacht, an Diesel hatten sie knapp zweihundertfünfzig Liter gebraucht. Im Jahr davor waren zusätzlich zweihundert Dollar an Zahnarztkosten angefallen.

Cottee und John erzählten, sie seien nur selten essen gegangen, hätten aber gelegentlich an Straßenständen in Mexiko Tacos gekauft. Ihr größter Luxus sei es gewesen, vier Liter Eiscreme zu kaufen und auf einen Sitz aufzuessen.

Die beiden Jungs waren eifrige und sehr erfolgreiche Angler. Fisch hatte daher den Hauptteil ihrer Ernährung ausgemacht. Hühnchen hatten sie gelegentlich, Fleisch höchstens zweimal im Jahr gekauft.

John und Cottee betonten übereinstimmend, daß ihre Ausgaben nicht als typisch angesehen werden konnten. »Denkt daran, unser Schiff ist neu, und keiner von uns trinkt viel. Cottee mag keine Restaurants, und wir würden um alles in der Welt lieber segeln, als in Kanada zu frieren und zu arbeiten,« sagte John.

Auf meine Frage hin, ob sie wünschten, für bestimmte Dinge mehr Geld zu haben, hatte nur Cottee sofort eine Antwort. »Wenn ich etwas mehr Geld hätte, würde ich es für Nachschlagewerke ausgeben.« Den beiden Jungs schien nichts zu fehlen. Schließlich hatten ihre Altersgenossen in den Dörfern, die sie unterwegs anliefen, auch kein Geld. Sie verdienten sich etwas Geld durch Fischfang und gelegentliche Aushilfearbeiten bei anderen Fahrtenseglern. Das wurde dann aber alles in noch mehr Angelgerät umgesetzt.

Wir selbst verbrachten das Jahr 1985 auf einer ähnlichen Route. Die *Taleisin* war wie die *Skye II* ein fast neues Boot, brauchte also auch kaum Reparaturen. Wir kauften allerdings einiges an Ausrüstung, darunter einen Honda-Außenborder mit 2 PS, ein paar Wasserbehälter, zusätzliche Leinen und Spezialbatterien für unsere Seenotfunkboje, so daß in diesem ersten Jahr zusätzlich fünfhundert Dollar für Bootsausrüstung anfielen. Wir verließen die Route der Ross' dann in Tonga und segelten südwärts nach Neuseeland. Unsere Kosten lagen für ein Paar mit einer 9m-Yacht definitiv im oberen Bereich. Ich muß allerdings zugeben, daß wir uns in dieser Zeit reich fühlten und zur Feier unseres zwanzigsten Hochzeitstages nicht knauserig waren; zudem schickten wir den vielen Freunden und Verwandten, die uns beim Bau der *Taleisin* geholfen hatten, Geschenke.

Januar 85	Mexiko	800	davon 300 „ für Proviant
Februar		1282	Werft 460 „,
			letzte Ausrüstung 600 „
März	2 Wochen auf See	305	
April	Tuamotus	491	
Mai	Papeete	904	
Juni		885	
Juli		913	
August	Samoa	1270	Verproviantieren
September		427	
Oktober		823	davon 400 „ für Geschenke
November		347	
Dezember	Neuseeland	560	
	Summe	9040	
	Monatlicher Schnitt 753		

Wir waren beide der Meinung, für diesen Betrag extrem luxuriös gelebt zu haben. Wir waren zwei- oder dreimal wöchentlich im Hafen essen gegangen, hatten eine völlig neue Garderobe angeschafft und ein Fest für eine tonganische Familie mit sechzehn Leuten veranstaltet. Natürlich konnte das so nicht weitergehen, so daß wir jetzt wieder mit einem knapperen Budget rechnen. Aber wir haben Bernards Behauptung bewiesen, daß das Fahrtensegeln so viel kostet, wie man hat. Als wir uns die obigen Zahlen noch einmal ansahen, stellten wir fest, daß wir den monatlichen Schnitt von 753 „ ohne weiteres auf 500 „ hätten drücken können, wenn wir beispielsweise in Papeete nicht im warmen Kerzenlicht feiner Restaurants, sondern im Le Truck gegessen, die handbemalten Stoffe für meine Tropengarderobe nicht in Kunstgalerien, sondern an Pareo-Ständen an der Straße gekauft und das Fest weniger üppig gestaltet hätten. Nichts einzusparen gewesen war an den ungefähr 2000 „ für die Vorräte, die dann für fast siebentausend Seemeilen gereicht hatten. Darin enthalten waren Konserven und Frischverpflegung, Süßigkeiten und alles, was man so braucht. Cottee und John hatten nur die Hälfte dafür benötigt, indem sie sich überwiegend auf Bohnen, Linsen und Getreide als Proteinquelle verließen, aber wie schon zu Anfang gesagt – niemand ändert seinen persönlichen Lebensstil, wenn er auf Fahrt geht. Cottee und John haben immer gegessen, was ihnen schmeckte, und dabei an Land und auf See zu vegetarischer Ernährung tendiert. Wir sind nun mal das Gegenteil und konnten uns in kalten Nächten auf See immer schon für Schinken, Braten und Brie begeistern.

Andere Kosten, die sich nicht vermeiden ließen, waren die Gebühren für das Herausholen des Bootes aus dem Wasser. In Mexiko, wo der Gezeitenunterschied zu gering war, um das Schiff an einer Spundwand oder ähnlichem trocknen zu lassen, kostete die Bettung der *Taleisin* 240 ˎ für drei Tage; für die Farbe für das Unterwasserschiff kamen noch einmal 160 ˎ hinzu. Die Ross' zahlten fast dasselbe. In Französisch Polynesien wäre es teurer gekommen. In Neuseeland hätte es nur die Hälfte gekostet. Aber die Inspektion und den Neuanstrich des Unterwasserschiffes zu verzögern hieße möglicherweise, am falschen Ende zu sparen.

4
Kinder und Fahrtensegeln

Nach einem Abend mit Diavortrag und Gesprächen über das Fahrtensegeln taucht immer wieder eine Frage auf: »Wie ist das, wenn man Kinder hat?« Wir haben zwar selbst nie länger als eine Woche junge Leute an Bord gehabt, aber die Erlebnisse, die wir mit segelnden Familien in Häfen und an Ankerplätzen hatten, waren durchweg positiver Natur. Ich frage mich allerdings, ob das daran liegt, daß glückliche und zufriedene Seglerfamilien uns wie der sprichwörtliche Magnet anziehen. Es scheint, als ob Larry fast jedesmal, wenn eine Yacht mit fröhlichen Kindern nahebei vor Anker geht, anschließend mit einem oder zweien im Dinghi fortsegelt, während ich die Zutaten für einen Schokoladenkuchen oder ein Backblech Gebäck aus dem Schrank krame.

Unsere Antworten an besorgte Eltern ergeben sich deshalb aus den Geschichten von zwanzig oder fünfundzwanzig Familien, die wir unterwegs kennenlernten – Geschichten übrigens, bei denen so manche Familie an Land neidisch werden könnte.

John und Maureen Guzzwell setzten auf ihrer 13,70 m langen *Treasure* die Segel, als ihre Zwillinge gerade das Schulalter erreichten. In den nächsten zehn Jahren erhielten die beiden Jungs Fernunterricht. Als wir John jr. und James zum letzten Mal sahen, waren sie fast zwanzig. Der eine wollte wie sein Vater Bootsbauer werden, der andere hatte sich bei einer Krankenpflegeschule beworben und war sofort angenommen worden.

Eine unserer beliebtesten Geschichten mit bittersüßem Ausgang ist die der Familie Forrestal. Tom war Mitte vierzig, als sein Arzt ihm erklärte, er habe nur noch zwei oder drei Jahre zu leben. Er behielt diese niederschmetternde Nachricht für sich und fragte seine Frau und seine neun Töchter (ja, *neun*), was sie von einer Tourenyacht hielten. Da alle an die schönen Zeiten dachten, die sie gemeinsam auf dem Wasser um Long Island herum verbracht hatten, war schnell beschlossen, daß Tom die Arbeit aufgeben solle, um zwei oder drei Jahre mit ihnen auf Fahrt zu gehen. Jo und Tom verkauften alles, was sie hatten, erwarben dafür eine 15,50m-Yacht und liefen mit den Mädchen im Alter von dreizehn bis dreiundzwanzig Jahren aus. Wir trafen sie eineinhalb Jahre danach. Jedes Mädchen hatte die Verantwortung für einen bestimmten Bereich auf dem Schiff übernommen. Eines war die Mechanikerin, ein anderes lernte Navigieren und das dritte befaßte sich mit Elektronik. Die drei Ältesten verbrachten den Winter mit Arbeit oder auf dem College, die anderen sechs waren die ganze Zeit an Bord. Als Tom plötzlich eines Morgens in einem winzigen Dorf in Griechenland starb, kamen die Mädchen und ihre Mutter zu dem Entschluß, sie könnten Tom nicht besser Hochachtung bezeigen als dadurch, daß sie in der Praxis anwandten, was er ihnen beigebracht hatte. Also segelten sie noch zwei Jahre lang weiter und machten dabei auch eine Atlantiküberquerung. Die Erziehung und Schulausbildung an Bord war offensichtlich erfolgreich, denn in jedem neuen Brief von Jo steht wieder der Name einer bekannten Schule, die ein weiteres Forrestal-Mädchen angenommen hat.

Die ganz jungen Kinder scheinen an Bord nicht nur zu gedeihen, sondern bilden auch sofort einen Anziehungspunkt, wohin sie auch kommen. Laddie, achtunddreißigjährige Mutter eines hübschen dreijährigen Mädchens und eines vierjährigen Jungen, beklagte sich lachend:»Ich bekomme langsam Minderwertigkeitskomplexe; überall wollen die Leute nur die Kinder sehen, und mich ignorieren sie.«

Die Geschichten gleichen sich überall. Die Schiffsgröße schien auf die Kinder keinerlei Auswirkungen zu haben. Eine vierköpfige Familie mit zwei Kindern im Alter von dreizehn und vierzehn segelte ein Jahr lang mit einem 8,50m-Schiff im Mittelmeer. Ein anderes Paar brachte seinen Sohn zwei Tage nach der Geburt in Costa Rica an Bord seines 8,80m-Trimarans und nahm drei Monate später Kurs auf die Marquesas. Wie wir hörten, ruderte der sonnengebräunte kräftige Knabe vier Jahre später in Französisch Polynesien ein geliehenes Skiff.

Eines der wenigen nicht zufriedenen Kinder, die wir in fünfzehn Jahren kennenlernten, war ein vierzehnjähriges Mädchen, das seine Schulfreundinnen nicht verlieren wollte. Es fühlte sich außerdem ein wenig wie eine Außenseiterin, weil seine beiden jüngeren Brüder in jedem neuen Dorf sofort auf Erkundungstour gingen und innerhalb weniger Stunden mit neuen Freunden zurückkamen. Wir trafen diese junge Dame allerdings vier Jahre danach beim Eintritt in ein erstklassiges College an der Ostküste wieder, und ihre Erinnerungen an den zweijährigen Törn mit der Familie waren außergewöhnlich rosig.

Eigentlich war es kaum zu glauben, daß sie so viel Spaß dabei gehabt hatte, denn in den drei Wochen, die wir mit der Familie zusammen verbracht hatten, war sie die meiste Zeit äußerst verdrießlich gewesen. Die Schule ist natürlich das große Problem. Wir lernten die Familie Bushnell kennen, nachdem sie mit zwei Töchtern von neun und elf sieben Jahre lang auf ihrem 9m-Schiff kreuz und quer um die Welt gesegelt waren. Sechs Jahre danach heiratete die Älteste einen Fahrtensegler. Als wir sie wieder einmal trafen, befragten wir sie nach ihrem damaligen Fernunterricht an Bord. »Ich fand es großartig, meine Schwester hingegen fürchterlich,« sagte Kim mit einem Augenzwinkern. »Ich haßte die richtige Schule, war immer in Kämpfe mit den Lehrern verwickelt. Meine Schwester war das genaue Gegenteil. Sie war richtig glücklich, wieder regelmäßig zur Schule gehen zu können, und ist auch gut mitgekommen. Ich gehe nie wieder zur Schule. Den Abschluß habe ich ja durch die Fernkurse. Aber es war schon schlimm, den halben Tag unter Deck lernen zu müssen, während die anderen oben ihren Spaß hatten.«

Manche Familien, die nur ein Jahr lang segeln und dann in den Heimathafen zurückkehren wollen, meinen, die Zeit und die Mühen, die man aufwenden muß, um die Kinder bei ihren Fernkursen zu halten, lohnten sich nicht. Sie ermuntern ihre Kinder stattdessen, aus dem Segelerlebnis alles zu lernen, was sie nur können, und den versäumten Stoff dann nach der Rückkehr aufzuholen. Bridgit, Brendan und Tim Metherall, die drei Kinder von der *Pegasus*, stellten den Großteil ihrer Schulaufgaben zurück und lernten trotzdem dauernd dazu, indem sie Briefe an Freunde zu Hause schrieben, Schiffe zeichneten, die 11,60m-Ketsch instand hielten und neue Freundschaften an Land schlossen. Ihr letzter Brief aus ihrer Heimatstadt Melbourne läßt vermuten, daß sie nach ihren einjährigen Ferien eifrig an guten Noten arbeiten, um wieder auf Fahrt gehen zu können – dann aber mit eigenen Yachten.

In demselben Brief fand sich eine amüsante Randbemerkung, die möglicherweise die Frage beantwortet, die potentiellen Fahrtenseglern mit Kindern die meiste Sorge bereitet – die Gesundheit. »Bridgit liegt seit drei Wochen mit Grippe im Bett,« schrieb ihre Mutter Jan. »Als wir unterwegs waren, war sie definitiv gesünder. Aber da gab es ja auch keinen Klassenraum mit so vielen Keimen und Bakterien.« Die relative Gesundheit von Kindern auf See ist erstaunlich, und ich meine, Jan liegt mit ihrer Begründung nicht verkehrt. Staphylokokkeninfektionen durch Hautabschürfungen an Korallen und Ohrentzündungen sind die häufigsten Beschwerden bei Kindern, die dauernd im Wasser herumplanschen. Beides läßt sich mit ein bißchen Planung vermeiden.

Ohrentzündungen durch das Tauchen lassen sich durch zwei Tropfen Baby-Öl in jedem Ohr verhindern, die das empfindliche Trommelfell schützen. Nach dem Tauchen die Ohren mit zwei oder drei Tropfen Alkohol ausspülen, der eventuelle Bakterien tötet. Der französische Ohrenarzt in Papeete empfahl für Kinder und Eltern täglich zweimaliges Spülen mit Alkohol – einmal mittags und einmal nach dem letzten Aufenthalt im Wasser.

Die Staphylokokkeninfektionen, bei denen Kinder wochenlang nicht ins Wasser dürfen, lassen sich durch ein bewußt durchgeführtes Programm mit zusätzlichen Vitamingaben und Behandlung auch des kleinsten Kratzers mit einer antibakteriellen Salbe und Verbinden bis zum völligen Abheilen auf ein Minimum reduzieren. Eine gute antibakterielle Heilsalbe läßt auch tiefe Wunden heilen, ohne daß es zu Infektionen kommt.

Um die Sicherheit machen sich Eltern mit Kindern viel mehr Sorge als um die Gesundheit. Bei der schlimmsten Tragödie, von der wir in unseren Jahren auf See hörten, war ein neun Monate alter Säugling durch eine Öffnung im Relingsnetz gekrabbelt und ertrunken, während seine Eltern unter Deck Kaffee tranken. Das Kind hatte es vorher noch nie geschafft, allein aus dem Cockpit zu klettern. Das ist der einzige Vorfall dieser Art, den wir kennen, aber trotzdem haben viele junge Eltern so viel Angst um ihre Kinder, daß sie sie dauernd Schwimmwesten tragen lassen – vom Aufstehen bis zum Schlafengehen. Die Kinder entwickeln natürlich besonders in den Tropen einen ziemlichen Haß auf dieses lästige Ding.

Doreen Samuelson, eine Französin, die mit ihrem englischen Mann David und ihrer in Amerika geborenen siebenjährigen Tochter Nikki mit der 13m-Slup *Swan II* unterwegs ist, meinte dazu:»Bis Nikki schwimmen konnte, mußte sie eine Rettungsweste tragen, wenn sie das Cockpit verließ. Sobald sie schwimmen konnte, mußten wir es darauf ankommen lassen und ihr beibringen, vorsichtig zu sein – wie wir auch selbst lernen mußten, vorsichtig zu sein. Wir legen Gurtzeug an, wenn es rauh wird. Dasselbe gilt für sie.«

Auf meine Frage, was denn in dem Alter vorher gewesen sein, antwortete Doreen:»Mit dem Fahrtensegeln haben wir erst später angefangen.«

Das führte zu einer Diskussion darüber, in welchem Alter Kinder sich am besten an das Fahrtensegeln gewöhnen.

Vicky Carkhuff schrieb in einem Artikel über ihre Segelerfahrung mit Kindern:»Drei bis vierzehn Jahre sind das Alter, das in Frage kommt.« Sie begründete das damit, daß die Kinder vorher nicht schwimmen könnten, daß sie nicht in der Lage seien, Gefahren zu erkennen, und daß man sie nicht schnell unter Deck verstauen und allein lassen könne, wenn beide Elternteile bei einer plötzlich aufziehenden Bö schnell reffen müßten. Paare mit einem Kind unter drei Jahren an Bord stellen in der Regel fest, daß der Mann einhandsegelt, während seine Frau in Vollzeit als Mutter und Sicherheitsoffizier beschäftigt ist. Martine und Benoit, zwei junge Franzosen, die nach zweijährigem Törn auf Tahiti ein Kind bekamen, setzten wieder die Segel, sobald ihre Tochter drei Monate alt war. Sie waren ein Jahr im Südpazifik gewesen und wollten die Hurrikangegend verlassen, weil sie eine weitere Saison mit Hitze, Flauten und hoher Luftfeuchtigkeit nicht mitmachen wollten. Sie segelten zur gleichen Zeit wie wir nach Neuseeland, und jedesmal, wenn wir sie trafen, sah Martine müder und Benoit einsamer aus. »Wenn wir vor Anker liegen, ist alles ganz prima,« erzählte Martine. »Aber auf See werde ich seekrank. Medikamente kann ich nicht nehmen, weil ich noch stille. Was bleibt Benoit also übrig, als sich um das Baby, das Boot und um mich zu kümmern.« Von Fidschi aus flog Martine mit ihrem mittlerweile fünfmonatigen Kind nach Neuseeland, während Benoit allein weitersegelte. Als wir die beiden später wieder trafen, war Martine wütend. »Ich habe das schlimmste Wetter mitgemacht, und wenn ich dann einmal fliege, erzählt Benoit mir anschließend was von perfekten Segelbedingungen mit nie mehr als fünfzehn Knoten Wind.« Martine und Benoit wollen jetzt nach Neukaledonien segeln und dort zwei Jahre warten, bis ihre Tochter in einem Alter ist, das sich nach beider Meinung besser eignet.

Ab etwa drei Jahren wird das Segeln mit all seinen Aspekten für Kinder ungeheuer interessant. Ich habe schon Vier- bis Sechsjährige erlebt, die allein mit dem Beiboot segelten oder fünfzehn bis dreißig Minuten lang das Ruder der Yacht übernahmen. Ältere Kinder werden zu wertvollen Crewmitgliedern. Die drei Kinder von der *Pegasus* erwiesen sich für uns auf der *Taleisin* bei der ersten jährlichen Regatta von Neiafu nach Snafu als wunderbare Crew. Ihr Vater, der mit seiner Frau und einem Freund an Bord an der Regatta teilnahm, meinte anschließend, er habe ihre Hilfe beim Wechseln der Segel richtig vermißt.

Vicky Carkhuff sagte weiter: »Ab fünfzehn haben Kinder ihre eigenen Vorstellungen vom Leben.« Ich kann ihr da nur zustimmen. Wenn man nicht ausläuft, bevor die Kinder das Ende der geeigneten Jahre erreicht haben, und wenn die Kinder die Segelbegeisterung der Eltern nicht teilen, stehen die Aussichten fünfzig zu fünfzig, daß sie bei einer Abwesenheit von mehr als einem Jahr die Freunde zu Hause vermissen und unterwegs unruhig werden. Eltern, die in einer erfreulichen Atmosphäre mit ihren Kindern unterwegs sind, haben alle gewisse Vorkehrungen getroffen. Sie haben dafür gesorgt, daß jedes Kind irgendwo an Bord einen eigenen privaten Bereich hat, wo es tun und lassen kann, was es will, und in den es sich bei Bedarf zurückziehen kann. Mike Saundersons Kinder auf der *Walkabout* konnten sich jeweils mit einem Vorhang eine Seekoje abtrennen. Nikki Samuelson auf der *Swan II* verfügte über den Luxus einer mit Vorhang abgetrennten Achterkajüte unter dem Cockpit, die mit Stofftieren vollgestopft, aber makellos aufgeräumt war. Den beiden Jungen von der *Pegasus* gehörte jeweils eine Seite des Vorpieks, wo das reinste Chaos herrschte. Die beiden Ross-Söhne Dean und Toby, die mit dreizehn und elf auf einen zweiten langen Törn gingen, hatten beidseits des Cockpits winzige Privaträume. »In Tobys Kajüte würde ich nicht hineinschauen,« warnte Cottee mich einmal. »Dort stinkt es gewaltig nach all den Haifischkiefern, die er säubert.«

Jede Familie mit zwei oder mehr Kindern an Bord hatte zwei Beiboote dabei, und zwar in aller Regel ein festes mit Segelausrüstung und ein Schlauchboot. Auf diese Weise saß niemand an Bord oder am Ufer fest, wenn jemand mit dem Dinghi unterwegs war. In einigen Familien dienten Surfbretter als drittes Beiboot für die Tropen. Viele Familien hatten ihren Kindern kleine Außenborder für gelegentliche Fahrten mit dem Beiboot gekauft. Dabei würde ich aber darauf achten, keinen Hochleistungsmotor anzuschaffen. Ich muß da an eine Familie denken, die fast zu Ausgestoßenen wurde, weil die Kinder den ganzen Tag mit einem solchen PS-starken Außenborder herumfuhren und die friedliche Stille des Ankerplatzes zunichte machten.

Auf allen Booten mit zufriedenen Familien kümmerten sich die Eltern abwechselnd um die Kinder. Doreen war so frei, mir einen Nachmittag ihre schönsten Läden in Papeete zu zeigen, während David mit Nikki auf dem Fahrrad zum Maeva-Strand fuhr. Es war immer ein Fest, ruhig mit Jan Tee zu trinken, während Peter mit den Kindern einkaufen ging oder etwas unternahm.

Es läßt sich nicht leugnen, daß das Fahrtensegeln mit Kindern schwieriger ist als ohne. Aber dasselbe läßt sich wohl vom Leben an Land sagen. Mit Kindern an Bord braucht man mehr Platz für Ausrüstung und Vorräte, man hat für Ausflüge an Land mehr zu organisieren und muß sich mit mehr Charakteren auseinandersetzen. Man wird möglicherweise weniger häufig zum Essen auf andere Boote eingeladen, weil die Bekannten und Freunde nicht gern sagen: »Laßt eure Kinder zu Hause.« Aber nicht wenige Eltern meinten, sie könnten sich das Segeln nur zu zweit nicht vorstellen. Dazu gehören auch Cottee und John. Sie haben ihren ursprünglich für zwei Jahre geplanten Törn um ein Jahr verlängert. »Wenn die Jungs älter werden und ihre eigenen Wege gehen, macht es bestimmt nicht mehr so viel Spaß. Sie zeigen uns dauernd etwas Neues, bringen neue Freunde mit und versorgen uns mit Fisch. Außerdem sind sie diejenigen, die das Schiff auf See in Fahrt halten. Sie wollen unbedingt segeln, hier und dort etwas anders trimmen und immer eine schnellere Überfahrt machen als ihre Freunde.«

Cottee und John übertragen Toby und Dean weitaus mehr Verantwortung, als ihre Altersgenossen an Land haben. Wir heuerten beispielsweise den fünfzehnjährigen Dean Anfang 1985 ohne Bedenken dafür an, im Hafen von La Paz vier Tage lang auf die *Taleisin* aufzupassen, während wir unterwegs waren, um Wale zu beobachten. Das Boot seines Vaters lag nur dreihundert Meter entfernt, falls ein Notfall eintrat, mit dem Dean nicht fertig werden konnte. Aber er wurde mit der Situation sehr gut fertig. Bei unserer Rückkehr war das Schiff sauber und das Dinghi ohne jeden Makel.

Über diese Reife (gelegentlich auch als Frühreife bezeichnet) bei Kindern, die lange auf Fahrt sind, ist schon viel geredet worden. Das Leben an Bord eines Schiffes erzeugt gewissenhafte Kinder. Sie wissen, daß ihre Tätigkeiten ein wichtiger Beitrag zum Leben der ganzen Familie sind und nicht als Arbeitsbeschaffung angesehen werden dürfen, mit der man sie beschäftigt halten will. Sie verbringen weitaus mehr Zeit als normal unter Erwachsenen und weitaus weniger mit Kindern ihres eigenen Alters. Immer wieder hören sie unterwegs, daß sie doch etwas ganz Besonderes sind. Die Anpassungsprobleme, die sich daraus später ergeben könnten, versuchen manche Eltern dadurch zu umgehen, daß sie alle zwei Jahre eine Segelpause einlegen, damit ihre Kinder zur Schule gehen können, während sie selbst das Geld für weitere Fahrten verdienen oder das Schiff neu ausrüsten. Andere Eltern planen ihre Fahrten so, daß sie möglichst oft und lange mit anderen Familien zusammen unterwegs sind. Fast immer aber sind Kinder, die über lange Zeit unterwegs sind, erwachsener, ernsthafter und aufmerksamer gegenüber der Außenwelt. Vielleicht sind wir deshalb so gern mit ihnen zusammen.

Damit dürften auch unsere höheren Motive für diese Kapitel deutlich geworden sein. Der Grund dafür, daß wir Eltern ermutigen möchten, trotz der zusätzlichen Planung und Arbeit, ja zum Fahrtensegeln mit Kindern zu sagen, liegt darin, daß Kinder davon meist begeistert sind und ihre Eltern dafür lieben, daß sie entschlossen und ausreichend anders sind, um mit ihnen auf Fahrt zu gehen.

5
Medizinische Vorbereitungen

Ich dachte, beim zweiten Mal würde es einfacher werden. Wir waren ja schon auf See gewesen und wußten, was uns erwartete. Wir konnten auf die Fehler und Lektionen aus elf Jahren Fahrtensegeln und lebenslanger Beschäftigung mit dem Segeln allgemein zurückgreifen. Als dann die Inneneinrichtung der *Taleisin* den Rumpf zu füllen begann und ihre Segel keine Objekte der Arbeit mehr waren, sondern nach und nach im fertigen Ausrüstungsraum verstaut wurden, begann der Ernst der Vorbereitungen auf den zweiten Abschnitt unseres Lebens auf See. Zu diesem Zeitpunkt dachten wir auch wieder daran, daß die Freude am Segeln als Lebensstil auch darauf zurückgeht, daß es immer wieder etwas Neues zu lernen gibt. Jedesmal, wenn man ausläuft, weiß man etwas Neues, das das Leben als Fahrtensegler angenehmer und reibungsloser machen könnte. Während wir also im Winter 1982/83 die *Taleisin* fertigstellten und uns durch Segelausrüstungsgeschäfte, Kataloge und Installationsbedarfsgeschäfte wühlten, nahmen wir uns auch die Zeit, nachzudenken und Entscheidungen zu treffen, von denen wir hofften, daß sie uns unterwegs helfen würden.

In der Erregung nach der Fertigstellung unserer ersten Yacht hatten wir die gesundheitlichen und medizinischen Aspekte des Fahrtensegelns völlig außer acht gelassen. Ich hatte im Rahmen einer meiner College-Jobs Erste-Hilfe-Kurse beim Roten Kreuz besucht. Wir besaßen einen Erste-Hilfe-Satz für unseren Laden, den wir mit auf die *Seraffyn* nehmen wollten. Aber das war auch schon alles. Dann kam der Arzt, der uns während der Bauzeit der *Seraffyn* behandelt hatte, kurz nach dem Stapellauf vorbei und bracht ein Geschenk mit, das uns nachdenklich werden ließ. Er hatte ein exzellentes kompaktes Buch mit dem Titel *Being Your Own Wilderness Doctor* gefunden, erschienen bei Stackpole. Dann hatte er einen kleinen Angelzubehörkasten mit den verschreibungspflichtigen Medikamenten gefüllt, die in diesem Buch empfohlen wurden. Wir lasen das Buch und ergänzten unsere Erste-Hilfe-Ausrüstung um die dort empfohlenen Dinge. Drei Monate nach dem Stapellauf setzten wir die Segel für einen Törn, der sechs Monate, ein Jahr oder so lange dauern sollte, bis unsere gesamten Mittel in Höhe von fünftausend Dollar aufgebraucht waren. Natürlich ließ es der Geschmack, den wir im ersten Jahr an der grenzenlosen Freiheit fanden, unmöglich erscheinen, wieder in ein Leben an Land zurückzukehren. Deshalb suchten und fanden wir Möglichkeiten, unterwegs Geld zu verdienen. In diesen ersten neun Jahren, einem Zeitraum, in dem wir nur selten über viertausend Meilen am Stück segelten und kaum mehr als fünfzig Tage im Jahr abseits von Städten und Dörfern verbrachten, mußten wir gelegentlich in den Medizinkasten greifen, um kleinere Beschwerden wie einen verdorbenen Magen, einen tiefsitzenden Splitter oder eine leichte allergische Reaktion zu bekämpfen. Häufiger waren Fälle, bei denen wir anderen helfen mußten. Larry sicherte uns die Eisversorgung für einen Sommer, als er nach den Anweisungen in dem Buch einen mexikanischen Fischer von einem Abszeß am Fuß befreite. Auf einer Tourenyacht gab es für uns ein prachtvolles Essen, nachdem wir unter unseren Medikamenten genau das gefunden hatten, was die Mitseglerin gegen einen schmerzhaften Blasenkatarrh brauchte. In beiden Fällen war der nächste Arzt zwei oder drei Tagesfahrten mit einer schnellen Motoryacht entfernt. Eine Änderung trat im zehnten Jahr ein, als wir beschlossen hatten, von Malta nach Victoria in Kanada zu segeln. Im Verlauf von sechzehn Monaten waren wir dabei zweihundert Tage auf See und legten sechzehntausend Seemeilen zurück. In diesem Zeitraum traten zwei ernsthafte Probleme auf. Larry bekam bei der Nordpazifiküberquerung zwanzig Tage nach der Abfahrt von Japan eine eitrige Zahnwurzelentzündung, und ich hatte heftige Salzmangelkrämpfe, während wir uns an den unwirtlichen Küsten Nordjemens und Eritreas entlangschlängelten. Diese Probleme überzeugten uns, daß es sich auszahlen würde, etwas mehr über den Körper, mit dem wir lebten, in Erfahrung zu bringen. Deshalb begannen wir, nach einer Art Kursus für Notfallmedizin Umschau zu halten, an dem wir teilnehmen konnten, während wir unser neues schwimmendes Heim bauten.

Unsere erste Idee war es, uns am am nächsten College für einen Kursus in Sofortmaßnahmen am Unfallort einzuschreiben. Aber schon aus dem Programm ging hervor, daß das nicht die beste Lösung war. Es ging nur darum, ein Unfallopfer bis zum Eintreffen des Arztes oder der Sanitäter zu versorgen. Pflege über einen längeren Zeitraum, Medikamente gegen Krankheiten und andere Fragen wurden gar nicht angesprochen.

Eine andere Möglichkeit war der Anschluß an ein Amateurfunknetz, das medizinische Beratung anbot. Das bedeutete, daß wir einen windgetriebenen Generator und ein Funkgerät an Bord haben mußten, zwei Erschwernisse, mit denen wir uns nicht so recht abfinden konnten, die wir aber in Kauf genommen hätten, bis uns zufällig ein Arzt über die Mängel einer medizinischen Nothilfe über Funk vor Augen führte. »Zu allererst,« so betonte er, »ist dazu zu sagen, daß man über Funk nicht sofort Verbindung hat.« Selbst an Tagen mit gutem Empfang kann es zwischen dreißig Minuten und einer Stunde dauern, bis jemand erreicht ist, der helfen kann. In den meisten wirklichen Notfällen ist das zu lange. Allergische Reaktionen, massive Blutungen, Erstickungsanfälle – all das erfordert sofortige Maßnahmen. Zweitens kommt hinzu, daß Hilfe über Funk nichts bringt, wenn der Arzt nicht weiß, welche Medikamente an Bord sind, oder wenn die erforderliche Medikamente nicht zur Verfügung stehen. Und schließlich kann der Arzt kaum helfen, wenn man ihm nicht die nötigen Informationen wie Blutdruck, Puls, Temperatur und Pupillenreaktion übermitteln kann.

Unsere Wahl fiel schließlich auf einen dreitägigen Intensivkurs mit achtundzwanzig Stunden Notfallmedizin, der von dem Unfallarzt Dr. Bob Kingston angeboten wurde. Der Kursus stellte sich als illustrierte Führung durch ein zweipfündiges medizinisches Handbuch heraus, das Bob im Verlauf mehrerer Jahre auf Yachten im heimischen Revier und in elf Jahren Arbeit als Unfallarzt zusammengestellt hatte. Wir waren erstaunt über die Menge an Stoff, die geboten wurde, und wurden uns schnell darüber klar, daß das begleitende Handbuch bedeutete, daß wir uns praktisch nur die grundlegenden Dinge merken mußten, die Bob und die vier Schwestern im praktischen Teil immer wieder betonten: Atemwege, Atmung und Kreislauf prüfen. Wir lernten, wie man ein Stethoskop benutzt und wie man die wichtigsten Symptome erkennt. Wir erfuhren, wie wichtig es ist, für jede Person an Bord eine Karte mit benötigten Medikamenten, normalem Blutdruck und eventuellen Allergien zu haben. Am wichtigsten aber war, daß wir lernten, zunächst nur die erforderlichen Sofortmaßnahmen zu treffen und uns dann hinzusetzen, ruhig im Handbuch nachzuschlagen und daran zu denken, daß es in den meisten Fällen am sichersten und besten ist, nichts anderes zu tun, als es dem Verletzten oder Kranken möglichst bequem zu machen, bis professionelle Helfer erreichbar sind.

Diese Unterscheidung zwischen einem medizinischen Notfall und einem, sagen wir mal, gesundheitlichen Problem war einer der interessanteren Aspekte dieses Kurses. Manche Ärzte, mit denen wir darüber sprachen, gaben ihrer Besorgnis darüber Ausdruck, daß Laien ohne jede Ausbildung sich selbst oder Besatzungsmitgliedern potentiell gefährliche Medikamente verabreichen sollten, anstatt auf ausgebildete Helfer zurückzugreifen. Dr. Kingston betonte mehrfach, daß es auch in den primitivsten Ländern sicherer sei, zum Arzt zu gehen, als sich auf die eigenen begrenzten Kenntnisse zu verlassen. »Die Ärzte dort haben zwar vielleicht nicht die Qualifikation, die man von einem Arzt in den USA oder Europa verlangt,« sagte er. »Aber sie haben genügend Kranke gesehen, um zwischen einer ernsten Erkrankung und kleinen Wehwehchen unterscheiden zu können. Deshalb sucht man am besten immer einen Arzt auf, wenn der nächste Hafen nicht zu weit entfernt ist. Doch draußen auf See ist man auch dann, wenn man über Funk einen Arzt erreicht, letztendlich auf sich allein gestellt. Denn die letzte Entscheidung kann einem niemand abnehmen!«

Ich denke, gelernt zu haben, daß man auf einer Hochseeyacht ganz allein mit Notfällen fertig werden muß, war das Wichtigste an diesem Kursus. Wer beim Anblick eines zertrümmerten Handgelenks die Segel streicht, ist für seinen Partner auch dann keine große Hilfe, wenn über Funk ein Arzt zu erreichen ist.

Der einzige Schwachpunkt an diesem Kursus bestand darin, daß jegliche Hinweise und Tips fehlten, wie man Erkrankungen und Verletzungen vermeiden kann. Aus eigener Erfahrung wissen wir, daß man den meisten ernsthaften Verletzungen an Bord aus dem Wege gehen kann, wenn man potentiell gefährliche Ausrüstungsgegenstände wie Draht, Fallwinschen mit Trommel, quer durch das Cockpit verlaufende Traveller und ähnliches von Bord verbannt. Aber Dr. Kingston ging davon aus, daß ein Segler, der auf Fahrt gehen will, genügend über Sicherheit an Bord weiß, und daß die Zeit deshalb besser mit dem bestmöglichen Einsatz der mitgeführten Medikamente verbracht war.

Nach diesem Intensivkurs blieben für uns vier wesentliche Fragen übrig: Wer von der Crew soll daran teilnehmen? Ist er den Preis wert? Reicht er aus? Wie kann man sicher sein, daß ein Kurs bei einem beliebigen Arzt auf die Bedürfnisse eines Fahrtenseglers abgestimmt ist?

Die Antwort auf die ersten drei Fragen ist eine Sache der Chancenabwägung. Wer sich als angehender Fahrtensegler erst einmal sechs Monate oder ein Jahr den Wind um die Nase wehen lassen will, hat gute Aussichten, von Notfällen verschont zu bleiben. Er gibt die Kursgebühren plus Reisekosten besser für ein Sturmtrysegel oder für eine Probefahrt zur Auffrischung des seglerischen Könnens aus. Auch wenn eine Fahrt von zwei oder drei Jahren in den Buchten von Mexiko oder an der windumtosten Inselkette in der Karibik entlang geplant ist, reichen ein sorgfältig ausgewähltes medizinisches Handbuch, eine gut zusammengestellte Ausrüstung und ein Erste-Hilfe-Kurs beim Roten Kreuz wahrscheinlich völlig aus. Erst wenn man länger als ein Jahr unterwegs ist und dabei drei oder vier Monate im Jahr auf See oder in abgelegenen Gegenden ohne Arzt verbringt, werden die Chancen schlechter.

Auch wenn bei Fahrten von über einem Jahr Kinder, zusätzliche Crewmitglieder oder jemand, der einer speziellen medizinischen Versorgung bedarf, an Bord ist, werden die Aussichten größer, daß ein Notfall oder eine Erkrankung auftritt, die behandelt werden muß. Für diesen Fall würde ich einen Erste-Hilfe-Kurs für mindestens zwei Crewmitglieder mit einem Fortgeschrittenenkurs in Notfallmedizin und Anschluß an ein Amateurfunknetz mit ärztlicher Beratung über Funk verbinden.

Kein Unterricht kann auf all die Notfälle vorbereiten, die die Vorstellungskraft am inneren Auge vorbeiziehen läßt. Aber jede praktische Erste-Hilfe-Ausbildung trägt dazu bei, daß man dem psychischen Stress, allein mit einem Notfall fertig werden zu müssen, besser gewachsen ist. Wenn man die logische Abfolge der Schritte kennt, mit denen man einen Notfall unter Kontrolle bringt, gewinnt man die nötige Zeit, um weitere Hilfe zu finden, sei es in Büchern, über Funk oder im nächsten Hafen.

Das Leben auf See ist erstaunlich gesund. Wenn wir auf mehr als einundzwanzig Jahre Regattasegeln, Fahrtensegeln, Charterfahrten und Überführungstörns zurückblicken und die Unfälle und Erkrankungen unter unseren Freunden und Bekannten betrachten, müssen wir feststellen, daß die meisten auf Regattayachten oder an Land stattgefunden haben, wo sich die an die See gewöhnten Fahrtensegler nicht schnell genug auf die Gefahren des Autoverkehrs eingestellt hatten. Sowohl bei Regatten als auch an Land steht in der Regel schnell Hilfe zur Verfügung. Die uns bekannten schwersten Verletzungen auf See, sei es auf Tourenyachten oder bei Überführungstörns, waren Bein- oder Armbrüche und Verbrennungen, und die werden in den Erste-Hilfe Kursen beim Roten Kreuz ausführlich behandelt.

Die Kostenfrage ist relativ. Wer sich zwischen einem Intensivkurs dieser Art und einem Ankerspill entscheiden muß, täte wahrscheinlich besser daran, dieses für die Sicherheit von Besatzung und Schiff erforderliche Ausrüstungsteil zu kaufen und sich mit dem Erste-Hilfe-Kurs beim Roten Kreuz zu begnügen. Wer sich hingegen ein- oder zweimal im Monat einen Abend für hundertfünfzig Mark leisten kann, ohne seinen Finanzrahmen zu sprengen, sollte nach einem vorbereitenden Erste-Hilfe-Kurs unbedingt einen Intensivkursus in Notfallmedizin besuchen.

Die letzte Frage, d.h., ob es egal ist, bei wem man einen solchen Kursus belegt, muß mit einem entschiedenen Nein beantwortet werden. Die Schwester, die den praktischen Teil unseres Kurses leitete, sagte, die Einstellung der Teilnehmer an ihren bislang zehn Kursen sei maßgebend dafür gewesen, wieviel gelehrt werden konnte. »Wenn die Gruppe begeistert bei der Sache ist, macht es auch uns mehr Spaß, und wir gehen mehr auf die Details ein,« meinte Mary. Ein Blick auf das Programm und die Ausbildung des Arztes, der den Kurs leitet, verschafft einem eine gute Vorstellung davon, ob der Kurs geeignet ist. Weiß der Arzt, was man als Segler am ehesten braucht, berücksichtigt er die besonderen Umstände auf See? Ein Unfallarzt bietet wahrscheinlich einen besseren Kurs an als ein Kardiologe, ein Arzt, der selbst segelt, weiß wahrscheinlich besser, worauf es ankommt. Ein Arzt mit Lehrerfahrung ist eher in der Lage, einen Lehrgang logisch aufzubauen. Als letztes sind bei einem solchen Kursus die Lehr- und Lernhilfen zu berücksichtigen. Nahezu die Hälfte der Vorträge waren bei uns von Zeichnungen, Karten und Dias begleitet, die auf das Lehrbuch abgestimmt waren. Auch Material und Instrumente, die wir anschließend an Bord mitführen würden, standen zur Verfügung, so daß wir den Umgang damit üben konnten.

Ein paar Monate nach dem Kursus nahmen wir mit einem Bekannten auf dessen 17m-Yacht an einer eintägigen Regatta teil. Schon früh am Morgen mußte das Schothorn der Genua instand gesetzt werden. Larry hatte das mit dem Können, das er in vier Monaten in einer Segelmacherei in England erworben hatte, innerhalb von zwanzig Minuten erledigt. Am frühen Abend stürzte ein Crewmitglied, das etwas zu viel getrunken hatte, und verrenkte sich einen Finger. Mit meinen Kenntnissen aus dem Erste-Hilfe-Kurs und dem Intensivkursus konnte ich dem Mann helfen, so daß er die Zeit bis zum Einlaufen überstand. Dieser Tag rückte die Lektionen aus dem Intensivkursus in die richtige Perspektive. Sie sind nichts anderes als das, was jeder lernen kann, wenn er seine Fähigkeiten erweitern will. Das ist wie bei maschinentechnischen Fertigkeiten, segelmacherischen Fertigkeiten, Wartungsfertigkeiten und Seemannschaft – jedes Mal, wenn man etwas über die Sorge für das Schiff, die Crew oder den Körper, mit dem man lebt, dazulernt, läßt man das Pendel des Schicksals weiter zu seinen eigenen Gunsten ausschlagen.

6
Kranken- und Schiffsversicherungen

Wir waren weder in den Jahren, in denen wir mit der *Seraffyn* unterwegs waren, noch während des Baus der *Taleisin* krankenversichert. Statt dessen hatten wir eine Reserve in Höhe von dreitausend Dollar für den Notfall zurückgelegt, die wir zum Glück nicht anzugreifen brauchten. Doch als wir all das Gerede über steigende Behandlungskosten und finanzielle Debakel durch fehlende Versicherungen hörten, begannen wir uns die Sache mit einer Krankenversicherung noch einmal zu überlegen. Wir hatten die gesundheitlich normalerweise problemlosen Jahre schließlich schon überschritten und standen in den mittleren Jahren, in denen man schon mit gewissen Instandhaltungsproblemen rechnen muß. Also begannen wir mit der Suche nach einer Versicherung, die wir uns leisten konnten und die auch außerhalb Amerikas galt.

Die Suche erwies sich als schwieriger, als wir erwartet hatten. Bei den besten Versicherungen standen ein paar bedenkliche Wenn und Aber im Kleingedruckten. Bei der günstigsten Versicherung war eine Selbstbeteiligung von zweitausend Dollar im Jahr erforderlich, um die Prämie unter tausend Dollar zu drücken. Außerdem galt der Versicherungsschutz nicht für den Transport aus dem Ausland in die Vereinigten Staaten, und in Krankenhäusern im Ausland war nur die Erstbehandlung bei Notfällen abgedeckt. Um diese Risiken abzudecken waren, wie der Versicherungsmakler erklärte, Zusatzversicherungen erforderlich, bei denen eine Zusatzprämie für jeweils zwei Wochen, aber höchstens zwei Monate im Jahr fällig wurde.

Das Kleingedruckte und die Vorstellung, jedes Jahr das Geld für zwei Monate Segeln nur für den Fall der Fälle auszugeben, ließ uns die ganze Sache noch einmal überdenken. Wir waren während unser Landaufenthalte im Ausland eigentlich nie krank gewesen, wenn man von einer Augenverletzung bei der Arbeit in einer Segelmacherei, einem Beinbruch bei einem Tagestörn in Kanada, einer Lungenentzündung und einer Amöbenruhr in Costa Rica und einer allergischen Reaktion in Portugal absah. In allen Fällen hatten wir ausgezeichnete medizinische Hilfe bekommen, wenn auch die Übersetzungsschwierigkeiten das Ganze manchmal etwas kompliziert hatten. Während wir so an diese Plattfüße auf der Straße unseres Lebens zurückdachten, wurde uns auf einmal klar, daß wir vorher noch nie einen Gedanken an eine Krankenversicherung verschwendet hatten. Bei allen Gelegenheiten hatten die Kosten der medizinischen Versorgung weniger als ein Drittel dessen betragen, was wir in den Vereinigten Staaten hätten zahlen müssen. Die Gesamtkosten für einen Krankenhausbesuch mit Röntgenaufnahme des gebrochenen Beins, Schienen und Verbinden, dreimaligem Nachschauen plus Krücken hatten 1979 in Kanada weniger als hundert Dollar ausgemacht. Der Krankenhausaufenthalt eines Freundes wegen eines Malaria-Anfalls im Frühjahr 1983 in Mexiko war mit fünf Dollar pro Tag und drei Dollar pro Arztbesuch zu Buche geschlagen. Zu dieser Erkenntnis kamen zwei weitere Tatsachen: Erstens würden wir die verbreitetste Einzelursache für Unfälle beseitigen, wenn wir unseren Kleinlaster verkauften und segeln gingen, und zweitens würden wir einer weiteren Gefahr für die Gesundheit aus dem Wege gehen, wenn wir unsere Werft im Hinterhof schlossen, das Haus verkauften und wieder ein einfacheres Leben führten. Vorbei wäre dann die dauernde nagende Spannung, die das Leben im heutigen Amerika kennzeichnet und bei so manchem Arzt als Ursache von fünfzig Prozent aller behandelten gesundheitlichen Probleme gilt. Statt also tausend Dollar Prämie im Jahr zu zahlen und außerdem zweitausend Dollar Selbstbeteiligung plus tausend Dollar für Flugtickets zur Behandlung in einem amerikanischen Krankenhaus an die Seite zu legen, beschlossen wir, dreitausend Dollar zinsbringend so zu investieren, daß wir jederzeit herankamen, und jedes Jahr weitere tausend Dollar so anzulegen. Damit würden wir uns nicht nur selbst versichern, sondern im Krankheitsfall auch eher geneigt sein, uns in dem Land, in dem wir gerade waren, um die bestmögliche medizinische Versorgung zu bemühen, statt den Törn abzubrechen, wenn es vielleicht gar nicht nötig gewesen wäre. Wir sind jetzt seit fast drei Jahren mit der *Taleisin* unterwegs und haben diese Entscheidung noch nicht bereut. Außerdem bringt die Anlage wegen der angesammelten Zinsen und Zinseszinsen mehr Geld, als die Inflation verschlingt. Wir bekamen auf der Fahrt in Mexiko und im Südpazifik ein paar gesundheitliche Probleme, wie sie im mittleren Alter nun mal vorkommen, machen uns aber aufgrund der geringen Kosten und guten Behandlung nach wie vor keine Sorgen. Bei Larry diagnostizierte ein in Spanien ausgebildeter mexikanischer Augenarzt eine Augenentzündung. Für Behandlung und die verordnete Lesebrille mußten wir insgesamt hundertfünfundzwanzig Dollar bezahlen. Eine Ohrentzündung vom Tauchen in Französisch Polynesien kurierte ein französischer Arzt in Papeete für weniger als fünfzig Dollar einschließlich der Medikamente und einem Vorsorgesatz gegen künftige Taucherohr-Probleme.

Bei all dem ist aber daran zu denken, daß wir unsere Entscheidung gegen eine Krankenversicherung aufgrund unserer ganz persönlichen Krankengeschichte getroffen haben. Jede Familie und jedes Ehepaar, das auf Fahrt gehen will, sollte die Behandlungskosten in der Vergangenheit einer genauen Analyse unterziehen und überlegen, wie es um die finanziellen Ressourcen bestellt ist, wie gut und wie viel jeder Einzelne an Bord verdienen kann, wenn der andere längere Zeit krank ist, und in welche Gegend die Fahrt führen soll. Wer überwiegend in amerikanischen Gewässern segeln will, ist vielleicht eher geneigt, eine Krankenversicherung abzuschließen, als derjenige, der die meiste Zeit des Jahres etwa im Bereich Neuseeland verbringen will, wo ein Besuch beim Arzt nur acht Dollar kostet. Wer sich für eine Krankenversicherung entscheidet, sollte auf jeden Fall mit mehreren Versicherungsgesellschaften sprechen. Wichtig ist dabei auch die Frage, welche Unterlagen als Nachweis für einen Krankenhausaufenthalt oder eine Behandlung im Ausland vorzulegen sind und wie lange die Erstattung dauert, wenn man zunächst die Kosten selbst trägt. Nur wenige medizinische Einrichtungen im Ausland werden nämlich beispielsweise den Krankenhausausweis der Versicherung ohne weiteres als Beleg dafür akzeptieren, daß sie ihr Geld bekommen. Da man in den meisten Fällen die Kosten zunächst selbst tragen und dann die Erstattung beantragen muß, sollten diese Fragen vor Abschluß eines Vertrages geklärt werden.

Schiffsversicherung

Bei der Versicherung des Schiffes für Hochseetörns tauchen fast die gleichen Fragen auf wie bei der Krankenversicherung. Kann ich mir die Versicherung leisten? Deckt sie die wahrscheinlichsten Risiken ab? Soll ich mich selbst versichern?

Die wachsende Beliebtheit des Hochseesegeln hat eine interessante Nebenwirkung gehabt. Die Kosten einer Versicherung sind für erfahrene Segler um vierhundert Prozent gesunken. Als wir 1968 mit der *Seraffyn* auslaufen wollten, durchsuchten die Versicherungsmakler ihre Akten nach einer Police, mit der unsere vorgesehene Route abgedeckt war. Trotz der Tatsache, daß unser Boot nagelneu und gut ausgerüstet war und Larry in Hinsicht auf das Segeln eine makellose Weste hatte, belief sich die niedrigste Prämie, die man uns anbieten konnte, auf acht oder neun Prozent des gewünschten Versicherungswertes, und damit war dann auch nur ein Totalverlust, nicht aber reparierbarer Schaden abgedeckt. Die *Seraffyn* hatte uns ungefähr achttausend Dollar an Material plus die eigene Arbeit gekostet, und ihr Wiederbeschaffungswert war mit etwa achtundzwanzigtausend Dollar veranschlagt. Wir brauchten in jenem Jahr bei unserem Törn vor der mexikanischen Küste im Schnitt zweihundertfünfzig Dollar im Monat. Wenn wir also die Versicherung zu zweihundert Dollar im Monat abgeschlossen hätten, wären die Fahrtkosten fast auf das Doppelte gestiegen. Wir sprachen in der Zeit mit der *Seraffyn* mit vielen anderen Fahrtenseglern über dieses Problem und trafen dabei nur auf einen einzigen, der ein Schiff unter zwölf Metern versichert hatte. Gelegentlich trafen wir Leute auf einem Törn von sechs Monaten oder einem Jahr, die in der Lage gewesen waren, für einen einigermaßen vernünftigen Preis eine Zusatzklausel in ihre normale Police aufnehmen zu lassen. Sie hatten dafür jedoch im voraus einen genauen Törnplan vorlegen und sich entweder genauestens daran halten oder die Versicherungen von jeder Änderung informieren müssen. Sie waren auf ganz bestimmte Gebiete und ganz bestimmte Jahreszeiten festgelegt.

Wir waren also elf Jahre lang ohne Versicherung unterwegs, und das Schlimmste, was uns passierte, war ein gebrochener Klüverbaum, den der unvorsichtige Skipper einer spanischen Motoryacht auf dem Gewissen hatte. Ein wenig kamen wir uns dabei vor, als hätten wir dem Schicksal ein Schnippchen geschlagen. Statt drei Monate im Jahr zu arbeiten, um genügend Geld für die Schiffsversicherung zu verdienen, hatten wir neue Länder gesehen und faktisch sogar noch zweitausend Dollar im Jahr gespart.

Vielleicht war es die Vorsicht, die mit dem Alter kommt, oder der Schock beim Anblick von 27 Wracks bei Cabo San Lucas Ende 1982 (siehe Teil VI) – auf jeden Fall begannen wir uns nach einer Versicherung umzusehen, während die *Taleisin* ihrer Vollendung entgegenging. Seit 1968 haben sich die Umstände drastisch geändert. Manche Leute sagen, es liege daran, daß die Yachten zum Fahrtensegeln heutzutage finanziert werden und die Banken eine Versicherung verlangen, während andere der Meinung sind, die Ursache dafür sei, daß viel mehr Bootseigner sich heute versichern, so daß das Risiko weiter verteilt ist – auf jeden Fall gibt es heute bei Gesellschaften wie beispielsweise Lloyds of London Versicherungen mit nur fünf Prozent Selbstbeteiligung (pro Schadensfall) für nur etwas mehr als 1,5 Prozent des Versicherungswertes der Yacht. Abgedeckt sind dabei Hochseetörn zu nahezu sämtlichen Orten der Welt, die sich nicht in einem Kriegsgebiet befinden. Die Versicherung gilt für Schiff, Ausrüstung sowie stehendes und laufendes Gut, nicht aber für Bruch aufgrund von Abnutzung. Der Versicherungstarif basiert auf der Erfahrung des Eigners gemäß Einschätzung durch den Makler, auf dem Zustand und der Bauweise des versicherten Schiffes und dem vorgesehenen Fahrtziel und wird jährlich berechnet. Um diesen Tarif zu bekommen, hätten wir nach wie vor den ungefähren Törnverlauf angeben und den Makler über größere Änderungen informieren müssen. Aber es hieß, es reiche völlig aus, beispielsweise zu sagen: »Wir sind fünf oder sechs Monate in Mexiko und segeln anschließend zu den Marquesas.« Wir wollten bei diesem anscheinend unglaublich niedrigen Tarif sofort zugreifen, bis wir einen Blick auf den Wiederbeschaffungswert der *Taleisin* warfen. Inflation, unsere eigenen anspruchsvolleren Spezifikationen und die Größe des Schiffes hatten die Materialkosten auf erstaunliche vierzigtausend Dollar steigen lassen. Die Arbeit, die wir hineingesteckt hatten, ließ sich nur schwer in Geld ausdrücken. Doch wenn wir für eine Wiederbeschaffung in gleicher Qualität die Arbeitspreise einer amerikanischen oder europäischen Werft zugrunde legten, kamen wir auf eine Versicherungssumme, bei der fast zweitausend Dollar Prämie im Jahr fällig gewesen wären. Aufgrund der fünfprozentigen Selbstbeteiligung hätten wir zudem noch alle Schäden zahlen müssen, bis eine Gesamtsumme von siebentausend Dollar erreicht war. Diese Zahl von insgesamt neuntausend Dollar ließ uns über die Unfälle nachdenken, die uns von Fahrtenseglern bekannt geworden waren.

Am schlimmsten ist es, wenn das Boot auf See sinkt. Abgesehen von Einhandseglern und Eignern von Mehrrumpfbooten kannten wir aus unserem Freundes- und Bekanntenkreis zwei solcher Fälle. Bei dem einen waren Freunde, die auf jegliche Wache verzichteten, wenn sie erst einmal zweihundert Meilen weit auf See waren, mitsamt dem Schiff verloren gegangen. Im zweiten Fall war das Schiff über dreißig Jahre alt und wäre sowieso nur schwer zu versichern gewesen. Unser Freund lief auf Treibholz, erhielt ein großes Leck im Schiff und mußte die letzten zweihundert Meilen im Beiboot zurücklegen. Im ersten Fall hätte uns das Geld von der Versicherung kaum noch geholfen. Im zweiten Fall hätte der Eigner kaum noch eine Versicherung abschließen können, und möglicherweise hatten Alter und Zustand des Bootes zum Verlust beigetragen. Wir würden ein völlig neues Schiff unter uns haben, mit neuer Ausrüstung und der Erinnerung an Tausende von Arbeitsstunden, die wir dafür aufgewandt hatten. Das würde unserer Ansicht nach schon dafür sorgen, daß wir ordnungsgemäß Wache gingen und vorsichtig ankerten.

Wir befaßten uns auch mit Situationen, in denen es nicht gleich um einen Totalverlust ging. Während wir daran dachten, wie die Leute nach dem Sturm am Cabo San Lucas gekämpft hatten, um ihre Boote zu retten und instand zu setzen, fiel uns ein, daß in der Nacht damals mindestens elf Yachten den Anker gelichtet und sich in die Sicherheit der offenen See begeben hatten. Weitere zwei Dutzend Schiffe waren ungefährdet vor Anker geblieben, weil die Eigner bei der Wahl des Guts oder der Position vorsichtiger gewesen waren oder einfach nur Glück gehabt hatten. Diese Boote waren zwar beschädigt worden, aber die Reparaturkosten hatten weitaus weniger als fünf Prozent der Schiffswertes betragen.

Das ließ uns über die andere Seite der Medaille nachdenken. Könnte es sein, daß die Tatsache, daß uns jemand im Falle eines Fehler in der Seemannschaft Geld garantierte, dazu führte, daß wir uns vielleicht um das kleine Bißchen zuviel entspannten und tatsächlich Fehler machten? Wir haben diese Frage von vielen Fahrtenseglern gehört, die weitaus mehr Meilen zurücklegen als wir, und die Antwort fiel immer gleich aus. »Wenn mein Schiff beschädigt wird, bleibt die ganze Reparaturarbeit doch an mir hängen. Da kann ich die Versicherungsprämien doch gleich sparen und statt dessen besseres Ankergeschirr kaufen.« Dieses Argument war immer wieder zu hören.

Letzten Endes kamen wir wieder auf das Verfahren zurück, das wir schon bei der *Seraffyn* praktiziert hatten, die während der Bauzeit versichert gewesen war. Mit der *Taleisin* hielten wir es ebenso. Gegen Waldbrände, unvorhergesehene Stürme und Überschwemmungen war nichts zu machen, solange sie unbeweglich in ihrem Schuppen stand. Deshalb wurde sie dagegen versichert. Dasselbe galt für den 90 km langen Weg zwischen dem Bootsschuppen und der Werft, wo sie zu Wasser gelassen werden sollte. Da wir aufgrund der fehlenden Erfahrung mit dem neuen Boot bei den Seeversuchen möglicherweise andere Schiffe beschädigen würden, dehnten wir die Versicherung auch noch auf die ersten drei Monate aus, in denen die *Taleisin* schwamm. Aber sobald sie zur Tourenyacht geworden war und Kurs auf die offene See genommen hatte, verließen wir uns wieder auf unser eigenes Können, um unser Heim und wichtigste Geldanlage zu schützen. Dann kamen jährlich weitere zweitausend Dollar in unsere Eigenversicherung, in

Abb. 6.1 Die *Taleisin* war in der Bauzeit und während des Uberlandtransports voll versichert. Hier wird sie bei der Lido Shipyard in Newport Beach, Kalifornien, abgeladen.

der Hoffnung, daß sich kräftig Zinsen ansammelten und wir damit bei einem eventuellen Unfall abgesichert waren. Wir legten bei dieser Eigenversicherung eine Selbstbeteiligung von eintausend Dollar fest, und zwar ausschließlich der Arbeitskosten. Bis zu dieser Höhe sollten alle Schäden aus dem laufenden Budget bezahlt werden. Zwei Jahre, nachdem wir die Segel gesetzt hatten, mußten wir unseren ersten größeren Verlust in zwanzig Jahren verbuchen – die Genua Nr. 2. Die Neuanschaffung kostete hundert Dollar weniger als die Selbstbeteiligung, die wir uns auferlegt hatten. Und so wächst unser Schiffsversicherungsfond gemeinsam mit dem Krankenversicherungsfond langsam, aber stetig an.

Natürlich ist nicht jeder Fahrtensegler in der Lage, das eigene oder gar ein fremdes Boot zu reparieren, wie wir es bei einem Unfall tun müßten; daher könnte irgend eine Art von Versicherung den Unterschied ausmachen zwischen dem Zwang, einen frei gewählten Lebensstil aufzugeben, und der Möglichkeit, diesen Lebensstil fortzusetzen. Wenn das Schiff nahezu alles ist, was man besitzt, tut man möglicherweise durchaus gut daran, sich auch unterwegs zu versichern, und zwar besonders, bis man genügend Erfahrung in Seemannschaft und Navigation gesammelt hat und seinen Versicherungsbedarf abschätzen kann. Ich erinnere mich an ein sehr betrübtes Ehepaar aus Cabo San Lucas, das sein gesamtes Hab und Gut verkauft und mit den letzten paar

Tausend Dollar in bar ohne Versicherung auf Fahrt gegangen war. Die beiden waren in den Fünfzigern, und der Verlust ihres Schiffes brachte sie wieder in die finanzielle Lage, in der sie mit fünfundzwanzig gewesen waren. Bei Yachten über 14 m könnte eine Versicherung aus zwei Grunden ratsam sein. Erstens ist die Möglichkeit, an einem anderen Schiff schwere Schäden anzurichten, mit einer größeren Yacht viel größer als mit einem Boot von nur sieben oder zehn Metern, so daß eine Haftpflichtversicherung eines Tages ganz wichtig sein könnte. Und zweitens ist der Totalverlust einer Zweihunderttausenddollar-Yacht finanziell ein größeres Debakel als der Verlust eines Schiffes, das nur sechzigtausend Dollar gekostet hat.

Um die Versicherungskosten zu senken, kommt entweder eine höhere Selbstbeteiligung oder eine Versicherung in Frage, die nur für Häfen und Küstenfahrt gilt. Einige Gesellschaften reduzieren die Prämien beträchtlich, wenn die Versicherung nur bis 150 sm auf See gilt. Der Grund dafür liegt darin, daß ein Großteil der zu leistenden Zahlungen anfällt, weil über große Entfernungen Schlepphilfe in Anspruch genommen wird. Die Versicherung braucht natürlich nicht so viel zu zahlen, wenn die Entfernung zum nächsten Hafen nicht so groß ist. Wir meinen, daß man dieses Risiko durchaus eingehen kann, weil nur von etwa zwei Prozent aller versicherten Boote, die ein Jahr lang im küstennahen Bereich segeln, Unfallmeldungen eingehen und weil weniger als ein Zehntelprozent dieser Boote bei Unfällen beschädigt werden, die weiter als zehn Meilen auf See passieren.

Wer sich jedoch dafür entscheidet, seinen eigenen Versicherungsfond anzulegen, hat eine weit umfassendere Deckung, als jede Versicherungsgesellschaft bieten kann. Ein solcher Fond deckt nicht nur Schäden am Schiff, medizinische Behandlung und eventuelle Heimflüge zur Familie ab, sondern sorgt auch – wenn man ihn nicht anzugreifen braucht – für das nötige Geld, um ein neues Boot zu bauen oder in den nächsten Lebensabschnitt einzutreten. Um dieses Geld strikt vom normalen Budget zu trennen und regelmäßig Einzahlungen in diesen Fond zu leisten, braucht man Disziplin. Aber das ist wahrscheinlich einer der wesentlichen Charakterzüge, die dafür gesorgt haben, daß man überhaupt so weit gekommen ist, das Leben an Land hinter sich zu lassen und sich in das Abenteuer des Fahrtensegelns zu stürzen.

TEIL II

Ausrüstung

Sobald man ein neues Boot gekauft oder gebaut oder beschlossen hat, das bereits vorhandene Schiff auf den neuesten Stand zu bringen, kommt es darauf an, sich jedes Stück der Ausrüstung, das modifiziert oder installiert werden soll, mit den Augen des Seglers zu betrachten. Denn Ideen und Ausrüstungsgegenstände, die im Laden des Schiffsausrüsters großartig aussehen, lassen sich möglicherweise in der rauhen Salzwasserumgebung nicht anwenden oder funktionieren nicht so, wie sie sollen. Ein Rigg, das sich bei einem Ausflug in der heimatlichen Bucht großartig macht, überfordert möglicherweise die Fähigkeiten der Crew beim Manövrieren in einem unbekannten, mit Korallen übersäten Hafen bei einer plötzlichen Regenbö.

Beim Ausrüsten und Umrüsten des Bootes nach den eigenen Vorstellungen muß jede einzelne Entscheidung sorgfältig überlegt sein, ohne daß dabei Dinge eine Rolle spielen, die an Land vielleicht wichtig wären. Das erste Kapitel dieses Teils gibt ein paar Anhaltspunkte, die bei der Wahl und beim Kauf behilflich sein sollen. Die spateren Kapitel zeigen, wie komplex jede einzelne Entscheidung sein kann und wie wir dazu kamen, bestimmte größere Anschaffungen zu treffen, die sich im nachhinein als lohnend erwiesen.

7
Tips zum Kauf

Es gibt – uns eingeschlossen – nur wenige Segler, die nach einem Besuch bei einem gut ausgestatteten Schiffsausrüster oder dem Durchblättern eines Katalogs nicht sofort eine seitenlange Liste mit all dem aufstellen könnten, was sie gern noch hätten. Unterwegs werden wir auf andere Boote eingeladen, und wenn wir auf die *Taleisin* zurückkommen, fallen dann immer Bemerkungen wie:»Hast du die tollen Lippklampen gesehen? Die würden sich hier bei uns großartig machen. Hast du gehört, wie die Musik vom CD-Spieler klang? So etwas könnten wir hier auch noch gebrauchen.«

Der Wunsch, etwas Neues anzuschaffen, die Freude am Leben zu vergrößern, indem man immer mehr kauft, ist weit verbreitet. Aber er muß gezügelt werden. Dieser Konsumrausch ist es, durch den man in die Tretmühle von Arbeiten, Kaufen, Arbeiten, Kaufen usw. gerät. Der chronische Geldmangel, der dadurch entsteht, verhindert, daß man jemals auf Fahrt gehen kann. Wichtiger noch ist die Tatsache, daß jedes Gerät, das nicht überlegt gekauft, inspiziert und genau auf das Schiff abgestimmt wird, in einem Notfall möglicherweise zur Gefahr wird.

Thoreau hat einmal gesagt:»Die meisten Menschen gehen durch das Leben und schleppen ihre Möbel dabei hinter sich her.« Aber auch er verspürte gelegentlich den Wunsch und das Bedürfnis, bestimmte Dinge zu kaufen, um sich das Leben angenehmer zu machen. Für ihn war es allerdings einfacher, diesem Impuls zu widerstehen, als für uns, denn es gab zu seiner Zeit weitaus weniger von der Stange zu kaufen und weitaus weniger Kataloge und Zeitschriften, in denen verlockende Leckerbissen angeboten wurden.

Damit wir also nicht nur unser Budget, sondern auch die Wasserlinie des Schiffes nicht aus den Augen verloren, mußten wir das Kaufverhalten überdenken, das wir uns angewöhnt hatten, bevor wir ans Fahrtensegeln dachten. Wir mußten lernen, nur das zu kaufen, was wir unbedingt brauchten, Ausrüstungsgegenstände, die wirklich gut geeignet waren, lange hielten und nicht zu teuer waren. Die Lektionen, die wir dabei – manchmal auf die rauhe Art – lernten, können dem Leser vielleicht helfen, seinen Weg ins Abenteuer zu finden.

Ich erinnere mich an das erste Geschäft, das wir nach der Fahrt über den Atlantik in Falmouth betraten. Wir hatten seit sechs Monaten keinen Schiffszubehörladen mehr aus der Nähe gesehen. Die gesammelte Post von fünf Monaten enthielt einen Scheck über einen Betrag, der einem ganzen Monatsbedarf entsprach, und die Preise in dem Laden erschienen uns im Vergleich zu den amerikanischen niedrig. Wir gaben die Hälfte des Betrages für zehn Teile aus. Sieben davon wurden nie gebraucht, sie lagen herum, bis wir sie schließlich verschenkten oder gegen andere Dinge tauschten. Nach dieser Erfahrung erlegten wir uns strikte Regeln auf. Eine Einkaufsliste mit dem Bedarf für Boot und Pantry sowie dem persönlichen Bedarf anlegen. Außer Toilettenartikeln, Lebensmitteln, Zeitschriften und allem, was unter zehn Mark kostet, beim ersten Mal nichts kaufen, was nicht auf der Liste steht. Wenn wir vier oder fünf Monate keinen Laden zu Gesicht bekommen haben, nehmen wir am ersten Tag an Land höchsten hundert Mark mit. Wenn wir dann wirklich etwas finden, von dem wir meinen, es unbedingt haben zu müssen, warten wir, bis wir wieder auf dem Schiff sind. Wenn es dann immer noch in unseren Köpfen herumspukt, kommt es auf die Liste.

Jeder Gegenstand, der auf die Liste kommt und mehr als das Budget für eine halbe Woche Segeln kostet, wird erst gekauft, nachdem wir uns nicht nur sorgfältig mit Qualität, Eignung und Preis befaßt, sondern auch noch einmal überprüft haben, ob er wirklich erforderlich ist. Das ist oft der schönste Teil des Kaufs, weil er uns eine Entschuldigung dafür bietet, in den Neu- und Gebrauchtwarenläden herumsuchen und mit anderen Bootseignern darüber zu sprechen.

Die richtigen Informationen zu bekommen kann schwer sein. Ich erinnere mich an die Probleme, die wir dabei hatten, zuverlässige Angaben zu drei bestimmten Anschaffungen zu erhalten, nämlich das Stereogerät für die *Taleisin*, die Klappräder und einen einfachen Kurzwellenempfänger. Alle drei hatten sich seit langer Zeit auf unserer Liste befunden und zu allen dreien hatten wir widersprüchliche Aussagen gehört, doch schließlich fanden wir die Lösung, indem wir in die entsprechenden Reparaturwerkstätten gingen und mit den Leuten dort sprachen. Im Stereogeschäft in Newport Beach hatte der Techniker mehrere gute Empfehlungen parat, als wir ihm unsere Preisspanne mitteilten. Er meinte:»Die Geräte von Sanyo kämen Ihren Vorstellungen am ehesten entgegen. Die, die wir zur Wartung von den Booten hier bekommen, zeigen keinerlei Korrosionserscheinungen, alle anderen Marken in diesem Preisbereich hingegen sehr wohl.« Möglichst in einer markenunabhängigen Reparaturwerkstatt nachfragen. In Markenwerkstätten um Empfehlungen bitten, welche Ersatzteile mitzunehmen sind und welche Probleme von den zur Wartung gebrachten Geräten bekannt sind. Aus dem Verhalten des betreffenden Technikers kann man erkennen, ob es sich um einen verkappten Verkäufer handelt oder um jemanden, der halbwegs unvoreingenommene Informationen gibt.

Für nicht schiffstypische Dinge, die wie etwa elektronisches Gerät in großen Mengen verkauft werden, sind Verbraucherberatungsstellen und Testzeitschriften eine gute Informationsquelle. Dabei muß man aber immer daran denken, daß die Tests auf Landbedingungen, nicht aber auf die See zugeschnitten sind. Drittens kommen Leute in Frage, die den gewünschten Gegenstand schon von mehreren Herstellern selbst benutzt haben, ihn aber nicht selbst besitzen. Gute Informationen erhält man auch durch einen Vergleich auf Bootsmessen oder – wie im Fall unserer Klappräder – im Ausstellungsraum eines Fahrradhändlers. Die drei am wenigsten verläßlichen Quellen sind Zeitschriftenartikel, die nur einen Überblick ohne Testergebnisse bringen, Leute, die den von ihnen empfohlenen Gegenstand selbst besitzen und, schließlich, die Werbung.

Zeitschriften stecken oft in einem Dilemma. Sie möchten gern sagen, dieses ist gut und jenes ist schlecht. Aber wenn sie nicht das Geld haben, um vollständige Tests durchzuführen, stellen die entsprechenden Informationen oft auch nur Meinungen dar. Redakteure und Herausgeber müssen sich jederzeit der Gefahr gerichtlicher Schritte bewußt sein. Selbst wenn sich eine negative Beurteilung vor Gericht später als korrekt herausstellt, müssen sie viel Zeit und Geld für das Verfahren aufwenden. Schließlich verlieren sie bei einer zu negativen Beurteilung von Booten und Gerät wahrscheinlich die Einnahmen aus der Werbung, mit denen sie ihre Zeitschrift zu einem vernünftigen Preis herausbringen können. Gute Redakteure versuchen diese Probleme dadurch zu überwinden, daß sie jede Chance wahrnehmen, qualitativ Hochwertiges zu loben, deutlich zu sagen, wie und warum ein bestimmtes Teil ausgefallen ist, und trotzdem seine guten Seiten aufzuzeigen bzw. darauf hinzuweisen, daß möglicherweise der Besitzer zum Teil selbst an einem Ausfall schuld war. Und letztlich gibt es noch einige wenige Redakteure, die sich schlichtweg weigern, etwas zu Booten, Ausrüstung oder Büchern zu schreiben, die ihrer Meinung nach minderwertig sind. »Man sagt besser gar nichts als etwas, das zu negativ ist,« erklärte uns einer dieser Redakteure.

Gegenwärtig ist der Markt für Schiffsausrüstungen noch zu klein für eine finanziell gut ausgestattete eigene Testzeitschrift. Die englische Zeitschrift *The Practical Sailor*, die Ausrüstung zu bewerten versucht, ohne auf Mittel aus der Werbung zurückgreifen zu müssen, kann nur das testen, was sie selbst kaufen kann oder was von den Herstellern zur Verfügung gestellt wird. Sie kann es sich nicht leisten, Leute zu bezahlen, die als Vollzeitmitarbeiter Boote und Ausrüstung bis ins Detail untersuchen. Auf diese Weise schleichen sich oft Meinungen in ihre ansonsten hilfreichen Testberichte ein. Ich will keineswegs behaupten, daß Zeitschriften schlechte Ratschläge geben; sie sollten nur nicht als hauptsächliche oder einzige Informationsquelle zu Rate gezogen werden. Bücher können unter Umständen neutralere Informationen bieten als Zeitschriften. Die Autoren brauchen sich nicht um empfindliche Anzeigenkunden oder Redakteure zu kümmern und können unvoreingenommen schreiben, solange sie keine Verleumdungen von sich geben. Aber auch sie können so oft und so heftig, wie sie wollen, Meinungen statt objektiver Tatsachen von sich geben. Deshalb heißt es auch bei Büchern, genau zu lesen und darauf zu achten, ob der Autor genügend Beweismaterial für seine Schlußfolgerungen vorlegt.

Tips von Leuten, die einem erzählen wollen, das Gerät, das sie besitzen, sei das einzig wahre und beste, und man sei verrückt, wenn man etwas anderes kaufen würde, sind mit Vorsicht zu betrachten. Unserer Ansicht nach sind sie sich oft nicht darüber im klaren, daß dieses Gerät zwar vielleicht ihren eigenen, nicht aber den Bedürfnissen anderer entspricht. Wir haben zwei Jahre lang nach einem neuen Kurzwellenempfänger gesucht. Mindestens ein Dutzend Leute versuchten uns zu überzeugen, daß ihr Gerät das beste sei (drei davon wollten es uns sogar mit Nachlaß verkaufen, weil sie sich ein neueres Gerät anschaffen wollten; das ließ uns vorsichtig werden). Zum guten Schluß lernten wir Harry kennen, einen amerikanischen Funkfachmann, der mit seiner 13,7m-Slup *Whale Song* unterwegs war. »Laßt mich ein wenig darüber nachdenken,« sagte er, nachdem er uns genau über unsere Stromquelle (keine), unsere finanziellen Möglichkeiten und unseren genauen Bedarf ausgefragt hatte. Vier Tage später kam er an und meinte: »Ich habe meine Kataloge durchgeblättert und etwas nachgedacht. Der Kenwood R-600 dürfte für euch das Richtige sein.« Er selbst besaß einen Sender und Empfänger eines ganz anderen Herstellers. Er hatte ein Gerät vorgeschlagen, das kein einziges Merkmal mehr aufwies, als wir unbedingt benötigten. Wir dachten über seine Anregung und seine Gründe dafür genau nach und entschlossen uns schließlich, dieses Gerät zu bestellen (leider war es da schon aus dem Programm genommen worden, so daß wir wieder am Anfang standen).

Wenn alle Nachforschungen abgeschlossen sind, versucht man bei teuren Geräten noch ein letztes Mal, sich selbst zu überreden, daß man es doch eigentlich nicht braucht. In unserem *Handbuch für Fahrtensegler* findet sich eine Liste der Prioritäten für sicheres Fahrtensegeln. Wenn das Gerät nicht auf dieser Liste steht oder wenn sich dort andere Dinge finden, die noch nicht an Bord sind, muß man sich selbst wieder daran erinnern, das alles, was man über das Notwendigste hinaus kauft, das Auslaufen verzögert oder bedeutet, daß man beim Auslaufen vielleicht nicht genügend Geld hat.

Wir kennen ein Ehepaar, das ein schönes Schiff kaufte und gut ausrüstete. Anschließend fanden die beiden unentwegt Dinge, von denen sie meinten, daß sie das Fahrtensegeln einfacher und bequemer machen würden. In den sechs Monaten vor dem Auslaufen gaben sie vierzehntausend Dollar für ein Textverarbeitungssystem, elektronische Navigationshilfen, feines Porzellan, farblich abgestimmte Schlafsäcke und passende Laken aus. Als sie schließlich die Segel setzten, hatten sie nur noch fünftausend Dollar. Das Geld, das sie mit der Textverarbeitung (beide waren freie Schriftsteller) zu verdienen gehofft hatten, kam nicht über, so daß sie in dem vorgesehenen Jahr Fahrtensegeln acht Monate arbeiten mußten, um die siebenhundert Dollar im Monat für Schiffsversicherung und Kredite aufzubringen. Zur Krönung des Ganzen gab auch noch der Speicher der Textverarbeitung den Geist auf und ließ die Hälfte des Manuskripts für ein neues Buch ins Nichts entschwinden. Drei von den elektronischen Navigationshilfen funktionierten nicht, und für den Austausch des Wechselstromgenerators, der alles am Laufen hielt, legten sie weiter tausend Dollar hin, weil sie, wie die meisten unter uns, der Meinung waren, wenn er schon an Bord sei, müsse er auch funktionieren. Das mag sich wie ein Extrembeispiel anhören, geht aber nach unseren Beobachtungen nur wenig über die Norm hinaus. *Dem Drang, das Beste, das Neueste und alle möglichen Annehmlichkeiten zu haben, kann man nur sehr schwer widerstehen.*

Ein Fallstrick, über den Leute, die ein Boot bauen, häufig stolpern, ist der Kauf eines Ausrüstungsteils für den Tag, an dem sie an Bord gehen. Wir wissen, daß es Spaß macht, sich mit diesen für später vorgesehenen Ausrüstungsteilen zu beschäftigen, wenn der Bau des Bootes so langsam vorankommt und das Segeln noch in so weiter Ferne zu liegen scheint. Aber wir haben es auch schon erlebt, daß der Kauf eines einfachen Funkgerätes sich zum Einbau einer mit allen Schikanen ausgestatteten Funkstation auswuchs, der schließlich zum Stolperstein für das ganze Bootsbauprojekt wurde.

Nicht nur brachten die zweitausendfünfhundert Dollar, die aus dem Geld für das Material abgezweigt worden waren, den Bau zum Stillstand, sondern es fehlte auch die Zeit, die bei den zahllosen Funkkontakten draufging, später bei der Fertigstellung des Bootes. Letzten Endes geriet der Bootsbau in Vergessenheit.

Die Schuld daran, daß schließlich das Geld zum Fahrtensegeln fehlt, liegt am häufigsten bei elektronischen Geräten, von denen außer einem zuverlässigen Kurzwellenempfänger mit Trockenbatterien keines wirklich nötig ist. Außerdem ist elektronisches Gerät die schlechteste Kapitalanlage, die es gibt. Der Gebrauchtgerätemarkt wird dauernd dadurch unterminiert, daß die Hersteller neuere Geräte herausbringen, daß technische Fortschritte gemacht werden, daß ein Überangebot an Gebrauchtgeräten herrscht und daß neue Geräte in Duty-Free-Läden zu Discount-Preisen verkauft werden. Ein Segler bot uns seinen ICOM-Empfänger für die Hälfte des Preises an, den er selbst acht Monate vorher in den Vereinigten Staaten bezahlt hatte. Tonganesische Freunde erkundigten sich im Duty-Free-Laden auf Fidschi und erfuhren, dort sei dasselbe Gerät nagelneu für fünf Prozent unter diesem halben Preis zu haben.

Ein Funker erklärte uns:»Kauft kein gebrauchtes elektronisches Gerät, das auf einem Segelboot gewesen ist, es sei denn, ihr könnt es irgendwo genau untersuchen und prüfen lassen. Spannungsschwankungen und die salzhaltige Luft könnten nämlich Schäden angerichtet haben.« Er sagte, das gelte ganz besonders für Amateurfunkgeräte, die ja schließlich nur für den Gebrauch an Land und nicht für den harten Einsatz auf See ausgelegt seien.

Von mehreren Technikern erhielten wir den Rat, keine Mehrzweckgeräte zu kaufen, sondern für jede Funktion ein einzelnes Gerät. Falls bei einem Mehrzweckgerät eine Funktion ausfällt, ist möglicherweise das ganze Gerät nicht mehr zu gebrauchen. Als wir die Satnav-Techniker in Papeete, Samoa und Neuseeland nach der Ausfallquote dieser magischen Geräte befragten, hieß es übereinstimmend, je einfacher ein Gerät sei, je weniger Leuchten und Knöpfe es habe, desto weniger anfällig sei es auch. Dasselbe gilt für mechanisches Gerät vom Innen- bis zum Außenborder.

Zu elektronischem Gerät wäre letztlich noch zu sagen, daß man nicht das ausgefallenste kaufen sollte, sondern dasjenige, das den gewünschten Zweck erfüllt. Als wir auf der Suche nach unserem Stereogerät waren, fragten wir auch, welche Lautsprecher wir benötigten. Der Techniker schickte uns zu einem großen Fachgeschäft, wo Regale voller verschiedener Lautsprecher standen. Wir hörten uns welche für sechzig Mark an, wir hörten uns welche für sechshundert Mark an und stellten fest, daß der Klang in unseren Ohren nur wenig besser wurde, wenn wir über hundert Mark hinausgingen. Dabei blieben wir dann auch trotz des Drängens unserer mehr elektronisch ausgerichteten Freunde. Bis heute, drei Jahre danach, freuen wir uns immer wieder über den Klang, den unsere Stereoanlage für insgesamt zweihundertsechzig Mark bringt.

Zu nichtelektronischem Gerät hier noch ein paar Hinweise, die auf unserer fünfundneunzigprozentigen Zufriedenheit mit unserem eigenen Gerät beruhen – im Gegensatz zu dem Verhältnis von fünfzig zu fünfzig bei elektronischem Gerät. Auf jeden Fall vor einem Kauf eine Attrappe an Bord ausprobieren. Ein Modell aus Sperrholz oder Pappe basteln und schauen, ob es an den vorgesehenen Platz paßt, welche Umbauten eventuell vorgenommen werden müssen, damit es paßt, und ob es die vorgesehene Funktion auch erfüllen kann.

Da die Einsatzbedingungen an Bord recht hart sind, braucht man ein Metall, das widerstandsfähig ist gegen Zeit, Mißbrauch und Salzwasser. Bei uns steht Bronze immer an erster Stelle. Sie wird nicht spröde, ist schmiedbar und bekommt einen ganz besonderen Grünton, den wir akzeptabel finden, so daß wir sie nicht zu polieren brauchen. Rostfreier Stahl käme an zweiter Stelle. Weil er eher spröde wird, muß man darauf achten, ihn nicht an Stellen zu verwenden, wo er dauernd unter Biegespannung steht. Befreundete Metallurgen erklärten uns, die Tatsache, daß ein Magnet nicht haften bleibe, sei keine Garantie dafür, daß das betreffende Teil aus einer hochwertigeren Legierung sei, meinten aber auch, daß diejenigen Fittings, an denen sich die geringste Anziehung zeige, am beständigsten gegen Rost seien. Die Gründe dafür seien bessere, witterungsbeständigere Stahllegierungen bis hin zu besserem Elektropolieren und Härten. Decksbeschläge aus Aluminium sollte man weitestgehend meiden; durch den regelmäßigen Kontakt mit Salzwasser korrodiert jedes Leichtmetall, so gut es auch eloxiert sein mag. Im Falle von Beschlägen wie etwa für eine Windfahnensteuerung jedes einzelne Teil auseinandernehmen und mit wasserfestem Fett an den Verbindungsstellen wieder zusammenbauen. Sonst könnte sich das Aluminium durch die Korrosion derart ausdehnen, daß die Gußteile reißen. Manche Verbindungen lassen sich nicht mehr lösen, wenn sie der Witterung zu lange ungeschützt ausgesetzt waren. Bei den neuen aufklappbaren Aries-Windfahnen sind die Leichtmetall-Gußteile zum Schutz gegen Korrosion in Öl gekocht worden.

Eine Möglichkeit, an haltbares, zuverlässiges Gerät zu kommen, besteht darin, auf Ausrüstungsgegenstände zu achten, die auf älteren Booten in Gebrauch sind. Wenn dieses Gerät auch nach zwanzig Jahren noch in gutem Zustand ist und wenn es von derselben Firma im wesentlichen unverändert angeboten wird, kommt es ganz oben auf die Ausrüstungsliste. Die betreffende Firma ist wahrscheinlich im Geschäft geblieben, weil sie ein gutes Produkt, einen guten Kundendienst oder beides anzubieten hatte. Mir fallen dazu im Augenblick zwei Dinge ein, nämlich unsere Edson-Bilgepumpe aus Bronze und unsere bronzenen Merriman-Baumbeschläge. Die gab es schon vor zwanzig Jahren auf zwanzig Jahre alten Schiffen. Damit niemand glaubt, wir seien allem Neuen gegenüber abgeneigt, will ich an dieser Stelle darauf hinweisen, daß wir im Augenblick das neueste Segeltuch auf der *Taleisin* testen, und zwar in Form eines mit Mylar verstärkten zweilagigen Vorsegels aus Dacron (zwei Lagen Dacron mit Mylar-Kern). Aber erst wenn sich dieses Experimentalsegeltuch zwei oder drei Jahre lang bewährt hat, werden wir all unsere Arbeitssegel daraus fertigen lassen. Dasselbe gilt für sämtliches Gerät, das für die Sicherheit des Schiffes unerläßlich ist.

Wenn man erst einmal den Kaufdrang unter Kontrolle gebracht hat, gelangt man auch zu den Freuden, die dieser einfachere Lebensstil bietet. Bei überlegtem und vorsichtigem Einkaufen mit dem Gedanken, daß es auch ohne geht, kauft man letztlich nur das Allerbeste. Wir setzen uns nach einer Neuerwerbung immer gemütlich hin und genießen sie in der Sicherheit, daß keine Enttäuschungen zu erwarten sind, weil wir vorher unsere Schularbeiten gemacht haben. Wenn die vorherigen Erkundigungen und Nachforschungen ergeben haben, daß man das betreffende Teil besser von der Liste streicht, hat man das Vergnügen, das gesparte Geld auf der Bank durch die Zinsen anwachsen zu sehen, statt den Ärger mit der Reparatur eines Geräts zu haben, das später dann nur noch einen geringen Wiederverkaufswert hat. Wenn das »Sparen durch Nichtausgeben«-Programm funktioniert, kann man anschließend früher auf Fahrt gehen, braucht nicht so oft für die persönliche Freiheit zu arbeiten oder hat etwas zusätzliches Geld für ein schönes Abendessen an Land, einen Mietwagen oder ein paar ganz besondere Erinnerungsstücke an den Törn. Wir haben beispielsweise das gesparte Geld in den Aufbau einer kleinen Sammlung nicht zu teurer Originalgemälde und signierter numerierter Drucke gesteckt. Das Dutzend Bilder, das wir von den Fahrten mit der *Seraffyn* mit nach Hause brachten, schmückte unser Heim, während wir die *Taleisin* bauten. Diese beständigen Schätze machten uns und unseren Gästen zehnmal soviel Freude wie alles, was wir möglicherweise vermißt haben, weil wir dem impulsiven Kaufen die Zügel anlegten.

8
Auftriebskörper – eine Option für Kielboote?

Die *Seraffyn* lag nach elf Jahren Fahrt sicher an ihrem Liegeplatz in Newport Beach, während wir in der Zeitung von einem weitaus weniger glücklichen Boot lasen. Die *Spirit*, eine 12m-Ketsch, war nachts auf dem Heimweg von Hawaii nach San Francisco mit sechs Knoten hoch am Wind auf ein Unterwasserhindernis gelaufen. Als die leckgeschlagene Ketsch zu sinken begann, teilte sich die Crew auf. Die eine Hälfte bestieg ein Rettungsfloß, die andere begab sich in ein Schlauchboot. In der allgemeinen Aufregung fiel die Notausrüstung entweder über Bord oder blieb auf dem Schiff zurück. Vier Tage später wurde das Rettungsfloß gefunden, am Tag darauf das Schlauchboot. Die Hälfte der Crew war an Kälte, Schock oder Wassermangel gestorben. Der Artikel brachte uns eine Furcht zu Bewußtsein, die fast jeder Segler tief im Hinterkopf hegt. Jedes Kielboot, jedes Boot mit einer schweren Maschine ist nur ein einziges Loch vom Sinken entfernt, und Sinken heißt, das Schiff zu verlassen und sich einem kleinen Beiboot oder Rettungsfloß mit nur minimaler Überlebensausrüstung anzuvertrauen. Wir glauben, daß diese Furcht und nicht so sehr der Wunsch nach Schnelligkeit manche Leute dazu veranlaßt, einen Katamaran oder Trimaran zu wählen. Denn diese Schiffe mit ihrer Schaum- oder Holzkernbauweise ohne Ballast schwimmen in der Regel auch dann noch, wenn sie leckschlagen oder kentern.

Weniger als eine Woche, nachdem wir von dem Untergang der *Spirit* gelesen hatten, schickte uns ein Freund aus England einen Artikel aus einer französischen Yachtzeitschrift, in dem es um eine neuartige Möglichkeit ging, diese jahrhundertealte Furcht zu besänftigen. Eine französische Firma hatte ein System aus CO_2-Beuteln herausgebracht, die unter Kojen oder Bodenbrettern ausgelegt wurden, so daß man im Falle eines Lecks oder einer Kenterung nur an einer Reißleine zu ziehen brauchte, und dreißig Sekunden später war das Schiff unsinkbar – praktisch ein eingebautes Rettungsfloß. Diese Vorstellung fesselte uns. Die Vorteile schienen offensichtlich zu sein. Wenn das ganze Schiff flott blieb, bis Hilfe eintraf, hatte man alles, was man brauchte, um zu überleben. Besser noch – weil man Zeit hatte, das Leck zu suchen und möglicherweise provisorisch abzudichten, konnte man weitersegeln und damit das Schiff retten. Gerade für Leute wie uns, die sich keine Versicherung leisten können, schien dieses System ein großes Plus zu bieten. Der Kauf der Auftriebskörper wäre praktisch wie eine einmalige Versicherungsprämie; wir würden etwas dafür bekommen, was wir gelegentlich aufpumpen und pflegen konnten, etwas Greifbares und nicht nur ein Stück Papier von einer unsichtbaren Gesellschaft, in dem man uns versprach, wir bekämen eine bestimmte Geldsumme, wenn wir es schafften, den Anspruch geltend zu machen. Diese Idee kam unserer Einstellung, daß Vorbeugen besser ist als Heilen, sehr entgegen. Deshalb begannen wir uns während des Baues der *Taleisin* genauer mit der Frage des Auftriebs zu befassen; wir schrieben Hersteller und befreundete Segler an, und unser Aktenordner begann sich langsam zu füllen.

Donald Street, der in den vergangenen zweiundzwanzig Jahren, in denen er im Atlantik und in der Karibik segelte, Schiffsversicherungen verkaufte, schrieb:»Wenn die Leute nicht Angst hätten, daß ihr Boot sinkt, blieben sie vielleicht bis zum letzten Augenblick an Bord. Ihr müßt wissen, daß die Versicherungsgesellschaften Dutzende von Fällen dokumentiert haben, in denen Segelboote von der Crew verlassen und später halb vollgelaufen, aber noch schwimmend aufgefunden wurden. Crews und Rettungsflöße tauchen nur selten wieder auf.« Wir setzten diese Tatsache auf unsere Liste mit den Pluspunkten und forschten weiter nach anderen Möglichkeiten, Auftrieb zu erzeugen. Dieses Thema geriet speziell nach dem Desaster bei der Fastnet-Regatta zunehmend in die Diskussion. Das oben erwähnte Auftriebssystem mit den Beuteln war das Neueste auf diesem Gebiet. Wasserdichte Schotten und doppelte Schiffswände waren schon seit den Zeiten der *Titanic* im Gespräch, und wir stellten fest, daß Schaummaterial – in den Rumpf eingearbeitet und in Schapps verstaut – seit zwanzig Jahren bei europäischen und amerikanischen Schiffsbauern im Gebrauch war.

Je weiter wir nachforschten, desto mehr begann das Problem demjenigen zu ähneln, dem man sich bei Lebensversicherungen gegenübersieht. Jede Möglichkeit hat ihre Vor- und Nachteile und läßt sich eigentlich nur in der letzten Konsequenz, d.h., im Ernstfall, richtig beurteilen. Bei Versicherungen gibt es zum Glück gesetzliche Richtlinien und Berater, die einem helfen können, das Richtige zu finden. Bei Auftriebssystemen sind es die eigenen Nachforschungen und die Berechnungen des Bootsbauers, auf die man sich verlassen muß.

Der erste und einfachste Teil der Frage lautet, wie viel Auftrieb erforderlich ist, damit das Boot flott bleibt, wenn es ein Leck erhalten hat. Die Berechnung dieser Zahl ist einfach, aber zeitaufwendig, weil man dazu wissen muß, wie schwer die Materialien sind, aus denen das Schiff in seefertigem Zustand besteht. Da Salzwasser 1025 kg pro Kubikmeter wiegt, schwimmt alles mit einem niedrigeren Gewicht pro Kubikmeter von selbst; alles, was schwerer ist, braucht Hilfe, damit es nicht untergeht. Frischwasser wiegt 1000 kg pro Kubikmeter, so daß jeder Liter, der an Bord ist, ein wenig Auftrieb bringt. Die durchschnittliche Schaumstoffauflage für eine Einzelkoje bringt pro Zentimeter Dicke 10 kg Auftrieb, wenn es sich um geschlossenzelligen Schaumstoff oder um eine Auflage mit Kunststoffüberzug handelt und wenn die Auflagen so befestigt sind, daß sie bei einem Wassereinbruch unter Deckshöhe bleiben. Wenn sie bis in den oberen Teil der Kajüte aufschwimmen können, macht sich ihre potentielle Hebekraft zu spät bemerkbar, um noch von Nutzen zu sein. Bei zehn Zentimeter dicken Auflagen für fünfeinhalb Einzelkojen wie auf der *Taleisin* ergeben sich auf diese Weise 635 kg Auftrieb. Holzeinbauten haben einen positiven Auftriebsfaktor, Lebensmittelvorräte sind meist etwa neutral und Maschinen negativ, der größte Negativfaktor aber ist der Ballast.

Die 2812 kg Bleiballast der *Taleisin* mit einem spezifischen Gewicht von 11373 kg pro Kubikmeter brauchen 2559 kg Auftrieb, damit das Schiff an der Wasseroberfläche bleibt (2812 kg Blei entsprechen bei 11373 kg pro Kubikmeter 0,247 Kubikmetern, abzüglich 1025 kg pro Kubikmeter Salzwasser, d.h., 253 kg, ergibt 2559 kg). Wenn das Boot nicht aus Holz, sondern aus GFK besteht, ist mehr Auftrieb erforderlich. Ein GFK-Rumpf mit Schaum- oder Balsakern liegt je nach dem Volumenverhältnis zwischen GFK und Kernmaterial irgendwo in der Mitte. Die Olson 30, ein Superleichtverdränger, hat einen positiven Auftriebsfaktor, wenn man das Kielgewicht wegläßt.

Alle von uns angeschriebenen Firmen, die Auftriebssysteme anbieten, vereinfachen dieses Verfahren bei den anfänglichen Berechnungen, indem sie bei GFK-Schiffen mit bis zu 35% Bleiballast mit einem Verhältnis von 1:1,6 rechnen. Das heißt, für 1,6 t Verdrängung braucht man mindestens 1 t zusätzlichen Auftrieb, um das Schiff an der Wasseroberfläche zu halten. Dann empfehlen sie eine fünfundzwanzigprozentige Sicherheitsmarge, so daß das Verhältnis auf 1,25:1,6 steigt.

Auftriebsberechnung für die *Taleisin*. Salzwasser wiegt 1025 kg pro Kubikmeter. Alles, was weniger wiegt, ist ein positiver Auftriebsfaktor, alles, was schwerer ist, vermindert den Auftrieb.

Positive Faktoren:

Rumpf in Holzbauweise, 4,7 m³ Teak zu 768 kg/m³ bei einer durchschnittlichen Reserve von 240 kg/m³	1128
Auflagen (Kunststoffüberzug oder geschlossenzellig) mit 10 kg Hebekraft pro Zentimeter Dicke (siehe Text)	635
Wassertanks, leer, 0,3 m³	302
Eiskastenisolierung, 0,113 m³ Schaumstoff	108
Positivfaktor	2173

Neutrale Faktoren:
Lebensmittelvorräte (sind in der Regel neutral, da Obst und
   Gemüse, Nudeln und Plastikbehälter schwimmen und dadurch
   einen Ausgleich bilden für Flaschen und Dosen)
Bücher
Frischwasser
Segel

Negative Faktoren:

Bleiballast	2812
Herd und Heizgerät	41
Deck	680
Beschläge, Bronzeteile, Drahtgut u. ä.	453
Ankergeschirr	390
Ersatzteile und Werkzeug	453
Spieren und Sparren	227
Negativfaktor	5056
abzgl. Positivfaktor	2173
erforderlicher Auftrieb	2883
25% Sicherheitsfaktor	721

Zusätzlich erforderlicher Auftrieb, damit die *Taleisin* flott bleibt: 3604

Werftseitige Empfehlung:
2812 kg Ballast plus 25 % Sicherheitsfaktor ergibt 3515 kg zusätzlichen Auftrieb. Geteilt durch 993 kg, die Hebekraft eines Kubikmeters Schaumstoff, ergibt sich nach der kürzeren Berechnungsmethode, ein Bedarf von 3,53 m³ Schaumstoff oder Auftriebskörpern.

Wenn ein Boot mit voller Beladung 8,16 t verdrängt, empfehlen sie Schaumstoff, Auftriebskörper oder luftdichte Räume für 5,2 t. Für ein Schiff wie unseres, mit dem Auftrieb eines Holzrumpfes, beläuft sich die Empfehlung auf einen zusätzlichen Auftrieb, der dem Gewicht von Ballast und Maschine plus 25 % entspricht. Auftriebskörper, wie sie bei diesen Systemen Verwendung finden, bieten eine Hebekraft von 1009 kg/m^3. Wasserdichte Schapps bringen etwa dasselbe, wenn nichts darin verstaut ist. Bei Schaum rechnet man mit 993 kg/m^3. Um also eine 7,6m-GFK-Yacht, die 2,72 t verdrängt, über Wasser zu halten, braucht man 2,71 m^3 Auftriebshilfe. Für eine durchschnittliche 10,7m-Hochseeyacht mit 8,16 t sind etwa 5,24 m^3 erforderlich. Das ist eine Menge Raum und führt zu dem komplizierteren Problem, die Auftriebskörper an den richtigen Stellen unterzubringen.

Materialgewichte in kg/m^3

Baustahl	7849	Gußeisen	7208
Beton	2306	Kartoffeln	673
Blei	11405	Kiefer	432
Bronze	8153	Mahagoni	560
Diesel	849	Petroleum	817
Edelstahl	8009	Salzwasser	1025
Eis	705	Styropor	21
Frischwasser	1000	Tanne	512
GFK – 30% Glasfaser,		Tannensperrholz	576
70% Harz	1538	Teak	769
Glaswolle	56	Zeder	496–560
Gußaluminium	2643		

Ein Hersteller machte uns warnend darauf aufmerksam, daß das geflutete Boot instabil wird, wenn die Auftriebskörper falsch plaziert sind.»Nehmen Sie einmal ein leichtes breites Kielschwertboot mit Aluminiummast,« sagte er.»Wenn sich der Mast mit Wasser füllt, ist das vielleicht gerade das richtige Gewicht, um das Boot nicht durchkentern zu lassen. Deshalb empfehle ich, den Mast auszuschäumen und die Auftriebskörper so zu plazieren, daß das Boot sich auch wieder aufrichtet. Ein Schiff wie Ihre *Taleisin* mit ihrem Ballast ganz unten im Kiel und ihrem hohlen Holzmast würden, unabhängig von der Plazierung der Auftriebskörper immer versuchen, aufrecht zu schwimmen.« Um dieses Problem noch komplizierter zu machen, sind Auftriebshilfen knapp unter Deckshöhe weniger wirksam als nahe der Bilge, weil dann Schiff dann tiefer sinken kann, bevor der zusätzliche Auftrieb wirkt. Mit der scheinbar offensichtlichen Lösung, sämtliche Auftriebskörper in Kielnähe zu plazieren, macht man es sich zu einfach, weil das Boot ja schließlich stabil im Wasser liegen soll, wenn es sich füllt. Dazu müssen die Auftriebshilfen gut über Länge, Tiefe und Breite des Bootes verteilt werden.

Unter Berücksichtigung dieser grundlegenden Probleme sind vor der Bewertung des Für und Wider der verschiedenen Auftriebssysteme noch ein paar Fragen zu lösen, zu deren Beantwortung es keine mathematischen Formeln gibt. Unter welchen Umständen ist es am wahrscheinlichsten, daß sich ein Schiff mit Wasser füllt und sinkt, und wieviel Zeit bleibt dabei, um etwas dagegen zu unternehmen? Wir als Hochseesegler befürchten an erster Stelle eine Kollision mit nicht markierten Objekten wie Walen, treibenden Containern in Lkw-Größe, Betonpiers, die sich losgerissen haben und mit den Gezeiten auf See hinausgetrieben sind, Bäumen, die in vom Monsunregen angeschwollenen Flüssen mitgeführt werden, und sogar anderen Yachten, die keine Lichter führen. Dabei läßt sich auch mit sorgfältigstem Wachegehen kaum etwas unternehmen. Zum Glück finden die meisten Kollisionen mit Treibgut nicht bei Sturm statt. Die Crew der *Spirit* berichtete von Wind mit 25 kn, die Baileys und die Robertsons, deren Yachten nach Kollisionen mit Walen sanken, sprachen nach der Rettung von weniger als 15 kn Wind. Das bedeutet, daß gute Aussicht besteht, daß ein Auftriebssystem, das innerhalb von einer bis zwei Minuten einsatzbereit ist, bei den meisten Kollisionen wahrscheinlich helfen würde.

Daß Hochseeyachten bei Sturm kentern und sinken scheint ein nicht so großes Risiko zu sein, und zwar besonders dann nicht, wenn die Luken gut konstruiert sind und an Ort und Stelle bleiben. Unsere Nachforschungen in den vergangenen drei Jahren haben statt dessen Kenterungen durch Böen, Auflaufen auf Riffe oder Felsen und Versagen von Seeventilen vor Anker oder am Liegeplatz als die drei häufigsten Ursachen des Sinkens ergeben. Kenterungen durch Böen sind die größte Gefahr bei den Wochendyachten unter achteinhalb Metern, und zwar besonders dann, wenn die Niedergangsöffnung tiefer als das Deck liegt. Dort fließt das Wasser aus dem Cockpit sofort in das Bootsinnere. Wir wissen von zwei 6m-Booten, die an einem sonnigen Sonntagnachmittag vor Chicago innerhalb von Sekunden sanken, als eine Windbö zwischen zwei Hochhäusern hindurchpfiff und die ahnungslosen Segler mit belegten Schoten erwischte. Ein aufblasbares Auftriebssystem wäre hier wahrscheinlich nicht schnell genug gewesen. Auf größeren Yachten ist die Niedergangsöffnung kaum größer als auf einer durchschnittlichen 8,5m-Yacht, das Schiffsvolumen hingegen viel größer, so daß man sich wegen eines sofortigen Sinkens nicht so viel Sorgen zu machen braucht. Auf diesen Schiffen finden sich aber mit größerer Wahrscheinlichkeit mehrere Seeventile, die eine Gefahr darstellen könnten, wenn niemand an Bord ist, um bei einem aufblasbaren Auftriebssystem die Reißleine zu ziehen. In diesem Fall wäre ein automatisches System wichtig.

Angesichts all dieser grundlegenden Parameter wird klar, warum es keine einfache Lösung gibt, die auf allen Yachten funktioniert.

Wasserdichte Schotten hören sich wie die einfachste und billigste Lösung an und sind beim Bau einer Metallyacht wohl auch problemlos einzubauen. Schwierig aber wird es beim Umbau einer vorhandenen GFK- oder Holzyacht. Damit ein System mit wasserdichten Schotten auch funktioniert, müssen genügend einzelne Auftriebskammern vorhanden sein, so daß bei einem Leck in einer Kammer die restlichen das Boot über Wasser halten. Das bedeutet verschraubbare Luken und dicht schließende Schotten-Türen, die einem beträchtlichen Wasserdruck standhalten. Dadurch werden nicht nur der Zugang zu verschiedenen Teilen des Bootes und die Belüftung eingeschränkt, sondern auch zusätzliche Installationsarbeiten erforderlich, weil jede wasserdichte Abteilung getrennt an eine Pumpe angeschlossen werden muß. Bei einer Kenterung mit offenen Luken, wo das Boot schnell vollläuft, und am Liegeplatz, wenn niemand an Bord ist, funktioniert dieses System mit den wasserdichten Schotten wahrscheinlich nicht, weil die meisten Segler die Luken und Schottentüren nur bei rauhem Wetter auf See schließen. Am wirksamsten dürften wasserdichte Schotten bei frontalen Kollisionen sein. Wenn bei einer Kollision aber ein langer Riß in der Seitenwand entsteht und wenn dieser Riß beidseits eines Schotts verläuft, sinkt das Schiff. Mit anderen Worten, wenn mehr als eine wasserdichte Abteilung betroffen ist, besteht kein Schutz vor dem Sinken mehr.

Geschlossenzelliger Polyurethanschaum, der schon in der Entwurfsphase berechnet und sofort beim Bau in das Boot eingebracht wird, ist wahrscheinlich die beste Auftriebshilfe. Die französischen Behörden, die den Bau von Sportbooten überwachen und entsprechende Genehmigungen ausstellen, sind davon so beeindruckt, daß Yachten wie beispielsweise die der belgischen Firma Etap Besatzung und Passagiere befördern dürfen, ohne daß ein Rettungsfloß an Bord ist. Wir haben Photographien und Ergebnisse von Tests gesehen, denen diese Boote unterworfen werden müssen, um als unsinkbar bewertet zu werden. Sie müssen in vollgelaufenem Zustand nicht nur noch fast die Hälfte des ursprünglichen Freibords haben, sondern werden auch mit dem Kiel nach oben getestet, um sicherzustellen, daß sie sich wieder aufrichten.

Außerdem muß die Maximalbesatzung (bei der Etap 26 sind das vier Mann mit jeweils mindestens 75 kg) sich kreuz und quer über das vollgelaufene Boot bewegen, um die Stabilität in diesem Zustand nachzuweisen.

Die Engländer sind diesem Beispiel gefolgt und bauen mit der 7,9 m langen Sadler eine Regatta- und Tourenyacht mit derselben Auftriebshilfe. Die amerikanische Firma Wellington Boats bietet bei ihren Dreizehneinhalb- und Siebzehneinhalbmeteryachten Auftriebskörper als Wahlmöglichkeit an. Die Kosten belaufen sich auf ungefähr fünf Prozent des Gesamtwertes bei den beiden kleineren und sechs Prozent des Grundpreises bei der Wellington-Yacht. Der Raumverlust beträgt bei der Etap und der Sadler etwa fünfzehn Prozent und bei der Wellington ungefähr sechs Prozent der Staufläche (nicht des Volumens). Bei sorgfältiger Konstruktion kann man den Schaum in weniger zugängliche Bereiche wie unter Tanks und Maschinenauflagern oder hinter tiefen Schränken einbringen, wo er dem Stauraum, der heiligen Kuh unter Fahrtenseglern, nicht in die Quere kommt. Es ist jedoch zu beachten, daß sämtliche Auftriebshilfen im Rumpf untergebracht werden müssen, da sie im Deck erst dann wirksam werden, wenn es bereits überspült wird. Wenn das der Fall ist, läßt sich das Boot nur sehr schwer auspumpen und bietet nicht mehr den Schutz, den man als Fahrtensegler ja sucht.

Dieser eingebaute Schaum dient nicht nur als jederzeit funktionierende Auftriebshilfe, sondern auch als zusätzliche Isolierung und Geräuschdämmung und verleiht dem Boot theoretisch größere Steifigkeit und Aufprallfestigkeit. Zwei Versicherungsmakler, mit denen wir sprachen, meinten, eingebaute Auftriebskörper würden wahrscheinlich zu einer Senkung der Versicherungsprämien führen, weil Totalverluste weniger wahrscheinlich würden. Macht dieser Schaum Rettungsflöße überflüssig? Die französischen Behörden sagen ja; zumindest zur Zeit sind die englische Royal Sailing Association und die IYRU noch nicht dieser Meinung.

Auf der anderen Seite ergibt sich ein offensichtliches Problem. Jedes Boot mit einer Inneneinrichtung läßt sich nicht so ohne weiteres ausschäumen, so daß diese Methode überwiegend für Neubauten in Frage kommt. Der Schaum muß vor Abrieb geschützt werden, weil er sonst zu Staub zerkrümelt; dadurch wird eine Art Wegerung erforderlich, so daß beim Einbau eines zusätzlichen Rumpffittings für jede Schraube eine Buchse benötigt wird. Weil der Schaum sich zudem hinter Schränken und ähnlichem befindet, wo in der Regel die Rohrleitungen und Stromkabel verlaufen, könnten Reparaturen und Erneuerungsarbeiten schwieriger werden. Auch Bearbeitung und Bau werden teurer. Der Schaum ist hoch brennbar, weitaus mehr als massiver glasfaserverstärkter Kunststoff. Urethanschaum ist außerdem bedenklich, weil bei einem Brand Zyanidgas entsteht. Zum Schluß wirft dieser eingebaute Schaum noch ein mathematisches Problem auf. Wenn der Bootsbauer anhand der vom Konstrukteur angegebenen Verdrängung einen Sicherheitsfaktor von fünfundzwanzig Prozent einkalkuliert, was passiert dann, wenn jemand sein Boot so belädt, daß es zehn bis fünfzehn Zentimeter über die Konstruktionswasserlinie hinaus eintaucht? In unseren zweiundzwanzig Jahren haben wir festgestellt, daß neunzig Prozent aller Tourenyachten tiefer als vorgesehen im Wasser liegen und daß manche Boote über fünfundzwanzig Prozent schwerer sind als ursprünglich vom Konstrukteur geplant. Wie könnte, wie sollte ein Bootsbauer diesem sehr häufig anzutreffenden Überladen begegnen?

Roger MacGregor, Besitzer der Firma MacGregor Marine und Verfechter von Auftriebshilfen, hat eine Lösung für dieses Problem. Er hat in den vergangenen zwanzig Jahren über zwanzigtausend Boote gebaut; sein populärstes Modell ist ein leichter, trailerbarer 6,4m-Kielschwerter, der auf den kostenbewußten Erstkäufer abzielt, sein neuestes eine ausgeklügelte 20m-Regattayacht. In all seinen Schiffen sind wesentliche Teile der im allgemeinen für Vorräte vorgesehenen Bereiche mit Styroporblöcken ausgefüllt.»Bei meiner Zwanzigmeteryacht zwinge ich die Leute, Bug- und Heckbereich von Gewicht zu entlasten, indem ich dort Styroporblöcke einbaue. Das ist besser für die Leistung. In den kleineren Booten befindet sich das Styropor hinter dem Cockpit und unter den vorderen Kojen, wo meist nur unnützes Zeug verstaut wird.« Natürlich kann jeder Eigner eines solchen Bootes die Haltebretter abschrauben und das Styropor herausnehmen, aber nach Aussage von MacGregor tun das nur wenige.»Meine Frau und ich wußten, daß unsere Boote zu den billigsten auf dem amerikanischen Markt gehörten. Wir wußten, daß sie eine unverhältnismäßig große Zahl von Erstkäufern, also von weniger erfahrenen Seglern anziehen würden. Deshalb haben wir die Auftriebshilfen als Grundausstattung eingebaut, um nachts ruhig schlafen zu können und uns keine Sorgen machen zu müssen, daß Menschen beispielsweise durch eine Kenterung nach einer Bö ihr Leben oder ihr Boot verlieren.«

Roger entschied sich aus mehreren Gründen für Styroporblöcke mit den Maßen 15×15×30 cm. Sie sind problemlos von billigen angelernten Arbeitskräften einzubauen. Der Vorarbeiter bestellt im Lager eine bestimmte Anzahl von Blöcken und zählt mit, wenn sie in die dafür vorgesehenen Schränke eingebaut werden, 1520 Blöcke in die ultraleichte 20m-Yacht und 120 Blöcke in das 6,4m-Boot. Die Arbeiter brauchen keine Härter und Kleber zu mischen und die Blöcke nicht zu schneiden oder zu befestigen; sie stapeln sie einfach in den verschiedenen Abteilungen auf- und nebeneinander und schrauben die Abdeckungen fest. Das Styropor ist billig. MacGregor ist der kostenbewußteste Mensch, den ich kenne; seine Zahlen belegen, daß die Auftriebshilfen ihn vierzig Dollar für das kleine Boot und vierhundert Dollar für die Zwanzigmeteryacht kosten.»Ich weiß nicht genau, wie viele Schiffe wir deshalb zusätzlich verkaufen,« erklärte er uns.»Aber mit Sicherheit hilft es.« Styropor, wie er es verwendet, läßt sich problemlos auch in ältere Boote einbauen und hat gegenüber Schaum einen großen Vorteil: Man kann es wieder ausbauen. Wenn irgendwo etwas zu inspizieren oder zu reparieren ist, nimmt man die Blöcke einfach heraus. Sie sind jederzeit zu ersetzen, wenn sie zerkrümeln, und lassen sich bei Bedarf ohne weiteres ergänzen.

Leider ist diese Art von Auftriebshilfe keine gute Wahl für jemanden, der längere Zeit auf See sein will. Der Raumverlust ist größer, als man als Fahrtensegler akzeptieren kann. Roger gibt zu, daß seine Zwanzigmeteryacht nach Einbau der Auftriebskörper etwa denselben Innenraum hat wie ein durchschnittliches 16m-Schiff. Bei dem 6,4m-Boot gehen fünfzig Prozent des Stauraums verloren. Er meint, ein Viertel dieses Raumes ließe sich zurückgewinnen, wenn man sich die Zeit nimmt, die einzelnen Blöcke genau in die Schränke einzupassen, aber dann besteht wieder die Gefahr, daß zu viele Vorräte an Bord genommen werden und daß das Boot schwerer wird, als der Konstrukteur ursprünglich vorgesehen hat. Styroporblöcke bieten keine zusätzliche Isolierung, Geräuschdämmung und Rumpfsteifigkeit. Es ist zweifelhaft, ob die Versicherungsgesellschaften eine Prämienkürzung in Betracht ziehen würden, denn das Styropor ließe sich ja problemlos wieder ausbauen, sobald der Versicherungsinspektor das Schiff verlassen hat. Aber für alle Segler, die eine ängstliche Partnerin auf ihrem ersten Kielboot mit den Freuden des Segelns bekanntmachen wollen, könnte der auch psychologische Auftrieb durch die Styroporblöcke nicht unwichtig sein.

Aufblasbare Auftriebskörper werden auf Rennjollen seit Jahren verwendet. Sie werden aufgeblasen, bevor das Boot zu Wasser gelassen wird, und mit Gurten festgebunden. Dieselbe Art von Auftriebskörpern findet auf Hubschraubern Verwendung, die über Gewässern operieren. Die Firma B.F. Goodrich baut ein Hubschraubernotwasserungssystem, das von einem auf Wasser reagierenden Schalter aktiviert wird, der einen Behälter mit Kohlendioxid und Stickstoff öffnet. Das ausströmende Gas füllt innerhalb von zwanzig Sekunden zwei Stützschwimmer. Dieses System muß von Fachleuten gewartet und gepackt werden, doch angesichts der Millionen, die der Betrieb eines Hubschraubers kostet, fallen die Kosten dafür nicht weiter ins Gewicht. Im Augenblick überlegt man, diese Technik auch auf Sportbooten einzusetzen. Sie erfordert nur wenig Platz; die Firma Myriad Marine errechnete, daß die drei Beutel, die für eine dreißigprozentige Sicherheitsmarge und die entsprechenden Rohrleitungen und Fülltanks auf der *Taleisin* erforderlich wären, den Platz von vier Strandlaken und einer Tauchflasche einnehmen und etwa 35 kg wiegen würden. Die Kosten für dieses und ähnliche Systeme der Firmen Mountcracken Marine aus England sowie Pegasus Co. und Avitari Inc. aus den Vereinigten Staaten liegen für die *Taleisin* zwischen 1700 und 2200 US-Dollar, das entspricht etwa dem Preis für ein komplettes Rettungsfloß. Das System nimmt nicht zu viel Raum in Anspruch, da sich die Beutel unter Kojen verstauen oder aufgerollt an Schotten befestigen lassen und die Drucktanks in einer abgelegenen Ecke untergebracht werden können. Die Berechnung des erforderlichen Auftriebs ist anhand der vom Hersteller angegebenen Nennwerte der einzelnen Auftriebskörper relativ einfach. Einmal im Jahr kann man sie mit einer Fußpumpe aufblasen, um zu sehen, ob sie noch in Ordnung sind. Am besten an diesen Systemen ist, daß sie sich überall nachträglich einbauen lassen.

Als wir uns jedoch genauer mit dieser Möglichkeit – der einzigen, die für uns in Frage kam – zu befassen begannen, mußten wir feststellen, daß derartige Systeme für Sportboote noch im Anfangsstadium der Entwicklung stecken und daß noch einige Probleme zu lösen sind, bevor sie in der Mehrzahl aller Notsituationen, in denen Kielboote sinken könnten, zuverlässig funktionieren. Zudem meinte der Leiter

Abb. 8.1 Eine voll unter Wasser gesetzte 5,5m-Yacht wird mit Hilfe zweier Boat-a-Float-Auftriebskörper der Firma Pegasus Marine in den Hafen zurückgesegelt.

der Forschungsabteilung bei B.F. Goodrich, diese Entwicklung werde langsam und schwierig sein, weil große Firmen es sich nicht leisten können, sich mit Dingen zu befassen, die für jedes einzelne Schiff praktisch maßgefertigt und gesondert installiert werden müssen. »Wir brauchen Produkte, die in drei Größen alle denkbaren Fälle abdecken, Produkte, die keine Installateure, Konstrukteure und Techniker mehr benötigen, wenn sie erst einmal im Regal des Händlers liegen.« Weiterhin ließ er verlauten, daß sich aus der Produkthaftung bei derartigen Systemen Versicherungsprobleme für den Hersteller ergeben könnten.

Ted Mangles, ein Schiffbautechniker, mit dem wir darüber sprachen, war mit ihm einer Meinung in bezug auf die Haftung. »Überlegt einmal, was passiert, wenn sich auf einem Boot mit schwacher Verbindung zwischen Rumpf und Deck plötzlich die Auftriebskörper füllen. Das Deck reißt ab, und damit ist das Boot erledigt. Es gibt nicht viele Decks, die dafür ausgelegt sind, den Ballast eines ganzen Bootes zu halten, und genau das geschieht nämlich, wenn man an der Reißleine zieht.« Aus Sicherheitsgründen und damit die Auftriebskraft in der richtigen Richtung angreift, müssen diese Auftriebskörper deshalb kräftige Befestigungen haben, die auf direktem Wege zum Ballastkiel führen.

Ein zweites größeres Problem ist das Schamfilen. Wie fest das verwendete Gewebe auch sein mag, dem Schamfilen an scharfen Kanten, freiliegenden Schrauben und Bolzenköpfen wird es nicht lange standhalten. Wenn nach einer Leckage auf See zwei oder drei Tonnen Seewasser im Rumpf hin und her schwappen, geht mit großer Wahrscheinlichkeit die Inneneinrichtung zu Bruch, so daß man dieses Pro-

Abb. 8.2
Die Firma Mountcracken Marine führte diesen Test an einer J-24 mit zwei rechteckigen und einem dreieckigen Auftriebskörper für den Bug durch.

blem des Schamfilens nicht vollständig außer acht lassen darf. Ein Hersteller schlug vor, die Kojenauflagen an den leeren Auftriebskörpern zu befestigen, so daß sie beim Aufblasen als Schutz wirkten. Möglicherweise wäre das eine Hilfe.

Die Art des verwendeten Gases ist ein weiteres Problem. Im Augenblick wird am häufigsten Kohlendioxid angeboten, das problemlos zu bekommen und nicht teuer ist. Aber es steht unter hohem Druck, so daß bei einem Defekt an der Flasche Gefahr für die Gesundheit besteht. Eine andere Möglichkeit ist Halon 401, das unter relativ niedrigem Druck aufbewahrt wird und nicht so gefährlich ist. Dafür kostet es mehr und ist nicht überall erhältlich. In beiden Fällen braucht man einen Behälter von der Größe einer Tauchflasche, um beispielsweise die gut drei Kubikmeter Auftriebskörper zu füllen, die als Gegengewicht zu unseren 2812 kg Bleiballast erforderlich sind.

Die Aufblasgeschwindigkeit ist eine weitere ungelöste Frage. Die Firma B.F. Goodrich setzt ihrem Kohlendioxid Stickstoff als Treibmittel zu, so daß sich ihre Hubschrauberschwimmer nahezu verzugslos füllen. Das andere Extrem ist die Empfehlung der Firma Myriad Marine, die Ventile so einzustellen, daß sich die Auftriebskörper über einen Zeitraum von sechs Minuten füllen. Bei Goodrich geht man davon aus, daß in jeder verlorenen Sekunde wertvolles elektronisches Gerät ruiniert werden könnte. Myriad Marine begründet das langsame Füllen damit, daß die Leute Angst davor haben, in ihren Kojen eingeschlossen zu werden, wenn sich die Auftriebskörper aufblähen. Schiffe sinken unterschiedlich schnell. Der 22 m lange Maxi-Racer *Sirus Maximus* kenterte und sank vor Zuschauern in weniger als dreißig Sekunden. Eine 13,7m-Ketsch, die nur fünf Liegeplätze von uns entfernt lag, brauchte fünf Stunden, um durch die Toilette dreitausendfünfhundert Liter Wasser überzunehmen, und hätte wahrschein-

Abb. 8.3 Auftriebskörper von Mountcracken Marine in verschiedenen Formen

lich bis zum Sinken noch weitere fünf Stunden benötigt, wenn nicht jemand den fehlenden Freibord bemerkt hätte und eingeschritten wäre. Vor die Wahl gestellt, würden wir uns für eine Aufblaszeit von dreißig Sekunden entscheiden, weil wir uns nicht vorstellen können, daß jemand bei einer Kollision oder einer Kenterung durch eine Bö weiterschläft, und wenn man wach ist, reichen dreißig Sekunden aus, um die Koje zu verlassen.

Das größte ungelöste Problem lautet, wie man die Auftriebskörper so auslöst, daß sie im Notfall schnell aufgeblasen sind, aber nicht unbeabsichtigt losgehen können, daß sich die Gaszufuhr sofort abstellen läßt, wenn der Notfall abgewendet ist, daß sie aber auch funktionieren, wenn kein Strom vorhanden und niemand an Bord ist, um sie manuell auszulösen. Bei den meisten Systemen arbeitet man mit der einfachsten Lösung: Reißleine oder Zuggriff. Avitari und Pegasus liefern jeden Auftriebskörper mit eigener Gasflasche. Das ist schön und gut bei kleineren Booten, auf denen ein oder zwei Stück reichen, um Auftrieb zu erzielen. Auf größeren Yachten jedoch, auf denen vier oder gar sechs Auftriebskörper erforderlich sind, braucht man ein verbundenes System wie etwa das französische Insub. Dort werden alle Auftriebskörper aus einer einzigen Gasflasche gefüllt, wobei der Füllvorgang über einen Zuggriff ausgelöst wird. Diese Art der Auslösung hat leider verschiedene Nachteile. Zunächst einmal muß der Griff

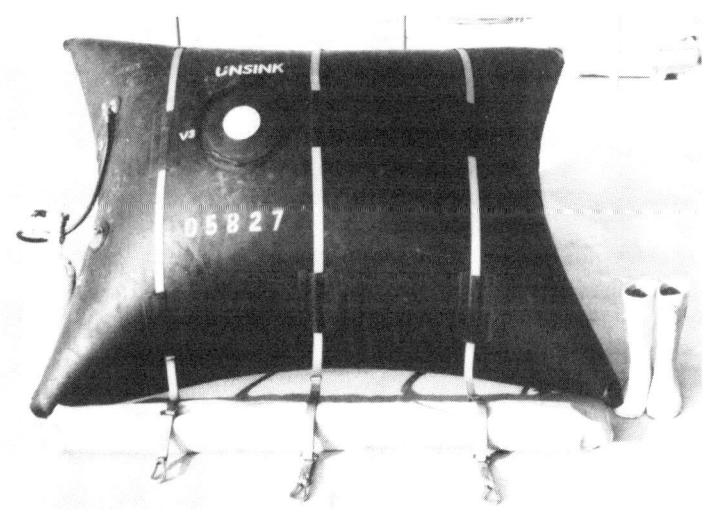

Abb. 8.4 Zwei Mountcracken-Auftriebskörper mit einer Tonne Hebekraft, einer aufgerollt, der andere aufgeblasen; links die CO$_2$-Flasche

schnellstens erreichbar sein. Wenn er sich am Platz des Rudergängers befindet und dieser sich vielleicht gerade unter Deck eine Tasse Kaffee macht, wenn der Notfall eintritt, gehen möglicherweise kostbare Sekunden verloren. Wichtiger noch ist die Tatsache, daß bei dieser Art der Auslösung nicht die beiden Hauptursachen des Sinkens berücksichtigt sind, nämlich Kenterungen durch Böen, nach denen die Crew alle Hände voll mit den Segeln und dem Steuern zu tun hat und möglicherweise nicht in der Lage ist, den Griff zu erreichen, und Vollaufen des Schiffes am Liegeplatz, wenn niemand an Bord ist.

Bei Myriad Marine gibt es eine automatische Auslösung, die mit einer Batterie und Magnetschaltern mit Wasserhöhensensoren arbeitet. Das ist eine Verbesserung, allerdings unter Inkaufnahme zusätzlicher Elektronik in einem ansonsten einfach zu wartenden System. Kein Hersteller, den wir bislang gefunden haben, verwendet automatische oder druckabhängige Ventile wie bei dem System von Goodrich bzw. wie bei den Rettungsinseln (Herstellernachweis am Ende des Kapitels). Möglicherweise wird das Problem der Auslösung irgendwann gelöst werden, wenn die Nachfrage nach Auftriebskörpern größer wird und mehr Hersteller mit größeren Forschungs- und Entwicklungsbudgets auf den Markt zieht.

Wer gibt das Geld für die hier vorgestellten Systeme aus? Für Anfänger dürfte der Sicherheitsgewinn durch Styroporblöcke im Wert von vierzig Dollar in den Schränken und Schapps ihrer Wochendendyacht durchaus attraktiv sein. Für Wochend-Regattasegler auf super-

Abb. 8.5 Mountcracken-Auftriebskörper für den Bug

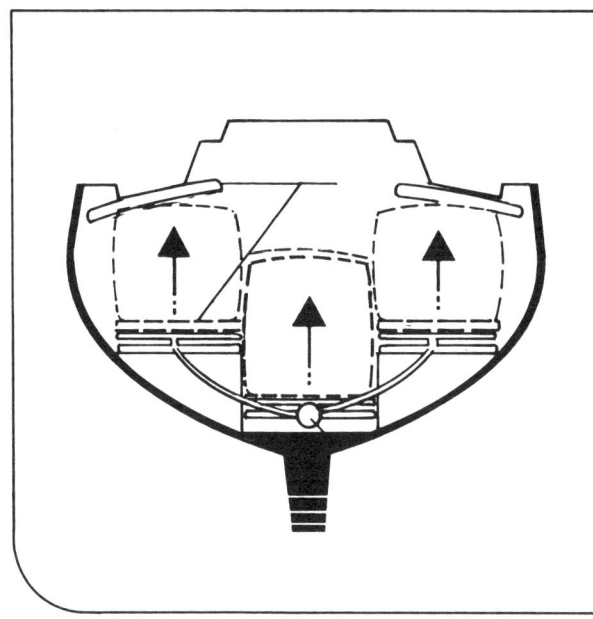

Abb. 8.6
System verbundener Auftriebskörper, bei denen die Kojenauflagen Schutz gegen Schamfilen bieten

leichten Hochgeschwindigkeitsyachten könnten aufblasbare Auftriebskörper besser als eine Versicherung sein. Für denjenigen, der sich ein neues Boot baut, könnten wasserdichte Schotten sich als kluge Investition erweisen. Wenn wir gerade eine neue GFK-Tourenyacht bauten, würden wir bestimmt geschlossenzelligen Schaum in den weniger zugänglichen Bereichen des Schiffes in Betracht ziehen. Ob aber viele Segler aufblasbare Auftriebskörper in eine Hochseeregatta- oder -tourenyacht einbauen? Wir meinen, daß viele von uns sehr großes Interesse daran zeigen würden, sobald ein zuverlässiges nichtelektrisches automatisches Auslösesystem zur Verfügung steht.

Avitare, Inc.
4681 Tajo Drive
Santa Barbara, California 93110
USA

Insub,
Hutchinson Mapa,
2 Rue Balsac
75008 Paris
Frankreich

MacGregor Marine
1631 Placentia Avenue
Costa Mesa, California 92627
USA

Mountcracken Marine
Brighton Marina
East Sussex BN2 5UF
England

Myriad Marine
P.O. Box 144
Crystal Lake, Illinois 60014
USA

Pegasus Floatation
Boat-a-Float
P.O. Box 932
Port Townsend, Washington 98368
USA

Wellington Boats
11544 Normandy Boulevard
Jacksonville, Florida 32221
USA

Float Pac Pty Ltd
P.O. Box 67
Rushcutters Bay 2011
NSW Australia

9
Bessere Nutzung des Vorsegels

Es gibt ganz praktische Gründe dafür, daß die Kuttertakelung in den vergangenen zehn Jahren eine beherrschende Rolle gespielt hat. Sie bringt auf Amwindkursen mehr als ein Zweimastrigg. Man braucht weniger stehendes Gut zu kaufen und hat nur einen Mast, einen Mastschuh und einen Baum zu bauen. Eine Windfahnensteuerung läßt sich auf einem Kutter leichter installieren als auf einer Ketsch, weil der Baum in der Regel nicht über den Spiegel hinausragt. Die drei kleineren Segel eines Kutters sind leichter zu handhaben und zu reffen als die beiden größeren Segel einer Slup. Am wichtigsten aber ist, daß man bei einem Kutterrigg das vielseitigste Segel hat, das es auf einer Tourenyacht gibt, nämlich die Stagfock. Um dieses spezielle Segel aber voll ausnutzen zu können, muß man sorgfältig auf die Details der Takelung achten.

Die Stagfock der *Taleisin* besteht aus 340 g schwerem Dacron. Sie hat zwei Reffreihen und wird an einem verstellbaren Stag gesetzt (siehe Abb. 9.1 und 9.2). Dadurch können wir sie in einer Vielzahl von Windverhältnis von Stärke 2 bis Sturmstärke 10 nutzen.

Wenn Lin oder ich allein auf Wache sind, läßt sich mit einer Kombination aus Großsegel und Hundertprozent-Klüver gute Fahrt machen. Die Stagfock läßt sich einfach an Deck niederholen, wenn der Wind zunimmt, bzw. heißen, wenn er nachläßt. Die Tatsache, daß wir die Segelfläche so problemlos vergrößern können, verbessert unsere durchschnittlichen Fahrtzeiten. Vergleichen wir dieses Rigg einmal mit einer Sluptakelung mit nur einem Vorsegel. Dort muß man jedesmal, wenn die Segelfläche geändert werden soll, ein Segel abnehmen und ein anderes anschlagen. Selbstredend muß jeder Segler die Segelfläche verkleinern, wenn der Wind auffrischt, aber wenn ich auf einem slupgetakelten Boot bin, stelle ich eine Vergrößerung der Segelfläche besonders nachts, wenn außer mir niemand an Deck ist, meistens zurück. Dadurch verliert man am Tag oft zehn bis zwanzig Meilen.

Die Stagfock macht flexibel. Wenn man auf Raumschotskurs bei Höchstfahrt mit voller Besegelung in Lee von Land kommt und feststellt, daß der Ankerplatz nur in kurzen Schlägen zu erreichen ist, hat man auf dem Kutter die Wahl zwischen zwei schnellen Möglichkeiten, die Segelfläche zu verkleinern. Man kann nämlich entweder die Fock oder den Klüver niederholen. Bei Wirbelwindböen, wie sie oft in

Abb. 9.1

Abb. 9.2

Lee von steilen Vorgebirgen anzutreffen sind, und in engen Fahrwassern holen wir in der Regel den Klüver nieder und verwenden die Stagfock und das Großsegel. Wenn wir dann im Bereich des Ankerplatzes mehr Fahrt benötigen, liegt der Klüver jederzeit im Netz bereit. Die Stagfock läßt sich auch jederzeit in Verbindung mit allen anderen Segeln fahren, sei es die Genua, der Klüver, der Nylondrifter oder auch der Spinnaker. Aber erst bei starkem Wind macht sie sich richtig bezahlt.

Bei Verwendung der Stagfock mit gerefftem Großsegel wird die Besegelung proportional reduziert, d.h., es ergibt sich ein kleineres Dreieck, bei dem die Verteilung der vorderen und hinteren Segelfläche derjenigen bei Vollbesegelung ähnlicher ist (Abb. 9.3). Man vergleiche das einmal mit der Sluptakelung (Abb. 9.4). Zu beachten ist, daß sich bei gerefften Segeln der Schwerpunkt bei der Slup nach vorn verlagert. Dadurch wird das Boot oft leegierig, und ein leegieriges Boot ist schwerer mit dem Bug am Wind zu halten, so daß es schlecht Höhe läuft.

Wir fahren auf der *Taleisin* zu neunzig Prozent drei Segel, und zwar den Hundertprozent-Klüver aus 295 g schwerem Segeltuch mit einer Reffreihe, die Stagfock aus 340 g schwerem Tuch mit zwei Reffreihen und das Großsegel aus 340 g schwerem Segeltuch mit drei Reffreihen (damit haben wir ungefähr dieselbe Gesamtsegelfläche wie eine Slup mit Hundertfünfzigprozent-Genua und Großsegel). Dabei dient die Stagfock ungerefft als Schwerwetterfock, einmal gerefft als Sturmfock

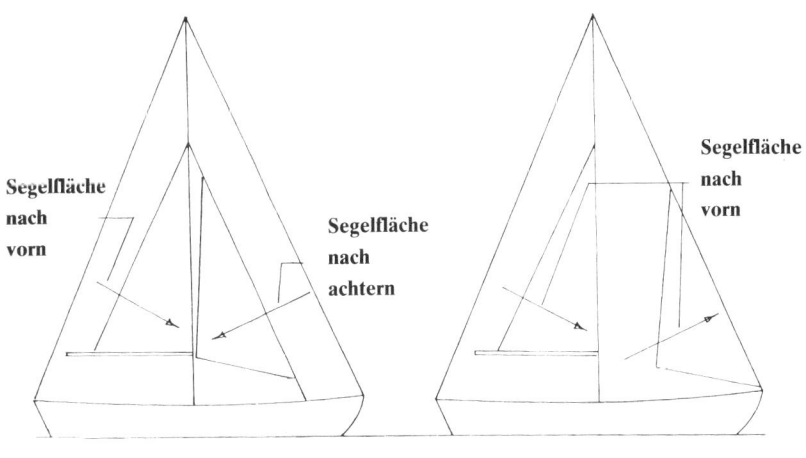

Segelfläche nach vorn

Segelfläche nach achtern

Segelfläche nach vorn

Abb. 9.3   Abb. 9.4

109

und bei schwerem Wetter auf Amwindkurs doppelt gerefft in Verbindung mit dem dreimal gerefften Großsegel oder, in extremen Situationen, dem Trysegel. Das mag manchem als eine Menge Reffs erscheinen.

Aber ich war mit der *Seraffyn* schon einmal mit dreifach gerefftem Großsegel und einem Reff in der Fock vor einem Nordweststurm auf Malta zugelaufen und hatte gedacht:»Verflixt, ich könnte ein Trysegel und noch ein Reff in der Fock gebrauchen, falls der Wind noch zunimmt oder so dreht, daß ich gegenan in den Hafen von Marsaxlokk muß.«

Segel werden am ehesten im Bereich des unter hoher Belastung stehenden Achterlieks und des Schothorns beschädigt. Dadurch ergibt sich ein weiterer Vorteil dieser zusätzlichen Reffreihen. Wenn das Segel nämlich im unteren Teil beschädigt wird, kann man ein Reff einstecken und mit dem unbeschädigten oberen Teil weitersegeln. Wenn Liek oder Schothorn bei einem Segel mit Rollreff beschädigt werden, ist es nicht mehr zu gebrauchen. Aus diesem Grund wollte ich bei einem Segel, das bei schwerem Wetter gebraucht wird, keine Rollreffvorrichtung haben.

Der Hauptgrund dafür, daß unsere Fock keinen Baum hat, besteht darin, daß wir das Stag problemlos nach achtern versetzen können, wenn wir in kurzen Schlägen aufkreuzen wollen. Dadurch, daß das Stag aus dem Weg ist, kann der Klüver übergehen, ohne am Stag unklar zu kommen. Das bedeutet, daß eine Person bei leichtem Wind problemlos Wenden fahren kann, während der andere navigiert und nach Korallen oder Felsen Ausschau hält.

Ein weiterer Vorteil einer baumlosen Fock ist der, daß sie den Mast ein wenig überlappen kann. Dadurch erhält man etwas mehr Segelfläche und eine größere Düsenwirkung als bei einer Baumfock mit ihrem kürzeren Unterliek.

Wenn man auf den Baum an der Fock verzichtet, spart man die Ausgaben für Schot, Block, Traveler, Lümmelbeschlag und den Baum selbst. Außerdem bleibt mehr Platz auf dem Vordeck, so daß es einfacher wird, die Segel zu wechseln, das Ankerspill zu bedienen und mit dem Ankergeschirr umzugehen.

Der Tages- oder Küstensegler ist meist in seine Selbstwendefock verliebt. Sie erlaubt es ihm, in Flüssen und engen Einschnitten zu kreuzen, ohne mehr als die Klüverschoten bedienen zu müssen. Aber für den Hochseesegler, für den das Kreuzen in kurzen Schlägen nicht die Regel ist, eignet sich eine baumlose Fock recht gut. Wenn wir wirklich einmal in kurzen Schlägen kreuzen müssen, fahren wir, wie schon gesagt, nur ein Vorsegel. Es ist ungefährlich, mit gelöstem Stag zu segeln, wenn das Wasser flach ist bzw. bis sich der Mast nach achtern zu biegen beginnt (ein gerader Mast ist ein sicherer Mast). Dann muß das Stag wieder befestigt werden. Das gilt besonders, wenn man mit Krängung gegen die See anläuft.

Es stellt sich nun die Frage, ob man sich die Mühe machen sollte, eine Slup, die alle anderen Bedingungen erfüllt, zum Kutter umzurüsten. Ich würde definitiv ein Fockstag mit Spannhebel anbauen, wenn die folgenden Bedingungen erfüllt sind:

1. Die Slup hat eine Hochtakelung für die maximale Vorliekslänge bei Fock und Klüver.
2. Der Abstand zwischen Klüverstag und Mast (das J-Maß) ist mindestens so groß wie die Großbaumlänge.
3. Das Schiff ist so breit, daß die Fock in dem Schlitz zwischen Großsegel und Klüver problemlos angeströmt wird.
4. Die Fock kann so geschnitten werden, daß sie mindestens zweiundzwanzig Prozent der Gesamtsegelfläche ausmacht; ansonsten würde sie in Verbindung mit dem Großsegel nicht genügend Vortrieb bewirken. Wenn diese Voraussetzungen gegeben sind, könnte man an eine zusätzliche Fock denken, die mit ihrer Segelfläche möglicherweise sogar die häufig anzutreffende Luvgierigkeit reduziert.*

Bei einem zusätzlichen Fockstag braucht man eine Fallscheibe oben am Mast und zwei Mittelwanten, die zu Püttings hinter dem Mast geführt sind. Auf größeren Schiffen über zehneinhalb Meter sind noch abnehmbare Backstage erforderlich. Am unteren Ende muß das Fockstag bei einem Boot mit Bugspriet sicher am Stevenlauf befestigt werden; wenn das Stag mitten auf dem Vordeck angebracht wird, sollte der Beschlag unter Deck mittels eines Stabes oder Drahtes mit einem Schott oder dem Vorfuß verbunden werden. Wenn man jetzt noch ein paar Führungs- und Leitklampen an Deck dazunimmt, ergibt sich eine ganz schöne Rechnung – von der Arbeit ganz zu schweigen. Aber ich denke, die Sache lohnt sich angesichts der kleinen, aber bedeutenden Vorteile, die eine Fock bietet.

Auf jeden Fall sollte man sich bei der Sache fachlich beraten lassen. Wichtig sind Fragen nach dem Anbringungspunkt des Fockstags, nach der Überlappung der Segel und nach den Stellen für die Schotleitösen (innerhalb oder außerhalb der Unterwanten). Diese Details sind von Bedeutung, wenn die Kuttertakelung hoch am Wind gute Leistungen bringen soll.

---

* Bei starker Luvgierigkeit würde ich sogar den Anbau eines Klüverbaums in Erwägung ziehen, um zu einem neutralen Ruder zu kommen und das J-Maß zu vergrößern.

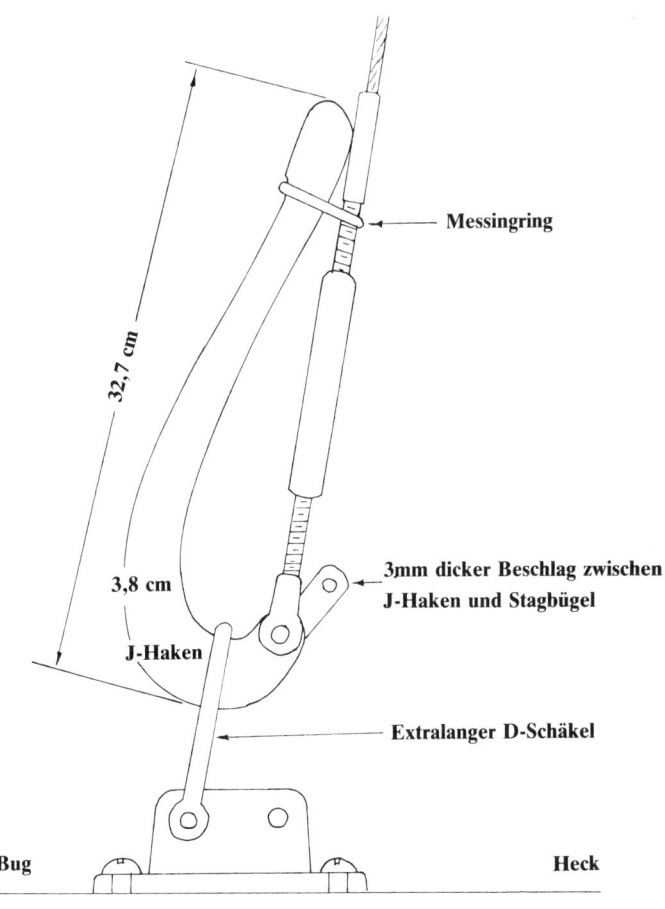

Messingring

3mm dicker Beschlag zwischen
J-Haken und Stagbügel

Extralanger D-Schäkel

32,7 cm

3,8 cm

J-Haken

Bug

Heck

Abb. 9.5

Ein regattaerfahrener Segelmacher ist in der Regel der beste Ansprechpartner. Er muß sich das Boot wahrscheinlich ansehen und ausmessen, damit die Fock richtig geschotet wird. Er weiß, wie er das Achterliek etwas hohler schneiden und die Schotleitösen dwars, vorn und achtern so ausrichten muß, daß das Segel oben die richtige Verwindung hat, damit das Achterliek etwas abfällt und der Windstau am Großsegel auf ein Mindestmaß reduziert wird.

Ein kurzer Zeising am Hals der Fock beseitigt die Notwendigkeit, teure Schotleitschienen zu kaufen. Mit diesem Zeising kann man das Segel am Stag höher oder tiefer stellen. Dadurch kommt das Schothorn höher oder tiefer und wird das Achterliek wirkungsvoll gestrafft oder gelockert. Weiterhin kann man mit dem Zeising den Hals beim Reffen sichern. Wir haben auf der *Taleisin* wie schon früher auf der *Seraffyn* einfache Schotleitösen, die in Verbindung mit diesem Zeising großartig funktionieren.

Unser Segelmacher sorgte dafür, daß wir die Fockschotleitösen beim Reffen nicht zu verstellen brauchen, indem er die Reffreihen etwas abwinkelte, so daß sie am Schothorn höher liegen als am Hals (siehe Abb. 9.1).

Um unser Fockstag zu versetzen, verwenden wir einen Spannhebel mit Sicherungsring. Unten auf Abb. 9.2 ist der Edelstahlbolzen zu erkennen, der mit einem Zeising am Hebel befestigt ist. Mit Hilfe dieses Bolzens wird der Stagbeschlag vom Bugsprietzurring gelöst. Eine andere Art von Spannhebel, der J-Haken, läßt sich in Heimarbeit aus einer Bronze-, Aluminium- oder Edelstahlplatte mit 6 mm Dicke herstellen (siehe Abb. 9.5).

Der beste Draht für das Stag ist Edelstahldraht, der flexibler als normaler Draht ist und nicht so schnell spröde wird. Das Fockstag schlägt hin und her, wenn es nach achtern versetzt wird. Dadurch wird der Draht in allen Richtungen gebogen, so daß schließlich genau an der Stelle, an der er in den Beschlag führt, Metallermüdung auftritt. Ein Schäkel oben am Mast in Verbindung mit einem mit Rollstek gesicherten Gummiseil (Abb. 9.6) verringert das Biegen und die anschließende Materialermüdung auf ein Mindestmaß.

Abb. 9.6

113

Abb. 9.7

In Abb. 9.7 sieht man den durchsichtigen Plastikschlauch und die Bronzegleitringe, die aufgezogen wurden, bevor der Draht am Fockstag der *Taleisin* gespleißt wurde. Das geschah, weil wir beim Übernehmen der Leichtwettergenua auf der *Seraffyn* bei angeschlagenem Fockstag immer mysteriöse halbkreisförmige Löcher in die Genua bekamen. Als ich schließlich nach sieben Jahren zu Gleitringen und kunststoffüberzogenem Draht überging, gab es keine Löcher, kein Schamfilen und keine Abnutzung der Ringe an dem nackten Draht des Stags mehr. Ringe und Plastikschlauch lassen sich problemlos über die Spannschraube ziehen, wenn man den Draht nicht spleißt, sondern einen Gesenkstock nimmt. Das hat den weiteren Vorteil, daß man die Fock für Reparaturen oder zum Verstauen abnehmen kann. Dazu braucht man dann nur die Spannschraube zu lösen und die Ringe vom Stag zu nehmen. Ich muß immer die Zeisinge an den Ringen abschneiden; deshalb bewahre ich das Segel dauernd im Segelsack an Deck auf (Abb. 9.8).

Die Fock ist das vielseitigste Segel auf unserem Kutter, und deswegen unterliegt sie auch starker Abnutzung. Ich beobachte sie genauer als alle anderen Segel an Bord, weil ich weiß, daß wir uns in extremen Situationen darauf verlassen können müssen. Ich würde deshalb vorschlagen, sofort bei den ersten Anzeichen einer Abnutzung (bis dahin

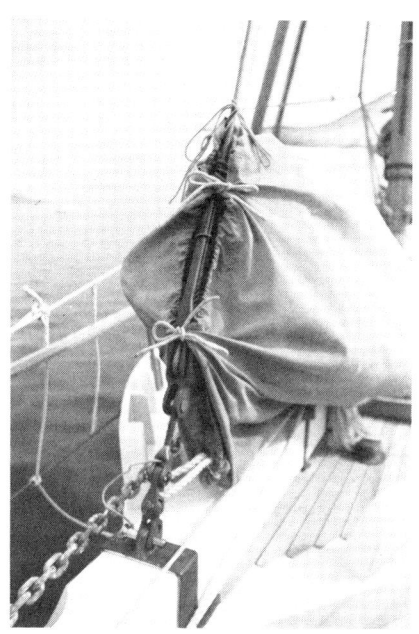

Abb. 9.8

vergehen in der Regel drei bis vier Jahre oder zehn- bis zwanzigtausend Seemeilen) eine neue Fock anfertigen zu lassen, sie daraufhin zu testen, ob sie richtig ist, und anschließend unter Deck zu verstauen, damit immer zwei stabile Segel in Reserve sind: das selten gebrauchte, aber lebenswichtige Sturm-Trysegel und dic Mehrzweckfock. Diese beiden Segel könnten eines Tages die Gewähr dafür bieten, daß man sich aus dem Alptraum eines jeden Seglers rettet, nämlich Wind mit Sturmstärke, der auf eine Leeküste zuweht.

(JN)36 (KL)396 (ER)mk   17.01.91 09.49

10
Bugspriet oder Klüverbaum für das Hochseesegeln

Mindestens hundert Besucher an Bord unserer beiden gut ausgerüsteten Kutter haben schon gefragt: Ist es bei rauhem Wetter nicht schwierig und gefährlich, auf den Klüverbaum hinauszugehen? Wird im Yachthafen der Klüverbaum nicht gesondert berechnet? Ich beantworte diese Fragen in der Regel mit zwei Sätzen. Hinterher bin ich dann meist unzufrieden, weil ich mir bewußt bin, daß das zu oberflächlich und einfach war. Ich weiß, daß ein Klüverbaum einen Gefahrenpunkt darstellt und gelegentlich zusätzliche Kosten verursacht, habe mich aber trotzdem dafür entschieden, und zwar aus Gründen, die diese augenscheinlichen Nachteile mehr als wettmachen. Eine vollständige Antwort auf die obigen Fragen muß deshalb einhergehen mit einer Erörterung der Gründe, aus denen wir uns für einen Klüverbaum entschieden haben, d.h., der Vorteile, die er uns bietet, wie beispielsweise bessere Segelleistung, einfacheres Kreuzen, leichteren Umgang mit dem Anker und anderes. Später geht es dann darum, wie man die Probleme auf ein Mindestmaß reduzieren kann, um dann den Klüverbaum auf einem vorhandenen Schiff effizient zu nutzen bzw. sich damit anzufreunden, eine der vielen Tourenyachten mit Klüverbaum zu kaufen, die heute angeboten werden. Zum Schluß befassen wir uns mit dem nachträglichen Anbau eines Klüverbaums zur Verbesserung der Segeleigenschaften.

Die Länge an Deck ist fast immer die erste Vorgabe eines Käufers an den Konstrukteur:»Ich möchte eine 10,5m-Hochsee-Tourenyacht...«

Abb. 10.1 Beispiel für einen Klüverbaum für leichtes/mittleres Wetter

Wenn der Konstrukteur dann die vom Kunden gewünschte Grundausstattung, die Optionen und Luxusgegenstände mit einem Gewicht von mehreren Tonnen aufgelistet hat, schimpft er meist vor sich hin: »Was der wirklich braucht, ist ein 15m-Schiff.« Aber er ist an den vorgegebenen Preis gebunden und zeichnet eine breite 10,5m-Yacht mit großem Auftrieb in Bug und Heck und langer Wasserlinie. Damit dieses schwer beladene Boot auch gute Segelleistungen erbringt, braucht es Segelfläche.* Der Konstrukteur hat jetzt drei Möglichkeiten: Er kann auf Überhänge zurückgreifen, den Mast vergrößern oder einen Klüverbaum anbringen.

Der Nachteil eines Bootes mit Überhängen, d.h., eines längeren Bootes, ist der, daß das Boot teurer wird, ohne daß der Wohnraum im Verhältnis zur Länge an Deck größer wird. Der Stauraum in Bug und Heck nimmt natürlich zu, aber das gefällt dem Konstrukteur wiederum nicht, weil er weiß, daß Fahrtensegler dort allerlei schweres Gut wie Anker, Ketten und Tanks unterbringen, die sein Schiff langsamer machen. Der Nachteil eines höheren Riggs besteht darin, daß es schwerer abzufangen ist als ein niedrigeres Rigg mit Klüverbaum. Um die Segelfläche nur durch Vergrößerung der Masthöhe zu vergrößern, braucht man außerdem ein extrem hohes Rigg. Wenn die 7,9 t schwere *Taleisin* mit ihren 10 m Länge an Deck dieselben 67,8 m^2 Segelfläche ohne ihren 2,4 m langen Klüverbaum tragen sollte, müßte der Mast

---

*Damit eine Tourenyacht bei leichtem bis mittlerem Wind gut segelt, braucht sie nach unseren Erfahrungen 8 – 8,5 m^2 Arbeitssegel pro Tonne Verdrängung bei voller Beladung.

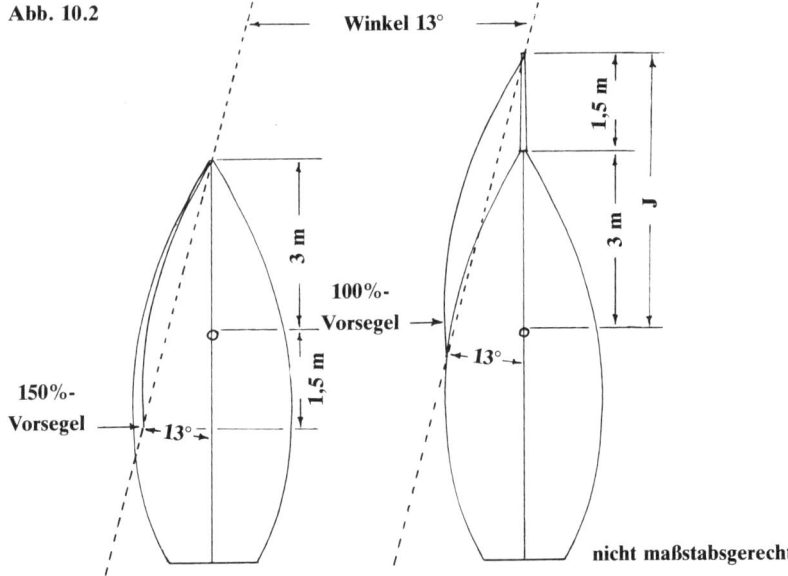

Abb. 10.2

Winkel 13°

3 m

1,5 m

100%-Vorsegel

150%-Vorsegel

13°

13°

3 m

J

1,5 m

13°

nicht maßstabsgerecht

von 13,10 m auf 16,80 m über der Wasserlinie vergrößert werden. Als Konstrukteur muß man diese Überlegungen natürlich gegen die Tatsache abwägen, daß ein höheres Rigg am Wind meist schneller ist, während ein niedrigeres Rigg auf Raumschotskurs schneller und wegen des kürzeren Mastes bei stärkerem Wind nicht so biegsam ist. Deshalb greift ein Konstrukteur oft auf einen Klüverbaum als günstigste, einfachste Möglichkeit zurück, mehr Segelfläche zu bekommen.

Ein anderer, weniger bekannter, aber wichtiger Grund für einen Klüverbaum speziell auf einer breiter gebauten Tourenyacht besteht darin, daß das Vorsegel dichter geholt werden kann. Das verbessert die Amwind-Eigenschaften beträchtlich (siehe Abb. 10.2). Die Holepunkte auf modernen Regattayachten befinden sich innenbords, damit die Genua dichter geholt werden kann. Dadurch kann das Schiff besonders bei leichter bis mittlerer See höher an den Wind gehen. Aber auf einer Tourenyacht sind innenbords befindliche Holepunkte ein Ärgernis. Sie verursachen Lecks im Deck und sitzen zudem meist noch mitten auf den Seitendecks, wo man darüber stolpert. Innenbord-Holepunkte vergrößern die Belastung auf Mast, laufendem Gut und den Holepunkten selbst und proportional dazu die Aussicht auf Mastbruch. Schließlich können die Innenbordwanten mit ihren unter Deck befindlichen Halterungen noch den Innenraum verkleinern, die heilige Kuh aller Fahrtensegler mit kleinen Booten. Ein Klüverbaum bietet

Abb. 10.3

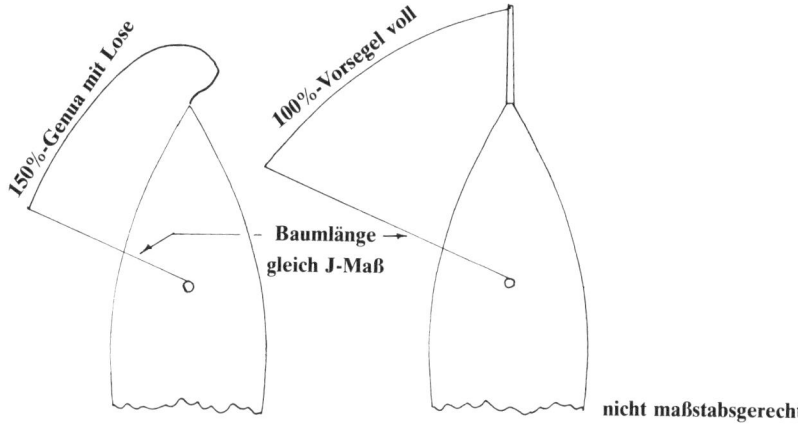

150%-Genua mit Lose

100%-Vorsegel voll

Baumlänge →
gleich J-Maß

nicht maßstabsgerecht

dieselben Möglichkeiten, das Vorsegel dichter zu holen, ohne die Holepunkte nach innenbords zu versetzen, weil er das J-Maß, d.h., den Abstand zwischen Mast und Vorstag, vergrößert. Ein Klüverbaum vereinfacht das Kreuzen. Wenn die Slup in Abb. 10.3 ein J-Maß von 3 m hat, braucht sie eine überlappende 150%-Genua, um auf die Segelfläche eines 100%-Vorsegels auf demselben Schiff mit einem 1,5 m langen Klüverbaum zu kommen. Ein 100%-Vorsegel läßt sich problemlos und ohne Hilfe vor dem Mast übernehmen. Häufig kann man die Schot schon dichtholen, bevor das Segel auf dem neuen Bug richtig steht. Bei mäßig starkem Wind kann man bei etwas koordiniertem Handeln auf die Winsch verzichten. Man vergleiche das jetzt einmal mit dem Übernehmen einer 150%-Genua auf einer Slup ohne Klüverbaum. Die Schoten sind 50% länger, und das Schothorn muß von einer Seite zur anderen den doppelten Weg zurücklegen, so daß man fast immer mit der Winsch arbeiten muß, um die Schot ganz dicht zu holen. Diese 150%-Genua schamfilt an Salingen, Wanten, Relingsdraht und Bugkorb. Sie verliert ihr Profil, verringert die Sicht nach Lee und bringt ausgebaumt im Schmetterling vor dem Wind nur mäßige Leistungen. Das liegt daran, daß das Unterliek einer 150%-Genua fünfzig Prozent länger ist als der Standardspinnakerbaum (J-Maß). Der Baum ist nicht lang genug, um das Segel voll auszufahren. Es bildet vorn eine Ausbuchtung und schamfilt am Vorstag und am Bugkorb. Diese Ausbuchtung kann zudem von einer Seite zur anderen umschlagen und eine eventuell vorhandene Leegierigkeit noch verstärken. Kurz gesagt, mit einem Klüverbaum genießt man alle Vorteile einer hochgeschnittenen großzügigen Segelfläche ohne die vielen Probleme, die überlappende Segel mit sich bringen (Abb. 10.4). Im Hafen kommt ein Klüverbaum erst richtig zur Geltung. Er bietet sich geradezu an für eine Kettenrolle und einen Kettenstander aus Nylon an der Nock. Dadurch kommt die Kette nicht mit Bordwand und Unterwasserschiff in Berührung, wenn der Wind gegen die Strömung ansteht (Abb. 10.5). Der Stander wird in einer Lippklampe oder einem Einscheibenblock an der äußersten Spitze des Klüverbaums belegt und dann an die Kette gesteckt. Der Reck in dem Tampen nimmt Stampfbewegungen auf und verringert Gierbewegungen auf ein Minimum. Wie stark derartige Stampf- und Gierbewegungen verringert werden, hängt von der Länge des Klüverbaums ab. Die *Taleisin* mit ihrem 2,4 m langen Klüverbaum stampft auch bei einer 60 cm hohen Kabbelsee kaum. Sie versucht nie, vor Anker zu segeln, und giert bei starkem Wind nur wenig. Ein Boot mit kürzerem Klüverbaum giert möglicherweise stärker; ohne Kettenstander an der Klüverbaumnock dürfte die Giertendenz noch stärker werden. Ruhiges Ankerliegen ist von größter Bedeutung, weil die meisten Tourenyachten fünfundachtzig bis neunzig Prozent ihrer Zeit im Hafen verbringen. Wenn das Boot vor Anker hin und her läuft, bekommt man zwar eine Menge Seemeilen mehr zusammen, aber nicht sehr viel Ruhe. Außerdem bedroht es die in der Nähe liegenden Yachten, weil der Anker eher unklar kommt, und braucht mehr Raum am Liegeplatz.

Abb. 10.4 Der voll ausgebaumte 100%-Klüver der *Taleisin*

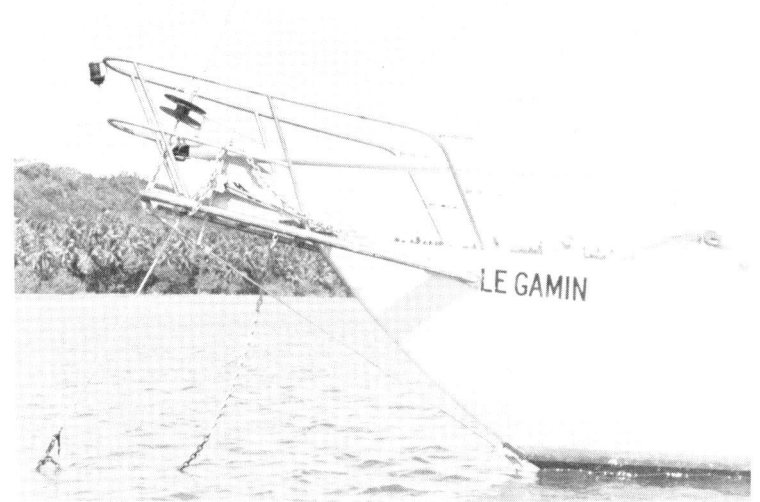

Abb. 10.5 Beispiel für einen Allwetterbugspriet. Man beachte den Kettenstander.

Ein Nylon-Kettenstander an der Klüverbaumnock ist aus mehreren Gründen stärker, sicherer und effizienter als einer am Wasserstagbeschlag oder am Steven. Wenn die Leine am Wasserstagbeschlag befestigt ist, fehlt der Hebelarm zur Reduzierung der Stampf- und Gierbewegungen. Wichtiger noch ist, daß es dann schwieriger wird, schnell Kette auszustecken, wenn das Boot vor Anker treibt. Die Ankerkeine läßt sich nicht so gut bebojen und loswerfen, wenn ein anderes Schiff vor Anker auf das eigene zutreibt. Um den Stander freizubekommen, muß man die Ankerleine oder -kette hochwinschen, damit der Kettenhaken oder der Rollstek, der Ankerkette und Kettenstander verbindet, entlastet wird. Die dafür erforderliche Zeit könnte speziell in dem Fall, daß Sturm herrscht und auf dem anderen Schiff niemand ist, zu viel sein. Wenn der Kettenstander statt dessen mit einem Rollstek an der Kette befestigt, an der Klüverbaumnock eingeschert und von dort nach achtern geführt und an Deck belegt wird, kann man ihn einfach loswerfen und mehr Kette ausstecken oder das bordseitige Ende der Kette bebojen und mitsamt Stander loswerfen. Nur wenige Wasserstagbeschläge auf Holz- oder GFK-Schiffen sind für die heftigen seitlichen Belastungen ausgelegt, die ein Kettenstander ausübt, wenn das Schiff giert oder vor Anker durch den Wind zur Seite gedrückt wird (die geschweißten Beschläge auf Metallschiffen halten dieser Belastung in der Regel meist stand). Der einzige echte Vorteil eines Kettenstanders am Wasserstagbeschlag statt an der Klüverbaumnock ist deshalb der,

121

daß die Ankerkette unterhalb der Wasserlinie bleibt und die Bordwand nicht zerkratzen kann. Das Boot kann aber nach wie vor über die Kette hinweglaufen und sich dabei den Unterwasseranstrich zerkratzen. Jetzt stellt sich natürlich die Frage, ob der Klüverbaum den Kettenstander hält, ohne zu brechen. Ein ordnungsgemäß verstagter Klüverbaum ist dafür ausgelegt, die heftigen Stoßbelastungen aufzunehmen, die das Vorsegel ausübt, wenn das Schiff bei steilen Seen am Wind läuft. Zu diesem Zweck ist der Draht des Vorstags und der Seitenstagen in der Regel zwei- bis dreimal stärker als die Ankerkette, die dasselbe Schiff mitführt. 10 mm dicke BBB-Kette ist auf eine Dauerbelastung von etwa 1250 kg ausgelegt, ihre Bruchgrenze liegt bei 4990 kg. Bei 10 mm dickem Draht aus 1×19 Litzen nichtrostender Stahl lauten die entsprechenden Zahlen 3970 kg und 7940 kg. Das bedeutet, daß die Kette längst vor der Klüverbaumverstagung bricht. Wenn der Klüverbaum an sich richtig verstagt ist, nimmt er fast keine Last vom Kettenstander auf; was er aufnehmen muß, sind Druckbelastungen, und dafür ist er ausgelegt.

Auf gaffelgetakelten Schiffen und Booten ohne festes Backstag sollte ein solcher Kettenstander an der Klüverbaumnock nur verwendet werden, wenn die abnehmbaren Backstage durchgesetzt sind. Der Stander nimmt überwiegend Stoßbelastungen auf. Wenn er durch eine Leitöse in der Klüverbaumnock geführt wird, dämpft der gemeinsame Reck von Stander und Back- sowie Vorstag Stöße von der Ankerkette noch weiter. Ich würde mich bei diesem System sicher fühlen, solange ein einziger Anker ausgebracht ist. Bei Sturm, wenn ich mehr als einen Anker ausbringen würde, wäre ich im Hinblick auf den Stander an der Klüverbaumnock vorsichtiger, weil ich dann lieber auf eventuelles Schamfilen achten und schnell einen Schamfilschutz anbringen möchte. Mein zweiter Buganker sitzt an einer Nylonleine, und deshalb würde ich die beiden Rollen am Ansatz des Klüverbaums verwenden und bei Ausbringen mehrerer Anker eine decklange Seilbremse hinter der Kettenrolle anbringen.

Kettenrollen an beiden Seiten des Klüverbaums gestatten es, jederzeit zwei Anker bereit zu haben, ohne daß einer davon an Deck liegt und zur Stolperfalle wird (Abb. 10.6 und 10.7). Diese Rollen sollten nicht weiter als 35 cm vom Steven des Schiffes entfernt sein. Wenn sie sich in der Mitte des Klüverbaums befinden, könnte dieses bei extremem Zug auf der Ankerkette brechen. Damit das Deck speziell im Hafen noch freier wird, kommt der Klüver in den Segelsack am Vorstag.

Die Verstagung des Klüverbaums kann als Stoßdämpfer (Kollisionsstab) bei kleineren Kollisionen mit Pieren, Treibgut und anderen

Abb. 10.6

Abb. 10.7

123

Booten dienen. Ein gebrochener Klüverbaum ist in der Regel einfacher zu reparieren als ein eingedrückter Steven oder ein Loch im Rumpf. Die Seitenstagen lassen sich als Verlängerung einer metallüberzogenen Scheuerleiste von der Klüverbaumnock bis zum Heck des Bootes bauen. Das ist besonders nützlich in Fischerhäfen und an Spundwänden. Das Wasserstag kann als Badeleiter dienen, wenn man noch einigermaßen beweglich ist. Und schließlich ist ein Klüvernetz ein romantisches Plätzchen, um die Delphine im dunkelblauen Wasser der Südsee zu beobachten.

Jetzt aber zur anderen Seite der Medaille. Das Bergen des Vorsegels und die Hafengebühren sind die beiden offensichtlichsten Nachteile eines Klüverbaums. Zunächst zum Bergen des Klüvers. Wenn jemand, der noch nie in einem Auto gesessen hat, sich plötzlich als Beifahrer in einem MG wiederfände, der mit quietschenden Reifen eine kurvenreiche Straße entlangrast und andere Autos im Abstand von nur einem oder anderthalb Metern immer nur knapp zu verfehlen scheint, würde er wahrscheinlich vor Angst weiß werden. So ähnlich, glaube ich, muß das Bergen des Klüvers vom Klüverbaum jemandem vorkommen, der noch nie bei Nacht dort draußen gewesen ist. Beim Segeln ist es aber wie beim Autofahren. Man lernt nicht nachts auf kurvenreichen Straßen bei Höchstgeschwindigkeit, sondern entwickelt das nötige Können und Selbstvertrauen unter leichten bis mäßigen Bedingungen. Mit diesem Können kann man dann den Klüver schnell und sicher bergen und hat trotzdem noch das erregende Gefühl, etwas potentiell Gefährliches zu tun. Beide Sportarten, das Autofahren und das Segeln, können ein großartiges Gefühl der Zufriedenheit vermitteln, wenn man sie gut und reibungslos ausübt. Die gelegentliche zusätzliche Anstrengung und Erregung des Klüverbergens nehmen wir als Nebeneffekt gern in Kauf, um uns die vorher aufgezeigten Vorteile zu sichern.

Unser Klüverbaum ist auf Zweckmäßigkeit ausgelegt (Abb. 10.8). Er ist keine lange rutschige Spiere mit vier nackten Stagen nach Macho-Art von der Art, wie sie Charlie Barr bevorzugte, um möglichst wenig Windangriffsfläche und Gewicht zu haben. Aber Charlie Barr hatte auch einen großen Vorteil. Er konnte nämlich zwei seiner wettererprobten Fischer von den Grand Banks nach vorn schicken, um den Klüver zu bergen oder auszutauschen. Wenn ich Lin bäte, auf einem solchen Klüverbaum die Segel zu wechseln, würde sie mich nur anblicken und sagen:»Du hast sie wohl nicht alle!« Deshalb haben wir einen Klüverniederholer, Handleinen und ein Klüvernetz. Der Niederholer ist eine Leine am Fall, die durch eine Leitöse bzw. einen Einscheibenblock in der Nähe des Klüverhalses zu einer Klampe an Deck, und

Abb. 10.8

zwar vorzugsweise nahe bei der Belegklampe für das Fall, geführt wird
(siehe *Handbuch für Fahrtensegler*). Das Fall fieren, den Niederholer
dichtholen, und schon fällt der Klüver fast von allein in sein Netz, wenn
man in den Wind geht oder vor dem Wind leicht abfällt, so daß das
Großsegel den Klüver abdeckt. Auch auf Raumschotskurs und am
Wind bekommt man das Segel mit dem Niederholer herunter. Es weht
dabei zwar vielleicht ins Wasser, ist aber schließlich unten und kann an
den Schoten an Deck geholt werden. Das Hauptproblem ist damit
gelöst: Das Segel ist unten und wird vom Niederholer gehalten. Jetzt
kann man es auf die Softie-Weise bergen.

Die Selbststeueranlage so einstellen, daß das Boot vor dem Wind
läuft. Dabei braucht das Großsegel nicht ganz aufgefiert zu werden,
weil der Aufenthalt auf dem Klüverbaum nicht lange dauert. Sobald
das Schiff vor dem Wind liegt, bewegt sich der Klüverbaum im Vergleich zum Amwindkurs kaum noch auf und ab, so daß das Wechseln
der Segel viel einfacher ist (in Nähe einer Leeküste läuft man vielleicht
nicht platt vor dem Laken, sondern besser mit dem Wind etwas
achterlicher als querab). Wenn ich allein an Deck bin, binde ich mir
den Tampen des Großfalls um die Hüfte oder lege den Sicherheitsgurt
an, bevor ich auf den Klüverbaum gehe. Ich nehme einen Beschlagzeising, setze mich rittlings auf den Klüverbaum, die Füße auf den
Seitenstagen, eine Hand an der Handleine, und rutsche nach vorn.
Dort lege ich das Segel locker im Netz zusammen, stecke den Zeising

um Unter- und Vorliek, halte mich mit der linken Hand am Vorstag fest und löse die Stagreiter mit der rechten. Wir haben leicht zu öffnende Schnappschäkel am Hals und am Fall und eine Reißleine daran, um das Bergen des Klüvers noch weiter zu erleichtern. Wenn das Segel frei ist, rutsche ich nach achtern und ziehe es am Zeising hinter mir her, bis ich wieder an Deck bin und das Segel aus dem Netz nehmen kann. Die Klüverschoten bleiben mit Achtknoten in den Leitösen, so daß das Segel immer Verbindung mit dem Boot hat. Nur wenn es im Segelsack verstaut wird, scheren wir die Schoten aus den Blöcken aus.

Zum Setzen des kleineren Klüvers stecke ich einen Zeising um Unter- und Vorliek, damit Hals und Stagreiter richtig liegen. Ich stecke die Schoten ein und sichere sie mit Achtknoten. Dann lege ich wieder den Sicherheitsgurt an und schlage das Segel in der umgekehrten Reihenfolge an.

Nachdem er das gelesen hat, wird manch einer fragen, warum wir keine Rollreffvorrichtung haben. In dieser Hinsicht habe ich viele Erkundigungen angestellt und lange nachgedacht. Ich bin für mich persönlich zu dem Schluß gekommen, daß ich ein Rollreff anschaffen würde, wenn wir an der Küste segelten, wo jederzeit Reparaturwerkstätten, Ersatzteile und neue Vorstag-Ziehprofile zur Verfügung stehen und wo ein nicht richtig aufgerolltes Vorsegel nur eine kleine Unannehmlichkeit bedeutet und schnell repariert werden kann, wenn es durch das Schlagen in halb aufgerolltem Zustand beschädigt werden sollte (je mehr bewegliche Teile, desto größer die Gefahr eines Defekts). Aber da wir ausgedehnte Fahrten machen, brauchen wir die absolute Sicherheit von Segeln, die sich unter allen Umständen bergen lassen. Auf hoher See muß die Verkleinerung der Segelfläche so zuverlässig funktionieren wie die Lenkung und die Bremsen eines Autos.

Bei einer Kuttertakelung wie der unsrigen, zu der eine ausreichend große Fock gehört, braucht man wahrscheinlich nicht wieder auf den Klüverbaum zurück, wenn der Arbeitsklüver geborgen ist. Fock und Großsegel bilden dann die Sturmbesegelung. Das heißt, daß der Klüverbaum nur eine Erweiterung des Riggs für leichte bis mäßige Winde ist. Mit der normalen, vorausschauenden Verkleinerung der Segelfläche – die stattfindet, bevor man übersegelt ist – kann man es also vermeiden, bei Wind über 25 kn auf den Klüverbaum hinauszumüssen.

Auf hoher See ist ein Wechsel des Vorsegels weitaus weniger häufig erforderlich. In den vergangenen zweieinhalb Jahren mit der *Taleisin* vor Kalifornien und dann nach Neuseeland, eine Strecke von neuntausend Meilen, achtzig Prozent davon vor dem Passat, brauchten wir den

Klüver nur viermal gegen einen gerefften Klüver auszutauschen. Wenn wir gegen den mit 22–25 kn wehenden Passat in den Hafen mußten, holten wir meist den Klüver nieder, ließen ihn festgebunden im Netz und segelten mit Großsegel und Fock. Häufiger muß man den Klüver in der Regel wechseln, wenn der Wind vorlicher als querab steht. Aber auch hier gilt für Hochseetörns, daß das weitaus weniger oft erforderlich ist, als man denken würde.

Das Setzen der Leichtwettersegel ist mit Klüverbaum etwas schwieriger. Aber hier kann man sich die Sache etwas leichter machen, wenn man die Nylonsegel am eigenen Vorliek setzt, d.h., ohne Stagreiter. Dann braucht man nur den Hals vorn am Klüverbaum anzuschäkeln und kann das Segel mit einem Spinnakerfall aufheißen. Beim Abfallen kommt das Segel hinter dem Großsegel auf das Deck nieder, wenn man das Fall fiert.

Es gibt meiner Ansicht nach zwei Kategorien von Klüverbäumen. Die erste ist der Kutterrigg-Klüverbaum für leichtes/mittleres Wetter, wie wir ihn auf der *Taleisin* haben. Bei diesem Rigg wird die Fock zum Sturmsegel, und bei schwerem Wetter werden alle Segel innenbords gefahren. Unter solchen Bedingungen kann man auf das Gewicht und die Komplikationen eines Gebildes aus langer Plattform und Bugkorb verzichten. Die andere Kategorie ist der Allwetter-Bugspriet, den man auf Booten findet, die so getakelt sind, daß sie bei schwerem Wetter auf Amwindkurs Sturmbesegelung am Vorstag führen müssen, um das Rigg insgesamt auszubalancieren. Da man bei einem Allwetter-Bugspriet im allgemeinen einen Sturmklüver setzen muß, braucht man nicht nur einen Klüverniederholer, ein Klüvernetz und eine vorsichtige Methode, das Segel zu bergen, sondern zusätzlich noch – wie in Abb. 10.5 – Plattform, Gräting, Bugkorb und Handleinen bis zur Bugsprietnock. Allwetter-Bugspriete sind meistens kurz. Daher ist eine solche stabile, feste Kombination aus Plattform und Bugkorb im Vergleich zu einer für den längeren Klüverbaum für leichtes/mittleres Wetter relativ leicht, billig und einfach zu bauen.

In Yachthäfen kostet der Klüverbaum möglicherweise zusätzliches Geld. Doch wenn wir unterwegs sind, finden wir nur selten einen Liegeplatz im Yachthafen. Statt dessen ankern wir für wenig Geld oder gar umsonst. Wenn wir unbedingt in einen Yachthafen müssen, fragen wir etwas herum, und wenn reichlich Plätze zur Verfügung stehen, erhalten wir oft einen Platz zugewiesen, an dem der Klüverbaum niemandem im Wege ist. Dann bezahlen wir nur für unser Decksmaß.

Klüverbaum und Verstagungen müssen regelmäßig inspiziert und gewartet werden. Bei Verwendung von rostfreiem Stahl läßt sich der

Aufwand dafür auf ein Minimum reduzieren. Auch hier gilt wieder, daß zusätzliche Überhänge anstelle eines Klüverbaums nicht billiger sind, weil sie ebenfalls bearbeitet und gestrichen werden müssen, und zwar besonders, wenn die Ankerkette daran schamfilt.

Bei einem Klüverbaum müssen die Wasserstagbeschläge genau so sorgfältig inspiziert werden wie die Ruderbeschläge. Sie sollten möglichst aus dem gleichen Metall bestehen wie die anderen Unterwasserbeschläge, um die Elektrolyse auf ein Mindestmaß zu reduzieren. Der Eigner der *Le Gamin* (Abb. 10.5) erzählte mir in Tonga, an seinem Wasserstagbeschlag seien auf einem Törn von den USA nach Hawaii die Bolzen aus rostfreiem Stahl korrodiert und teilweise aus dem Steven herausgezogen worden. Er hat die Bolzen mittlerweile ersetzt und ein flaches Stück Zink am Beschlag angebracht, um die Elektrolyse zu bekämpfen.

Der Wasserstagbeschlag nimmt Belastungen auf, die denen der Oberwantpüttings ähnlich sind, wenn nicht sogar höher. Er muß daher sehr stabil sein. Wenn er auf See ausbricht, ist eine Reparatur nur sehr schwer möglich.

Es ist keine schlechte Idee, das Wasserstag mit einem Plastikschlauch zu überziehen. Ein solcher Schlauch verringert das Schamfilen von Ankerleinen auf ein Minimum und schützt das Wasserstag vor Schamfilen durch die Ankerkette.

Mit einem Klüverbaum benötigt man einen längeren Spinnakerbaum, weil das J-Maß größer ist. Der Umgang mit diesem Baum wird einfach, wenn man einen Auf-/Niederholer anbringt, bei dem das Innenbordende des Baumes in einer langen Schiene am Mast gleitet und von einer Endlosleine gehalten wird (siehe *Handbuch für Fahrtensegler*). Ich meine, die Nachteile dieses längeren Baumes werden durch die Vorteile eines nicht überlappenden Klüvers wettgemacht.

Bei Hafenmanövern ist mit einem Klüverbaum größere Vorsicht angebracht. Ohne Plattform ist es schwieriger, das Schiff von Spundwänden, anderen Booten und Pieren abzuhalten. Aber wie beim Einparken eines Wohnmobils hilft auch hier das durch Übung erworbene Können, den Wendekreis des verlängerten Bugs einzuschätzen.

Der Umgang mit den Festmacheleinen wird schwieriger, weil Klüvernetz und Seitenstagen im Wege sind. Und schließlich ist der Wasserstagbeschlag noch eine richtige Plaudertasche, wenn das Schiff Übergewicht hat. Er befindet sich dann nämlich unter Wasser und weist alle Welt auf das Gewichtsproblem hin. Wenn das so bleibt, kann es innerhalb von vier oder fünf Monate schwere Elektrolyseschäden geben.

Da Klüverbäume bei neuen Booten definitive Vorteile aufweisen, besteht vielleicht Interesse an einem nachträglichen Anbau an ein vorhandenes Schiff. Die nach den Vorstellungen der CCA (amerikanische Fahrtenseglervereinigung) gebaute Slup *Le Gamin* in Abb. 10.5 wurde von ihrem Eigner zur Tourenyacht umgebaut. Er erklärte uns, daß er die Serienslup aus zwei Gründen mit einem Bugspriet ausgerüstet habe, nämlich erstens, um die Segelfläche zu vergrößern, und zweitens, um die Luvgierigkeit zu beseitigen. Sein Bugspriet hatte sich als gute Lösung für etwas erwiesen, bei dem es sich nur um ein relativ geringfügiges Überladungsproblem gehandelt hatte. Aber besonders bei ehemaligen Regattayachten mit leichter Verdrängung sind Vorsicht und guter Menschenverstand angebracht, bevor man sie beim Umbau zur Tourenyacht überlädt. Ein 10,5m-Schiff, das fünfzehn bis zwanzig Zentimeter über die Konstruktionswasserlinie hinaus im Wasser liegt, ist viel steifer, als vom Konstrukteur geplant, weil der Ballast jetzt an einem längeren Hebelarm sitzt, d.h., tiefer im Wasser liegt und dadurch mehr Wirkung zeigt. Diese Steifigkeit wird weiterhin dadurch vergrößert, daß die größten Gewichte wie Wasser, Treibstoff und Konserven sich unten im Rumpf befinden und die Stabilität des Schiffes erhöhen. Die größere Steifigkeit bedeutet eine stärkere Beanspruchung für Rumpf, Rigg, Mast und Püttings, die die ursprünglich einkalkulierte Sicherheitsmarge verringert. Am akutesten wird dieses Überladungs-/Belastungsproblem bei ehemaligen Regattayachten, bei deren Konstruktion man bis nahe an die Festigkeitsgrenzen der verwendeten Baumaterialien gegangen ist. Ich bin sicher, daß jedem interessierten Leser die in letzter Zeit zunehmende Zahl von Mastbrüchen und Riggdefekten in der Regattaszene aufgefallen ist. In der Fahrtenseglergemeinde hat sich eine ähnliche Entwicklung gezeigt, darunter fünf Entmastungen allein 1985 in Französisch Polynesien, bei denen der Faktor Überladung wahrscheinlich eine bedeutende Rolle gespielt hat. Bevor man also daran geht, einen Klüverbaum anzubauen, um die Segelfläche zu vergrößern, ist es unerläßlich, einen Konstrukteur zu Rate zu ziehen, um sicherzustellen, daß das übrige Rigg die größere Beanspruchung aushält.

Der Anbau eines neuen oder die Verlängerung eines vorhandenen Klüverbaums ist eine bewährte Möglichkeit, eine eventuell vorhandene Luvgierigkeit zu beseitigen. Der Begriff Luvgierigkeit bedeutet, daß das Boot schlecht zu steuern ist, weil es dauernd aufschießen will. Der Klüver am Klüverbaum übt eine mächtige Hebelwirkung aus, die dieser Luvgierigkeit entgegenwirkt. Wenn der Klüverbaum allerdings zu lang ist, tritt das Gegenteil ein, und das Boot wird leegierig. Es kommt darauf an, daß man das Schiff mit einem Finger an der Pinne auf Kurs halten kann. Um der Sicherheit und einer guten Segelleistung willen sollte das Boot leicht luvgierig sein, damit es langsam in den Wind dreht, wenn man die Pinne losläßt. Die zusätzliche Hebelwirkung eines Steuerrades kann eine vorhandene Luvgierigkeit überdekken. Sie ändert aber nichts an der Tatsache, daß das Ruder dann nicht mittschiffs steht und durch seinen Wasserwiderstand die Fahrt vermindert. Auch hier sollte man vor der Anbringung eines Klüverbaums einen Konstrukteur, Segelmacher oder Takler bitten, sich einmal einen Eindruck zu verschaffen. Er kann dann die richtige Länge für den Klüverbaum bestimmen und erspart einem die Ausgaben und den Frust mehrmaligen Herumprobierens.

Ein Klüverbaum ist definitiv ein Kompromiß. Für die Vorteile, die er beim Segeln bietet, muß man zusätzliche Liegegebühren zahlen und auf einer schmalen Spiere über dem Wasser seine Segel bergen und setzen. Leichtgewichtige Regattayachten, die nur selten vor Anker liegen, brauchen keinen Klüverbaum. Aber da die meisten Tourenyachten zu Mini-Frachtern werden, beglückwünschen sich deren Eigner zu den Vorteilen beim Ankern und zu der zusätzlichen Antriebskraft und Leistung, die ein Klüverbaum ermöglicht.

11
Beiboote – Wahlmöglichkeiten, Verbesserungen, Aufbewahrung

La Paz in Niederkalifornien ist der erste größere Hafen zum Verproviantieren und für Instandsetzungen nach San Diego neunhundert Meilen weiter nördlich. An geschäftigen Winternachmittagen liegen oft fünfzig bis siebzig Dinghis, feste Beiboote, Schlauchboote und Faltboote am Strand vor dem Hotel Los Arcos. Viele sind umgebaut und zeigen Flickstellen. Die Eigner sind meist gern bereit, ihre neuesten Verbesserungen zu erläutern oder über die letzten Reparaturen zu meckern. Nur über eines sind sie sich absolut einig: Ein zuverlässiges, zweckdienliches und jederzeit bereites Beiboot ist unerläßlich, wenn man in mexikanischen Gewässern, in der Karibik oder im Südpazifik segeln will. Dort ist man als Fahrtensegler im Schnitt nur zehn Prozent der Zeit auf See, fünf Prozent an festen Liegeplätzen und den Rest der Zeit vor Anker. Aus diesem Grund ist das Beiboot wichtiger als der Familienkombi an Land. Als kleines Arbeitsboot schleppt es von Proviant über Wasser und Wäsche bis hin zu Partygästen alles an Land und wieder zurück. Das Beiboot muß ordentlich und seemännisch aussehen, weil es in Häfen, an Ankerplätzen und in Yachtclubs im Ausland oft den ersten Eindruck von seinem Eigner vermittelt. Es sollte schnell und problemlos zu Wasser zu lassen sein, damit man in hübschen abgelegenen Buchten keines der ganz besonderen Erlebnisse verpaßt, die sich an Land oft abspielen.

Welche Wahlmöglichkeiten gibt es nun für den Fahrtensegler? Grundsätzlich gibt es zwei Arten von Beibooten, nämlich weiche und harte. Beide Arten gibt es als Gleiter und Verdränger, beide haben ihre Vor- und Nachteile. Die Entscheidung für die eine oder die andere Art ist von der Art der Tourenyacht, der Anzahl der Crewmitglieder, dem Segelrevier und dem eigenen Fahrtenstil abhängig.

Die Anzahl der Crewmitglieder ist der erste Faktor. Für eine Zweimann-Crew reicht ein Beiboot von 1,8–2,4 m, eine größere Crew braucht ein Beiboot von 2,4–3,6 m. Für größere Familien sind zwei Beiboote eine gute Option, ein Schlauchboot mit Außenborder für die Eltern und ein Boot zum Rudern und Segeln für die Kinder. Auch bei nur zwei Personen wären zwei Beiboote nicht schlecht, aber leider können die meisten unter uns sich das aus Platz- und Kostengründen nicht leisten, so daß eine Wahl getroffen werden muß.

Viele Segler kaufen ein Schlauchboot, weil es sich problemlos unter Deck verstauen läßt. Es müssen keine Bootsklampen oder Davits angebracht werden. Für kleine Tourenyachten sind Schlauchboote oft die einzige Lösung. Weil sie leicht sind, kann ein Kind die kleineren Boote an Deck oder ans Ufer ziehen. Das Gummi tut dem glänzenden Neuanstrich der Yacht nicht weh. Die niedrigen Seiten mit den Auftriebskörpern eignen sich perfekt zum Schwimmtauchen. Selbst ein nasser, schwer beladener Taucher mit Anzug und Atemgerät kommt problemlos wieder in das Schlauchboot hinein.

Viele Schlauchboote gleiten bereits mit einem Außenborder von nur 10 bis 12 PS. Das kommt oft sehr gelegen, wenn man an abgelegenen Stellen tauchen will oder in großen Häfen mit starker Tide hin und her fahren muß. Die Kombination aus Gleitfähigkeit und weichen Seiten, die so schnell nichts übelnehmen, machen das Schlauchboot speziell bei bewegter und rauher See recht nützlich. Im Winter 1983 fegte Wind mit achtzig Knoten von den Santa-Ana-Bergen über Newport Beach hinweg. Der *Taleisin* an ihrem Liegeplatz an der Balboa-Halbinsel drohte ernste Gefahr von den Seen, die sich auf der eine Meile langen freien Fläche im Hafen aufbauten. Die Wellen trafen sie direkt von Backbord achteraus; der Pier, an dem die Backbordleinen befestigt waren, brach auseinander. Ernie Minnie verbrachte den ganzen Tag in seinem dreieinhalb Meter langen Schlauchboot mit 12,5-PS-Außenborder; er brachte den 30 kg schweren Sturmanker der *Taleisin* aus, fuhr Leinen an Land und half anschließend der Crew auf der 20m-Yawl *Troubadour*, die sich losgerissen hatte. Ernies Schlauchboot eignete sich hervorragend für diese Aufgabe, weil es stabil war und mit seinen weichen Seiten die Gefahr beim Längsseitsgehen an der *Taleisin* und der *Troubadour* in der meterhohen Windsee auf ein Mindestmaß verringerte. Auf der anderen Seite war der zuverlässige Außenborder bei diesem starken Wind unerläßlich, weil Rudern unmöglich gewesen wäre.

Ein weiteres Plus eines Schlauchbootes ist seine Schleppfähigkeit. Englische Segler schleppen ihre Schlauchboote über dem Spiegel, wobei nur das hinterste Ende das Wasser berührt. Das scheint besser zu gehen als das Schleppen drei oder vier Meter achteraus, wo eine starke Bö das Schlauchboot umwerfen kann.

Bei Verlust oder Abnutzung ist ein Schlauchboot problemlos zu ersetzen. Die meisten Schiffsausrüster führen eine breite Auswahl. Schlauchboote lassen sich klein verpacken und per Luftfracht auch an abgelegene Orte versenden. Weil keine speziellen Haltevorrichtungen erforderlich sind, paßt ein neues Modell fast immer an die Stelle des alten.

Trotz der vielen guten Seiten hat ein Schlauchboot für den Fahrtensegler auch ernsthafte Nachteile. Am wichtigsten ist meiner Ansicht nach dabei die strikte Weigerung, sich bei mehr als sechs Windstärken nach Luv rudern zu lassen. In einer sechzig Zentimeter hohen Windsee ist jedes Vorwärtskommen unmöglich. Das ist besonders gefährlich auf Reede. Wenn der Motor ausfällt, kann man bei einer frischen ablandigen Brise dann schnell auf die offene See abgetrieben werden. Vor Catalina Island in Kalifornien ist das mehrere Male passiert, ein paar von den Betroffenen sind dabei ums Leben gekommen. Wenn man seine Yacht auf Grund setzt, könnte die Tatsache, daß das Schlauchboot sich nicht gegen den Wind rudern läßt, in der Verbindung mit der zum Aufpumpen sowie zum Anbringen und Starten des Außenborders erforderlichen Zeit die Ursache dafür sein, daß man seinen Anker nicht weit genug ausbringen kann, um das Schiff daran von einem Riff oder einer Sandbank zu ziehen, bevor die Ebbe einsetzt. Wegen des flachen Bodens und des geringen Gewichts wird ein Schlauchboot beträchtlich abgetrieben, wenn man bei Wind von querab zu rudern versucht. Aus diesem Grunde meine ich, ein Schlauchboot ohne zuverlässigen Außenborder ist nur bei gutem Wetter und in geschützten Häfen zu gebrauchen.

Schlauchboote lassen sich schnell im Kofferraum eines Autos verstauen, und daraus ergibt sich ein weiteres Problem. Weil sich ein zweieinhalb Meter langes Schlauchboot einer bestimmten Marke nur durch die Seriennummer von einem anderen Zweieinhalbmeter-Schlauchboot derselben Marke unterscheidet, kommt es häufig zu Diebstählen.

Bei ganzjähriger Nutzung hat ein Schlauchboot in der Regel eine Lebenserwartung von etwa drei oder vier Jahren. Das liegt daran, daß größere Reparaturen kaum möglich sind. Ein Fahrtensegler in La Paz zeigte uns einmal den Spiegel seines Schlauchbootes, bei dem sich die Sperrholzschichten voneinander gelöst hatten. Das zum Austausch des Spiegels erforderliche Material und Heißklebegerät machten es erforderlich, das Schlauchboot zu einer gut ausgerüsteten Werkstatt zu schicken, die in diesem Fall neunhundert Meilen entfernt in San Diego zu finden war.

Wenn ein Schlauchboot auf den Strand gezogen wird, nutzt sich der Boden schnell ab. Ich kenne weder eine wirksame Möglichkeit, einen zusätzlichen Schutz gegen diese Abnutzung aufzubringen, noch eine wirksame Möglichkeit, auf diese Weise verursachte Löcher zu flicken.

Löcher im Schlauchboot werden in der heißen Sonne der Tropen größer, so daß die Luftkammern am Ende des Tages schlaff sind. Nach Einbruch der Dunkelheit in einem halb aufgepumpten Schlauchboot auf die Yacht zurückkehren zu müssen, hat schon viele potentiell leidenschaftliche Fahrtenseglerfrauen abkühlen lassen.

Die Luftkammern aus Stoff und Gummi sind rißempfindlich. Angelhaken, Glasstückchen, sogar Fischgräten können Löcher verursachen. Man kann diese Löcher zwar flicken, aber am Ende sieht das Schlauchboot dann wie ein Flickenteppich aus.

In einem einfachen Schlauchboot zum Rudern, das keine Bodenbretter hat, sammelt sich jeder Tropfen Wasser dort, wohin man tritt. Durchweichte Schuhe sind das Ergebnis. Vermeiden läßt sich das mit Sperrholz-Bodenbrettern, die aber wieder ihre eigenen Probleme mit sich bringen. Es dauert seine Zeit, sie zusammenzusetzen, sie brauchen Stauraum auf der Yacht und machen das Schlauchboot schwerer. Zusätzlich gerät oft Sand unter die Bretter und scheuert speziell in den unzugänglichen Ecken unter den Luftkammern am Gewebe. Bei den neueren Schlauchbooten verlaufen zum Teil Luftkammern mit zehn Zentimetern Durchmesser in Längsrichtung über den Boden. Dadurch verringert sich das Problem, doch zwischen diesen Luftkammern sammelt sich Sand, der nur schwer zu entfernen ist.

Ein letzter Nachteil von Schlauchbooten besteht darin, daß sie häufig umgeworfen werfen, wenn eine heftige Bö unter die Seitenwülste faßt. Dabei sind schon viele Riemen, Tauchflaschen, Schuhe und Außenborder verloren gegangen oder beschädigt worden.

Die meisten dieser Nachteile lernt man wahrscheinlich nur kennen, wenn man sein Schlauchboot tagtäglich das ganze Jahr über nutzt. Wer nur am Wochenende segelt oder einmal im Jahr Segelurlaub macht, wird wahrscheinlich feststellen, daß sein Schlauchboot zehn oder fünfzehn Jahre hält. Doch ob Wochenende oder das ganze Jahr über – die Lebenserwartung eines Schlauchbootes läßt sich mit ein paar Tricks

Abb. 11.1

steigern, die wir von Seglern hörten, als wir die Aufnahmen für dieses Kapitel machten.

Die häufigste Verbesserung, die wir antrafen, war der Austausch der mitgelieferten leichten, zweiteiligen Paddel gegen längere stabilere Riemen. Das erleichtert das Rudern bei stärkerem Wind und rauherem Wasser. Ein kleiner Anker mit 40 m 3mm-Leine im Schlauchboot sollte das Problem lösen, daß man auf die offene See abgetrieben wird.

Wenn man kurz hintereinander verschiedene Häfen anläuft, bleibt das Schlauchboot am besten ganz oder teilweise aufgeblasen an Deck. Das beschleunigt das Ausbringen eines Ankers nicht unwesentlich.

Die schädlichen Auswirkungen der UV-Strahlung lassen sich mit einem weißen Überzug aus Stoff auf den Seitenwülsten verringern (siehe Abb. 11.1). Dieser Überzug bleibt bei Benutzung des Schlauchbootes an Ort und Stelle und auch, wenn das Boot an Deck verstaut ist. Damit ist auch das Problem gelöst, daß man sich an heißen sonnigen

Abb. 11.2

135

Tagen das Hinterteil verbrennt. Weiße Hypalon-Farbe erfüllt den gleichen Zweck (Abb. 11.2). Sie hat den zusätzlichen Vorteil, daß sie das Entstehen von Lecks durch hitzebedingte Porösität verhindert.

Als Maßnahme gegen Diebstahl bringt man den Namen der Yacht mit dauerhafter glänzender Hypalon-Farbe an allen Teilen des Schlauchbootes an und vermerkt die Seriennummer im Logbuch.

Ich habe zwar oft Schlauchboote benutzt, selbst aber immer nur feste Beiboote besessen, so daß meine Präferenzen klar sein dürften. Auf unserer vorhergehenden Yacht hatten wir zwölf Jahre lang ein 2 m langes klinkergebautes GFK-Prahmdinghi. Einmal sprangen in Mexiko Kinder von einem knapp vier Meter hohen Pier hinein, wobei alle Sitze auseinanderbrachen. Ein anderes Mal wickelte sich die Vorleine in die Schraube eines Trimarans. Dabei wurde ein fußballgroßes Loch in den Bug gerissen. Ein drittes Mal hatten wir das Dinghi quer am Heck eines Fischerbootes auf Sri Lanka festgemacht. Ein anderes Fischerboot rammte es in der Mitte, so daß es die Form einer Sanduhr annahm. All diese Schäden ließen sich mit etwas Glasfaser und Harz schnell reparieren. Bei einem Beiboot aus Holz hätten all diese Vorfälle zu einem Totalschaden geführt.

In Klinkerbauweise ist ein GFK-Dinghi in der Regel stabiler und leichter als in Rundspantbauweise. Die Planken wirken wie Winkeleisenprofile, die für größere Festigkeit sorgen; dadurch erreicht man ein geringeres Gewicht und eine größere Stabilität. Unser erstes Prahmdinghi wog 28 kg. Ein gut konstruiertes festes Beiboot macht auch bei einer Windsee von sechzig oder neunzig Zentimetern noch Fahrt voraus. Ich habe das Beiboot der *Seraffyn* damals bei acht Windstärken eine halbe Meile gegen den Wind gerudert, mußte dabei allerdings dreimal anhalten und ausösen. Wenn die *Seraffyn* vor Anker getrieben wäre, hätte diese Fähigkeit, gegen den Wind zu rudern, lebenswichtig sein können. Auf unserem neuen 9m-Kutter haben wir ein 2,4 m langes klinkergebautes Beiboot mit Steven, das 37 kg wiegt. Auch damit bin ich schon bei Windstärke 8 gerudert. Durch den spitzeren Bug bleibt es innen trockener und schneidet leichter durch die Windsee. Ein auf dem Kajütdach einsatzbereit verstautes festes Dinghi läßt sich in zwei oder drei Minuten aussetzen, wenn man einen Anker ausbringen muß.

Viele Fahrtensegler mit guten Ruderdinghis meinen im Gegensatz zu ihren Freunden mit Schlauchbooten, daß ein Außenborder zwar ganz nett, aber nicht unbedingt erforderlich ist. Sie rudern deshalb häufiger und schonen die Ohren anderer Fahrtensegler, die die Einsamkeit einer ruhigen Bucht genießen möchten. Unter gesellschaftlichen Gesichtspunkten kommt man leichter mit anderen Leuten ins Gespräch, wenn man neben ihnen herrudert. Wenn der andere interessiert ist, das Gespräch fortzusetzen, kann man das Boot problemlos mit den Riemen in Position halten. Ein Beiboot mit einem lauten Außenborder, das zudem noch schwer zu manövrieren ist, macht diese Art von Kontaktaufnahme fast unmöglich. Ein gut konstruiertes Ruderdinghi kann zur Entspannung beitragen und sorgt für die körperliche Bewegung, die auf See doch oft fehlt.

Unser neues Beiboot hat ein Segelrigg mit einer Reffreihe im Segel, so daß wir auch bei starkem Wind gegenan kommen. In Cabo San Lucas schaffte ich letzten Monat mit fünf Fahrten dreihundertundzwanzig Liter Wasser vom Versorgungspier zu unserem eine Meile entfernten Ankerplatz. Durch das Segelrigg wurde aus einem ansonsten langweiligen Job ein angenehmer Nachmittag.

Auf einem festen Dinghi ist die Wahrscheinlichkeit größer, einen trockenen Hosenboden zu behalten (Abb. 11.3). Das liegt daran, daß die Ducht sich ein gutes Stück tiefer als das Dollbord befindet. Bei den meisten Schlauchbooten sitzt man hingegen auf dem Seiten- oder Heckwulst, so daß die Hose schon bei der kleinsten Welle naß wird. Auch ohne Erfahrung kann man ein beschädigtes GFK-Dinghi schnell und relativ einfach reparieren.

Spezielles Gerät ist dafür nicht erforderlich. Man klebt eine provisorische Form aus Pappe mit Wachspapier von innen über die Schadstelle und verteilt die feuchte Masse darauf. Wenn sie zwei oder drei Stunden später ausgehärtet ist, ist das Dinghi wieder einsatzbereit.

Abb. 11.3

Beim Pendelverkehr zwischen Schiff und Sandstrand bleibt das schwimmende Heim nur dann von Sand verschont, wenn das Dinghi sandfrei bleibt. Hier kommt ein GFK-Beiboot erst richtig zur Geltung. Es läßt sich leichter mit einem feuchten Lappen auswischen. Es hat keine Falten und Vertiefungen, in denen sich der Sand sammelt. Zum krönenden Abschluß bliebe zu den Vorteilen eines festen Dinghis noch zu sagen, daß ich noch nie erlebt habe, daß eins allein durch den Wind umgeschlagen ist. Das einzige Mal, daß ich eins – außer durch unvorsichtiges Anbordgehen – habe kentern sehen, war, als ich mich darin durch eine Brandung schleppen ließ.

Daß feste Beiboote bei Fahrtenseglern nicht an erster Stelle der Beliebtheitsskala stehen, liegt im wesentlichen daran, daß es Zeit, Arbeit und Geld kostet, sie an Bord dort unterzubringen, wo sie am wenigsten stören. Der Platz für ein festes Dinghi sollte im Idealfall schon bei der Planung von Deck, Kajüte und Rigg berücksichtigt werden (Abb. 11.4 – 11.8). Die Bedeutung eines guten Beibootes für den Langzeitsegler wird heute von fast allen Yachtkonstrukteuren übersehen, das Beiboot taucht auf den Rissen nur selten auf. Es ist ja auch einfacher, den Eigner selbst dieses Problem lösen zu lassen. Auf Schiffen mit Mittelcockpit ist auf der Kajüte nur selten Platz für ein Dinghi, weil das Schiebeluk sich zu nahe am Großmast befindet. Viele Yachten mit Cockpit im Heck haben auf dem Kajütdach einen Großschottraveler und den Baumniederholer oder der Baum sitzt zu tief oder das Klappverdeck steht im Wege, so daß auch dort kein Platz für ein Beiboot ist. Manche Segler führen ihr festes Beiboot in Davits am Heck mit, aber das kommt nicht in Frage, wenn man eine Selbststeueranlage einbauen will. Ein weiteres Problem könnte sich dabei ergeben,

Abb. 11.4

138

Abb. 11.5

Abb. 11.6

Abb. 11.7

Abb. 11.8

wenn man eine Sturzsee übernimmt. Ein anderer oft gewählter Platz ist das Vordeck. Das geht in Ordnung auf einer größeren Yacht, wenn auf den Seitendecks sowie zwischen Dinghi und Mast genügend Platz bleibt, um die Fallen zu bedienen. Wenn das Dinghi aber dauernd im Weg ist, wird der Umgang mit Segeln und Ankergeschirr nicht nur beschwerlich, sondern auf einem kleinen Vordeck auch lebensgefährlich. Diese konstruktiv bedingten Probleme in Verbindung mit dem Bau spezieller Halterungen und Aufklotzungen schrecken viele Fahrtensegler ab.

Es ist äußerst unwahrscheinlich, daß ein neues festes Beiboot in die Halterungen für das alte paßt, ohne daß diese umgebaut werden (Abb. 11.9). Daraus ergibt sich ein weiterer Nachteil: In ausländischen Häfen findet man nur schwer dasselbe Modell, und die Frachtkosten für ein Dinghi, das beispielsweise aus den Vereinigten Staaten oder Europa zu den Marquesas transportiert wird, sind wegen der Größe doch recht hoch.

Die häufigste Klage über feste Dinghis geht dahin, daß sie nicht so stabil wie Schlauchboote sind. Unerfahrene Besucher treten unweigerlich auf das Dollbord. Bei einem Schlauchboot macht das nichts, doch bei einem festen Dinghi ergeben sich daraus aufregende und manchmal nasse Augenblicke. Aus diesem Grund sollte man das größte Beiboot nehmen, das problemlos auf der Yacht unterzubringen ist. Bei uns auf der *Taleisin* war das Gewicht der bestimmende Faktor. Das Beiboot mußte leicht genug sein, damit Lin es allein auf den Strand ziehen konnte. Die siebenunddreißig Kilogramm liegen gerade an der Grenze. Mit einem zusätzlichen Außenborder wäre es für Lin allein zu schwer.

Abb. 11.9

140

Ein festes Dinghi ist schwerer an Bord zu nehmen und auszusetzen als ein Schlauchboot und versperrt die Sicht, wo es auch verstaut sein mag. Es eignet sich nicht so gut für Tauchausflüge, braucht wirkungsvolle Fender zum Schutz des Mutterschiffes und macht mehr Krach, wenn es längsseits vertäut ist. Und schließlich muß ein festes Dinghi auch noch regelmäßig gestrichen werden, damit es jederzeit gut aussieht.

Ein Teil der Probleme mit einem festen Beiboot läßt sich lösen, wenn man eine Möglichkeit findet, es so zu verstauen, daß es mit dem Großfall und seiner Winsch an Bord genommen und ausgesetzt werden kann. Dann werden zwei Personen sogar problemlos mit einem 45–55 kg schweren Dinghi fertig. Unser 2,4 m langes Beiboot ist leicht genug,

Abb. 11.10

Abb. 11.11

um von Hand an Bord genommen und ausgesetzt zu werden, doch wir haben beide mit dem Großfall geübt, um notfalls allein zurechtzukommen (Abb. 11.11–11.15).

Ein Metallstreifen über dem Kiel sorgt bei einem festen Beiboot für weniger Instandhaltungsprobleme, weil damit der hauptsächliche Abnutzungsfaktor ausgeschaltet wird. Wichtig sind Auftriebsschaum in den Duchten und gute Riemen. Unsere sind aus Eschenholz, weil das unbehandelt bleiben kann und damit den Instandhaltungsaufwand vermindert. Sie sind 2,3 m lang und passen damit genau in das Beiboot hinein. Unser Dinghi hat einen hohen Freibord. Bei einem niedrigeren Freibord können die Riemen möglicherweise kürzer sein, doch man

Abb. 11.12

Abb. 11.13

nimmt am besten zunächst möglichst lange Riemen, die dann gegebenenfalls gekürzt werden.

In der englischen Yachtzeitschrift *The Practical Boat Owner* fanden wir im letzten Jahr ein interessantes Zubehörteil, eine Art Schwimm-Manschette, die zwei der wesentlichen Schwachpunkte eines festen Dinghis, nämlich die Stabilität und das Problem mit den Fendern, beseitigt. Wir kauften eine dieser unter der Bezeichnung Add-A-Buoy vertriebenen Manschetten und testeten sie eine Woche lang unter den verschiedensten Bedingungen. Es stellte sich heraus, daß sie dem Boot so viel zusätzliche Stabilität verlieh, daß ich (82 kg) mich auf das Dollbord stellen konnte, ohne daß Wasser überkam. Dadurch wurde es viel einfacher, an dem einen Tag mit 60 cm hoher Kabbelsee im Hafen Wasser und Proviant aus dem Dinghi auf die *Taleisin* zu verladen.

Auch beim Tauchen probierten wir die Manschette aus. Dabei hatten wir die Sicherheit eines festen Dinghis, das nicht durch die Tauchausrüstung beschädigt werden konnte, und gleichzeitig konnten

Abb. 11.14

Abb. 11.15

143

wir wegen der durch die Manschette gewonnenen zusätzlichen Stabilität problemlos aus dem Wasser an Bord klettern. Ursprünglich wollten wir die Manschette aber nur für unsere Notausrüstung haben, und dort befindet sie sich jetzt auch. Wir hoffen, daß wir sie nie gebrauchen werden, aber wenn das doch einmal der Fall sein sollte, könnte diese Auftriebshilfe unser dann wahrscheinlich überladenes Beiboot in seiner Rolle als segelndes Rettungsboot erfolgreicher machen. Die vier Kilogramm schwere Manschette vergrößert das Gesamtgewicht des Dinghis; sie sieht schon ein wenig merkwürdig aus und macht das Rudern gegen den Wind etwas schwieriger. Deshalb benutzen wir sie im Augenblick auch nur zum Tauchen. Aber in Verbindung mit einem Außenborder könnte sie durchaus ständig am Boot bleiben und damit für Langzeitsegler die ideale Kombination aus den jeweils besten Eigenschaften von Schlauchbooten und festen Dinghis darstellen.

Zwei von den Seglern, die wir in La Paz trafen, besaßen Faltboote der Firma Fold-A-Boat. Diese Knickspantboote ließen sich zu einem Stapel aus vier Stücken zusammenlegen. Sie schienen sich ziemlich leicht rudern zu lassen. Der Besitzer des einen erzählte, er verstaue das Faltboot, auf das der Hersteller zehn Jahre Garantie gebe, flach auf dem Kajütdach seines kleinen Trimarans. Speziell auf kleinen Yachten mit wenig Platz an Deck ist die Idee gar nicht schlecht.

Die Segler in La Paz bestätigten unsere Beobachtung, daß Kurzzeit-Fahrtensegler, also die, die ein bis zwei Jahre unterwegs sind, im allgemeinen zu Schlauchbooten neigen. Wer länger auf Fahrt ist, kauft sich in der Regel ein festes Beiboot. Wofür man sich aber auch entscheidet, es gibt keine perfekte Lösung. Was man wirklich braucht, ist eine Kombination aus Arbeitsboot für den Tag, sauberer, stabiler Barkasse für den Fall, daß Aga Khan zum Cocktail bittet, kleinem Ausflugsboot und augenblicklich verstaubarem, unaufdringlichem Passagier für die nächste Ozeanüberquerung. All das läßt sich auf größeren Yachten mit ausreichend Platz für ein Schlauchboot und ein festes Beiboot verwirklichen. Doch für den durchschnittlichen Fahrtensegler mit seinem siebeneinhalb bis zehneinhalb Meter langen schwimmenden Heim ist jedes einzelne Beiboot ein Kompromiß.

Herstellernachweis:

Add-A-Buoy
  W.F. Walters and Company
  103, The Street
  Bramford, Ipswich IP8 4DY
  England

Fold-A-Boat
  Pacific Marine Supply
  1104 Cannon Street
  San Diego, California
  USA

12
Im Extremfall

Die Notausrüstung genießt an Bord der *Taleisin* dieselbe Behandlung wie die Ersatzteile für das stehende und laufende Gut. Wir kaufen sie aus einem Gefühl der Vorsicht heraus und verstauen sie dann sorgfältig mit einem Gedanken, der eigentlich ein halbes Gebet ist: Wenn wir sie an Bord haben, brauchen wir sie wahrscheinlich nie, doch wenn wir sie zurücklassen, beschwören wir das Unglück herauf. Als wir die Notausrüstung für unseren ersten Kutter *Seraffyn* zusammenstellten und dann vor jeder Ozeanüberquerung in unserem aussetzbereiten Dinghi und Rettungsboot verzurrten, hatten wir das Gefühl, alles Notwendige zu unserem Schutz getan zu haben. Daraus ergab sich einer der beunruhigendsten Momente meines Lebens.

Die Zeitschrift *Sail Magazine* hatte uns gebeten, zwei tragbare Destillierapparate zu testen, die gerade auf den Markt gekommen waren. Wir kamen zu dem Entschluß, ein fairer Test müsse auch einen Destillierapparat aus dem zweiten Weltkrieg umfassen, wie wir ihn auf der *Seraffyn* gehabt und auch für unser neues Schiff *Taleisin* gekauft hatten.

An einem sonnigen Märztag des Jahres 1984 – die *Taleisin* wurde auf die See-Erprobung vorbereitet – sah Larry mir in Newport Beach zu, als ich meine UFO-Flotte, wie sie von den Nachbarn genannt wurde, zu Wasser ließ. Innerhalb von zwei Tagen waren die Resultate klar. Wenn wir jemals hätten von Bord gehen und uns auf unseren Destillierapparat aus Kriegsbeständen verlassen müssen, wären wir nicht mehr am Leben. Am beunruhigendsten an dieser Enthüllung war, daß wir – wenn man uns nicht mit dem Test beauftragt hätte – erst dann, wenn es zu spät gewesen wäre, festgestellt hätten, daß ein unzuverlässiger Ausrüstungsgegenstand an Bord war. Dieser Vorfall und das, was wir im Verlauf des Tests weiter feststellten, ließ uns zu einer anderen Einstellung im Hinblick auf die Sicherheitsausrüstung gelangen, und

Abb. 12.1 Die Destillierapparate in der Verpackung. Das Vierteliterglas in der Mitte vermittelt einen Eindruck von der Größe.

Abb. 12.2 Die Destillierapparate im Wasser

zwar besonders, wenn sie in einer Verpackung steckt, auf der steht: Versiegelt – erst im Notfall öffnen.

Da die Bedienungsanleitungen für die Notausrüstung auch dem technisch unbegabtesten Crewmitglied verständlich sein müssen, wurde beschlossen, daß nicht Larry, sondern ich die Versuche durchführen sollte. Ich nahm als erstes den Airborne-Apparat (Abb. 12.3), weil er sich am einfachsten öffnen ließ. Er wird in England hergestellt und von Luftstreitkräften und Ausrüstern für Rettungsflöße für die

Abb. 12.3 Befüllung des Airborne-Destillierapparates

Handelsmarine im Bereich der EG eingesetzt. Verpackt mißt er 27×36 ×3 cm und wiegt 800 g. Die Anweisungen auf dem Plastikbehälter sind leicht verständlich, der Behälter selbst faßt einen Wasservorrat von etwa einem halben Liter.

Das Aufblasen war mühsam. Zuerst kam ein rohrähnlicher Schwimmer, dann die tropfenförmige Kondensationsfläche. Ich brauchte dazu dreißig Minuten und alles, was meine Lungen an Luft hergaben. Ich nahm das Ösfäßchen aus dem Dinghi, um den Vorrats-/Ballastbehälter mit Salzwasser zu füllen, doch das Einfüllrohr ist groß genug, um auch die Hand als Schöpfkelle benutzen zu können. Rund um den Apparat verlief eine gut befestigte orangefarbene Polypropylen-Leine, die aber so glatt war, daß sich der Rundtörn mit zwei halben Schläagen, mit dem ich sie an der Klampe des Anlegestegs belegt hatte, innerhalb weniger Minuten löste. Im ruhigen Wasser von Newport Harbor bekam ich den Apparat schnell wieder zu fassen, doch ich fragte mich, was wohl auf einem Rettungsfloß auf See passiert wäre. Nach dem Aussetzen machte das aufgeblasene Oberteil einen ziemlich empfindlichen Eindruck, und Flickzeug war nicht dabei. Der Kondensationsvorgang begann fast augenblicklich.

Der Lifeline-Destillierapparat (Abb. 12.4) der Firma Direx Inc., 519 W Lancaster Avenue, Haverford, Pennsylvania 19041, war mit seinem Abmessungen von 30 × 30 × 5 cm und seinem Gewicht von 1900 g

147

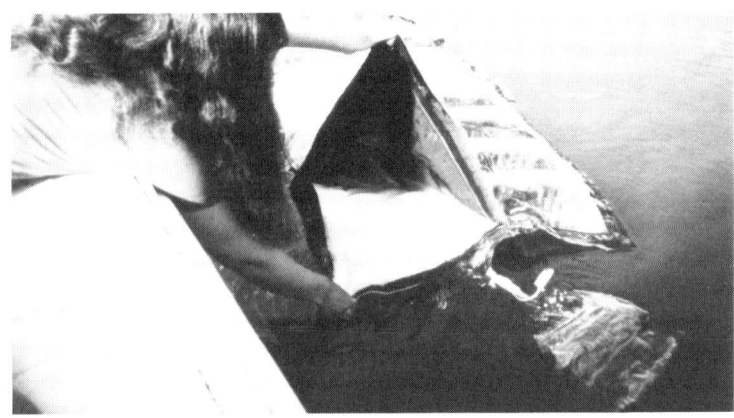

Abb. 12.4 Der kissenähnliche Lifeline-Apparat füllt sich selbst, doch wenn man ihn wie hier öffnet, setzt der Destillierungsvorgang früher ein.

weitaus massiger. Er ließ sich leicht entfalten, und es dauerte nur zehn Minuten, bis das obere Schwimmkissen so aufgeblasen war, daß es den Abbildungen in der Bedienungsanleitung ähnlich sah. Da der Apparat durch eine Art Docht Salzwasser ansaugt, braucht man sich nach dem Aussetzen praktisch nicht mehr darum zu kümmern. Ein vorn an dem matratzenförmigen Apparat an zwei Punkten befestigtes Gummiband wird mit einem Plastikschnapper am Rettungsfloß eingehakt. Mir hätte eine Befestigung an mehr als zwei Punkten mehr behagt, doch anschließende Versuche zeigten, daß es sich um eine stabile Ausführung handelte. Auf einem Rettungsfloß würde ich trotzdem noch eine zusätzliche Sicherungsleine anbringen. Einmal im Wasser, ließ der Lifeline-Apparat nicht das sofortige Vertrauen aufkommen wie der Airborne-Apparat, weil der Destillierungsvorgang nicht zu beobachten war. Dafür enthielt der Packbehälter ein großzügiges Sortiment mit selbstklebendem Flickzeug und faßte knapp vier Liter Wasser.

Der aus dem zweiten Weltkrieg stammende Destillierapparat für die Luftwaffe (Abb. 12.5) kam als letzter dran. Ich hatte noch nie so schwer zu kämpfen, um eine leicht zu öffnende Verpackung aufzubekommen. Die gut illustrierte Bedienungsanleitung schien einfach und umfassend zu sein und behandelte auch Herstellung und Reparatur. Flickzeug lag bei, und der Apparat war in ausgezeichnetem Zustand, obwohl er aus der Zeit zwischen 1944 und 1952 stammte. Zum Aufblasen brauchte ich mehr Zeit und Atemluft als bei dem Airborne-Apparat. Dann mußte langsam Wasser in einen umgekehrten Trichter

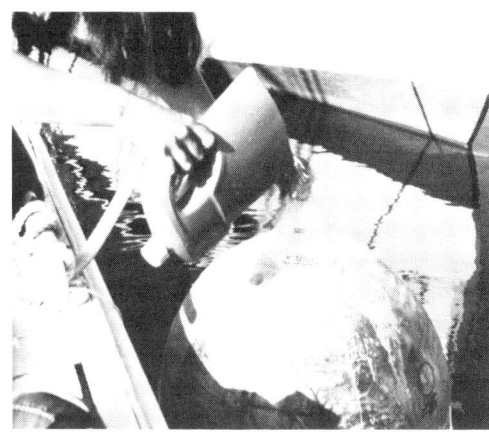

oben in dem wasserballähnlichen Apparat eingefüllt werden. Dieses Salzwasser diente gleichzeitig als Ballast und zur Destillation. Das Einfüllen erforderte selbst mit dem Ösfäßchen Geduld. Die Befestigungsleine mit einem stabilen Karabinerhaken war sicher und fest angebracht. Anders als der Airborne-Apparat, bei dem einmal am Tag Salzwasser nachgefüllt werden muß, und der Lifeline-Apparat, der selbst Wasser ansaugt, mußte der Apparat aus dem zweiten Weltkrieg jede Stunde aufgefüllt werden.

Alle drei Destillierapparate arbeiteten mit Sonnenkraft, so daß ich am nächsten Tag bei Sonnenaufgang mit der Produktion begann. Die Lufttemperaturen reichten von 17 bis 28 C, die Wassertemperatur lag bei 14 C. Beim Airborne-Apparat zeigten sich innerhalb einer Stunde die ersten Anzeichen der Wasserproduktion. Das Salzwasser aus dem Vorrats-/Ballastbehälter durchfeuchtete den Docht aus schwarzem Stoff, der zwischen dem rohrförmigen Schwimmer ausgespannt war. Die Sonnenstrahlen, die durch die transparente vergrößernde Kondensationsfläche einfielen, ließen das Salzwasser verdunsten, und schon bald bedeckten Kondenswassertröpfchen die Kondensationsfläche und begannen, in die Rinne um den Schwimmer und von dort in das Röhrchen zu laufen, das zu einem Auffangbehälter führte.

Der Lifeline-Apparat wiegte sich leicht im Wasser, in der Kammer bildete sich leichter Nebel. Das galt auch für den Luftwaffen-Apparat, der jede Stunde aufgefüllt werden mußte.

Nach vier Stunden zog ich die Destillierapparate an die Anlegestelle heran. Der Salzwasserbehälter des Airborne war noch etwa halb voll, es war etwas mehr als eine Tasse Wasser destilliert, das etwas nach Kunststoff roch, aber absolut nicht brackig schmeckte.

Im Auffangbehälter des Lifeline war kein Tropfen Wasser, so daß ich den Apparat aus dem Wasser holte, um nachzusehen, wo der Fehler lag. Beim Anheben rauschte plötzlich etwas mehr als ein Liter Wasser in den Auffangbehälter. Beim Probieren war keinerlei Geruch oder Geschmack nach Kunststoff, Salz oder sonstigem festzustellen. Anschließend rief ich die Herstellerfirma an, um zu fragen, wo sich das Wasser gesammelt hatte. Die Erklärung, die meiner Ansicht nach in die Bedienungsanleitung gehört, lautete, daß der Apparat nach dem Dampfdiffusionsverfahren arbeitet. Zwischen dem Salzwasserdocht und dem Bereich, in dem sich das Kondenswasser sammelt, befindet sich eine Art Folie aus Goretex, einem dampfdurchlässigen Gewebe mit rund vierzehntausend winzigen Poren pro Quadratzentimeter. Da Dampf immer an der kältesten Fläche kondensiert, drängt der Salzwasserdampf von dem sonnenerwärmten schwarzen Stoff durch die wasserdichte, aber nicht dampfdichte Sperre zum kalten Seewasser, wo er kondensiert. Da Salz- und Mineralstoffmoleküle größer als Dampfmoleküle sind, ist das Kondenswasser erstaunlich sauber. Beim Gesundheitsamt erfuhr ich, daß das normale Trinkwasser aus den Wasserhähnen zwanzigmal so viele Verunreinigungen aufweist wie das Wasser aus dem Lifeline-Apparat und etwa genau so viele wie das Wasser aus dem Airborne-Apparat. Das bedeutet, daß man sogar das verschmutzte Wasser aus der Bucht von Newport trinken kann, wenn es in einem dieser Apparate destilliert worden ist.

In dem Apparat aus dem zweiten Weltkrieg war Fehlanzeige. Nach drei Tagen, in denen der Airborne-Apparat bei neun Stunden Sonnenlicht jeweils etwa einen Liter und der Lifeline in derselben Zeit jeweils gut zwei Liter Wasser produzierten, mußten Larry und ich uns ausgerechnet bei dem Apparat geschlagen geben, von dem wir geglaubt hatten, er würde uns bei einem Notfall auf der *Seraffyn* möglicherweise das Leben retten. Wir nahmen Kontakt mit Steve Callahan auf, einem Schiffbauingenieur, der das Pech gehabt hatte, nach dem Untergang seiner Yacht achthundert Seemeilen vor den Kanarischen Inseln sechsundsiebzig Tage auf dem Rettungsfloß verbringen zu müssen. Daß er überhaupt überlebt hatte, verdankte er genau dem Apparat, der bei unseren Versuchen versagt hatte.

Steve bestätigte, daß man sich um diesen Apparat ununterbrochen kümmern muß, wenn er überhaupt trinkbares Wasser produzieren soll. Er hatte zum Glück drei Stück an Bord gehabt. Als der erste nach wenigen Tagen nicht mehr funktionierte, hatte er ihn in der Hoffnung auseinandergeschnitten, so viel daraus zu lernen, daß er die beiden anderen in Gang halten konnte. Das hatte funktioniert. Seine Destillierapparate hatten anschließend täglich etwas mehr als einen halben

Liter Wasser produziert. »Aber das hieß, daß die Apparate dauernd aufgeblasen sein mußten, denn wenn die Seiten auch nur für eine Minute in sich zusammenfielen, kamen sie mit dem salzwassergetränkten Gewebe in Berührung, und mein Trinkwasservorrat war dahin. Am schlimmsten war, daß die Apparate jeweils ihr eigenes Leben zu führen schienen. Ich mußte sie unterschiedlich stark aufblasen und den Kondensationsvorgang so regulieren, daß die Tropfen sich ganz langsam bildeten und damit die beste Ausbeute erbrachten.« Steve hatte die Apparate nur bei guten Bedingungen ausgesetzt, denn »sie waren alles, was mich am Leben erhielt. Wenn ich sie zu sehr beanspruchte, hätten sie vielleicht nicht gehalten. Wenn einer verloren ging, war ich verloren.« Steve hatte es schließlich geschafft, einen Vorrat von vier Litern anzulegen, der für Tage mit bedecktem Himmel oder rauhem Wetter diente. Als er etwa zwölf Meilen vor der Insel Marie Galante in der südlichen Karibik von Fischern aufgenommen wurde, hatte er mit Fisch und etwa einem halben Liter Wasser am Tag überlebt.

Mit dem Gedanken daran, daß drei dieser Apparate erforderlich gewesen waren, um ihn gerade eben am Leben zu erhalten, empfal er, in jede Notausrüstung mehrere davon aufzunehmen. Als wir ihm von den gerade getesteten Apparaten erzählten, meinte er, seine größte Sorge sei gewesen, daß Fische von den hinter den Apparaten treibenden Auffangbehaltern angelockt wurden. Sowohl der Airborne- als auch der Lifeline-Apparat haben abnehmbare Auffangbehälter mit Verschlußkappen für die Auslaufröhrchen. Von daher ist es wahrscheinlich am besten, die Auffangbehälter alle paar Stunden für kurze Zeit anzuschließen, um das Kondenswasser aus dem Destillierapparat aufzufangen.

Daß Steve Callahan mit einem knappen halben Liter Wasser am Tag überlebt hatte, wurde von den Ausbildern an der Marine- und Luftwaffenüberlebenstrainingseinrichtung in San Diego als kleines Wunder bezeichnet. Larry und ich verbrachten dort einen Nachmittag mit zwei Offizieren, die sich mit der Erprobung von Destillierapparaten beschäftigten, um die Überlebenschancen von Piloten, die über See aussteigen müssen, zu verbessern. »Ein erwachsener Mann kann bei Lufttemperaturen von 24 – 27 C vier bis sieben Tage ohne Wasser überleben, aber schon am zweiten Tag setzt der Austrocknungsvorgang ein,« erklärte uns der eine Offizier. »Das bedeutet, daß der Betroffene schwach und lethargisch wird. Um reaktionsfähig zu bleiben und etwas unternehmen zu können, brauchen die meisten Männer etwa zwei Liter Wasser am Tag. Aus diesem Grund haben wir die Apparate aus dem zweiten Weltkrieg schon vor langer Zeit aufgegeben. Sie sind nicht leistungsfähig genug und produzieren für den Platz, den sie einnehmen, nicht annähernd genug Wasser.« Da Flugzeugbesatzungen jederzeit Funkverbindung haben, zielt man darauf ab, Überlebende innerhalb von vierundzwanzig Stunden zu bergen. Deshalb werden sie mit Entsalzungsanlagen ausgerüstet. Das sind 12×12×5 cm große Plastikkästchen, die Chemikalien und einen Filterbeutel enthalten und vier Liter trinkbares Wasser am Tag produzieren. Diese Anlagen sind unbegrenzt haltbar und oft über Läden, die überschüssige Marinebestände verkaufen, bzw. bei der Firma Permute Co., 1915 Old Philadelphia Dr., Lancaster, Pennsylvania 17603, zu beziehen. Ich fragte die Offiziere, was sie für Segler empfehlen würden, die ja nicht über das ausgedehnte Such- und Rettungssystem der Luftwaffe verfügen. Sie erzählten uns von einem handbetriebenen Entsalzungsgerät nach dem Prinzip der reversen Osmose, mit dem man über hundert Liter Frischwasser am Tag produzieren könne und das ihrer Meinung nach für große Rettungsinseln perfekt geeignet sei. Für zwei Leute mit einem kleinen Boot empfahlen sie hingegen kleine Entsalzungsanlagen für den unmittelbaren Gebrauch und mehr als einen Destillierapparat.

Larry und ich testeten den Airborne- und den Lifeline-Apparat noch weitere zwei Wochen; den Apparat aus dem zweiten Weltkrieg warfen wir nach drei weiteren erfolglosen Tagen weg. Wir ließen beide Apparate zwei Nächte lang an den krebs- und muschelbedeckten Schwimmern unseres Anlegestegs und waren überrascht, daß sie keinerlei Schäden erlitten, wenn sie frei an ihren Halteleinen schwojen konnten. An beiden Apparaten begann sich nach sieben Tagen Muschelbefall zu zeigen, der sich aber problemlos abkratzen ließ. Die beste Ausbeute an Trinkwasser betrug beim Airborne-Apparat gut einen Liter bei neuneinhalb Stunden hellem Sonnenschein. Der Lifeline schaffte in der gleichen Zeit zweieinhalb Liter. Der eine störende Unterschied zwischen den beiden war, daß das Destillat beim Airborne in das Salzwasser zurückfloß, wenn man den Apparat schräger als 35° zur Horizontalen hielt. Zur sicheren Aufbewahrung von mehr als einem Liter Wasser ist er daher nicht geeignet. Der Auffangbehälter des Lifeline-Apparats hingegen ist voll gegen das Eindringen von Salzwasser geschützt und faßt etwa vier Liter Frischwasser.

Leider fanden wir keine Möglichkeit, rauhes Wetter zu simulieren. Die Versuchsbedingungen waren im Gegenteil mit glattem Wasser, einem stabilen Anlegesteg als Arbeitsplattform und einem Wasserschlauch in der Nähe nahezu ideal. In den Bedienungsanleitungen aller drei Apparate wurde geraten, die Apparate bei rauhen Bedingungen an Bord zu nehmen. In dieser Hinsicht weist der Lifeline-Apparat einen leichten Vorteil auf, weil man aus ihm am einfachsten die Luft ablassen und ihn auch in diesem Zustand als Aufbewahrungsbehälter nutzen kann. Zum Abschluß unserer Versuche versuchten wir, die beiden Apparate auszuspülen, zu trocknen und wieder zu verpacken. Der Lifeline läßt sich zu diesem Zweck öffnen, und wir konnten das Salz herauswaschen und ihn in drei Tagen trocknen. Der Airborne war schwer auszuspülen und auch nach drei Wochen innen noch nicht völlig trocken. Zwei Monate später hatte sich innen Schimmel gebildet, der möglicherweise die Wiederverwendbarkeit beeinträchtigt. Die Bedienungsanleitung sagt zur Wiederverwendbarkeit nichts aus und gibt eine Haltbarkeit von fünf Jahren in original verpacktem Zustand an.

Nach den Tests blieben zwei wesentliche Fragen offen. Wo sollten Destillierapparate und Entsalzungsgeräte auf der Prioritätenliste des normalen Seglers stehen und welches Gerät sollte man als Hochseesegler in eine umfassende Überlebensausrüstung aufnehmen?

Auf diese Fragen gibt es keine allgemein gültige Antwort. Wenn man von zwei Litern pro Person und Tag als absolutem Minimum ausgeht, findet man keinen Destillierapparat in angemessener Größe, der diesen Bedarf zu einem angemessenen Preis decken kann. Steve Callahans Schätzung von einem halben Liter pro Tag erscheint etwas niedrig, obwohl er köperlich trotz seiner sechsundsiebzigtägigen Odyssee voll wiederhergestellt ist. Wir würden deshalb im Schnitt von einem Liter pro Person und Tag als sicherem Minimum ausgehen und diese Zahl bei der Wahl eines Destillierapparates für unsere neue Notausrüstung zugrundelegen. Dazu käme ein Entsalzungsgerät für die ersten zwei Tage und ein Zwanzigliterkanister Wasser an Deck, der in einer Notsituation schnell in das Rettungsboot geworfen werden kann. Angesichts der fünfzigprozentigen Chance, den Kanister auch wirklich in das Rettungsboot zu bekommen, müßte dann die Anzahl der Destillierapparate unter Berücksichtigung von Crewgröße und Kosten ermittelt werden. Die Apparate aus dem zweiten Weltkrieg lassen sich in Gang bringen. Sie scheinen jedoch selbst bei einem Preis von zwanzig bis dreißig Mark eine schlechte Wahl zu sein. Bei einer Tagesausbeute von einem Viertelliter und einer dreiunddreißigprozentigen Ausfallquote bräuchte man fünf Apparate pro Person mit einem entsprechenden Platzverlust an Bord.

Der Airborne-Apparat in seiner luftdichten Verpackung läßt sich nicht überprüfen. Mit seiner durchschnittlichen Leistung von einem Liter pro Tag wäre ein Apparat pro Person plus einer in Reserve das Minimum, mit anderen Worten, zwei Apparate für den Einhandsegler, drei für die Zweiercrew. Kosten- und platzmäßig macht dieser Apparat bei kleinen Crews Sinn. Der wiederverwendbare Lifeline-Apparat mit seiner durchschnittlichen Leistung von zweieinhalb Litern wäre unsere Wahl bei Crews über zwei Personen. Da er direkt an Deck verwendet und anschließend gereinigt und wieder verpackt werden kann, könnte er auch als Reservewassertank dienen, wenn der Hauptwassertank ausfällt oder das Wasser an Bord verschmutzt ist. Weil dieser Apparat vorab getestet werden kann, würden wir nur einen für zwei und zwei für vier Besatzungsmitglieder mitnehmen.

Die Frage der Priorität ist nur schwer zu beantworten. Wenn man zwei Wochen lang in heimatlichen Gewässern segelt, stehen diese Apparate wahrscheinlich unten auf der Liste. In regenreichen Gebieten und auf Binnenseen sind sie nicht unbedingt erforderlich. In Gebieten mit verlassenen Inseln und begrenztem Niederschlag wie etwa Niederkalifornien und die Bahamas kommen sie gleich nach der Seenot-Funkboje. Bei Ozeanüberquerungen und abseits der vielbefahrenen Routen gehören sie sogar vor der Seenot-Funkboje auf die Liste. Wenn der Sender keine Hilfe herbeiruft, kann man sich damit selbst helfen.

Das Schiff aufzugeben, auf einer verlassenen Insel festzusitzen, mit verunreinigtem Wasser zwanzig Tage von nächsten Land entfernt zu sein – all das stellt man sich als Hochseesegler nur ungern vor. Doch in den vergangenen zehn Jahren haben wir persönlich mit den Robinsons gesprochen, die siebenundvierzig Tage lang Wind und Wellen preisgegeben waren, und mit Steve Callahan, der sechsundsiebzig Tage im Rettungsfloß überlebte. Wir haben den Bericht der Baileys über ihre hundertundsiebzehn Tage im Rettungsboot gelesen und waren auf den Balearen, als ein französisches Ehepaar nur hundert Meilen nördlich von uns zwölf Tage lang in einem Rettungsfloß trieb. Wäre uns das mit der *Seraffyn* passiert, hätten unsere Vorbereitungen die Agonie möglicherweise nur verlängert, wenn wir festgestellt hätten, daß der Destillierapparat aus dem zweiten Weltkrieg nicht oder nur ungenügend funktionierte. Das bei den Tests herauszufinden versetzte uns einen echten Schock. Es zeigte uns einmal mehr, daß jeder Segler sich sorgfältigst mit dem Inhalt seiner Überlebensausrüstung befassen muß. Und das Wichtigste an dieser Ausrüstung ist irgendein System, mit dem man Trinkwasser produzieren kann.

154

Mechanische Entsalzungsgeräte

Entsalzungsgeräte nach dem Prinzip der reversen Osmose werden seit acht oder zehn Jahren als das bahnbrechende Erzeugnis auf dem Gebiet der Wasserbereitung angepriesen. Leider sind diese Geräte, bei denen Salzwasser durch eine Reihe von semipermeablen Membranen gedrückt wird, meist viel sperriger als die Verdampfer, die seit dreißig Jahren zur Wasserbereitung auf Sportfischerbooten und größeren Schiffen im Einsatz sind. Außerdem müssen die Membranen und Filter in diesen Geräten häufig gewechselt werden, was die Instandhaltungskosten in die Höhe treibt. Aber wie meistens sind diese Geräte im Verlauf der Zeit konkurrenzfähiger und kleiner geworden, die Membranen wurden verbessert. Ein Nebenprodukt dieser Entwicklung ist der manuelle Wasserbereiter, der an der North Island Naval Survival School in San Diego getestet wurde.

Dieses handbetriebene Entsalzungsgerät (Abb. 12.6) wird von der Firma Recovery Engineering, Inc., 1204 Chestnut Avenue, Minneapolis, Minnesota 55403, hergestellt. Es ist mit den Maßen 67×10×15 cm recht kompakt, wiegt 5,3 kg und hat eine Leistung von knapp sechs Litern Trinkwasser in der Stunde, wenn man dreißig Mal in der Minute pumpt. Das heißt, daß man in zwölf Minuten den Mindestbedarf von einem Liter pro Person bekommt. Die Offiziere an der Schule erklärten, das Pumpen gehe extrem einfach und leicht. Das Gerät aus nichtrostendem Stahl und strapazierfähigem Kunststoff sei gut konstru-

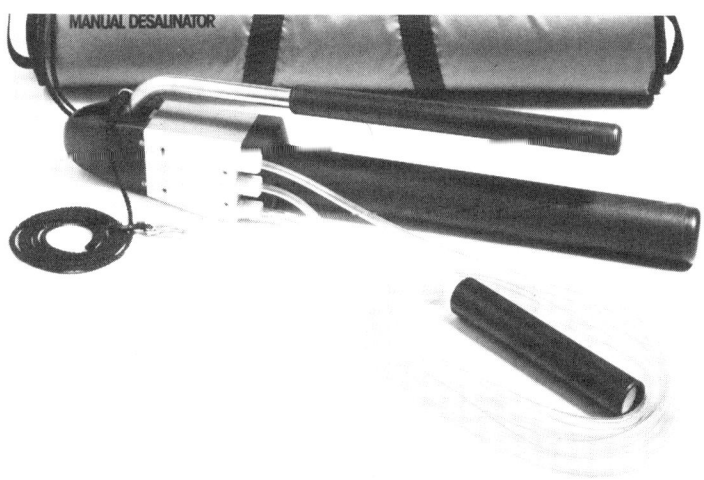

Abb. 12.6 Handbetriebenes Entsalzungsgerät für große Rettungsinseln

iert und habe dreihundert Versuchsstunden ohne Anzeichen einer Beschädigung überstanden. Der Hersteller meint, daß die Membran des Gerätes dreitausend Stunden hält, und empfiehlt den Einsatz auf kleineren Schiffen (die US-Marine begann 1986 damit, ihre 25-Mann-Rettungsflöße mit dem Gerät auszurüsten). Der größte Nachteil ist der Preis von gegenwärtig 1825 Dollar. Bei Schiffen mit 10-Mann-Rettungsflößen ist dieser Preis definitiv gerechtfertigt. Für den Kleinsegler, der in abgelegenen Gegenden mit begrenztem Wasserangebot segeln will, könnte das Gerät eine gute Ergänzung zum normalen Wasservorrat sein.

Im Herbst 1984 brachte Recovery eine verkleinerte Ausführung heraus. Sie wiegt weniger als 2 kg, braucht etwa so viel Platz wie ein durchschnittliches Schulbuch und produziert bis zu dreiundzwanzig Liter Trinkwasser in vierundzwanzig Stunden. Wir probierten eins dieser Geräte mit der Bezeichnung Recovery Survivor in San Diego aus und erlebten voller Erstaunen, wie innerhalb von etwa neunzig Sekunden Frischwasser in den Auffangbehälter zu tröpfeln begann. Das Pumpen ging leicht, es war keine Zeit zum Aufbauen erforderlich, und nach dreizehn Minuten hatten wir eine Tasse Wasser, das etwas brackiger als das aus den Destillierapparaten schmeckte, aber mindestens so trinkbar war wie das Wasser aus dem städtischen Netz von Newport Beach.

John Bowyer, ein Mitarbeiter der Herstellerfirma, erklärte, daß die patentierten Energierückgewinnungspumpen in dem stabil aussehenden Gerät den Druck erhöhten, bis er die 56 kg/cm erreicht, die erforderlich sind, um das Salzwasser durch die Membran zu drücken. Diese Technik ist nicht billig. Das Gerät kostet gegenwärtig fünfhundert Dollar. Aber für ein Rettungsfloß für vier bis sechs Mann ist das eine bessere Anschaffung als einer der Destillierapparate. Dieses Gerät hat im Test 7500 Liter Wasser mit derselben Membran geschafft. Die Membran kann ausgetauscht werden. Zum Lieferumfang gehört eine Flasche mit einem antibakteriellen Mittel, so daß man das Gerät von Zeit zu Zeit überprüfen und anschließend wieder reinigen und verstauen kann.

Im Mai 1986 gab die Firma Recovery Engineering bekannt, daß innerhalb des nächsten Jahres ein neues Modell auf den Markt kommen werde, das weniger als 2 kg wiegen, bis zu achtundsechzig Liter Wasser am Tag produzieren und trotzdem weniger als dreihundertfünfzig Dollar kosten werde. Wir haben dieses Gerät noch nicht gesehen, doch es könnte die bestmögliche Lösung für eine Notausrüstung für drei oder mehr Personen sein.

13
Die *Taleisin* wird ausgerüstet

Als Larry und ich uns endgültig entschlossen, ein neues Schiff zu bauen, gaben wir uns auch ein paar Versprechen. Dieses Mal wollten wir realistisch sein. Statt zu hoffen, ein oder zwei Jahre zu benötigen, wie wir gedacht hatten, als unser erstes Boot gerade mal aus einem Kielbalken bestanden hatte, würden wir von vornherein dreieinhalb oder vier Jahre einplanen, weil das schließlich die Zeit gewesen war, die wir für den Bau der *Seraffyn* gebraucht hatten. Wir hofften, wenn wir uns nicht selbst unter Druck setzten, würden wir das Erlebnis des Bootbauens genau so genießen wie das Segeln. Jetzt, wo es bis zum Stapellauf keine vier Monate* mehr dauert, blicken wir zurück auf drei Jahre, die manchmal ermüdend, manchmal frustrierend, meist interessant, gelegentlich aufregend waren, alles in allem aber harte Arbeit bedeuteten, von der wir wußten, daß sie sich gelohnt haben würde, wenn wir ein Schiff zu Wasser ließen, das ganz uns gehörte, auf dem keinerlei Zahlungsverpflichtungen mehr ruhten. Aber in all diesen Monaten, in denen wir unsere ganze Kraft und unser ganzes Geld auf ein Ziel ausrichteten, gab es immer wieder Augenblicke, in denen wir uns wie die Kinder am Heiligen Abend freuten. Jedes Mal, wenn wir uns endgültig für ein bestimmtes Teil entschieden, das Geld dafür gespart und das Teil bestellt hatten, warteten wir anschließend voller Ungeduld darauf, daß der große Lieferwagen des Paketdienstes die

---

*Dieses Kapitel geht auf einen Artikel zurück, den ich 1983 kurz vor dem Stapellauf unseres neuen schwimmenden Heimes für das *Cruising World Magazine* schrieb. Statt die Stimmung zu ändern, eine Stimmung, die wohl jeder kennt, der einmal sein eigenes Boot gebaut hat, habe ich den Artikel in der Urfassung belassen und nur die Informationen, Preise und Adressen auf den neuesten Stand gebracht, wo es notwendig war.

lange Kieseinfahrt zu unserem Haus heraufgefahren kam. Wenn wir unseren neuen Schatz dann ausgepackt hatten, konnten wir es gar nicht mehr erwarten, ihn gleich im Rohbau unseres künftigen Heimes auszuprobieren.

Unseren Sturmanker bestellten wir schon, bevor die ersten Spanten über dem Teakkiel der *Taleisin* festgeschraubt waren. Wir hatten von den dreiteiligen Ankern gelesen, die Nat Herreshoff vor Jahren konstruiert hatte. Diese Anker ließen sich in einfache Teile zerlegen, die leicht zu verstauen und zu transportieren waren. Das bedeutete, daß wir für die einmal in fünf Jahren auftretende Situation, in der die Hölle los zu sein scheint, einen übergroßen Sturmanker haben würden, den wir aber irgendwo unter dem Kajütfußboden in einer Ecke verstauen konnten, die sonst kaum genutzt würde. Leider wird der genaue Herreshoff-Anker nirgendwo mehr gebaut. Aber bei der Paul Luke Company in Maine ist ein sehr guter Nachbau zu haben. Wir bestellten also unseren Dreißig-Kilo-Anker und warteten. Es gab ein riesiges Gelächter, als dann eines Tages ein Lkw vor unserer Auffahrt hielt und der stämmige 1,90 m große Fahrer zu uns heraufrief:»Was wollt ihr denn hier in der Wüste mit einem Anker?« Als er den zusammengebauten Anker ablud, verging mir das Lachen. Er sah riesig aus. Aber wie Larry versprochen hatte, wogen die Einzelteile nicht mehr als 13 kg. Ich übte den Zusammenbau und traute mir bald zu, den Anker allein auf dem Vordeck zusammenzusetzen und dann mit dem Fall über Bord zu hieven, wenn es darauf ankam. Der Anker diente zwei Jahre lang als Türstopper, bis Larry vor zwei Wochen in der Bilge unmittelbar hinter der Pantry eine einfache Halterung baute. Wahrscheinlich werden wir den Anker höchstens einmal im Jahr benötigen, doch um den Platz, den er einnimmt, wird es mir nie leid tun.

Wir hatten fünf Runden Planken auf dem Schiff, als der Kochherd eintraf. In bezug auf den Brennstoff zum Kochen hatte es keine Zweifel gegeben. Für uns kam nur Butan in Frage, weil ich gern koche und weil wir bei den Fahrten mit der *Seraffyn* festgestellt hatten, daß Butan und Propan, das man jederzeit anstelle von Butan nehmen kann, überall relativ leicht zu bekommen, sauber in der Anwendung und erstaunlich billig sind. Unser größtes Problem war die Frage, ob wir wie auf der *Seraffyn* sparen und einen Propankocher für Wohnwagen kaufen oder einen speziellen Kocher für Blauwassersegler anschaffen sollten. Der Preisunterschied war beträchtlich. Sehr schön anzusehende Wohnwagenherde mit drei Brennstellen, Backofen und Grillvorrichtung waren für unter dreihundert Dollar zu bekommen. Schiffsherde von Kenyon, Dickenson, Shipmate und Gas Systems aus nichtrostendem Stahl fingen bei achthundert Dollar an. Wir überlegten lange und dachten dabei auch an die Stunden, die es gekostet hatte, den Rost am Herd der *Seraffyn* zu beseitigen, das durchgerostete Unterteil des Backofens mit Edelstahlblech auszukleiden und einen neuen Aufsatz zu beschaffen. Wenn wir das Geld zusammenzählten, das der Herd uns in zwölf Jahren gekostet hatte, würden wir wahrscheinlich auf eine Summe kommen, die über dem Preis eines richtigen Schiffsherdes lag. Unsere Wahl fiel schließlich auf den Dickenson Mariner der neuseeländischen Firma Marine Stainless Steel Fittings Ltd., und zwar wegen fünf Ausstattungsdetails: Jeder einzelne Brenner läßt sich piezoelektrisch ohne Streichhölzer oder Zündflamme zünden, die Backofentür hat einen Federmechanismus, der sie automatisch schließt, der Herd hat oben statt einzelner Aufsätze einen durchgehenden Rost, so daß man die Töpfe nach Belieben aufsetzen kann, und im Backofen befinden sich zwei Brenner, einer oben und einer unten. Damit kann man entweder grillen oder backen oder beides gleichzeitig erledigen. Mit einem verstellbaren Hitzeschild kann man bestimmen, welcher Teil des Ofen jeweils benutzt wird. Schließlich hat jede Brennstelle noch eine Zündsicherung, so daß kein Gas ausströmen kann, wenn einmal etwas überkocht und die Flamme löscht. Die beiden Nachteile dieses Herdes waren der Preis und die Oberfläche. Wir rechtfertigten die hohen Kosten damit, daß es auf dem Boot sonst nichts gab, das dreihundertfünfundsechzig Tage im Jahr jeden Tag sechs- oder siebenmal benutzt würde. Die glänzende polierte Oberfläche glänzt unter Deck vielleicht nicht mehr so stark, aber wenn sie uns stört, können wir sie immer noch mit feinem Sandpapier matt schleifen oder die Seiten in einer Farbe emaillieren lassen, die zu dem klar lackierten Holz um die Pantry herum paßt.

Erst als die *Taleisin* bis auf das Deck schon beplankt war, gaben wir es auf, jemanden zu finden, der uns einen maßgeschneiderten Propantank aus Aluminium für die zwischen Mast und Kajütfront vorgesehene Deckskiste anfertigte. Auf der *Seraffyn* hatten wir in einer ähnlichen Kiste einen verzinkten Stahltank mit Füllstandsanzeige für 9 kg Propan gehabt. Das hatte ganz gut funktioniert; nur hatte Larry ihn jedesmal herausheben müssen, weil er leer 14,5 kg und voll 23,5 kg gewogen hatte. Außerdem hatten wir ihn alle drei Jahre neu verzinken lassen müssen, damit kein Rost auf das Teakdeck kam. Als dann Propangasflaschen aus Aluminium auf dem Markt kamen, dachten wir, wir könnten dem Hersteller einfach etwas mehr zahlen und würden dafür einen maßgeschneiderten Alu-Tank für die *Taleisin* bekommen. Leider mußten uns die Techniker bei drei Firmen erklären, daß sich die Formgebung bei Aluminium doch ziemlich von der bei Stahl unterscheidet. Ein Stahltank nach Maß würde fünfzig Dollar mehr kosten, aber einen Alu-Tank wollte uns niemand anfertigen. Wir quälten uns mit diesem Problem fast zwei Jahre lang herum, bis einer von uns eines Tages fragte:»Warum gehen wir eigentlich immer den schwierigsten Weg?« Warum versuchen wir es nicht einmal mit handelsüblicher Ausstattung? Wir verbrachten einen ganzen Abend damit, auf den Platz zu starren, an dem einmal eine Deckskiste stehen würde. Dann besorgten wir uns die Abmessungen handelsüblicher Gasflaschen aus Aluminium. Allmählich schälte sich wie bei einem Puzzle eine relativ kostengünstige Lösung heraus. Drei Aluminiumflaschen der Firma Worthington für jeweils 4,5 kg Gas würden in die Kiste passen, zwei liegend, eine stehend. Jede Flasche wog leer knapp 3,5 kg und voll 8 kg. Damit konnten wir fünfzig Prozent mehr Gas an Bord nehmen und würden in den kälteren Regionen, in denen wir gern segeln, vier statt nur drei Monate kochen können, bevor die Flaschen nachgefüllt werden mußten. Außerdem konnten wir beide die Flaschen austauschen. Der Hersteller Worthington Tank Company war gern bereit, uns die Flaschen direkt zu einem Preis zu verkaufen, der weitaus niedriger war als in Wohnwagenzubehör- und Schiffsausrüstungsgeschäften.

Wir ließen unsere Freunde und Bekannte wissen, welche speziellen Ausrüstungsteile wir brauchten. Als einer von ihnen anrief, um uns zu sagen, daß er den gesuchten Schirmtreibanker gefunden hatte, waren wir deshalb sehr erfreut. Wir hatten schon auf der *Seraffyn* einen dieser festen Lastenfallschirme mit einem Durchmesser von 1,8 m gehabt. Sie bestehen aus grobem weißem Nylonstoff in offener Webart mit Kantenverstärkung aus grünem Band. Die Fischer an der amerikanischen Westküste verwenden diese Fallschirme als Treibanker für Schiffe von bis zu zehn Tonnen und 12 m Länge. Deshalb hatten wir auch für die *Taleisin* einen haben wollen. Nachdem unser Freund Len den Schirm für uns besorgt hatte, fanden wir dann noch einen anderen Lieferanten für diesen festen, verrottungsfesten, stoßdämpfenden und leicht zu verstauenden Ersatz für die alten Kegel aus Segeltuch und Eisen, die Segler wie Voss und Slocum noch verwenden mußten.

Eine erfreuliche Überraschung gab es in den vergangenen Jahren. Als wir die *Seraffyn* bauten, waren GFK-Schiffe mit Beschlägen aus nichtrostendem Stahl und Aluminium groß im Kommen. Deshalb hatten wir lange suchen müssen, um die Bronzebeschläge zu bekommen, die wir haben wollten. In den meisten Fällen hatten wir sie selbst gegossen. Doch in den zwölf Jahren, die wir unterwegs gewesen waren, schien – geleitet durch Zeitschriften wie *Woodenboat* und *Cruising World* – eine stille Revolution stattgefunden zu haben. Mittlerweile stellten Dutzende von Firmen wieder Bronzebeschläge her. Die Southcoast-Bronzeblöcke werden mittlerweile unter anderem Namen hergestellt, sind aber nach wie vor gut gearbeitet und werden erstaunlich günstig verkauft. Auf dem neuen Schiff sind wir einen Kompromiß eingegangen. Auf der *Seraffyn* hatten wir außer für die Großschot nur Southcoast-Blöcke, und zwar drei einscheibige an der Heckreling und einen Doppelblock am Baum, so daß sich eine Großschottalje mit vier Parten ergab. Alle waren Original-Merriman-Blöcke aus Pockholz mit zehn Lagen Klarlack, Geschenke des einen oder anderen Freundes. Keiner war beim Stapellauf der *Seraffyn* jünger als vierzig Jahre. Da die Großschottalje der *Taleisin* wegen des 1,5 m längeren Baums sechs Parten brauchte, entschieden wir uns für vier einscheibige Blöcke an der Heckreling und drei am Baum. Die letzten Merriman-Blöcke aus Pockholz ruhen heute als Sammlerstücke auf Kaminsimsen oder verzieren Yachtclub-Pokale. Eines Tages werden wir das pflegeleichte Neoprengehäuse der Heckrelingblöcke durch selbst zurechtgeschnitztes und lackiertes Pockholz ersetzen.

Erst als die *Taleisin* voll beplankt und die Decksbalken an Ort und Stelle waren, fielen die letzten Entscheidungen über die Inneneinrichtung. Wir wußten, daß wir einen Heizofen für den Salon haben wollten, doch in welcher Größe und von welcher Firma? Außer in den gemieteten Häusern an Land hatten wir mit Heizöfen nie etwas zu tun gehabt. Doch nachdem wir bei der Nordpazifiküberquerung mit der *Seraffyn* dreißig Tage lang bei dichtem Nebel und Temperaturen von acht Grad gefroren hatten, weil wir uns nur am Propanherd und an den Petroleumlampen etwas aufwärmen konnten, waren wir zu dem Entschluß gelangt, daß ein Heizofen unverzichtbar sei. Zuerst dachten wir an einen Ölofen, wie ihn die Ostseefischer benutzen. Doch während unserer Fahrten vor British Columbia fragten wir jeden Segler, den wir trafen, im Hinblick auf diese Öfen und erfuhren, daß sie an Bord von Yachten ein paar echte Nachteile haben. Anscheinend entsteht jede Menge öliger schwarzer Ruß, wenn man sie ganz niedrig stellt. Das liegt an der unvollständigen Verbrennung. Auf Fischerbooten ist das selten ein Problem, weil wegen der größeren Luken und Kajüten mehr Hitze erforderlich ist, so daß die Öfen höhergestellt werden können. Aber auf einer Neun- oder Zehnmeteryacht ist meist die niedrigste Einstellung noch zu hoch. Die einzige Maßnahme gegen dieses Verrußen ist ein elektrisches Gebläse. Das wiederum konnten wir uns nicht leisten, weil wir keine Maschine und keine Batterien haben. Aber der ölige Ruß würde uns verrückt machen. Wir hatten Segelboote aus nördlichen Ländern gesehen, bei denen Segel, Decks, Kajütdächer und sogar das zum Lüften ausgelegte Bettzeug große schwarze Flecken gehabt hatten. Deshalb beschlossen wir, lieber die Asche aus einem Holz- oder Holzkohleofen in Kauf zu nehmen. Damit blieb uns die

Wahl zwischen vier verschiedenen Öfen. Wir bauten die Inneneinrichtung provisorisch aus alten Brettern, Sperrholz und Pappe nach. Dabei wurde klar, daß nur einer der vier an den vorgesehenen Platz paßte. Zum Glück (und bei uns eine Seltenheit) war das der billigste Holzofen, der auf dem Markt war, ein Fatsco Midget. Korpus, Hitzeschutz und Rauchabzug waren aus nichtrostendem Stahl, die anderen Teile aus Gußeisen. Zu unserem Pech war der Besitzer der Firma Fatsco finanziell offensichtlich völlig unabhängig; er bestand nämlich unnachgiebig darauf, daß wir das Bestellformular genau nach seinen Wünschen ausfüllten, und weigerte sich, auf telephonische Bestellung gegen Nachnahme zu liefern. Doch der Ofen traf gerade noch rechtzeitig ein und paßte perfekt in die vorgesehene Ecke. Aber damit war das Problem mit dem Heizofen noch nicht aus der Welt. Zum Stapellauf der *Taleisin* traf Larrys Vater mit einem Petroleumofen der englischen Firma Valor ein, den er in einem langen kanadischen Winter auf seinem 8m-Boot benutzt hatte. Er hatte einen runden Docht und war so gebaut, daß die innen durch den Docht zugeführte Luft eine heiße, klare blaue Flamme erzeugte. Als wir die Holzmenge berechnet hatten, die erforderlich sein würde, um das Schiff während einer vierzigtägigen Fahrt warm zu halten, und diese Menge mit den fünfundvierzig Litern Petroleum verglichen, die der andere Ofen benötigen würde, kamen wir auf eine neue Idee. Warum sollten wir die beiden Öfen nicht miteinander kombinieren? Der Holzofen mit seinem Rauchabzug würde die bei der Verbrennung von Petroleum entstehende Feuchtigkeit abführen und ungefährlicher sein, weil kein Kohlenmonoxid in die Kajüte strömen konnte. Der schwere Metallkorpus und der lange Rauchabzug würden Wärme abstrahlen. Am schönsten war, daß wir die Möglichkeit haben würden, durch Verstellen des Dochts die Wärme zu regulieren, was bei einem Ofen mit Festbrennstoff nicht möglich war. Ungefähr fünfzig Arbeitsstunden ergaben schließlich einen schönen Kompromiß, nämlich den gut aussehenden Fatsco-Ofen mit Valor-Petroleumbrenner. Jetzt fehlt uns nur noch die richtige Haube für den Rauchabzug. Bei unserer jetzigen schlägt der Rauch bei Wind über 35 kn in den Abzug zurück.

Worüber wir uns auf der *Seraffyn* immer wieder gefreut hatten, waren die Schotwinschen mit unterem Antrieb. Es hatte sich dabei um Merriman No. 3-Winschen gehandelt, die nicht nur nicht mehr hergestellt wurden, sondern auch weitaus kleiner waren, als wir für unser neues Boot benötigten. In einem Artikel in den Zeitschriften *Cruising World* und *Practical Boat Owner* baten wir die Leser, mit uns eine Kampagne zu starten, damit wieder jemand ein ausreichendes Sortiment an Winschen mit unterem Antrieb baute. Die Reaktion war

Abb. 13.1
Zweigang-Winsch
Murray MW8

großartig. Wir erhielten über hundertzwanzig Zuschriften mit Hinweisen auf Winschen, die für uns in Frage kamen. Chris Bousaid, seines Zeichens Regattasegler, Segelmacher und Neuseeländer, beschrieb uns eine Winsch, die er auf seinen Rennyachten verwendete, eine Murray MW8 mit direkt übersetztem Kurbelantrieb für mäßige Windverhältnisse und einem seitlichen Antrieb mit Schneckengetriebe für schweres Wetter bzw. Feintrimm der Segel auf den Mikrometer. Der Hebel für das Schneckengetriebe arbeitete in beide Richtungen, so daß es möglich war, eine zu dicht geholte Schot schnell wieder zu fieren. Wir schrieben nach Neuseeland, und als die Broschüre eintraf, konnten wir feststellen, daß Bronzewinschen in fünf Größen angeboten wurden. Wir bestellten schließlich zwei von den größeren Zweigang-Winschen für die Schoten, drei mittlere MW5 für die Fallen und eine winzige MW1 für den Schothornreffstander. Diese Winschen boten uns die Schnelligkeit und Zweckmäßigkeit von Kurbeln, die immer an Ort und Stelle waren – kein Hinterherjagen, keine verloren gegangenen Kurbeln.

Nach drei Jahren Erfahrung würden wir der Fall- und der Baumwinsch von Murray uneingeschränkt die Note 1 geben. Die Schotwinschen haben die Erwartungen zu fünfundneunzig Prozent erfüllt. Nur die Untersetzung des Schneckengetriebes ist mit 40:1 für unseren Geschmack etwas zu langsam, und gelegentlich sind die beiden getrennten Kurbeln im Wege. Besucher, die solche Winschen noch nie gesehen haben, kommen beim ersten Mal nicht ohne weiteres damit zurecht.

In Hinsicht auf die Beleuchtung der *Taleisin* gab es für uns keine Frage. Mit Petroleum betriebene Positionslichter und Kajütlampen hatten auf der *Seraffyn* elf Jahre lang zufriedenstellend ihren Dienst getan, Petroleumlampen erleuchten das alte Haus, in dem wir während der Bauzeit der *Taleisin* wohnen, also Petroleumlampen auch für die *Taleisin*. Wie schon in den vergangenen fünfzehn Jahren erleichtern wir uns das Füllen der Lampen durch einen Schwerkrafttank mit Zapfhahn an einer bequem zu erreichenden Stelle. Der Tank der *Taleisin* faßt knapp vierzig Liter und stammt von einem Saab-Dieselmotor. Wir fanden ihn lange, bevor das Deck fertig war, bei einer Tauschbörse. Er ist rund und paßt genau in den Bug über dem Kettenkasten. Eine 3/8''-Leitung aus Kupferrohr führt von dem Absperrhahn unter dem Tank am Kimmstringer entlang zu einem Zapfhahn in der Nähe von Badewanne und Niedergangsleiter. Befüllt wird der Tank durch eine Öffnung im Deck.

Auf der *Seraffyn* hatten wir Perko-Lampen gehabt, die ein schönes Licht gehabt hatten. Doch nachdem wir uns all die verschiedenen Lampen in unserem alten Steinhaus angesehen hatten, stellten wir fest, daß das Licht umso weißer wird, je breiter der Docht ist. Wir probierten deshalb Petroleumlampen von mehreren Herstellern aus, darunter auch zwei mit rundem Docht, die aber letztendlich nicht in Frage kamen, weil der Docht extrem sorgfältig zugeschnitten werden muß, damit kein Ruß entsteht. Wir entschieden uns schließlich für Holland-Lampen. Deren Docht ist zweieinhalb Zentimeter breit, die Glaszylinder werden eingeschraubt, und das gesamte Oberteil läßt sich abklappen, so daß man die Lampe anzünden kann, ohne den Zylinder abnehmen zu müssen. Das dürfte unsere Bruchrate vermutlich reduzieren. Aber wir haben für alle Fälle doch noch drei Dutzend Ersatzzylinder gekauft. Die Lampen hatten einen Nachteil: Der beiden Teile des Petroleumbehälters sind durch einen Falz miteinander verbunden, der anschließend mit einer Art Kunstharz abgedichtet wurde. Vier von unseren fünf neuen Lampen waren an dieser Stelle undicht. Larry legte eine Lötnaht über diesen Falz, und damit war das Problem beseitigt.

Eines der schönsten Ausstattungsmerkmale der *Taleisin* und einer der wichtigsten Gründe dafür, ein neues Schiff zu bauen, war der Werkstattbereich. Wir hatten eine richtig feste Werkbank mit Schraubstock unter dem Cockpitluk eingeplant. Dieser Bereich sollte dann das Problem mit dem Werkzeug lösen. Auf der *Seraffyn* hatten wir das Werkzeug unter einer Sitzbank verstaut. Das war die einzige Möglichkeit gewesen. Wir hatten alles Mögliche zum Schutz des Werkzeugs unternommen, aber die einzigen Teile, die nicht rosteten, waren die gewesen, die sich in unserer einzigen Werkzeugkiste aus Kunststoff unterbringen ließen. Kurz nach der Kiellegung der *Taleisin* hatten wir nach der Firma zu suchen begonnen, die diese Kunststoffkisten herstellte. Wir fanden sie erst, als das Schiff schon voll beplankt war, und erst, als die Werkbank schon stand, wurden wir uns darüber klar, welche Kisten in Frage kamen. Wir entschieden uns schließlich für einen großen wasserdichten Werkzeugkasten mit acht Schubläden für Bolzen, Schrauben, Muttern und Kleinwerkzeug sowie acht verschieden große Kisten mit Einteilungen für anderes Werkzeug. Jede Kiste nimmt bestimmtes Werkzeug auf: In die eine kommt Takelwerkzeug, in die zweite Kalfaterwerkzeug, in die dritte Mechanikerwerkzeug usw. Alle rostanfälligen Teile werden vor dem Weglegen mit WD 40 eingesprüht. Die Kisten sind regendicht, so daß sie an Deck bleiben können und das Werkzeug trotzdem geschützt ist. Rost, Öl oder Schmierfett bleiben mit dem Werkzeug in der Kiste. Wenn es an der Zeit ist, daß Larry mit seinen bootsbauerischen Fähigkeiten wieder einmal Geld verdienen muß, braucht er sich nur die passende Kiste zu schnappen und kann an die Arbeit gehen.

Auf diese Weise verging eine Zeit, in der der Bau eines Schiffes uns manchmal als die langsamste Möglichkeit erschien, jemals wieder zum Segeln zu kommen. Doch immer wieder vermittelten sorgfältig geplante Anschaffungen uns das Gefühl, Fortschritte zu machen. Ein Satz Eisensteinschüsseln im viktorianischen Stil richtete mich wieder auf, als ich mit dem fünften Innenanstrich der Teakbeplankung herumquälte. Eine handbetriebene Edson-Bilgepumpe aus Bronze mit einer Leistung von vier Litern pro Hub, die wir zu einem Spottpreis auf einer Tauschbörse bekamen, ließ Larry die vom Kalfatern und Auspichen des Decks schmerzenden Knie vergessen. Er nutzte die Pumpe als Ausrede, um die Routinearbeiten zu unterbrechen, und bevor das Deck fertig war, hatte er die Pumpe installiert, die dort fünf Monate lang in einsamem Glanz darauf wartete, von der Inneneinrichtung bedeckt zu werden.

Jetzt dauert es bis zum Stapellauf keine vier Monate mehr, und es ist schwerer als je zuvor, daran zu denken, daß wir uns jede Menge Zeit nehmen wollten, um den Bau dieses Schiffes zu genießen. Wir wollen es hier und jetzt im Wasser sehen, wissen aber ganz genau, daß alles, was nicht fertig wird, später umso schwerer ist, wenn uns die Maschinen fehlen. Fast alles, was wir für die *Taleisin* brauchen, wartet darauf, an den vorgesehenen Platz zu kommen, und wir selbst warten ungeduldig auf unsere größte Weihnachtsbescherung an dem Tag, an dem die Arbeit von dreieinhalb Jahren sich auf dem Wasser wiegt und wir all unser neues Spielzeug in Besitz nehmen dürfen.

Hersteller-/Lieferantennachweis:

1. Dreiteiliger Anker

Paul Luke Inc.
East Boothbay, Maine 04544 USA

2. Yacht-Herde

Dickinson Stoves
4611 11th Avenue
Seattle, Washington 98107 USA

Marine Stainless Fittings Ltd.
9 Sir Williams Ave
East Tamaki, Auckland
Neuseeland

3. Alu-Propangasflaschen

Worthington Propane Tanks
Marine Division
1085 Dearborn
Columbus, Ohio 43085 USA

4. Fallschirm-Treibanker

Fiorentinos Marine Service
311 22nd St.
San Pedro, California 93067 USA
Para-anchors International
P.O. Box 19
Summerland, California 93067 USA

5. Blöcke

Racelite-Southcoast Corp
16516 Broadway
Maple Heights, Ohio 44137 USA

6. Holzofen

Fatsco
Benton Harbor, Michigan 49022 USA

Ölofen

Valor Engineering Ltd.
Erdington, Birmingham 24
England

7. Murray-Winschen

South Pacific Associates
3827 Stone Way Naval
Seattle, Washington 98103 USA

Cleveco Murray-Sealine Marine Ltd
P.O. Box 37131
Parnell, Auckland
Neuseeland

8. Holland-Petroleumlampen

T.D. Marine
P.O.Box 937
Redwood City, California 94064 USA

9. Werkzeugkisten

Flambeau-Produkte,
verschiedene Schiffsausrüster

14
Räder für den Fahrtensegler

Als wir mit der *Seraffyn* ausliefen, waren wir froh, die Komplikationen des Lebens an Land hinter uns zu lassen. Ohne Auto und die damit zusammenhängenden Reparaturen zu sein erschien uns wie eine ganz spezielle Art von Freiheit. Wie die meisten Amerikaner, und zwar besonders die von der Westküste, hatten wir völlig verlernt, was es hieß, zu Fuß zu gehen, mit dem Bus zu fahren oder ein Taxi zu nehmen. Mit der *Seraffyn* wurde daher so etwas Alltägliches wie Einkaufen oder einen Brief zur Post zu bringen jedesmal zu einem kleinen Erlebnis, weil wir uns die Zeit nahmen, die Welt aus diesem neuen, ruhigeren Tempo zu betrachten.

Wir segelten sieben Jahre, ohne jemals groß den Wunsch nach einem fahrbaren Untersatz zu verspüren, wenn man von den drei Gelegenheiten absieht, bei denen wir an der US-Ostküste und im Süden Englands längere Zeit am Stück arbeiteten. Bei diesen Gelegenheiten kauften wir jeweils billige alte Klapperkisten, die als rollende Werkzeugkisten dienten und uns am Wochenende eine Fahrt aufs Land ermöglichten.

Als wir dann die Balearen erreichten, wurde uns plötzlich klar, daß wir Europa bald hinter uns lassen würden und weder die Alpen noch die französischen Kanäle und Flüsse gesehen hatten. Diese Tatsache ließ uns über eine Tour ins Landesinnere nachdenken und führte zu einem der Höhepunkte in unserem Leben, einer achtwöchigen Motorradtour. Wir wußten nichts über diese zweirädrigen Gefährte und stellten daher jedem Motorradfahrer, den wir kennenlernten, Hunderte von Fragen. Mit viel Glück konnten wir dann eine zwei Jahre alte 350er Ducati mit langhubigem Einzylinder kaufen, die uns beide samt

Campingausrüstung 6000 km über Landstraßen, durch die Pyrenäen und über die steilen Straßen der Schweiz trug. Wir konnten das Motorrad zum gleichen Preis verkaufen, zu dem wir es erworben hatten, so daß die ganze Tour nur wenig mehr kostete als das normale Leben an Bord der *Seraffyn*. Das brachte uns auf die Pläne, die damals gerade im Entstehen begriffen waren, die Pläne für das nächste Schiff. »Wie wäre es, wenn wir im Heck ein Motorrad unterbringen würden? Wir könnten es jedesmal mit der Dirk an Land setzen und wieder übernehmen. Denk nur mal an die Bewegungsfreiheit, die wir damit hätten!«

Auf dem Weg nach Malta sprachen wir mit einem halben Dutzend Freunde über diese Idee – und erhielten von jedem einen weiteren Dämpfer. Einer zeigte uns sein Moped, das er an Deck verzurrt hatte. Die ein Jahr alte Maschine war trotz der Segeltuchabdeckung nur noch ein Haufen Rost. »Wir bringen unser Motorrad unter Deck unter,« erwiderten wir. Daraufhin meinte der nächste: »Dann geht ihr das Risiko mit dem Sprit im Boot ein.« Unsere Antwort: »Wir leeren vorher den Tank.«

»Was ist mit der Anmeldung?« wollte ein dritter wissen, der Probleme bekommen hatte, als er sein in England gekauftes Motorrad in einem spanischen Dorf an Land zu bringen versucht hatte. »Wir benutzen es nur dort, wo die Behörden sich nicht darum kümmern,« antworteten wir. Doch als ein Bekannter uns den Brief einer Fahrtenseglerfamilie aus Indonesien zeigte, wußten wir nichts mehr zu sagen: »J… ist tot. Drei Stunden nach der Ankunft auf Bali setzten wir unser Motorrad an Land. Er fuhr zum Einkaufen und geriet unter einen Bus.«

Wir dachten an die zahllosen Gelegenheiten, bei denen wir nach einem langen Törn voller Freude, wieder in der Sicherheit eines Hafens zu sein, in die Stadt gegangen und fast von einem Auto angefahren worden waren, weil wir vergessen hatten, daß das Leben an Land so viel schneller abläuft. Dieser Brief erinnerte uns daran, daß eine sorgfältig geplante Tour mit dem Motorrad etwas anderes ist, als schnell mal in einem unbekannten Land eine Spritztour in Dutzende von Städten zu machen, in denen die Verkehrsregeln und -sitten möglicherweise völlig fremdartig sind. Wenn man von einem Segelboot kommt, scheint sich die Sinneswahrnehmung verlangsamt zu haben, und es braucht seine Zeit, bis die schnellen Reaktionen, die man bei Geschwindigkeiten von 50 bis 70 km/h benötigt, wieder an die Oberfläche kommen. Das war der Grund dafür, daß unser Traum von einem Motorrad verblaßte, während der Traum von einem neuen Schiff langsam Wirklichkeit wurde.

Als wir dann beschlossen, uns auf den Heimweg zu machen, und unser Leben sich insofern änderte, als wir häufiger auf hoher See und weniger zwischen Inselgruppen mit vielen Ankerplätzen kreuzten, ergab es sich auch zwangsläufig, daß wir weniger Zeit für unsere geliebten Landausflüge hatten. In den letzten eineinhalb Jahren verbrachten wir weitaus mehr Zeit in Häfen, die direkt in der Stadt lagen, als in den ersten neun Jahren. Auf den sechzehntausend Seemeilen zwischen Malta und Kalifornien – diktiert vom Wechsel zwischen den Zeiten mit und ohne Wirbelstürme – mußten wir uns natürlich immer wieder verproviantieren und neue Teile für das Boot kaufen. In dieser Zeit hätten wir gern ein einfaches Transportmittel gehabt, um die Wege zum Hafenkapitän oder quer durch die Stadt zum nächsten Laden mit Ersatzteilen für Petroleumlampen zu beschleunigen.

Wir hatten ein kanadisches Ehepaar kennengelernt, die Bilsbarrows, die auf ihrem 10m-Schiff zwei qualitativ hochwertige Fahrräder mitführten. In den Häfen Menorcas hatten wir oft gesehen, wie sie zum Picknick gefahren waren, und neidisch zugehört, wenn sie von Sehenswürdigkeiten erzählten, die nur vier oder fünf Kilometer weiter entfernt waren, als unsere Füße uns trugen. Das war für uns der Anstoß gewesen, uns mit diesem Transportmittel zu befassen.

Als wir in Penang ankamen, mußten wir feststellen, daß uns die Beine schon nach zwei oder drei Kilometern weh taten. Die Muskeln waren geschwächt, weil wir in den vier Monaten, die wir durch das Rote Meer und den Indischen Ozean benötigt hatten, so viel Zeit auf See verbracht hatten. Als daher ein australisches Ehepaar, das wir an Land kennenlernten, vorschlug, wir sollten uns doch für eine Tagestour ins Hinterland Fahrräder mieten, zögerte ich zunächst. Ich fühlte mich nicht nur schwach in den Beinen, sondern dachte auch daran, daß ich zum letzten Mal im Alter von fünfzehn Jahren auf einem Fahrrad gesessen hatten und daß meine Kenntnisse bestimmt ein wenig eingerostet waren. Aber der Tag hielt eine große Überraschung für mich parat. Ich schaffte nämlich nicht nur fast vierzig Kilometer, sondern fühlte auch noch die Kraft in meine Beine zurückkehren. Wir kamen in einige der schönsten Gegenden der Insel, weitab von den Touristenströmen. Die Dorfbewohner schienen immer Zeit für ein Schwätzchen zu haben. Dabei lernten wir auch noch eine der schönsten Seiten am Fahrradfahren kennen. In den meisten Ländern darf man sein Fahrrad mit in den Bus oder Zug nehmen. Mit etwas Planung kann man so mit dem Bus zur höchsten Erhebung fahren, die man besichtigen will, und von dort aus gemütlich bergab rollen und dabei die Sehenswürdigkeiten anschauen, kleine Nebenwege erkunden und jederzeit auf ein kaltes Getränk anhalten.

Als wir dann den Nordpazifik überquerten und uns die Zeit damit vertrieben, die künftige Innenausstattung der *Taleisin* zu entwerfen, blieb bei allen Plänen in der Hecklast immer ein Bereich frei. Dort stand immer nur »Fahrräder«.

Um die Fahrräder unter Deck mitführen zu können, wo sie einigermaßen vor Spritzwasser geschützt waren, verfielen wir zunächst auf Klappräder. Die würden wegen der geringeren Größe leichter an Land zu bringen sein, wir würden eher willens sein, sie abends mit dem Dinghi wieder an Bord zu nehmen, und Ausflüge mit dem Bus würden auch einfacher sein, so argumentierten wir. Während wir also in Südkalifornien die *Taleisin* bauten, beschäftigten wir uns mit der Welt der Klappräder.

Ein Besuch auf einer Handelsausstellung, auf der die Fahrradhersteller die Händler dazu zu bringen versuchten, ihre Räder ins Programm aufzunehmen, öffnete uns die Augen. Wir erfuhren, daß Klappräder in Ländern wie Japan und Italien extrem beliebt sind. Dort nehmen sogar leitende Angestellte ihr Rad mit in den Pendlerzug, um dann vom Bahnhof aus die letzten zwei Kilometer zum Büro zu radeln. Amerikaner hingegen sind längst nicht so begeistert von Klapprädern, und der Markt ist entsprechend klein. Bei unseren Erkundigungen fanden wir nur etwa ein Dutzend verschiedene Marken vom Bikerton, das ganz aus Leichtmetall besteht und als das erste wirklich tragbare Fahrrad der Welt angepriesen wird, bis zum stämmigen Workman, das mit einem Hilfsmotor ausgerüstet werden kann.

Das Bikerton war unter den Klapprädern, die wir uns ansahen, mit 9 kg das leichteste. Es ließ sich mit wenigen einfachen Handgriffen zusammenklappen und in einem Tragesack verstauen, der 50×75×23 cm maß. Die Bauweise aus Leichtmetall versprach eine problemlose Instandhaltung. Bei einer Probefahrt in der Ausstellungshalle stellten sich jedoch drei Probleme heraus, nämlich der kleine Raddurchmesser (vorn 14″, hinten 16″), der das Fahrrad für unsere unkundigen Blicke instabil aussehen ließ, die nicht genormten Teile, die außerhalb von Fahrradgeschäften wohl schlecht zu bekommen sein dürften, und der hohe Preis von dreihundertfünfundachtzig Dollar pro Stück.

Das in Japan gebaute Bridgestone ließ sich bei weitem am einfachsten zusammenklappen. Man brauchte nur an einem Hebel zu ziehen, und schon maß das Rad nur noch 115×45×25 cm. Es wog etwa 11 kg. In Japan ist dieses Klapprad ein riesiger Verkaufsschlager; mehr als 100 000 Menschen nehmen es mit zur Arbeit und verstauen es nachts in ihren winzigen Häusern und Wohnungen. Leider kam es wegen seiner 12″-Räder nicht in Frage, weil Fahrtensegler nun mal oft auf Sand- und Schotterwegen fahren.

Von mehreren Herstellern gibt es Klappräder mit Stahlrahmen und Radgrößen zwischen 16″ und 22″. Dazu gehören Di Blasi, Peugeot, Univega, Husky, Sekai und Workman. Die Räder wiegen komplett zwischen 13 und 16 kg und bestehen nur aus genormten Teilen. Das könnte sich beim Fahrtensegeln durchaus als Vorteil erweisen, da Ersatzteile in abgelegenen Gegenden wahrscheinlich nur begrenzt erhältlich sind. Nach Angaben zweier Händler findet man in weniger industrialisierten Ländern überwiegend Fahrräder, die Ballonreifen und Stahlrahmen haben und in Japan, Taiwan oder Italien hergestellt werden. Deshalb bekommt man für die hier vorgestellten Räder mit Stahlrahmen wahrscheinlich auch am ehesten Ersatzteile.

Zusammengeklappt messen all diese Fahrräder mit Ausnahme des Di Blasi etwa 85×75×25 cm. Das Di Blasi läßt sich auf etwa 90×60×25 cm zusammenklappen. Alle haben eine Sicherheitsverriegelung am Klappscharnier.

Für diejenigen Fahrtensegler, die es gern etwas bequemer hätten, lassen sich zwei dieser Klappräder mit Hilfsmotoren ausrüsten. Beim Di Blasi mit Hilfsmotor kann man mittreten; es läßt sich auf eine recht kompakte Größe zusammenklappen. Für das Workman stellt die Firma Bumble Bike einen winzigen Hilfsmotor mit 1,3 oder 2 PS her, der am Rahmen hinter dem Sitz befestigt wird. Der Motor wiegt etwa 3 kg und macht das Fahrrad auf ebener Strecke vierzig bis fünfzig Stundenkilometer schnell. Er läßt sich gegebenenfalls in etwa zwanzig Minuten abbauen. Wir probierten eines dieser Räder aus und kamen zu dem Entschluß, daß der Motor für Besorgungen in der Stadt sicherlich sehr praktisch wäre, uns aber die körperliche Bewegung nehmen würde, die wir brauchen. Außerdem ergäbe sich damit wieder die Frage des Sprits unter Deck und das Problem der Geschwindigkeit auf Straßen, auf denen die Leute vielleicht auf der anderen Seite fahren oder auf denen andere Verkehrssitten herrschen, als wir sie gewohnt sind.

Nachdem wir kräftig zu unserer eigenen Verwirrung beigetragen hatten, weil wir uns zu viele verschiedene Klappräder angesehen hatten, kamen wir zu dem Schluß, weiter nach einem Fahrrad aus Leichtmetall und nichtrostendem Stahl mit Rädern von 20″ oder mehr zu suchen. Wenn wir aber vor dem Auslaufen keine zwei gleichen Räder finden sollten, wollten wir uns auf der Grundlage von Klappmechanismus, Gewicht und Fahrgefühl zwischen dem Univega und dem Peugeot entscheiden.

Anschließend riefen wir Mel Pinto, einen großen Fahrradimporteur und Radrennfahrer aus Fairfax in Virginia, an, um ihn um ein paar Instandhaltungstips für Fahrräder zu bitten, die den Unbilden der See ausgesetzt sind. Er sorgte bei uns für noch größere Verwirrung, als er sagte: »Wenn ihr das Radfahren ernsthaft betreibt, warum besorgt ihr euch dann nicht gute leichte Tourenräder mit Schnellverschlußnaben? Die wiegen zwischen 8 und 11 kg und passen in Tragesäcke von 120×65×25 cm. Ihr könnt sie in drei oder vier Minuten zusammenbauen und habt dann wenigstens ein richtiges Rad unter dem Hintern.« Auf unsere Frage nach Preisen und Marken erklärte er: »Jeder gute Händler zeigt euch ein halbes Dutzend verschiedene Modelle. Für etwa vierhundert Dollar bekommt ihr eins mit Felgen, Naben, Pedalen, Lenker und Ständer aus Leichtmetall plus einen Kunststoffsattel. Damit dürfte dann die Instandhaltung auch kein großes Problem mehr sein.«

Wir überlegten eine Weile, mußten dann aber eingestehen, daß wir eigentlich keine richtigen Radfahrer waren. Uns ging es hauptsächlich darum, zwei Fahrräder zu haben, die wir problemlos mit dem Dinghi an Land rudern und abends wieder an Bord bringen konnten, damit wir uns keine Sorgen zu machen brauchten, daß sie vielleicht gestohlen wurden. Einfache Klappräder schienen für uns die bessere Wahl zu sein.

Mels Instandhaltungstips waren einfach zu befolgen. Fahrräder möglichst oft mit klarem Wasser abspritzen, mit WD 40 reinigen und anschließend die Kette einölen. Die Kette rostet als erstes. Bowdenzüge nicht mit Öl, sondern mit wasserfestem Fett schmieren. Das Öl trocknet weg, das Fett bleibt. Anschließend fahren. Je mehr man ein Fahrrad benutzt, desto weniger rostet es. Er war auch der Meinung, daß ein Tragesack aus Segeltuch oder Dacron die Fahrräder schützen würde und daß sie unbedingt unter Deck aufbewahrt werden müßten, wenn sie lange halten sollten.

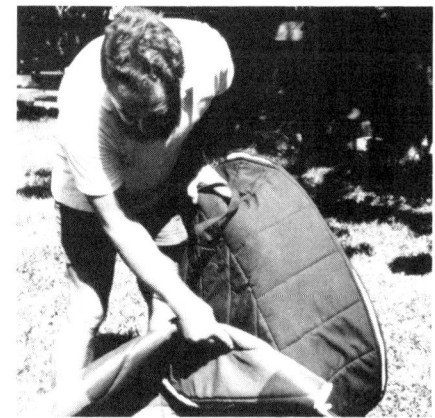

Abb. 14.1

172

Abb. 14.2 Lin auf ihrem Klapprad
in Papeete mit zwanzig Litern
Petroleum auf dem Gepäckträger

Einen Monat nach dem Stapellauf der *Taleisin* fiel die Entscheidung. Wir kauften zwei Peugeot-Klappräder. Ein paar Tage später ließen wir uns noch zwei 25 cm breite und 65 cm lange ovale Säcke aus ölfestem Synthetikstoff für Segelkleider innen und Dacronköper außen mit einer Füllung aus 2,5 cm dickem Schaumstoff anfertigen (Abb. 14.1). Oben haben sie Kunststoffreißverschlüsse, mit denen sie sich zu achtzig Prozent öffnen lassen. Tragegriffe sorgen dafür, daß sie sich leicht aus dem Schiff in das Dinghi heben lassen.

Zusammen mit den Kosten für die Säcke, Ersatzreifen und -schläuche, Satteltaschen aus Nylon, Schlösser und Luftpumpe hatten wir für die beiden Räder mehr als siebenhundert Dollar ausgegeben. Als das für die Kostenrechnung zuständige Mitglied unseres Unternehmens fragte ich mich, ob sich das je bezahlt machen würde.

Die Antwort ist ein definitives Ja. Aufgrund ihrer stabilen Konstruktion und der 22″-Räder sind sie erstaunlich belastbar. Bei 20 kg Eis, einem Beutel Gemüse und zwei Vierliterpackungen Wein ist die Nutzlastgrenze noch nicht erreicht. Sobald wir die Fahrräder hatten, wurde unser Auto in der Zeit der See-Erprobung der *Taleisin* nur noch einmal in der Woche benutzt.

Als wir dann unterwegs waren, wurden die Fahrräder fast immer herausgeholt, wenn wir länger als vier Tage im Hafen bleiben wollten. Auf Moorea machten wir unseren zwanzigsten Hochzeitstag zu einem unvergeßlichen Erlebnis, indem wir mit den Rädern die Insel umrundeten, bei jedem Künstlerstudio anhielten und die Nacht in einem romantischen Hotel am Strand verbrachten. In Auckland benutzten wir sie ständig. In den vergangenen beiden Jahren haben sie ungefähr die Hälfte dessen, was sie gekostet haben, wieder hereingeholt, weil unsere Taxifahrten auf ein Minimum zusammengeschrumpft sind.

Wenn es um die Wahl des richtigen Fahrrads für die Tourenyacht geht, nimmt man das größte Klappfahrrad, das in den zur Verfügung stehenden Raum paßt. Die Aufbewahrung an Deck ist nicht zu empfehlen. Unsere Räder sehen nach drei Jahren nur leicht gebraucht aus, es zeigt sich nur leichter Rost an unwichtigen Teilen. Freunde, die ihre Räder an Deck aufbewahren, brauchen nach weniger als drei Jahren neue Räder und jedes Jahr neue Reifen. Unsere Reifen sind erst jetzt hinüber.

Zwar hätten wir gern einen leichteren Leichtmetallrahmen gehabt, aber die dreieinhalb Kilo, die wir jetzt mehr mitschleppen müssen, werden durch die Festigkeit des schwereren Stahlrahmens mehr als wettgemacht. Diese Schiffsfahrräder werden nur selten von Leuten benutzt, denen es auf Schnelligkeit ankommt, bei der man von geringem Gewicht profitiert. Uns Fahrtenseglern geht es um Transportmöglichkeiten. Deshalb wählen wir Fahrräder, bei denen man vorn und hinten stabile Gepäckträger anbringen kann.

Beim Kauf eines Rades mit Gangschaltung ist eine Kettenschaltung besser als eine Nabenschaltung. Die Kettenschaltung läßt sich schnell mit Frischwasser abspülen und säubern, falls das Rad mal über Bord gehen sollte. Bei einer Nabenschaltung braucht man Spezialwerkzeug, um sie zu säubern, wenn sie in Salzwasser gelegen hat.

Fahrräder und Fahrtensegeln vertragen sich besser, als wir es uns jemals vorgestellt hätten. Gegenwärtig überwintern wir in einem kleinen Landhaus an der Küste im Norden Neuseelands. Um das knapp zwei Kilometer höher gelegene Dorf zu erreichen, müssen wir die Räder einen steilen Berg hochschieben. Und jedesmal, wenn wir mit frischer Milch, Gemüse und der Tageszeitung den Berg hinunterrollen, sagt Larry selbstgefällig:»Diese Räder sind die beste Investition, die wir je getätigt haben. Sie machen uns nicht nur mobiler, sondern verschaffen uns auch mehr Spaß und halten uns fit!«

174

TEIL III

Sorge für das Schiff

Art Clarke, unser Freund und Mentor, erklärte uns einmal:»Wenn ihr gut für das Schiff sorgt, sorgt es auch für euch.« Wie richtig dieser Hinweis war, erfuhren wir dann auf der *Seraffyn*. Alles, was wir an vorbeugender Wartung und Instandhaltung taten, ersparte uns später Arbeit, sorgte für größere Sicherheit und trug definitiv dazu bei, daß wir das Leben auf dem Schiff über mehr als 45000 sm ohne Pannen genießen konnten. In den folgenden Kapiteln geht es um die Vielfalt an Überlegungen, die man im Hinblick auf die Wartung und Instand-haltung auch auf der einfachsten Tourenyacht anstellen muß.

Das letzte Kapitel ist als Einführung in das Thema Befestigungsmit-tel auf Yachten gedacht. Es soll eine Hilfe für die Auflistung der Ersatzteile sein, die man braucht, wenn man auf Fahrt geht.

15
Ruderausfall – kein Problem

Es passierte Horatio Hornblower, Alexander Kent ließ seinen Helden nicht ungeschoren davonkommen, ja, es scheint in all meinen liebsten Romanen und Geschichten über Segelschiffe zu geschehen. Die Ruderanlage fällt aus, und das Schiff schießt unter vollem Zeug in den Wind. Die Segel knallen und drohen zu reißen, die Matrosen werden von den Rahen geschleudert, und der böse Feind bekommt Oberwasser. Dann greift der rettende Held ein. Immer wieder blättere ich schnell zur nächsten Seite, um zu erfahren, wie er das Schiff wieder unter Kontrolle bringt.

Ich glaube, ich fühle mich bei solchen Schilderungen angesprochen, weil wir von allen Notsituationen, über die wir gelesen haben, den Ausfall der Ruderanlage schon selbst nicht nur einmal, sondern mehrere Male erlebt haben, und zwar auf Booten, die wir überführten oder auf denen wir als Crewmitglieder fuhren. Da aber die Schiffe, auf denen wir segeln, keine Rahsegler und weitaus kleiner als die in den Abenteuerromanen sind, braucht es keinen Helden, sondern nur einen normalen Menschen, um einen Ruderausfall vom Notfall zu einem kleineren Zwischenfall abzumildern. Man braucht nur ruhig und überlegt zu reagieren und muß für den Fall, daß alle Versuche, ein Notruder anzubringen, fehlschlagen, wissen, wie man das Boot ohne Ruder segeln kann.

Wenn einem bei Wind über acht Knoten die Pinne bricht, ein Steuerseil reißt oder, im schlimmsten Fall, das Ruder im wahrsten Sinne des Wortes abfällt, hat man mit den Matrosen aus den Abenteuerromanes eines gemeinsam: Das Boot dreht sich in den Wind. Auf

Vormwindkurs kommt es vorher vielleicht noch zu einer Halse. Auf jeden Fall aber liegt das Boot anschließend mit schlagenden Segeln mit dem Bug im Wind. Dann beginnt es langsam achteraus zu treiben. Das ist der Augenblick, in dem man durch ruhiges, sorgfältiges Überlegen den Tag noch zu einem guten Ende bringen kann.

Bevor es an die technische Seite geht, stellt man erst einmal fest, ob man genügend Raum hat, um das Boot eine Weile treiben zu lassen. Wenn nicht, bringt man sofort den Anker aus, um nicht auf andere Schiffe oder gar einen Wellenbrecher zu treiben. Larry und ich segelten vor ein paar Jahren einmal in kurzen Schlägen durch den Liegeplatz in Gibraltar, als plötzlich die Pinne der *Seraffyn* brach. Wir hatten gewußt, daß sie einen kleinen Riß hatte, und die Absicht gehabt, sie zu ersetzen, bevor es im Frühjahr weiter ins Mittelmeer ging. Doch wir wollten uns über das Wochenende von der Arbeit erholen, die unsere Fahrtkasse wieder füllen sollte, und einen Abstecher nach Marokko machen, achtzehn Seemeilen über die Straße von Gibraltar. Larry blickte ziemlich verdutzt, als er plötzlich das abgebrochene Ende der Pinne in der Hand hielt. Er sah die vor Anker liegenden Boote und rief:»Laß mal lieber den Anker fallen.« Sekunden später lag die *Seraffyn* ruhig an einem Platz, den wir normalerweise nicht genommen hätten, aber wir waren wenigstens nicht gegen andere Boote getrieben und konnten uns die Situation jetzt in aller Ruhe betrachten. Der Zwischenfall endete glücklich. Mit vier Schlauchschellen und zwei Stücken Abfallholz aus Larrys geheimen Vorräten war die Pinne schnell gefischt (Abb. 15.1), so daß wir schon zwanzig Minuten später wieder die Segel setzen konnten.

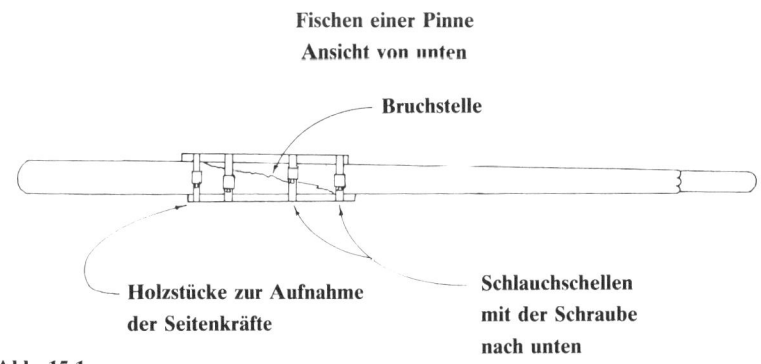

Fischen einer Pinne
Ansicht von unten

Bruchstelle

Holzstücke zur Aufnahme der Seitenkräfte

Schlauchschellen mit der Schraube nach unten

Abb. 15.1

Bei Notfällen wie diesem kann man in erstaunlichen Wassertiefen ankern. Wir haben schon im Südchinesischen Meer bei 67 m Wassertiefe vor einem gut 5 kg schweren Danforth-Anker an einer 182 m langen Leine gelegen, während die Strömung mit 3 kn an uns vorbeilief. Ein anderes Mal nahmen wir vor Nukùalofa, Tonga, trotz des Windes von 35 kn und einer 90 cm hohen Windsee bei 35 m Wassertiefe 91 m Nylonleine und 9 m Kette. Wenn das Wasser flach genug ist, versucht man zunächst zu ankern, um dann in Ruhe den nächsten Schritt zu überlegen.

Wenn vor einer drohenden Kollision zum Ankern nicht genügend Platz ist, bringt man Fender aus und legt Festmacheleinen bereit, um am ersten erreichbaren Boot oder Pier längsseits zu gehen. Anschließend holt man die Segel nieder. Schlagende Segel sind lästig, kommen aber definitiv erst an zweiter Stelle. Zuallererst geht es darum, Schäden am eigenen und an fremden Booten zu verhindern.

Am wahrscheinlichsten passiert ein Ruderausfall auf offener See. Dort ist Raum genug, um das Boot treiben zu lassen, aber trotzdem sollte man zusehen, möglichst viel Raum zu behalten. Also heißt es beiliegen. Dazu holt man das Großsegel mittschiffs und die anderen Segel nieder. Das nimmt die Fahrt aus dem Schiff und sorgt dafür, daß das Boot in einem Winkel von fünfzig oder sechzig Grad zum Wind liegt. Sobald das Schiff ruhig beiliegt, hat man Ruhe und Zeit, um herauszufinden, was mit der Ruderanlage passiert ist. Bei gebrochener Pinne ist die Sache recht einfach. Ein Bootshaken, Flaggenstock oder Spinnakerbaum kann provisorisch als Ersatz dienen. Wenn jedoch der Ruderschaft gebrochen ist, wird es schon schwieriger. Auf eine solche Situation kann man sich aber vorbereiten, indem man ein Loch in die Hinterkante des Ruders bohrt, bevor das Schiff zu Wasser gelassen wird (Abb. 15.2). Dann kann man Notsteuerseile anbringen. Dazu

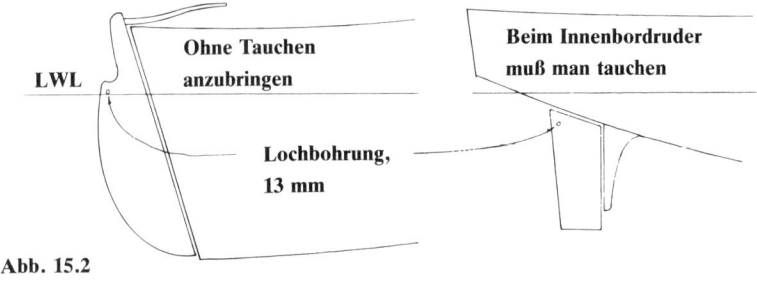

Abb. 15.2

178

zieht man eine Leine durch das Loch, die dann auf beiden Seiten des Ruders mit Achtknoten gesichert und durch Klappblöcke an Deck geführt werden. Mit diesen Notsteuerseilen kann man dann weitersegeln.

Bei Booten mit Innenbordruder ist das Anbringen dieser Notsteuerseile etwas schwieriger, weil man dazu tauchen muß. Aber sie funktionieren auch dort, so daß es sich auszahlt, wenn man das entsprechende Loch bohrt. Außerdem braucht man möglicherweise eine lange Spiere, damit die Leinen nicht am Rumpf anliegen. Dazu verzurrt man den Spinnaker- oder Klüverbaum mit einem Block an beiden Enden quer an Deck, schert die Steuerseile vom Ruder durch die Blöcke und führt sie zu einer Stelle an Deck, von der aus man bequem steuern kann (Abb. 15.3)

Auf Yachten über 10 m gibt es häufig eine Radsteuerung mit all ihren zusätzlichen Komplikationen. Die Ursachen für einen Ruderausfall sind bei diesem System nicht so ohne weiteres festzustellen. Vielleicht ist ein Steuerseil gerissen oder aus der Scheibe gesprungen. Eine Seilscheibe kann sich gelöst haben oder der Ruderquadrant ist ausgefallen. Bei hydraulischen Anlagen ist vielleicht ein Schlauch undicht. Bevor man die Ursache herausfindet, muß man erst einmal an sämtliche Teile des Systems herankommen. Wir überführten einmal eine Ketsch mit Mittelcockpit, bei der die Steuerseile über eine Reihe von

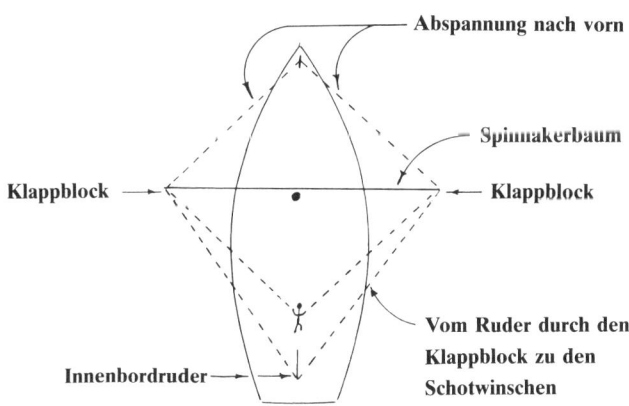

Anbringen der Notsteuerseile

Abspannung nach vorn

Spinnakerbaum

Klappblock — Klappblock

Vom Ruder durch den Klappblock zu den Schotwinschen

Innenbordruder

Baum bei am Spiegel angeschlagenem Ruder unmittelbar hinter der Kajüte verzurren

Abb. 15.3

179

Scheiben hinter Schränken und durch Schapps fast sieben Meter nach achtern zum Ruder führten. Eine der Scheiben begann zu quietschen, und das Steuerrad wurde schwergängig. Um die Ursache festzustellen, mußten wir fast fünf Stunden lang vorsichtig die Holzverkleidung im Boot abbauen. Anschließend waren wir froh, daß wir das gemacht hatten, denn bei der Scheibe hatte sich eine Halteschraube gelöst. Eine kleine Inspektionsklappe an der entsprechenden Stelle hätte uns die Arbeit erleichtert.

Die Reparatur war einfach. Was uns aber Sorgen bereitete, war die Tatsache, daß es wegen der Komplexität und Länge des Steuerseilsystems zwei oder drei Tage gedauert hätte, ein neues Seil einzuziehen, wenn das alte durchgescheuert worden wäre. Wir wiesen den Eigner bei der Übergabe darauf hin. Sein Kommentar lautete:»Ich habe noch nie gehört, daß Steuerseile reißen.« Dem ist leider nicht so. Larry hat einiges damit verdient, daß er oft mitten in der Nacht neue Steuerseile spleißte, weil die betreffende Charteryacht mit der Flut auslaufen mußte, um rechtzeitig zur Übernahme in einem anderen Hafen zu sein. Bei Radsteuerung muß man auf jeden Fall dafür sorgen, daß man in angemessener Zeit neue Steuerseile einziehen kann.

Bei einem Boot mit Radsteuerung kann eine Notpinne die Rettung sein. Wenn jedoch der Ruderschaft abgeschert ist oder wenn es keine Möglichkeit gibt, eine provisorische Pinne anzubringen, kann man sich immer noch helfen, wenn sich im Ruder ein Loch für Notsteuerseile befindet.

Ob Rad oder Pinne – wenn sich keine Steuerseile anbringen lassen oder wenn im schlimmsten Fall das Ruder ganz verloren geht, hat man immer noch zwei Möglichkeiten, bevor man auf Fremdhilfe angewiesen ist. Die erste besteht darin, ein Hilfsruder anzubringen.

Wir kennen kein einfallsreicher erdachtes Hilfsruder als das, das Winston Bushnell konstruierte, nachdem seine Yacht *Dove* im Agulhas-Strom vor Südafrika durchgekentert war und dabei das Ruder und den größten Teil der Takelage verloren hatte (Abb. 15.4). Winston und seine Familie hatten mit einer Nottakelage sieben oder acht Tage später den nächsten Hafen erreicht.Um das Boot steuern zu können, nahm Winston etwa 200 m Reserveleinen, die er zu einem 1,8 m langen Paket bündelte. Er schleppte dieses Bündel in einem Abstand von etwa zehn Metern hinter dem Boot her und steuerte mit Hilfe zweier Leinen, die vom achteren Ende des Bündels zum Heck seines Bootes verliefen. Das ist ein ziemlich extremes Beispiel, das aber zeigt, wie einfach es ist, zu einer Notsteuerung zu kommen. Anstelle des Bündels könnte man auch ein Brett aus der Koje oder einen langen Riemen nehmen. Bei einer Windfahnen-Steuerung mit eigenem Ruder am

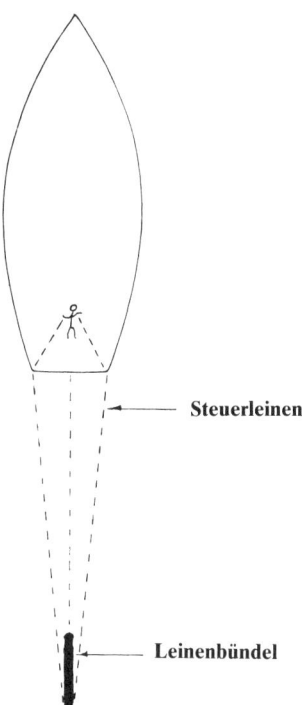

Steuerleinen

Leinenbündel

Abb. 15.4 Hilfsruder der Dove

Spiegel kann auch das als Ersatz für das Hauptruder dienen. Für den Fall jedoch, daß alle Versuche, ein Hilfsruder anzubringen, fehlschlagen, oder wenn es zum nächsten Hafen nur wenige Meilen sind, beschäftigt man sich am besten mit der zweiten Möglichkeit, die Ruderanlage zu ersetzen.

Ein Segelboot ist ein erstaunlich einfaches Gerät. Mit Slup-, Kutter- oder Ketschtakelung hat es einen Trimmpunkt, der irgendwo unmittelbar hinter dem Großmast liegt. Mit etwas Übung hat man es schnell heraus, wie das Boot nur mit den Segeln zu steuern ist. Bei Katbooten ist das nicht der Fall; dort kann man allein mit den Segeln nur dann steuern, wenn sich der Mastfall einfach und schnell verstellen läßt. Und so sieht die Sache in der Praxis aus: Beim nächsten Mal auf offener See die Pinne abnehmen und warten, bis sich das Boot in den Wind dreht. Wenn es keine Fahrt voraus mehr macht, die Großschot fieren und, wenn das Boot im Wind liegt, die Fock am Schothorn nach Backbord backhalten, bis der Wind das Boot achteraus treibt (Abb. 15.5). Der Druck auf die Fock läßt den Bug nach Steuerbord wandern. Sobald der

181

**Großschot ganz fieren und Fock backhalten,
damit das Boot abfällt**

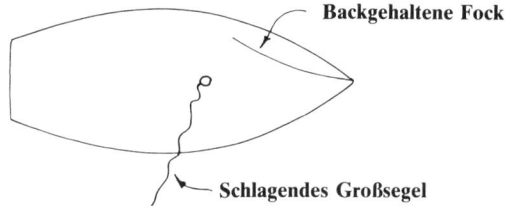

Backgehaltene Fock

Schlagendes Großsegel

Abb. 15.5

**Fockschot auf die richtige Amwindstellung
dicht holen und Großsegel langsam anholen**

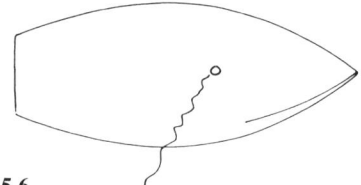

Abb. 15.6

Kräfte auf den Segeln

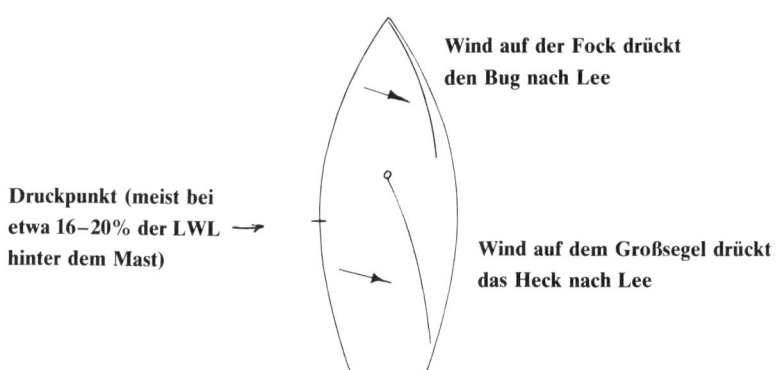

Wind auf der Fock drückt
den Bug nach Lee

Druckpunkt (meist bei
etwa 16–20% der LWL →
hinter dem Mast)

Wind auf dem Großsegel drückt
das Heck nach Lee

Abb. 15.7

182

Bug abzufallen beginnt, die Fock loslassen und die Schot dichtholen, bis das Segel in Amwindstellung ist (Abb. 15.6). Der Bug schwingt weiter herum, bis das Großsegel angeholt wird. Jetzt trimmt man das Großsegel so, daß der Bug wieder in den Wind dreht. Großschot etwas fieren, und schon befindet sich das Boot auf relativ stetigem Kurs.

Wenn erst Fahrt im Boot ist, luvt man durch Anholen des Großsegels an und fällt durch Fieren der Großschot ab, um eventuelle Kursänderungen durch Winddrehung oder Wellen auszugleichen (Abb. 15.7). Wenn das Boot luvgierig ist, d.h., unter normalen Bedingungen am Wind oder mit raumem Wind dauernd anzuluven versucht, wenn man die Pinne nicht zehn oder fünfzehn Zentimeter nach Luv drückt, kommt eine von drei Möglichkeiten in Betracht, nämlich, das Großsegel etwas dichter zu holen, ein Reff in das Großsegel zu stecken oder die Fock dichter zu holen, als es normalerweise erforderliche wäre, um den Kurs zu halten.

Wenn man ohne Ruder zu steuern übt, lernt man eine Menge über Segeltrimm. Wenn ein Boot mit voll geschnittenem Großsegel anzuluven versucht, wie dicht die Fock auch geholt sein mag, steckt man ein Reff hinein, um die Luvgierigkeit zu verringern. Wenn die Fockschotholepunkte zu weit außen liegen, müssen sie weiter nach innen versetzt werden, um eine eventuelle Luvgierigkeit zu beseitigen.

Bei einem kuttergetakelten Boot kann man mit einer der ältesten Arten von Selbststeuerung experimentieren, die wir kennen. Sie wurde schon in den 40er Jahren angewandt und funktioniert sogar vor dem Wind. Klüver und Großsegel normal setzen und anschließend die Fock anholen, bis sie genau mittschiffs oder leicht nach Luv steht. Wenn das Boot anzuluven versucht, übt die Fock vor dem Drehpunkt des Rumpfes zusätzlichen Druck aus, so daß der Bug abfällt, bis das Großsegel wieder zu ziehen beginnt. Wenn der Bug zu weit abfällt, deckt das Großsegel den Klüver ab und gewinnt mehr Kraft, bis es das Heck leewärts zu drücken beginnt. Der Kurs ist dabei etwas unregelmäßig, aber man steuert ohne Ruder.

Die Übungen vermitteln ein gutes Gefühl dafür, was mit dem Boot passiert, wenn es tatsächlich sein Ruder verliert. Lyle Hess, der Konstrukteur der *Seraffyn* und unserer neuen *Taleisin* sagte einmal: »Der durchschnittliche Konstrukteur berücksichtigt nur fünfundzwanzig Prozent der Ruderfläche, wenn er den Druckmittelpunkt eines Bootes berechnet, um danach die Besegelung festzulegen.« Er erklärte uns auch die Gründe dafür und versicherte uns, daß der durchschnittliche Segler nur eine äußerst geringe Änderung im Gleichgewichtspunkt seines Bootes feststellen würde, wenn das Ruder abfiele.

Es gibt kaum etwas Schöneres als das Gefühl, das man hat, wenn man seine Probleme selbst in den Griff bekommen hat. Das macht das Fahrtensegeln zu einem so besonderen Sport. Mit ein wenig Vorbereitung, Praxis, Segeln ohne Maschine und Steuern mit den Segeln anstelle des Ruders erhält man die Erfahrung und das Wissen, das man braucht, um sich auf sich selbst verlassen zu können. Wenn man weiß, wie man beiliegen und das Problem abschätzen muß, um anschließend die Zeit für die richtigen Maßnahmen zu haben, ist man in der Lage, die Fähigkeiten anzuwenden, die man in der Zeit erworben hat, in der man geübt hat, um ein kompetenter Hochseesegler zu werden.

16
Segelpflege

Die Segel müssen auf einer langen Fahrt einiges mitmachen. Es ist schwierig, sie zu waschen, zu trocknen und zusammenzulegen. Sie sind oft tagelang gehißt, werden Hunderte von Stunden von der Sonne malträtiert und stehen unter dauernder Belastung. Doch gegen die schlimmsten Feinde der Segel kann man etwas tun. Wir mußten das auf die harte Weise lernen, wissen aber jetzt, wie wir uns mit Vorbeugen anstelle von Heilen eine Menge Kopfschmerzen ersparen können. Wir versuchen jetzt, das Brüchigwerden des Dacrons und die übermäßige Abnutzung an den Segelnähten zu verhindern, indem wir darauf achten, daß die Segel immer richtig stehen, beim Setzen und Bergen der Segel für möglichst geringes Schamfilen sorgen und bei unserem geplagten Segelmacher stabile Segel aus haltbarem Tuch in Auftrag geben.

Daß Dacron im Verlauf der Zeit brüchig wird, ist relativ unbekannt. Wenn man ein Stück Blech hin und her biegt, bekommt es zunächst einen Knick; bei weiterem Biegen tritt Metallermüdung ein, und schließlich bricht das Stück. Dieselbe Abfolge zeigt sich, wenn Dacron wiederholt geknickt wird oder schlägt. Durch die Konzentration des Biegevorgangs in den Knicken werden die Fasern geschwächt, das Segel fällt vorzeitig aus (Abb. 16.1).

Häufige Ursache für diese Art von Stoffbruch ist ein killendes Liek. Meist tritt der Schaden unmittelbar vor den Stoßlappen und Schothornversteifungen auf. Achterliek, Schothorn und Kopf sind die am stärksten beanspruchten Teile eines Segels. Wenn sie verschleißen oder geschwächt werden, ist es mit dem Segel nicht mehr weit her. Wenn Achter- oder Unterliek daher zu schlagen oder zu killen beginnen, muß der entsprechende Liekstrecker langsam durchgesetzt werden, bis das Killen aufhört. Ein vierundzwanzigstündiger Törn gegen den Wind mit

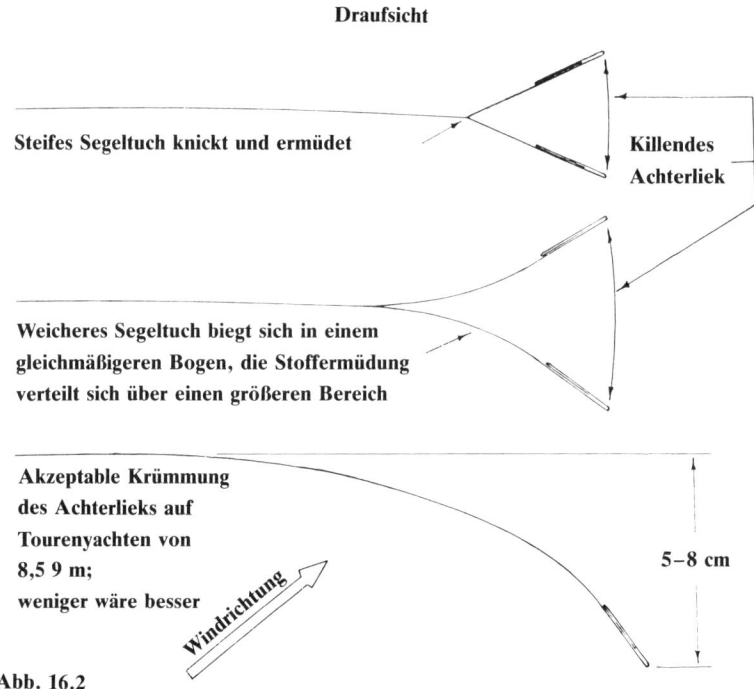

Steifes Segeltuch knickt und ermüdet

Killendes
Achterliek

Weicheres Segeltuch biegt sich in einem
gleichmäßigeren Bogen, die Stoffermüdung
verteilt sich über einen größeren Bereich

Akzeptable Krümmung
des Achterlieks auf
Tourenyachten von
8,5 9 m;
weniger wäre besser

5–8 cm

Abb. 16.2

killendem Achterliek kann die Lebenserwartung eines Dacronsegels
um sechs bis acht Monate verkürzen. Deshalb sollten meiner Meinung
nach alle Segel mit Liekstreckern ausgestattet sein.

Wenn die Fock bei starkem Wind dauernd killt, führt das nicht nur
zur Stoffermüdung, sondern ruiniert auch die Stagreiter, die dann am
Vorstag schamfilen und wegen ihres weicheren Metalls Rillen erhalten.
Die Lösung besteht darin, die Fock ein paar Grad dichter zu holen. Als
weitere Maßnahme gegen das Brüchigwerden halten wir beim Kreuzen
die Fock back, bis sich das Großsegel auf dem anderen Bug zu füllen
beginnt. Das verkürzt die Zeit, in der die Fock schlägt, und reduziert
das Schamfilen an den Wanten auf ein Minimum.

Die Segel sollten auf Dauergebrauch ausgelegt sein. Dafür kommt
an erster Stelle geschmeidiges Weichdacron in Frage. Vor der Unterschrift unter die Bestellung für ein neues Segel Stoffmuster ansehen
und befühlen (Weichdacron mit einem Gewicht von 340 g fühlt sich
etwa so steif an wie eine neue Levis-Jeans). Segel aus geschmeidigem
Tuch sind für den Fahrtensegler die beste Wahl, weil sie sich leichter
zusammenfalten, einrollen, reffen und im Segelsack verstauen lassen.

Geschmeidiges Dacron wird weniger schnell brüchig als stabilisiertes. Es hat allerdings etwas mehr Reck. Das ist ein Vorteil, aber auch ein kleiner Nachteil. Geschmeidiges Segeltuch ist haltbar, weil es wie eine Ankerleine aus Nylon Zugspannungen aufnimmt und dabei nicht reißt. In der Segelleistung ist der Unterschied zwischen steifem und geschmeidigem Segeltuch so gering, daß die meisten Leute ihn nur bemerken würden, wenn sie mal mit dem einen und mal mit dem anderen auf ein- und demselben Boot bei Regatten Höhe laufen müßten.

Segel ohne Latten halten länger. Haven Collins, ein Segelmacher hier bei uns in Neuseeland, bemerkte einmal:»Ohne Segellatten erhöht sich die Lebensdauer eines Segels um bis zu fünfzig Prozent.« Die Latten knicken und biegen das Segeltuch unmittelbar vor der Lattentasche. Dieses anhaltende Schamfilen und Biegen läßt das Material brüchig werden und schließlich reißen (mehr zu Großsegeln ohne Segellatten im *Handbuch für Fahrtensegler*). Weitere Forderungen an den Segelmacher sind große mehrlagige Versteifungen an Schothorn und Kopf. Die Versteifungen am Segelhals werden weitaus weniger beansprucht, so daß sie nur zwei Drittel so groß wie die am Schothorn sein zu brauchen. Das Großsegel der *Taleisin* mit seinen 27 qm ist geradezu perfekt. Die vier Schothornversteifungen (drei für die Reffs) überlappen die unteren Bahnnähte und verstärken damit das schwächste Glied des Großsegels (Tom Linsky, ein Segelmacher in Kalifornien, setzt über alle Nähte am Achterliek eine dreieckige Versteifung). Sämtliche Bahnen sind mit dunkelblauem Garn dreifach genäht (dunkle Farben sind widerstandsfähiger gegen UV-Strahlung). Den durchgehenden Achterliekstrecker haben wir bislang noch nicht benötigt, um dem Schlagen und Killen Einhalt zu gebieten. Dieses Segel ist der lebende Beweis dafür, daß sich ein lattenloses Großsegel aus geschmeidigem, aber festem Tuch so anfertigen läßt, daß es ohne Krümmung im Achterliek steht. Ein stark gekrümmtes Achterliek wirkt beim Segeln wie eine Bremse. Das ist auf einer Rennyacht ein beträchtlicher Nachteil. Bei einer Tourenyacht fällt dieser Nachteil nicht so ins Gewicht, doch warum sollte man auf einen möglichen Gewinn an Fahrt verzichten? Wenn ein Segelmacher eine Fock ohne Krümmung zuschneiden kann, kann er das auch bei einem Großsegel.

Ich bevorzuge zum Fahrtensegeln hoch geschnittene Vorsegel, und zwar aus mehreren Gründen: Sie lassen eine Rundumsicht zu, ein Sicherheitsfaktor ersten Grades, sie halten länger, und wegen des hohen Schothorns fangen sich keine Seen im Unterliek. Außerdem ist es weniger wahrscheinlich, daß das Segel am Bugkorb schamfilt. Wenn ein hoch geschnittenes Vorsegel sich trotzdem im Bugkorb verfängt, versetzt man den Hals mit einem Stander etwas nach oben. Fein verstellbare Liekstrecker sind bei hoch geschnittenen Vorsegeln nur schwer anzubringen, so daß diese Segel sich oft buchstäblich zu Tode schlagen. Bei der Bestellung eines neuen Vorsegels ist darauf zu achten, daß der Liekstrecker zusammen mit dem Unterliekstrecker zum Hals des Segels geführt wird, damit er sich leicht verstellen läßt. Das Brüchigwerden und Schamfilen der Arbeitssegel läßt sich hinauszögern, indem man häufiger auf die anderen Segel zurückgreift. Das Try-Segel läßt sich beispielsweise problemlos setzen, wenn es eine eigene Gleitschiene hat. In Gegenden mit Starkwind kann es aufgetucht im Segelsack an Ort und Stelle bleiben. Statt dann das Großsegel stark zu reffen, hißt man einfach das Try-Segel. Das Try-Segel wird in der Regel nur wenig beutzt und hält länger als das Boot, so daß das kleine Bißchen Mehr an Nutzung finanziell gesehen durchaus Sinn macht, weil dadurch das Großsegel, das nur wenig Ruhe bekommt, entlastet wird. Diese Methode läßt sich auch bei leichtem Wind anwenden. Wenn Großsegel oder Genua zu knallen beginnt, wird statt dessen der Nylon-Drifter gesetzt. Nylon ist ein weiches, geschmeidiges und dehnbares Material, das weniger leicht brüchig wird als Dacron. Es ist außerdem leicht und schlägt und knallt nicht so. Bei leichtem Wind kann man einen Nylon-Spinnaker auch ohne Großsegel fahren. Dabei muß man aber vor Reihenböen auf der Hut sein. Ein Spinnaker läßt sich nur schwer niederholen, wenn er nicht durch das Großsegel als Windfang abgedeckt wird.

Das Schamfilen läßt sich weiter reduzieren, indem man die Wanten mit Kunststoffschlauch überzieht. Durchsichtiger Kunststoff hält etwa

Abb. 16.2

sechs Jahre, bevor er durch die UV-Strahlung spröde wird. Wir ersetzen ihn dann durch Kunststoffschläuche in gebrochenem Weiß, wie sie bei den meisten Schiffsausrüstern zu kaufen sind. Diese Schläuche bleiben dann noch drei oder vier Jahre über den Wanten, bis es an der Zeit ist, auch die mittlerweile zehn Jahre alten Wanten durch neue zu ersetzen. Man nimmt den Schlauch mit dem kleinsten Durchmesser, der sich über das Tauwerk ziehen läßt – sein Innendurchmesser ist in der Regel etwa 15 mm größer als der Außendurchmesser des Wants. Mit dem Schlauchüberzug bietet das Want weniger Windangriffsfläche als mit einem Schamfilschutz aus Stoff. Das ist eine Hilfe, wenn man sich von einer Leeküste freihalten muß oder in einem Hurrikan-Schutzhafen vor Anker liegt.

Die Enden der Salinge lassen sich schnell und billig mit einem Stück weißem Plüsch überziehen, das über und unter der Saling zusammengenäht wird. Wir haben mehrere andere Methoden ausprobiert, doch diese ist am dauerhaftesten und saubersten (Abb. 16.2).

Abb. 16.3

189

Die regelmäßige Verwendung eines Baumniederhalters reduziert das Schamfilen des Großsegels. Auf kleineren Yachten unter 10 m konstruiert man dazu einfach aus einer Nylonleine und Blöcken eine Talje mit drei oder vier Parten, die im Abstand von einer drittel Baumlänge vom Mast am Großbaum befestigt wird (Abb. 16.3). Das andere Ende der Talje wird an der Fußreling oder an einem Augbolzen unmittelbar vor dem Oberwant befestigt. Dadurch sollte sich ein Holepunkt in einem Winkel von dreißig bis fünfundvierzig Grad zur Senkrechten ergeben, so daß der Baum vorn gehalten wird und nicht auf und ab schwingen kann. Das verhindert das Schamfilen des Großsegels an den Wanten. Bequemlichkeitshalber kann man die holende Part der Talje nach achtern zu einer Kammklemme in Cockpitnähe führen.

Zwischen Fahrtenseglern und Regattaseglern gibt es einen fundamentalen Unterschied in der Art und Weise, wie sie ihre Segel auftuchen und im Segelsack verstauen. Die Regattacrew (meist drei oder vier Mann) rollt ihr Vorsegel nach dem Wechsel vorsichtig auf, damit es möglichst wenig Knicke erhält. Der Fahrtensegler hingegen ist allein und und möglicherweise etwas unter Druck. Er will das elend nasse Vorsegel nur schnell verstauen, um pünktlich zum nächsten Wachwechsel fertig zu sein.

Dieses Hineinstopfen in den Segelsack ist definitiv nicht gut für das Segel, denn es trägt genau zu dem Brüchigwerden bei, das wir ja vermeiden wollen. Aber hier gibt es einen Kompromiß. Wenn das Vorsegel niedergeholt ist, bleibt es zunächst am Vorstag angeschlagen (ein Regattasegler würde nicht einmal eine Minute lang so kahl segeln). Dann legt man das Vorliek des noch angeschlagenen Segels in Falten zusammen. Den Kopf des Segels festbinden, damit es nicht von allein am Vorstag hochsteigt. Nach hinten zum Schothorn gehen, die Schoten aufschießen, das Segel etwa sechzig Zentimeter über dem Schothorn am Achterliek fassen und kräftig ziehen. Dadurch sollte sich das Segel mehr oder weniger so in Falten legen, wie es am Vorliek schon der Fall ist. Auf diese Weise macht man weiter, bis man wieder am Kopf des Segels angekommen ist. Beschlagzeising vom Kopf nehmen und fest um das gesamte Vorliek des Segels binden. Zurück zum Schothorn, die aufgeschossenen Schoten in das Segel legen und das Ganze zum Vorstag hin aufrollen. Die Rolle bei einem großen, schweren Segel mit einem weiteren Zeising beschlagen. Stagreiter lösen und das Segel im Sack verstauen.

Es ist schwer, einen Segelmacher zu überreden, Segelsäcke zu nähen, die groß genug für das Fahrtensegeln sind (ich habe es noch nicht geschafft). Man braucht einen Sack, der mindestens vier Mal so groß ist wie das aufgerollte Segel. Wenn ein Segel in einen kleineren

Sack gestopft wird, wird es nicht nur zu einem kleinen Ball zusammengedrückt, sondern erleidet auch semipermanente Knicke. An diesen Knicken beginnt die Stoffermüdung. Deshalb braucht man große Segelsäcke für die Augenblicke, in denen keine Zeit ist, das Segel ordentlich zusammenzulegen.

Da es schwer ist, die schmirgelnden Salzkristalle aus den Segeln zu waschen, wenn man die meiste Zeit vor Anker liegt, gilt es jeden Regenschauer auszunutzen. Dazu breitet man die Segel an Deck aus und wendet sie einmal, damit sie von beiden Seiten abgespült werden. Trocknen können sie dann anschließend an Ort und Stelle. Dazu müssen sie aber vor dem Davonfliegen gesichert werden. Das Trocknen der Segel an Deck bedeutet etwas mehr Arbeit, ist aber weit besser als die vielfach anzutreffende Methode, die Segel bei Wind aufzuheißen und schlagen zu lassen. Dieses Schlagen ist, wie ich schon sagte, der ärgste Feind aller Segel. Am einfachsten und schnellsten bekommt man die Segel natürlich gewaschen, wenn man bei Regen segelt; wenn

Abb. 16.4

dann noch kurz vor Erreichen des Zielhafens die Sonne herauskommt und die Segel trocknet, ist das um so besser (Abb. 16.4).

Flecken im Segel sollten nur mit einer weichen Bürste und milder Seife ausgewaschen werden. Das belastet die Nähte nicht so stark. Waschmaschinen, die groß genug sind, um darin Segel zu waschen, ohne daß sie knittern, sind auch in den am besten ausgestatteten Segelrevieren wohl kaum zu finden. Das Verstauen der häufig benutzten Segel ist unterwegs meist kein Problem. Bei regelmäßiger Benutzung werden sie durchlüftet und getrocknet. Wenn man aber weniger häufig benutzte Segel naß unter Deck verstaut, wo sie mit Metall in Berührung kommen, kann es Probleme geben. Wir verstauten einmal unseren völlig mit Salzwasser durchnäßten Drifter an unserem Wassertank aus nichtrostendem Stahl. Das Metall rostete, der Segelsack bekam Rostflecken, das Segel blieb gerade noch verschont. Seitdem lasse ich nasse Segel möglichst an Deck, bis ich sie ordentlich ausspülen und trocknen kann.

Liektaue aus verzinktem oder nichtrostendem Stahl, die auf See naß werden, korrodieren in kurzer Zeit. Wir verwenden deshalb das Liektau mit Kevlar-Kern und wenig Reck, zu dem uns unser Segelmacher bei unserem Nylon-Drifter überredete. Das Kevlar-Tau läßt sich besser zusammenlegen als Draht und löst das Problem mit den Rostflecken.

Wer sein Boot irgendwo liegen läßt, um für ein halbes Jahr nach Hause zu fliegen, sollte alle Segel trocken und salzfrei unter Deck verstauen. Wenn Gefahr besteht, daß Nagetiere an Bord gelangen, kommen die Segel locker zusammen mit fünfzehn oder zwanzig zusammengeknüllten Zeitungsseiten in die Säcke. Mäuse machen sie ihre Nester lieber in weichem Zeitungspapier als in steifem Dacron.

Dem Altern und der Abnutzung der Segel vorzubeugen ist weitaus zufriedenstellender und letztlich auch einfacher, als die nötigen Reparaturen auszuführen, wenn der nächste Segelmacher Tausende von Meilen entfernt ist. Richtige Pflege und stabile Konstruktion verlängern die Lebensdauer der Segel um bis zu fünfzig Prozent.

17
Unbehandeltes Holz gestriegelt und geschrubbt

Geschrubbtes Holz ist in der Welt des Segelns so zeitlos und praktisch wie vorgewaschener Baumwollstoff in der Bekleidungsindustrie. Nacktes Holz wird in der Seefahrt seit Jahrhunderten für stark beanspruchte Flächen eingesetzt. Es bildet eine ideale rutschfeste Oberfläche für Lattenroste im Cockpit, für das Deck und für die Fußreling. Wenn man das richtige Holz nimmt und richtig einsetzt, verringert sich der Instandhaltungsaufwand, und das Boot sieht trotzdem immer gut aus. Falsche Pflege hält unbehandeltes Holz allerdings nicht lange aus; es sieht dann schäbig aus, und das mindert den Wert der Yacht.

Es gibt mehrere Gründe dafür, geschrubbtes Holz zu nehmen. Der Wichtigste darunter ist die Sicherheit. Nacktes Holz ergibt eine exzellente, dauerhafte, leicht zu säubernde rutschfeste Oberfläche für Kajütfußboden, Niedergangsstufen und Lattenroste im Cockpit. Für die Sicherheit an Deck ist es nicht zu überbieten. Für manchen ist geschrubbtes Teakholz sogar der Rolls-Royce unter den Decksbelägen. Auf Kreuzfahrtschiffen findet man romantische Teakdecks, und auf vielen hochtechnisierten Rennyachten hat man festgestellt, daß sich das größere Gewicht aufgrund eines dünnen Teakbelages bezahlt macht, weil eine sicher auf den Beinen stehende Vordeckcrew schneller die Segel wechselt und damit den Konkurrenten etwas voraushat.

Mit geschrubbtem Holz verringern sich die Routinewartungsarbeiten wie Ölen, Schleifen und lackieren auf ein Minimum. Die meisten kleineren Holzteile an Deck wie etwa Handleisten, Regenleisten und hölzerne Klampen können ohne weiteres unbehandelt bleiben, wenn man das richtige Holz wählt (siehe Aufstellung). Stark beanspruchte

Bereiche wie die Oberkante eines lackierten Cockpitsülls lassen sich mit unbehandeltem Holz überziehen und brauchen dann nicht mehr so oft nachlackiert zu werden. Kleinere Schäden oder Dellen durch einen fallengelassenen Schnappschäkel oder sorglosen Umgang mit der Ankerkette bilden sich oft zurück, wenn man die Holzoberfläche regelmäßig mit Salzwasser abwäscht. Unbehandeltes Holz ist einer der wenigen Decksbeläge, die bei kleineren Mißhandlungen nicht abplatzen oder reißen, und der einzige Belag, der manchmal von selbst heilt. Manche Teile aus unbehandeltem Holz kann man jahrelang ignorieren. Das Querstück des aus Teak bestehenden Baumgalgens der *Seraffyn* wurde beispielsweise nur einmal in elf Jahren geschrubbt, sah aber auch am Schluß noch gut aus.

Bei Verwendung von geschrubbtem Holz, wo es nur möglich ist, spart man Materialkosten; man braucht weder Schleifpapier noch Farbe oder Klarlack zu kaufen. Manche Ausrüstungsgegenstände kann man unbehandelt kaufen und so lassen, um noch mehr Geld zu sparen; das gilt beispielsweise für Bootshaken und Riemen aus Esche. Relingsleisten aus unbehandeltem Teak- oder Eschenholz verschaffen einem mehr freie Zeit, in der man das nötige Kleingeld für die Fortsetzung der Reise verdienen oder sich dem Tauchen, dem Segeln und der ernsthaften Beschäftigung mit den im Zielgebiet angebauten Weinen widmen kann.

Die Frage lautet nun, wo man unbehandeltes Holz am besten einsetzt. Grundsätzlich überall dort, wo es an Deck um Teile mit kleinen Abmessungen geht und wo eine rutschfeste Oberfläche erforderlich ist.

Regenleisten bis zu 22×28 mm, Handleisten bis zu 25×75 mm, Relingsleisten bis zu 19×45 mm, all das sind Holzteile mit kleinen Abmessungen, und wenn das verwendete Holz im Darrofen getrocknet wurde bzw. vernünftig abgelagert ist, sollte es durch Wind und Wetter allenfalls leichte Haarrisse bekommen. Selbst diese Haarrisse lassen sich fast vollständig verhindern, wenn man unbehandeltes Holz regelmäßig mit Salzwasser abwäscht.

Direkte Sonnenstrahlung ist es, die Holz austrocknen und reißen läßt. Da unter Deck kaum mit anhaltender direkter Sonnenstrahlung zu rechnen ist, kann man dort auch Bretter mit großen Abmessungen unbehandelt lassen, und zwar besonders an Stellen, an denen eine rutschfeste Oberfläche erforderlich ist oder die stark beansprucht werden. Unsere Bodenbretter aus Teak haben die Maße $25 \times 125 \times 710$ mm, die Arbeitsplatte aus Esche neben der Spüle ist $22 \times 305 \times 610$ mm groß, und das Ölzeugschapp und der Wachsitz bestehen aus verleimtem Teakholz mit den Abmessungen $22 \times 560 \times 610$ mm.

Abb. 17.1 Teak-Niedergangswaschbord, -Kompaßhalterung und -Regenleisten auf der Taleisin

Wer nicht glaubt, daß sein neues Holz ausreichend abgelagert ist, es aber trotzdem unbehandelt lassen will, sollte es ein Jahr lang alle drei Monate einölen und dann bürsten. Das Öl verlangsamt jede drastische Abnahme oder Zunahme im Wassergehalt des Holzes und gibt ihm Zeit, langsam auszutrocknen.

Bestimmte Holzteile des Schiffes sollten immer mittels Öl, Farbe oder Klarlack geschützt werden. Dazu gehören Mast, Bugspriet, Bäume, verleimte Oberlichtluken, Tische und Kajütseiten – alles Teile mit großen Abmessungen. Ich würde außerdem alle Holzteile mit einer Schutzschicht überziehen, die mit öligem Werkzeug oder verölten Maschinen in Berührung kommen könnten.

Einer der schönsten, arbeitsparenden Anbauten ist eine Leiste aus unbehandeltem Teakholz auf einer mit Klarlack gestrichenen Fußreling (Abb. 17.2). Sie nimmt die Beanspruchung durch Festmacheleinen und Decksschuhe auf, zwei Dinge, die Salzkristalle in den Klarlack schmirgeln, so daß man dauernd die Arbeit damit hat. Wenn die Seiten der Fußreling lackiert bleiben, behält die Yacht auch das gepflegte Aussehen, das so sehr bewundert wird.

Bei einer Fußreling von 38×48 mm oder kleiner können Leiste und Reling unbehandelt bleiben. Das ist nur eine Frage des Aussehens. Wenn das Boot ansonsten lackiert ist oder eine Feinschicht hat, sollte

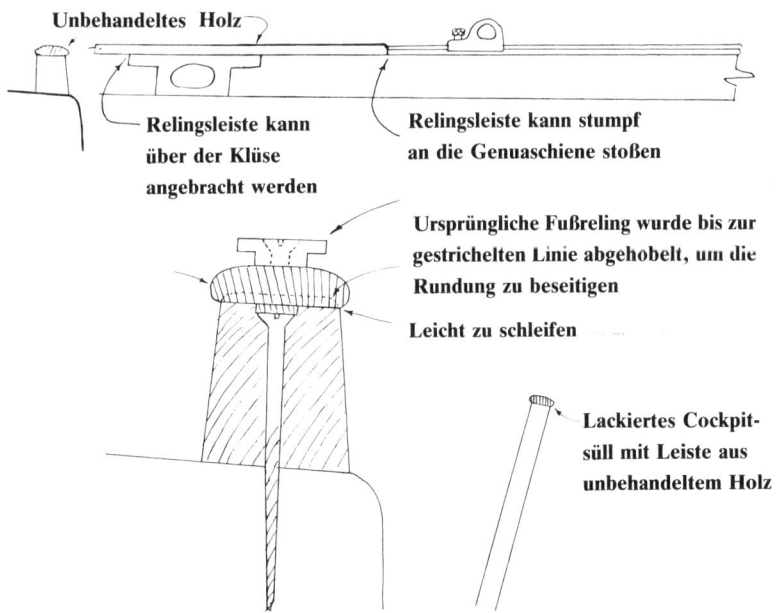

Unbehandeltes Holz

Relingsleiste kann über der Klüse angebracht werden

Relingsleiste kann stumpf an die Genuaschiene stoßen

Ursprüngliche Fußreling wurde bis zur gestrichelten Linie abgehobelt, um die Rundung zu beseitigen

Leicht zu schleifen

Lackiertes Cockpitsüll mit Leiste aus unbehandeltem Holz

Abb. 17.2

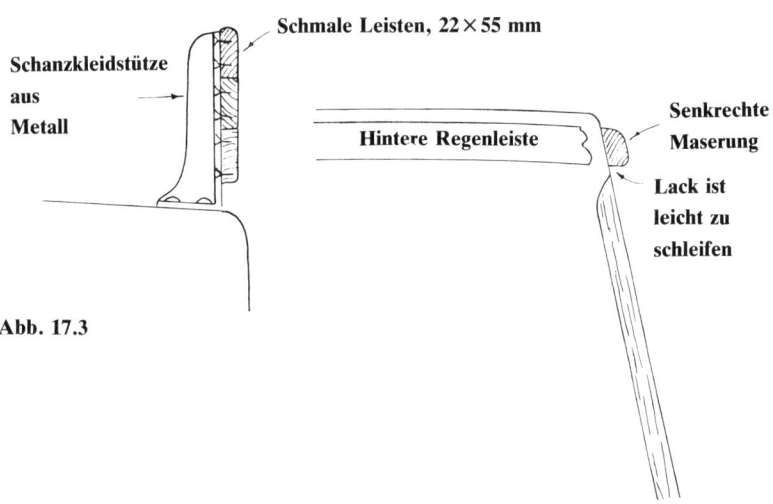

Schmale Leisten, 22 × 55 mm

Schanzkleidstütze aus Metall

Hintere Regenleiste

Senkrechte Maserung

Lack ist leicht zu schleifen

Abb. 17.3

Abb. 17.4

der Klarlack vielleicht bleiben. Zu berücksichtigen ist, daß Farbe und Klarlack sich an senkrechten Flächen besser halten als an waagerechten. Senkrechte Flächen sind nicht so sehr dem Schamfilen und der direkten Sonnenstrahlung ausgesetzt. Bei der *Taleisin* haben wir uns darauf konzentriert, horizontale Flächen möglichst nicht zu lackieren; Kajütseiten sowie Spieren und Sparren erhielten dafür einen glänzenden Anstrich, um einen schönen Kontrast zu dem unbehandelten Teakdeck zu erzielen.

Abb. 17.3 zeigt eine andere Art von Reling aus unbehandeltem Holz. Dieses einfache Schanzkleid läßt sich aus schmalen Holzleisten bauen. Sie eignet sich gut für Holz-, GFK- und Stahlyachten. Besonders praktisch ist sie auf Stahlschiffen, weil dabei nur ein Minimum an Stahl unter dem Holz eingeschlossen ist, wo sich meist Rost bildet. Hal Roth rüstete seine 10,5m-GFK-Slup *Whisper* damit aus. Dieses Schanzkleid aus geschrubbtem Holz erhöht die Sicherheit und verleiht dem Schiff ein elegantes Aussehen, ohne daß zusätzliche Wartungsarbeit erforderlich wäre.

Lackierte Hand- und Regenleisten nehmen viel Zeit in Anspruch und sind nur sehr schwer in Ordnung zu halten, weil an der Verbindungsstelle zwischen Leiste und Kajüte dauernd Feuchtigkeit unter den Lack kriecht. Es ist mühselig, sie für den erforderlichen Aufbau mehrerer Schichten Lack zu schleifen und abzukleben. Teakleisten würde ich mit Sicherheit unbehandelt lassen (Abb. 17.4). Auch Leisten aus qualitativ gutem honduranischem Mahagoni könnten unbehandelt bleiben. Bei philippinischem Mahagoni wäre wegen dessen offenerer Maserung allerdings Schluß; dieses Holz sollte geschützt werden.

Das Vorluk der *Taleisin* besteht aus kleinen Teakholzstücken (Abb. 17.5 – 17.8). Dieses Luk ist unbehandelt und hat sich in den vergangenen zweieinhalb Jahren als ideal erwiesen. Es erfordert keine Wartung und ist völlig rutschfest. Die starke Beanspruchung auf dem Vordeck hält es sehr gut aus. Im Gegensatz dazu mußte das aus lackiertem Mahagoni bestehende Vorluk der *Seraffyn* dauernd bearbeitet werden, damit es wenigstens halbwegs anständig aussah.

Ein Teil aus unbehandeltem Holz, mit dem wir im Verlauf der Jahre herumexperimentiert haben, ist der Spinnakerbaum. Dabei gab es gemischte Resultate. Der erste Baum auf der *Seraffyn* bestand aus massiver Fichte. Er war 4,9 m lang und hatte einen Durchmesser von 73 mm, der sich zu den Enden hin auf 44 mm verjüngte. Als Klüverbaum funktionierte er gut, aber in Verbindung mit dem großen Spinnaker auf Raumschotskurs war er etwas zu nachgiebig und biegsam. Trotzdem hielt er acht Jahre lang mit nur leichten Kratzern. Im ersten Jahr behandelten wir ihn mit Teaköl, anschließend blieb er unbehan-

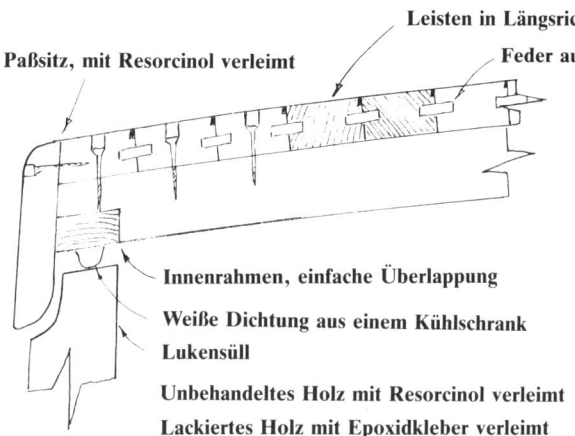

Paßsitz, mit Resorcinol verleimt

Leisten in Längsrichtung, 22×48 mm

Feder aus Zedernholz, nicht verleim

Innenrahmen, einfache Überlappung

Weiße Dichtung aus einem Kühlschrank

Lukensüll

Unbehandeltes Holz mit Resorcinol verleimt

Lackiertes Holz mit Epoxidkleber verleimt

Abb. 17.5 Vorluk der Taleisin

delt. Wo er am Außenbordende gegen das Vorstag schlug, war er mit 90 cm Messing in Form eines Halbovals überzogen. Nach sieben Jahren verursachten die Schrauben, die das Messing hielten, kleine Risse im Winkel von neunzig Grad zur Maserung, möglicherweise aufgrund der Tatsache, daß der Baum unbehandelt geblieben war. Weil die Schrau-

Abb. 17.6 Die lackierte Kajütseite kontrastiert mit dem unbehandelten Deck und der Regenleiste

Abb. 17.7 Die Regenleiste des Oberlichts läßt sich abnehmen, um Lackierarbeiten zu erleichtern

benlöcher nicht mit Lack abgedichtet waren, konnte das Holz dort vielleicht eher schrumpfen und quellen. Heute überziehen wir die gefährdeten Bereiche unserer Bäume mit Leder, das mit Kontaktzement geklebt und dann mit einer Bootsmannsnaht vernäht wird. Auf diese Weise befestigen wir auch das Leder an unseren Riemen aus unbehandelter Esche, um den Schwachpunkt zu beseitigen, der beim Annageln des Leders entstehen würde.

Abb. 17.8

Den zweiten Baum für die *Seraffyn* bauten wir hohl und damit steifer aus unbehandeltem Eschenholz mit 90 mm Durchmesser und einer Wanddicke von 13 mm. Dieser Baum war mit Resorcinol verleimt. Als wir das Schiff fünf Jahre später verkauften, wies er ein paar leichte, aber noch akzeptable Sprünge im Bereich der horizontalen Maserung auf, und die Klebestellen klafften an der Oberfläche etwas auseinander. Ich nehme an, nach insgesamt zehn Jahren hätte er ersetzt werden müssen, meine aber, das war ein gutes Geschäft, weil der Baum keinerlei Wartung brauchte. Ich glaube, er wurde in den fünf Jahren ein- oder zweimal jeweils eine halbe Stunde geschrubbt.

Für die *Taleisin* entschlossen wir uns zu einem hohlen Baum aus unbehandelter Fichte, 6 m lang mit 10 cm Durchmesser und einer Wanddicke von 16 mm. Wir bauten ihn wie ein Faß mit acht Dauben, um rundherum die richtige Maserung zu bekommen. Der Baum ist nicht schwerer als ein durchschnittlicher Leichtmetallbaum desselben Durchmessers. So weit, so gut.

Wir haben zwar auf unserem Boot überwiegend Messing und Leder als Schamfilschutz verwendet, doch kann man dabei durchaus auch auf unbehandeltes Holz zurückgreifen. Freunde von uns schützen ihre Spinnaker- und Großbäume beispielsweise mit Leisten aus Hartholz, und zwar vorzugsweise aus Teak (Abb. 17.9).

Ein gut gebautes Deck aus geschrubbtem Teakholz läßt sich mit einem Minimum an Arbeit instand halten. Ich lebe seit fast dreißig Jahren mit Holzdecks und habe dabei ein paar wesentliche Konstruktionsmerkmale kennengelernt, die solche Decks widerstandsfähig gegen Abnutzung und wasserdicht machen. Am wichtigsten ist, daß die Plankengänge vertikal gemasert (geviert) sind. Ein Deck ist nichts

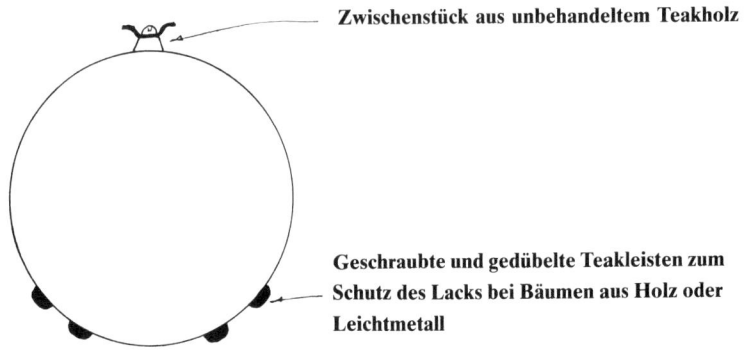

Zwischenstück aus unbehandeltem Teakholz

Geschraubte und gedübelte Teakleisten zum Schutz des Lacks bei Bäumen aus Holz oder Leichtmetall

Abb. 17.9

200

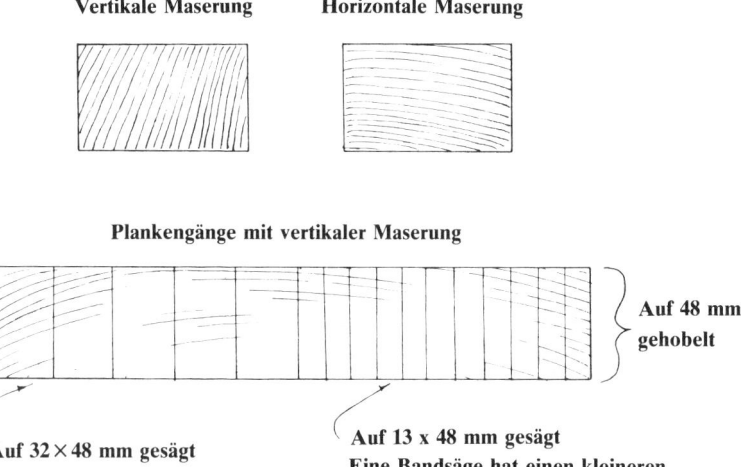

Vertikale Maserung **Horizontale Maserung**

Plankengänge mit vertikaler Maserung

Auf 48 mm
gehobelt

Auf 32 × 48 mm gesägt

Auf 13 x 48 mm gesägt
Eine Bandsäge hat einen kleineren
Sägeschnitt und spart wertvolles
Holz

Abb. 17.10

anderes als das Parkett und die Treppenstufen in einem Haus; im Hinblick auf größere Haltbarkeit und gleichmäßiges Aussehen kommt deshalb nur eine vertikale Maserung in Frage (Abb. 17.10).

Ein Decksbelag aus unbehandeltem Holz über Sperrholz oder GFK sollte in Mastix eingelegt oder mit dem Unterbau verleimt werden, damit es wasserdicht wird. Bei einer Dicke von 10–13 mm hält ein verleimter und verschraubter Teakbelag wie in Abb. 17.11 bei richtiger Pflege fünfundzwanzig Jahre. Wir haben zahllose Decksbeläge gesehen, die sich in einem fürchterlichen Zustand befanden, weil die Plankengänge nicht mit dem Unterbau verleimt, sondern nur geschraubt waren. Das bedeutete, daß die Schrauben bei Verschleiß des Belages nicht tiefer gesetzt werden konnten, um oben einen neuen Zapfen einzusetzen. Wenn man es versuchte, wäre das Holz nicht mehr dick genug, um die Planke zu halten. Die schwarze Fugenmasse allein dichtet den Raum zwischen den einzelnen Planken nicht dauerhaft ab, weil das im Holz enthaltene Öl einer festen Bindung entgegensteht und die Planken in der Sonne stark schrumpfen. Der Holzbelag muß mit dem Unterbau verleimt werden, damit das Deck langfristig wasserdicht bleibt.

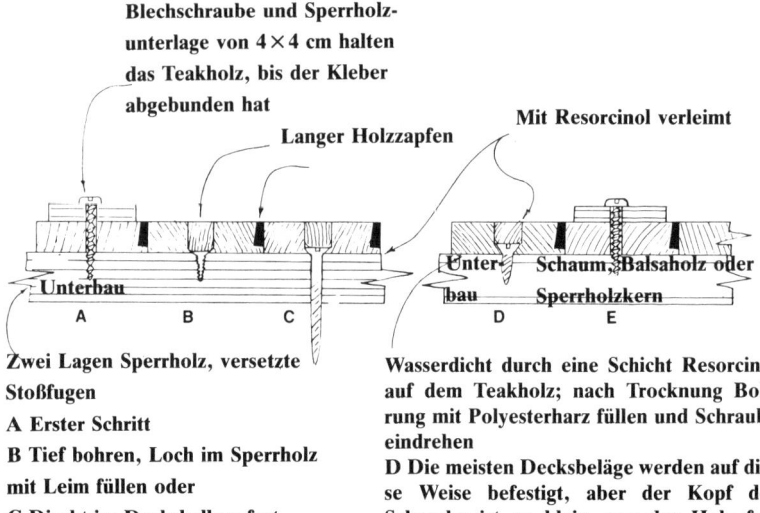

Holzdeck

Blechschraube und Sperrholzunterlage von 4 × 4 cm halten
das Teakholz, bis der Kleber
abgebunden hat

Langer Holzzapfen

Deck in Verbundbauweise

Mit Resorcinol verleimt

Unterbau — A B C

Unterbau — Schaum, Balsaholz oder Sperrholzkern — D E

Zwei Lagen Sperrholz, versetzte
Stoßfugen
A Erster Schritt
B Tief bohren, Loch im Sperrholz
mit Leim füllen oder
C Direkt im Decksbalken fest-
schrauben

Wasserdicht durch eine Schicht Resorcinol
auf dem Teakholz; nach Trocknung Boh-
rung mit Polyesterharz füllen und Schraube
eindrehen
D Die meisten Decksbeläge werden auf diese Weise befestigt, aber der Kopf der
Schraube ist zu klein, um das Holz fest
gegen den Unterbau zu pressen
E Die Sperrholzunterlage verteilt den
Druck über eine größere Fläche; weiter wie
in Punkt B

Abb. 17.11

Ich persönlich bevorzuge massive Teakdecks, obwohl ich mir bewußt
bin, daß das nur bei maßgeschneiderten Yachten mit mittlerer bis
großer Verdrängung sinnvoll ist. Weil man von vornherein mit langen
Holzzapfen und tiefen Fugen arbeiten kann, erhält man ein Deck, das
lange hält. Jede undichte Stelle ist sofort zu erkennen und läßt sich
einfach mit Werg und Fugenmasse abdichten. Wenn man bei einem
Decksbelag nicht ganz sorgfältig arbeitet, kann zwischen Belag und
Unterbau Wasser eindringen, das dann an irgendeiner anderen Stelle
in das Boot tropft. Die undichte Stelle ist dann möglicherweise gar
nicht zu lokalisieren.

Ein massives Holzdeck sollte mindestens 32 mm dick sein, damit es
nicht arbeitet und dadurch unter Umständen undicht wird (wir hatten
auf der *Seraffyn* 32 mm, von denen in elf Jahren 3 mm abgenutzt
wurden; die *Taleisin* bekamm deshalb ein 38 mm dickes Massivdeck).
Ein einlagiges Deck muß unbedingt mit Werg abgedichtet werden.
Wenn Wasser an der Fugenmasse vorbeidringt, quillt das Werg auf und
dichtet die Fuge wieder ab. Horizontale Verbinder im Decksgerippe
sorgen in Verbindung mit dem Werg für ein tropffestes Deck. Sie
verhindern, daß das Gerippe durch quellendes Werg auseinander
gedrückt wird (Abb. 17.12).

Abb. 17.12

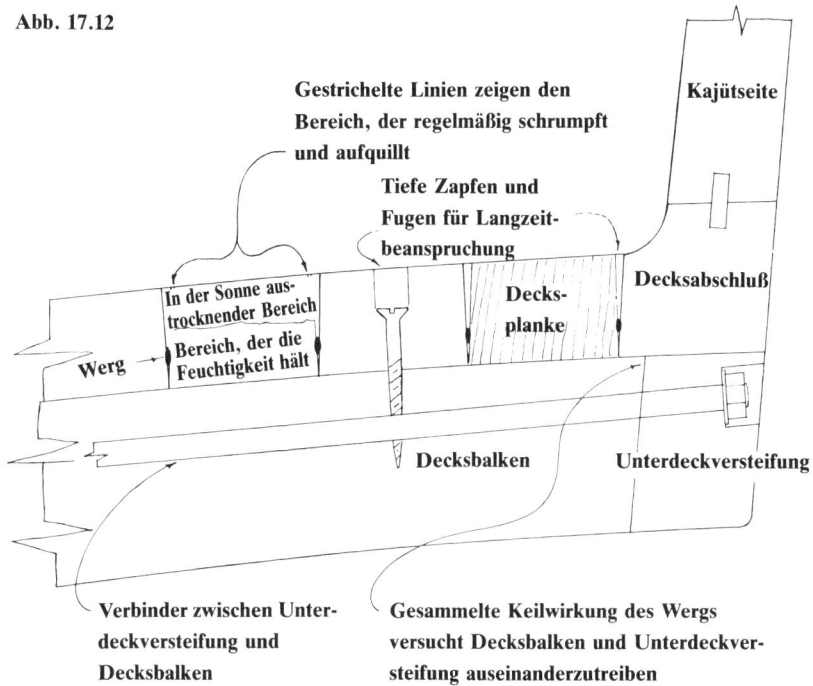

Gestrichelte Linien zeigen den Bereich, der regelmäßig schrumpft und aufquillt

Tiefe Zapfen und Fugen für Langzeitbeanspruchung

Kajütseite

In der Sonne austrocknender Bereich

Bereich, der die Feuchtigkeit hält

Werg

Decksplanke

Decksabschluß

Decksbalken

Unterdeckversteifung

Verbinder zwischen Unterdeckversteifung und Decksbalken

Gesammelte Keilwirkung des Wergs versucht Decksbalken und Unterdeckversteifung auseinanderzutreiben

Wir haben als Fugenmasse über dem Werg 3M 101 genommen und sind damit sehr zufrieden. Wir wissen, daß sich viele Segler von sogenannten Komplett-Dichtungsmassen verlocken lassen, kennen aber auch die damit erzielten Ergebnisse. Diese Mittel haften nicht gut genug am Teakholz und quellen auch nicht auf wie das Werg, um so ein wasserdichtes Deck zu garantieren.

Zur Pflege von geschrubbtem Holz braucht man kein Spezialmaterial. Alles, was man dazu benötigt, kann man im Laden an der Ecke kaufen statt bei einem teuren Schiffsausrüster. Flüssige Seife, Topfschwamm aus Kunststoff und Salzwasser reichen schon fast aus. Was man auf keinen Fall benötigt, ist eine Bürste mit steifen Borsten. Sie ist der *schlimmste Feind* für unbehandeltes Holz. Die Borsten kratzen das weichere Sommerholz heraus und lassen die härteren Jahresringe stehen. Solche Grate sehen nicht gut aus und verringern die Rutschfestigkeit. In den Senken dazwischen sammelt sich Schmutz, so daß man häufiger zur Bürste greifen muß und die Senken immer tiefer werden. Um die Grate zu beseitigen muß man sie regelmäßig abschleifen. Auf diese Weise wird das Holz erstaunlich schnell dünner. In drei oder vier Jahren mit regelmäßigem Bürsten, Schleifen, Bürsten usw. verliert man unter Umständen bis zu 6 mm Holz. Das entspricht einer Bean-

203

spruchung von zweiundzwanzig bis fünfundzwanzig Jahren bei einem Deck, das etwas sanfter behandelt wird.* Neben der vorzeitigen Alterung und der zusätzlichen Arbeit, die es macht, ein mit einer steifborstigen Bürste gesäubertes Deck zu schleifen, geht auch noch Zeit damit verloren, die Holzzapfen und die Fugenmasse zu ersetzen, die mit der Abnutzung des Decks ja ebenfalls dünner werden. Dieselbe vorzeitige Alterung tritt bei Handleisten und Regenleisten aus unbehandeltem Holz ein, wenn sie mit einer festen Bürste behandelt werden. Insgesamt pflegt man also unbehandeltes Holz am besten, indem man es ein- oder zweimal im Jahr mit warmem Salzwasser, etwas flüssiger Seife und einem Topfschwamm abschrubbt, und zwar in einer kreisförmigen oder quer zur Maserung verlaufenden Bewegung. Nach Möglichkeit nicht mit der Maserung schrubben, weil auch der Topfschwamm das weichere Holz angreifen kann. Bei dieser Methode sollten sich im Verlauf von fünf Jahren nur kleine Vertiefungen in der Maserung bilden. Anschließend muß das Holz dann abgeschliffen werden, und zwar mit einem Bandschleifer oder von Hand mit 100er Naßschleifpapier. Nur so weit schleifen, bis das Grau in den Vertiefungen sichtbar wird. Auf diese Weise nimmt man möglichst wenig Holz weg. Wenn das Holz in den Vertiefungen nicht hellgrau, sondern durch die Luftverschmutzung schwarz ist, bleicht man es leicht mit Oxalsäure und erhält dadurch sogar wieder eine hellbraune Farbe. Ich vermeide es, regelmäßig Oxalsäure oder scharfe Reiniger zu nehmen, weil dadurch dem Holz die natürlichen Öle entzogen werden, die es schützen und härten.

Wichtig für die Pflege von geschrubbtem Holz ist die regelmäßige Verwendung von Salzwasser. Ohne Pütz geht es deshalb nicht, wenn viel unbehandeltes Holz an Bord ist. Das auf dem Holz verbleibende Salz zieht die Feuchtigkeit an und hält sie. Nasses oder feuchtes Holz ist widerstandsfähiger gegen Rißbildung, weil es nicht so stark schrumpft und aufquillt. Das Salz dringt in das weichere Holz ein. Dort trocknet es und macht das Holz härter, so daß der normale Verschleiß auf ein Minimum reduziert wird. Und schließlich fungiert das Salz als Konservierungsmittel – es verhindert Holzfäule. Wenn das Holz aufgequollen ist, bleibt die Fugenmasse besser haften; das Holz schrumpft nicht so stark, und es entstehen weniger Spalten zwischen Fugenmasse und Planken.

Am besten wäscht man das Deck unmittelbar vor Einbruch der Dunkelheit ab, damit das Holz die ganze Nacht über Feuchtigkeit

---

*Der Scheuerstein, ein flacher Block aus weichem Sandstein, war die althergebrachte Lösung für Schrubben und Schleifen zur gleichen Zeit.

aufnehmen kann. Wir spülen unser Schiff mindestens einmal in der Woche und bei heißem trockenem Wetter möglichst jeden Abend ab. Öl-, Lebensmittel- oder Farbflecken beseitigen wir möglichst schnell mit Aceton und einem Topfschwamm. Mit der Maserung schrubben wir dabei nur, wenn es nicht anders geht. Ölflecken versuchen wir nicht unbedingt bis zum letzten Rest zu beseitigen, weil das in ein paar Wochen von Sonne und Salzwasser erledigt wird. Die schwarzen Flecken von Metallwerkzeug und Dosen lassen sich entfernen, indem man das Holz mit einer fünfprozentigen Lösung aus kristallisierter Oxalsäure und Wasser einweicht, bis der Fleck ausgebleicht ist.

Unbehandeltes Holz kann man zu jeder Zeit pflegen, bei Regen, bei Sonnenschein und in der Nacht. Das bedeutet, daß man bei schönem Wetter mehr Zeit zum Segeln und für andere Aktivitäten hat.

Unter Deck kann man zum Schrubben ausschließlich Frischwasser nehmen. Dort sind extremer Feuchtigkeitsverlust und die darauf zurückgehende Rißbildung kein Problem. Lin schrubbt die aus unbehandelter Esche bestehende Arbeitsplatte in der Pantry und die anderen Flächen aus unbehandeltem Teakholz alle drei Wochen gründlich mit einer Lösung aus einem Fünftel Bleichmittel, einem Spritzer Flüssigseife und heißem Wasser ab. Bei extremen Flecken, wenn zum Beispiel ein überschwenglicher Gast seine Pizza fallen läßt und hineintritt, fügt sie dem Ganzen noch etwas Scheuerpulver und ein paar Flüche zu.

Auch die allerpfleglichst behandelten Decks müssen irgendwann einmal vorsichtig abgeschliffen oder abgezogen werden. Das geschieht am besten von Hand. Man kann dazu sowohl Salzwasser als auch Frischwasser nehmen, um die Arbeit zu beschleunigen. Große Flächen

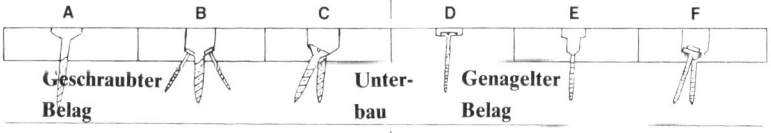

A Schraube bricht beim Herausdrehen ab
B Loch vertiefen und zwei Span-
plattennägel aus Bronze nach Vorbohren schräg einschlagen
C Es kann auch nach Vorbohren
eine Schraube schräg eingedreht
werden

Abb. 17.13

D Mittig eingeschlagener Spanplattennagel
E Mit 6mm-Bohrer vorbohren, damit die
Seiten nicht beschädigt werden
F Auf Zapfenlänge vorbohren und Nagel
mit Unterlegscheibe schräg einschlagen

Verschiedene Methoden zur Vertiefung von
Zapfenlöchern und Neubefestigung eines nicht
mit dem Unterbau verleimten Decksbelages

schleift man mit der Maschine. Am sichersten ist dabei ein Vibra-Schleifer mit 100er Trockenschleifpapier, am zweitsichersten ein sieben bis zehn Zentimeter breiter Bandschleifer. Ein Schleifteller ist nur etwas für sehr geschickte Hände. Ich habe mich bislang noch nicht getraut, damit zu arbeiten.

Schließlich muß man gelegentlich noch ein paar Holzzapfen oder die Fugenmasse ersetzen. Abb. 17.13 zeigt einige Methoden, derer ich mich bedient habe, wenn ich im Verlauf unserer Fahrten fremde Boote reparierte.

Weitere Anregungen zur Verwendung von unbehandeltem Holz finden sich in Abb. 17.4. Dort sind auch noch weitere Holzarten aufgeführt, die unbehandelt bleiben können.

Daran denken, daß groß dimensionierte Flächen und massive Spieren nicht unbehandelt bleiben dürfen. Das Holz nicht mit der Bürste bearbeiten, sondern nur abschrubben und gegebenenfalls leicht schleifen. Unbehandeltes Holz an Deck mit Salzwasser feuchthalten, damit möglichst keine Risse entstehen und das weichere Holz härter wird. Geschrubbtes Holz ist das beste Baumaterial für den Bootsbauer und letztlich auch für den Nutzer, den Segler, der sein Boot pflegen und instand halten muß. Beiden erspart es Material und Zeit, die so manches großartige Wochenende zusätzlich möglich macht.

Holz, das unbehandelt bleiben kann	Bewertung								Verwendung	Bemerkungen
Holzart Heimische Holzarten, die unbehandelt bleiben können, kennt der örtliche Bootsbauer	Geringes Schrumpfen und Quellen	Kosten	Verfügbarkeit	Verschleißfestigkeit	Fäulnisfestigkeit	Bearbeitung	Rutschfestigkeit	Gewicht (kg/Kubikmeter)		
Teak	10	2	8	9	10	8	10	1590	Decksbelag, Regenleisten, Roste Handleisten, Kajütfußboden usw. *	Natürliche Öle halten das Teakholz stabil. Zu schwer für Masten oder Riemen.
Ulme (amerikanische, kanadische)	8	?	?	8	6-8	9	9	1306	Relingsleisten, Roste, Nagelbank, Arbeitsplatte, Cockpitsüll, Lukensüll	Erhältlich in England und an der US-Ostküste.
Esche	7	9	9	7	4	10	8	1483	Riemen, Relingsleisten, Arbeitsplatte Spinnakerbaum, Innenausbau	Bekommt leicht Flecken, billig und überall zu haben.
Tanne	5	9	9	6	3	9	9	1306	Nur Decksbelag	Nur mit feiner Maserung von 7 Ringen pro Zentimeter verwenden
Port-Orford-Zeder	6	2	?	5	10	10	8	988	Nur Decksbelag	Teuer und selten
Iroko	5	8	?	8	9	9	8	1518	Decksbelag, Roste, kleinen Teile	Bekommt durch Schrubben Haarrisse
Queensland-Buche	8	?	?	8	?	10	8	?	Decksbelag	Australisches Decksbelagmaterial
Amerik. Pechkiefer	10	?	?	10	10	9	8	1412-1695	Decksbelag, Relingsleisten	Sollte voller Pech und schwer sein: 1412-1765 kg pro Kubikmeter
Fichte	5	4	6	3	2	8	?	918	Nur kleine Spieren und Riemen	12 Monate lang einölen, anschließend unbehandelt lassen

*außerdem als Unterlage für Winschen und Klampen am Mast, Niedergangssüll und -steckbretter, Zwischenstücke für Gleitschienen usw.

Abb. 17.14

18
Muttern, Bolzen und Schrauben

Der Befestigungsmittelkatalog, den wir beim Bau der *Taleisin* benutzten, hatte achtunddreißig Seiten mit fast hundert verschiedenen Befestigungsmitteln in vierzig oder fünfzig Größen. Sechs Legierungen, Bolzen oder Schrauben, vier Kopfformen, zwei Schlitzformen, plus Blechschrauben, Drahtstifte, Messingnägel und Blindniete. Auf der letzten Seite hieß es dann noch: »Weitere Befestigungsmittel auf Anfrage.« Für den Segler, der sich an die Frühjahrsüberholung macht, läßt sich dieses scheinbar unübersehbare Angebot schnell reduzieren. Am Anfang aller Überlegungen steht dabei das Metall.

Feuerverzinkte Befestigungsmittel werden heute fast nur noch bei der Reparatur älterer und beim Neubau großer Holzschiffe verwendet. Sie kosten zwar im Einzelhandel etwa vierzig Prozent weniger als andere Befestigungsmittel, haben aber speziell in den kleineren Größen wegen der Korrosion eine nur begrenzte Lebensdauer. Auch wenn sie in Bleimennige gesetzt werden, kommt es bei verzinkten Schrauben und Bolzen zu Rostspuren und Problemen mit dem Holz. Seit ein paar Jahren greifen Bootsbauer stattdessen zu Schrauben aus nichtrostendem Stahl, um die verzinkten Schrauben bei älteren Booten zu ersetzen. Das erscheint mir logisch, weil es sich um ähnliche Metalle handelt, aber nur die Zeit kann zeigen, ob sich diese Praxis bewährt.

Außer zur Dekoration in der Kajüte und zur Befestigung von Schutzblechen aus Kupfer und nichtrostendem Stahl ist Messing ebenfalls eine schlechte Wahl. Messing ist spröde und hält der Witterung auf See nicht lange stand. Den meisten Ärger haben Schiffszimmerleute bei Reparaturen mit Messingschrauben, die beim Abbauen von Planken, Beschlägen und Verkleidungen abreißen.

Befestigungsmittel aus Siliziumbronze eignen sich gut für Reparaturarbeiten oberhalb und unterhalb der Wasserlinie, solange sie nicht mit Aluminium in Kontakt kommen. Der galvanische Austausch zwischen Aluminium und Bronze läßt das Aluminium mit und ohne Salzwasserkontakt zu Pulver werden. Siliziumbronze hat im Neuzustand fast die Farbe von Kupfer und wird grün, wenn sie der salzhaltigen Luft ausgesetzt ist; Messing ist ursprünglich goldfarben, später dann grau. Am häufigsten werden auf Holzschiffen Befestigungsmittel wie Niete und Schiffsnägel aus Kupfer verwendet. Sie rosten nicht und eignen sich perfekt zur Verbindung von Holz, sind aber nicht so stabil wie Befestigungsmittel aus Siliziumbronze. Für Augplatten, Rollen und andere stark beanspruchte Beschläge ist Bronze weitaus besser.

Befestigungsmittel aus nichtrostendem Stahl sind im Verhältnis zu ihrem Gewicht stabil, relativ billig und fast überall zu bekommen. Leider eignen sie sich nicht für jeden Verwendungszweck. Um Beschläge an Aluminiummasten zu befestigen, sind sie zwar erste Wahl, verursachen aber trotzdem in der nächsten Umgebung leichten Lochfraß. Unterhalb der Wasserlinie sollte nichtrostender Stahl außen am Boot nicht verwendet werden, weil er von Salzwasser angegriffen wird.

Oberhalb der Wasserlinie kann nichtrostender Stahl zu einer Beleidigung für die Augen werden, weil die am häufigsten für Schiffsbeschläge verwendete Legierung nicht völlig rostfrei ist, sondern nur nicht so schnell rostet. Gelegentlich rostet das Material so stark, daß rotbraune Rostträner über Deck und Rumpf laufen. Das wird besonders dann zum Problem, wenn man beispielsweise eine Scheuerleiste aus Holz anschraubt. Zwischen Rumpf und Scheuerleiste laufen dann die Rostträren hervor; die einzige Lösung besteht in diesem Fall vielfach daraus, die ganze Leiste abzunehmen und mit Bronzeschrauben neu zu befestigen.

An Deck und im Rigg passen nichtrostender Stahl und Bronze recht gut zusammen. Tauwerk aus nichtrostendem Stahl an Wantenspannern aus Bronze war jahrzehntelang die Regel. Aber unterhalb der Wasserlinie sollten diese beiden Metalle nicht miteinander in Verbindung gebracht werden. Bronzene Ruderösen und Ruderzapfen erfordern Bronzeschrauben oder Kupferniete.

Monelmetall war eine gute Wahl, wenn man die Stärke von nichtrostendem Stahl in Verbindung mit der Korrosionsbeständigkeit von Bronze haben wollte. Leider sind Monelbeschläge nur noch schwer zu bekommen und recht teuer.

Ob man Bolzen oder Schrauben braucht, hängt von der Art der Beanspruchung ab (siehe Abb. 18.1). Das beste und stärkste Befesti-

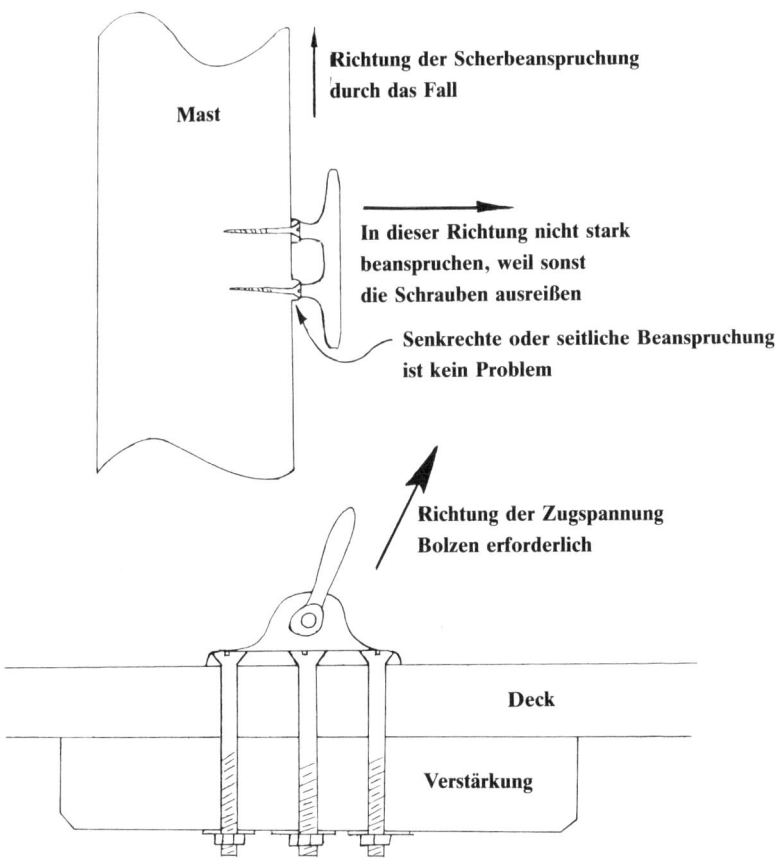

Mast

Richtung der Scherbeanspruchung durch das Fall

In dieser Richtung nicht stark beanspruchen, weil sonst die Schrauben ausreißen

Senkrechte oder seitliche Beanspruchung ist kein Problem

Richtung der Zugspannung Bolzen erforderlich

Deck

Verstärkung

Abb. 18.1

gungsmittel ist in jedem Fall ein durchgehender Bolzen wie etwa eine Wagenschraube, eine Sechskantschraube oder eine Maschinenschraube mit Unterlegscheibe und Mutter (Sechskantschrauben werden in erster Linie für Metallverbindungen, Wagenschrauben für Holz- und Holz-GFK-Verbindungen verwendet). Leider ist die andere Seite des Befestigungsmittels nicht immer zugänglich, so daß man sich gelegentlich mit Holzschrauben begnügen muß. Unter Bootsbauern gilt die Faustregel, daß das Gewinde einer Schraube in Hartholz mindestens sechs Mal und in Weichholz mindestens acht Mal so lang wie ihr Durchmesser sein muß, wenn sie richtig fassen soll. Wenn man längs zur Maserung schrauben muß, dürfte es speziell bei Sperrholz geraten sein, eine noch längere Schraube zu nehmen (Abb. 18.2). Aus Sicherheitsgründen sollte man überall dort, wo ein Ausreißen der

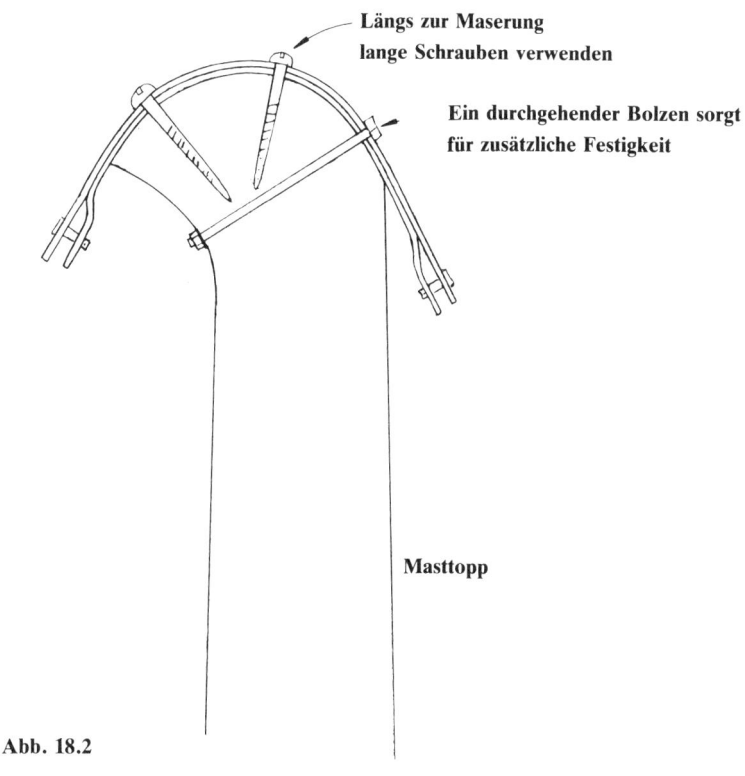

Längs zur Maserung lange Schrauben verwenden

Ein durchgehender Bolzen sorgt für zusätzliche Festigkeit

Masttopp

Abb. 18.2

Beschläge zu Verletzungen oder Schäden am Boot führen könnte, auf durchgehende Bolzen zurückgreifen. Für Innenarbeiten und Beschläge, die nicht stark beansprucht werden, reichen Schrauben. Die Kopfform ist eine Frage des persönlichen Geschmacks und der Tradition. Flachkopfschrauben werden meist versenkt, darüber kommt ein Holzzapfen. Linsenkopfschrauben nimmt man dort, wo der Kopf sichtbar bleibt, etwa bei Öllampen, Handtuchhaltern und Kleiderhaken. Mit Rundkopfschrauben befestigt man Metallbeschläge, die so dünn sind, daß eine Linsenkopfschraube nicht versenkt werden kann. Kreuzschlitzschrauben haben einen großen Vorteil in der Serienfertigung, wo sie mit Druckluftschraubern mit speziellen Einsätzen schnell eingedreht werden. Sie sind auch in großen Mengen nicht schwer zu bekommen. Doch für den durchschnittlichen Segler sind sie nicht

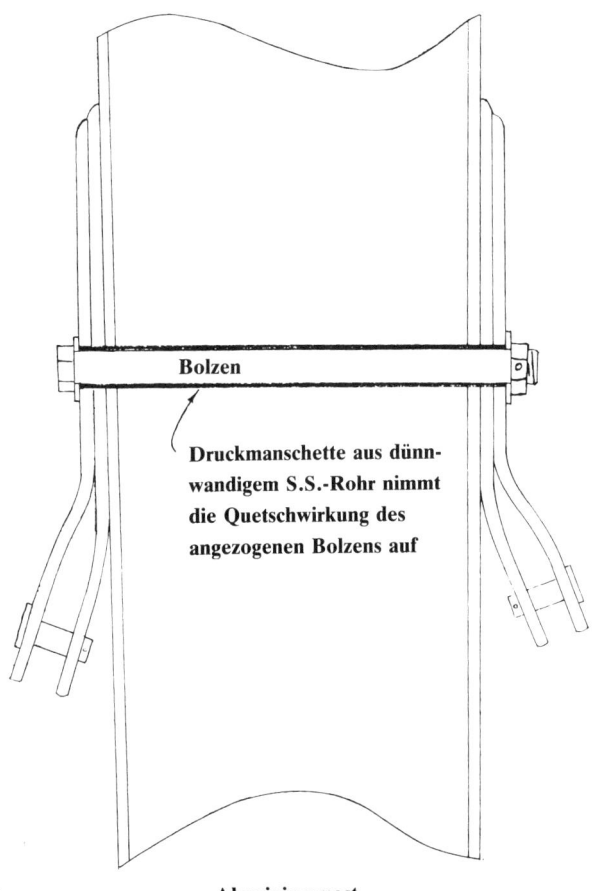

Bolzen

Druckmanschette aus dünn-
wandigem S.S.-Rohr nimmt
die Quetschwirkung des
angezogenen Bolzens auf

Abb. 18.3 Aluminiummast

zweckmäßig, und zwar erstens, weil man dafür spezielle Schraubendreher benötigt, und zweitens, weil sich die Schlitze schlechter säubern lassen, wenn Spachtelmasse hineingerät oder Grat an den Kanten entsteht. Und schließlich haben die meisten Schiffsausrüster nur eine begrenzte Auswahl an Kreuzschlitzschrauben vorrätig. In den fünfzehn Jahren, die wir jetzt unterwegs sind, haben wir festgestellt, daß bei ausländischen Werften und Schiffsausrüstern normale Schlitzschrauben die Regel sind.

Für Metallarbeiten etwa an Masten, Kochern und Tanks gibt es spezielle Befestigungsmittel wie Kegelkopfschrauben, Blechschrauben, Maschinenschrauben und Blindniete. Da man für Blindniete spezielles Werkzeug benötigt, eignen auch sie sich mehr für Bootsbauer als für Reparaturen unterwegs. Blechschrauben aus nichtrostendem Stahl sind, wie der Name sagt, für Blecharbeiten nützlich. Doch wenn die Befestigung in weicheres, dickeres Material führt, ist es in der Regel besser, ein Gewinde zu bohren und Maschinenschrauben zu nehmen. Für stark beanspruchte Beschläge und Fittings wie etwa Salinge, Scheiben und Winschen an Aluminiummasten wählt man am besten durchgehende Bolzen mit Druckmanschetten (Abb. 18.3).

Wie im anfangs erwähnten Katalog müssen wir uns hier aus Platzgründen auf die Befestigungsmittel beschränken, die man als Segler am häufigsten braucht. Bestimmte Anwendungen wie Propellerböcke erfordern möglicherweise spezielle Befestigungsmittel. In diesem Fall spricht man am besten mit einem Fachmann in der nächsten Werft.

Beim Kauf von Befestigungsmitteln nimmt man am besten einen kleinen Magneten mit. Die qualitativ nicht so guten Stahllegierungen, wie sie für nahezu fünfzig Prozent aller Beschläge einschließlich Drahttauwerk und Befestigungsmittel verwendet werden, sind stark magnetisch. Höherwertiger Stahl ist nur wenig oder gar nicht magnetisch. Bronze und Messing dürfen keinerlei magnetische Anziehungskraft aufweisen; wenn sie es dennoch tun, könnte das bedeuten, daß jemand mit Messing überzogenen Stahl zu verkaufen versucht.*

Noch eine letzte Bemerkung, die später vielleicht viel Ärger erspart. Jede Schraube und Mutter vor dem Eindrehen in wasserfestes Fett tauchen (keine Seife nehmen, die fördert den Rost). Mit dem Fett läßt sich die Schraube nicht nur leichter eindrehen, sondern später auch leichter wieder herausdrehen, wenn es an der Zeit ist, den betreffenden Beschlag auszutauschen.

---

*Dieser Test mit einem Magneten gibt keinesfalls definitiv Auskunft, denn nichtrostender Stahl wird bei der Bearbeitung oft magnetisiert, und durch Elektropolieren kann der Magnetismus verschwinden. Wir haben aber festgestellt, daß nichtrostender Stahl um so weniger zu Rostausblühungen neigt, je weniger magnetisch er ist.

Befestigungsmittel für häufig vorkommende Arbeiten

Arbeit	GFK-Schiff	Holzschiff
Außen		
Verbindung Rumpf-Deck	Bolzen oder Maschinenschrauben mit Mutter u. Unterlegscheiben	Schrauben o. Bolzen
Klampen	Bolzen mit Verstärkung	In Decksbalken lange Holzschraube In Decksplanken durchgehender Bolzen mit Verstärkung auf der Gegenseite
Augplatten	Durchgehender Bolzen	Durchgehender Bolzen
Führungsschiene	Bolzen	Bolzen oder lange Holzschraube
Seeventil	Wagenschraube aus Bronze	Wagenschraube aus Bronze
Innen		
Handleisten	Bolzen	Bolzen oder Holzschraube
Petroleumlampen	Linsenkopfschraube	Linsenkopfschraube
Scharniere	In Holz: Senkkopfschraube In GFK: Bolzen oder Blechschraube	Holzschraube
Uhr und Barometer	Rundkopfschraube	Rundkopfschraube

TEIL IV

Sorge für die Crew

Harmonie an Bord erfordert nicht nur ein gut geplantes und voroerei-tetes schwimmendes Heim und einen zuversichtlichen Skipper, son-dern auch eine zuversichtliche und miteinander kommunizierende Crew. Das Bewußtsein, daß jedes einzelne Crewmitglied ungefährdet aufentern und den Mast inspizieren kann, verstärkt die Zuversicht. Die Kommunikation nicht abreißen zu lassen, das Thema des zweiten Kapitels, vergrößert die Harmonie. Das dritte Kapitel dieses Teil ist hoffentlich eine Anregung für alle Leser, die es einmal mit dem freiesten aller Berufe versuchen wollen – dem Schreiben.

19
Sicherheit beim Aufentern

Ich werde nie vergessen, wie ich das erste Mal aufenterte. Ich wollte eigentlich gar nicht und fühlte mich sogar etwas auf den Arm genommen. »Sieh dir alles genau an und bessere den Lack direkt unter dem Masttopp aus,« erklärte mir Larry, während er die Talje überprüfte. Er hätte diese Arbeit selbst übernehmen können, doch während ich in den Bootsmannsstuhl kletterte und den Sicherheitsgurt entwirrte, meinte er: »Das ist wichtig. Eines Tages mußt du vielleicht aufentern, wenn ich nicht da bin.«

Ich bemühte mich, nicht gegen den Mast zu knallen, während Larry mich aufheißte. Mein Arbeitseimer verfing sich an den Unterwanten. Als meine Füße sich in der Sicherheit der ersten Salinge befanden, rief ich: »Halt.« Ich hatte erst ein Drittel des Weges hinter mir, und schon schien das Boot unter mir zu schrumpfen. Über den oberen Salingen konnte ich mich auf beiden Seiten an den Oberwanten festhalten, aber der Blick nach unten war doch furchterregend. Das einzige, was mich von gebrochenen Knochen trennte, waren ein Fall und ein Sicherheitsgurt. Ich hatte nie eine besondere Höhenangst gekannt, nur einen vernünftigen Respekt vor den Kanten steiler Klippen. Aber jetzt mochte ich nicht nach unten schauen. Ich traute mich nicht, beide Hände gleichzeitig von den Wanten zu nehmen. Erst als Larry die Leine zu fieren begann, war ich einen Blick in die Runde. Die Aussicht war großartig. Mein Blick fiel über die Sandbank auf die riesige Bucht von La Paz. Unter mir flogen die Möwen. Trotzdem war ich froh, als meine Füße den Großbaum spürten, und erleichtert, als ich mich aus dem Bootsmannsstuhl gewunden hatte und wieder an Deck stand.

Später wurde das Aufentern zu einem Teil meines Lebens. Ich kam sogar so weit, es als Nervenberuhigung zu betrachten. Jedesmal, wenn ich am Mast hinaufglitt und das Gut überprüfte, kam ich mit der Gewißheit an Deck zurück, mir über nichts Sorgen machen zu brauchen. Wie bei der Überprüfung von Lenkung und Bremsen eines Autos könnte ein dreimaliges Aufentern im Jahr bedeuten, daß man Probleme entdeckt, bevor sie zur Gefahr werden.

Auch wer keine Ozeane überqueren will und den Mast seines Bootes nicht zu streichen braucht, kommt nicht umhin, zweimal im Jahr aufzuentern. Das Gerät und die Ausrüstung dafür kann man selbst bauen oder für wenig Geld kaufen. Die Sicherheitsregeln sind einfach, aber extrem wichtig.

Wenn der Mast einmal im Jahr zur Wartung umgelegt werden kann und wenn keine langen Hochseefahrten geplant sind, braucht man zur Inspektion nur einen Bootsmannsstuhl, einen Sicherheitsgurt und

Abb. 19.1 Larry im selbstgebauten Bootsmannsstuhl der *Seraffyn*

217

einen guten Eimer. Wenn der Mast jedoch drei oder vier Jahre hintereinander stehen bleibt, lohnt es sich, die Ausrüstung um einen ordentlichen Aufholer zu erweitern.

Den Stuhl für die *Seraffyn* bauten wir selbst aus unbehandeltem Teakholz mit den Maßen 45×30×2 cm. Larry bohrte im Abstand von 40 mm von den Kanten an jeder Ecke ein Loch mit 15 mm Durchmesser. Dann überzog er die Kanten mit einem Stück 12mm-Dacronleine. Diese Leine war angenagelt und schützte nicht nur den lackierten Mast, sondern auch unsere Beine vor dem harten Holz. Durch die Löcher in den Ecken kam dreikardeelige 12mm-Dacronleine, die unter dem Sitz über Kreuz verlief und oben in einem Schäkel etwa in Schulterhöhe endete. Die einzige Verbesserung, die ich mir an dieser Konstruktion wünschen würde, wäre ein Sitzkissen für die Zeit, in der der Mast neu lackiert wird. Nach einer Stunde wird der Holzsitz doch ziemlich hart.

Verschiedene Segelmacher und Segeltuchgeschäfte bieten Bootsmannsstühle aus Dacron an, und so einen kauften wir für die *Taleisin*. Zu achten ist bei einem solchen Stuhl auf ein hölzernes Sitzbrett mit guter Polsterung, große Taschen, einen verstellbaren Rückengurt und Schlaufen für Werkzeug wie Zangen und Seitenschneider sowie eine gute Verstärkung. Weil man diesem Stuhl schließlich sein Leben anvertraut, muß man sich die Nähte und den Hebering genau ansehen. Stühle ohne Sitzbrett sind vielleicht zuerst bequemer, doch wenn man sich darin bewegen muß, um beispielsweise eine Stelle über dem Kopf zu erreichen, fehlt in einem solchen Hosensitz der nötige Rückhalt.

Als nächstes steht ein guter Eimer auf der Liste. Bei Verwendung eines hölzernen Bootsmannsstuhl, wie wir ihn auf der *Seraffyn* hatten, ist dieser Eimer wichtig als Behälter für das Werkzeug und die Lackdose. Bei einem Segeltuchstuhl mit tiefen Taschen dient er nur als Aufzug für das gerade benötigte Werkzeug. Wir nehmen am liebsten einen Segeltucheimer mit einem Henkel aus Tauwerk, das mit einem Augspleiß in festen Gatchen befestigt ist. Weil das Segeltuch nachgiebig ist, verfängt sich der Eimer beim Aufentern nicht so leicht im Rigg. Wer keinen richtigen Bootsmannseimer mit Holzboden findet, kann ihn entweder selbst bauen oder einen Plastikeimer nehmen, bei dem der Henkel um den gesamten Rand läuft und nicht nur in zwei kleinen Löchern sitzt. Man muß schließlich daran denken, daß der Eimer gelegentlich hin und her schwingt oder sich hinter Wanten und Fallen verklemmt. Ein Henkel, der nur in Löcher eingesteckt ist, kann ausreißen, und Werkzeug, das aus 12 m Höhe herunterfällt, wird zu einer tödlichen Waffe.

Ein richtiger Aufholer ist für Langstreckensegler unerläßlich. Wenn

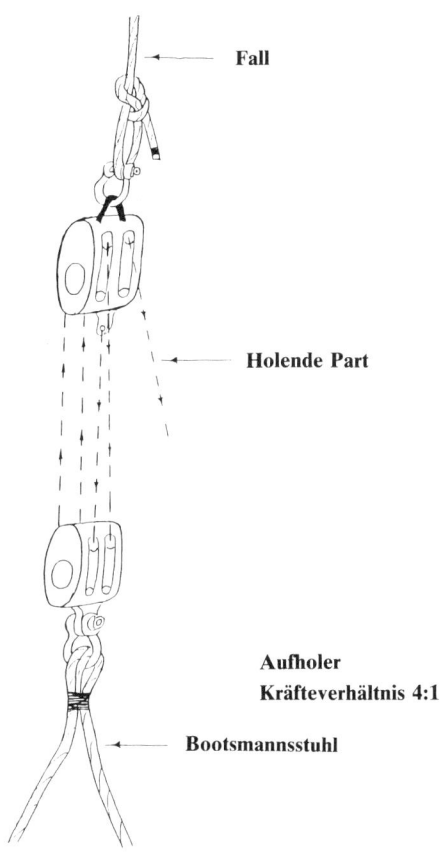

Fall

Holende Part

Aufholer
Kräfteverhältnis 4:1

Bootsmannsstuhl

Abb. 19.2

der Mast des Bootes lackiert oder gestrichen ist, wird er sogar noch wichtiger. Ein Aufholer ist eine Talje mit vier Parten, mit der man sich bequem selbst aufholen kann. Wir verwendeten dazu auf der *Seraffyn* zwei Doppelblöcke mit Neoprengehäuse, 75 m 10mm-Leine (die gleichzeitig als Leine für den Heckanker diente) und einen verzinkten Haken. Damit erhielten wir einen Aufholer, der für Masten von bis zu 13,7 m Höhe reichte. Durch Anstecken eines zusätzlichen Endes reichte er sogar bis zu Höhen von knapp 16 m aus. Auf der *Taleisin* verwenden wir nach wie vor die Heckankerleine und zwei Doppelblöcke, allerdings etwas größere.

Wenn wir den Aufholer brauchen, wird der erste Doppelblock direkt am Fall und der zweite am Bootsmannsstuhl (Abb. 19.3) befestigt. Der Tampen der holenden Part wird am Ankerspill belegt (auf diese Weise

ist sie beim Lackieren des Mastes nicht im Weg, und die vier 12mm-
Bolzen, die das Ankerspill halten, sind eine Beruhigung für den, der
oben im Stuhl sitzt). Diese Anordnung ist erstaunlich vielseitig. Weil
sie die Zugkraft um das Vierfache vergrößert, kann man sich damit
selbst am Mast hochziehen. Wenn man am Schäkel des Bootsmannsstuhl noch einen verzinkten Haken anbringt, kann man die Aufstiegs-
und Sinkgeschwindigkeit regeln. Einfach die holende Part dreimal um
den Haken legen, und schon wird man durch das Gewicht und die
Reibung der Leine dort gehalten, wo man will. Beim Fieren der Leine
gleitet man langsam abwärts, beim Anholen geht es nach oben. Dieser
Aufholer versetzt den Assistenten an Deck in die Lage, die gerade
benötigten Teile zu holen.

Wenn die Arbeit oben im Rigg länger dauert oder komplizierter ist,
lohnt es sich, eine Signalleine mit Eimer anzubringen, damit der
Assistent an Deck spezielles Werkzeug oder besondere Teile hinauf-
schicken kann. Wenn Larry beispielsweise am Lack arbeitet und drei

Abb. 19.3
Aufholerblock und
Haken der _Seraffyn_
mit der Verbindung
zum Bootsmannsstuhl

Abb. 19.4
Lin am Aufholer
der *Taleisin*

oder vier Stunden dafür braucht, schicke ich ihm immer etwas zu essen hoch, damit er nicht extra herunterzukommen braucht. Als Leine nehmen wir meist ein Reservefall oder etwas ähnliches.

Mastleitern sind definitiv nicht zu empfehlen. Sie sind sperrig und häßlich. Fallen kommen daran unklar, und die Segel schamfilen an ihnen. Durch die größere Windangriffsfläche schwojt das Boot stärker vor Anker, und bei Starkwind pfeift es nervtötend durch die Stufen. Weil eine Mastleiter so einfach zu benutzen ist, kommt es außerdem häufiger zu Unfällen. Wir verloren dadurch einen guten Freund, der auf See nach oben geklettert war, um ein ausgerauschtes Fall zu bergen. Da es ein ruhiger Tag war, hatte er geglaubt, nur wenige Sekunden oben zu sein. Doch das Boot hatte einen Satz gemacht, bei dem er mit dem Fuß durch den Tritt gerutscht war und kopfüber dort oben gehangen hatte, bis der Knöchel brach. Dann war auf auf das Deck gestürzt. Das ist ein grauenhafter Fall. Doch das Aufentern kann gefährlich sein und muß ernst genommen werden. Wenn man die Ausrüstung jedesmal vorher zusammenstellen und überprüfen muß, besteht die Aussicht, daß das Unterbewußtsein die Botschaft versteht und dafür sorgt, daß man sich jederzeit vorsichtig verhält.

Zum Aufentern nimmt man möglichst Tauwerk aus Faserseilen. Dort kann man jeden Zentimeter daraufhin inspizieren, ob es in

Ordnung ist. Bei Drahttauwerk ist das schwieriger. Niemals an einem Fall aufentern, das einen Spleiß mit Faser- und Drahttauwerk hat. Was in diesem Spleiß vor sich geht, kann niemand sagen. Und warum sollte man ein Risiko eingehen?

Aufholer und Stuhl möglichst nicht in einen Schnappschäkel einhängen. Statt dessen einen Schraubschäkel in den Augspleiß über dem Schnappschäkel einscheren. Die Verbindung zum Fall soll sich schließlich mit Sicherheit nicht öffnen können. Falls nur ein Schnappschäkel zur Verfügung steht, den Bolzen mit Draht oder Klebeband sichern.

Auf keinen Fall mit Hilfe einer Seiltrommel aufentern. Die Kupplungen dieser Trommeln arbeiten nur mit Reibung. Sie rasten nicht fest ein, und man kann den Tampen des Falls nicht belegen. Wenn dann jemand gegen den Kupplungsgriff stößt oder wenn die Kupplung versagt, kommt es zu einem Sturzflug an Deck. Aus denselben Gründen kommt auch eine Winsch mit automatischer Umkehrung nicht in Frage. Am sichersten ist und bleibt eine normale Winsch, die fest mit dem Mast verschraubt ist. Zusätzlich wird der Tampen des Falls dann noch an zwei Klampen belegt.

Wenn jemand anderes das Aufholen besorgt, muß er drei Rundtörns um die Winsch legen und den Tampen des Falls oder der Aufholerleine in eine Klampe einscheren. Wenn die Last zu schwer wird, kann er die Leine dann schnell belegen. Keinesfalls eine Seiltrommel verwenden. Wenn die Hände vom Griff abrutschen und die Kupplung nicht völlig eingerastet ist, bricht sich der Mann an der Trommel möglicherweise das Handgelenk und der Mann im Bootsmannsstuhl vielleicht noch einiges mehr.

Nun gut, der Bootsmannsstuhl ist bereit, die Aufholerleine belegt und der zweite Mann steht an der Winsch. Jetzt kommt der wichtigste Test. In den Stuhl setzen, die Leine dicht holen, bis nur noch die Zehenspitzen das Deck berühren, und wiederholt mit dem ganzen Gewicht in den Stuhl fallen lassen wie ein Baby in seiner am Türrahmen angebrachten Wippe. Wenn nichts quietscht oder knarrt und wenn das Fall hält, kann es nach oben gehen.

Wir verwenden beim Aufentern einen einfachen Sicherheitsgurt aus zweieinhalb Zentimeter breitem Nylonband mit gut zwei Metern Länge, das mit etwa sechzig Zentimetern Lose um Hüfte und Mast gelegt wird. Wenn dann ein nicht vorherzusehender Zwischenfall eintritt – sei es, daß das Fall reißt, oder, daß wir aus dem Bootsmannsstuhl rutschen – wirkt der Gurt aufgrund der Reibung am Mast praktisch als Bremse, die den Fall spätestens an den Salingen stoppt. Das ist weitaus besser als ein freier Fall aus 12 m Höhe. Der Gurt braucht nur an den Salingen gelöst zu werden. Bis er neu zusammengebunden ist, bleibt immer ein Arm über der jeweiligen Saling. Wenn die Stelle erreicht ist, an der die Wanten sich nahe am Mast befinden, wird der Sicherheitsgurt auch noch über die Wanten gelegt. Dann können wir nicht so weit nach unten rutschen. Der Sicherheitsgurt bleibt sowohl beim Aufentern als auch beim Absteigen dauernd angelegt. Langsam? Ja. Sicher? Ja.

Ich weiß, daß wir mit all diesem Gerede über jede Kleinigkeit des Aufenterns wie nervöse Hühner klingen müssen. Aber wir kennen einen tüchtigen Skipper, der seit einem Fall aus dem Rigg hinkt. Noch bitterer ist der Fall eines Taklers aus Larrys Heimatstadt, der schon mit sehr jungen Jahren seinen Beruf aufgeben mußte und seitdem in einem elektrischen Rollstuhl herumfährt, weil ein Fall riß, während er oben am Mast arbeitete. Wer als Segler alt werden will, muß das Aufentern so sicher machen wie das Überqueren einer Straße bei grüner Ampel.

Was ich auf die harte Weise lernte, war, beim Aufentern immer eine lange Hose zu tragen. Die Innenseiten der Oberschenkel sind dankbar dafür. Nach Möglichkeit sollte immer eine zweite Person an Deck bereitstehen, weil man sonst vielleicht in die Versuchung kommt, die Arbeit nicht ordnungsgemäß zum Abschluß zu bringen. Ich würde mich beispielsweise nicht darum reißen, ab- und aus eigener Kraft wieder aufzuentern, nur um den Draht zu holen, um einen Schäkel zu musen. Wenn jedoch unten jemand bereitstünde, würde ich warten, bis er das passende Bändsel gefunden und nach oben geschickt hätte.

Zum Aufentern bei Dünung auf See zahlt es sich aus, unten am Bootsmannsstuhl eine Halteleine zu befestigen. Dann kann die Person an Deck das Hin- und Herschwingen verringern und dafür sorgen, daß man nicht jedesmal, wenn das Schiff zur anderen Seite rollt, gegen den Mast knallt. Wenn das nichts hilft, bindet man den Sicherheitsgurt so, daß man bei Erreichen der Salinge den einen Teil lösen und über den Salingen wieder festbinden kann, um dann den zweiten Teil zu lösen. Auf diese Weise ist man immer mit dem Mast verbunden. Diese zusätzliche Sicherheit ist wichtig, weil durch die pendelähnliche Bewegung des Masts bei Seegang so große Kräfte entstehen, daß man sich nicht mehr halten kann.

Beim Aufentern jedes Mal auch zwischen den regelmäßigen Inspektionen auf eventuelle Veränderung an Mast und Gut achten. Bei Schamfilspuren, Kratzern und Dellen im Lack nachsehen, was die Ursache sein könnte. Beschläge, die sich bewegt haben, besser befestigen und den Anbringungswinkel überprüfen. Ich erinnere mich, einmal in Spanien aufgeentert zu sein, um eine Flaggenleine zu klarieren. Dabei fiel mir auf, daß um den Salingbeschlag herum etwa 1 mm Lack fehlte. Larry sah sich die Sache ebenfalls an – definitiv eine Veränderung gegenüber dem letzten Mal. Es dauerte eine Stunde, bis wir die Lösung gefunden hatten. Als wir an einem Pier in der Bucht von Falmouth entlanggesegelt waren, waren wir in die überhängenden Äste einer alten Kiefer geraten. Damals hatten wir uns nur lachend vor den herabfallenden Kiefernzapfen und Nadeln geduckt. Jetzt brauchten wir drei Stunden, um den Beschlag neu zu befestigen.

Oben jeden Draht auf gebrochene, rostige und gerissene Kardeele prüfen. Sie sind Zeichen für Materialermüdung und könnten die Segel beschädigen. Jede Platte auf Risse inspizieren, jeden Schäkel bewegen und seine Drahtbändsel überprüfen, darauf achten, daß alle Scheiben sich frei drehen. Dann auf Splinte oder Drähte achten, die eine Gefahr für die Segel darstellen könnten. Wir mußten einmal miterleben, wie unser nagelneues Großsegel wie mit einem Messer einen Meter lang aufgeschlitzt wurde. Die Ursache war, wie sich bei einer genauen Untersuchung herausstellte, ein vorstehender Draht an einem Schäkel in Salingnähe.

Zum Schluß gilt es zu überlegen, welche Teile eventuell ausgetauscht oder geändert werden sollen. Eine Liste mit den Teilen und dem erforderlichen Werkzeug aufstellen. Wenn es dann so weit ist, daß die Arbeiten in Angriff genommen werden sollen, kann man alles auf einmal mit nach oben nehmen. Bei derartiger Planung ist eine auf den ersten Blick fürchterliche Arbeit dann vielleicht in zwei Stunden getan.

Das Aufentern ist eine der seemännischen Fertigkeiten, die man üben sollte, bevor sie zum Muß wird. Wie beim Mann-über-Bord-Manöver und beim Warpen ist das Einüben des Aufenterns eine Art Versicherung gegen echte Notfälle. Wenn alle Crewmitglieder einmal aufentern, während das Boot sicher im Yachthafen oder an einem ruhigen Ankerplatz liegt, kennen sie die dafür benötigte Ausrüstung und vertrauen ihr. Wenn alle durch eine persönliche Inspektion wissen, wie Mast und Gut in gutem Zustand aussehen, sind sie in der Lage, eventuelle Probleme zu erkennen, bevor sie zu Notfällen werden. Auf See aufzuentern kann ungefährlich und relativ einfach sein. Nicht erst warten, bis zweihundert Meilen auf See ein Fall ausrauscht. Hier und jetzt feststellen, wie Bootsmannsstuhl und Aufholer funktionieren. Vielleicht macht der Ausblick von da oben ja sogar Spaß.

20
Kommunikation an Bord

Der Ärger war zu spüren, noch bevor er begann. Die 11m-Slup lief unter Maschine vor dem Wind in das enge Hafenbecken ein, ein Spritzschutz verdeckte dem Rudergänger die Sicht auf seine Frau, die mit einem Bootshaken bewaffnet auf dem Vordeck stand. Die Zehn-Knoten-Brise trieb uns ihre Worte zu. »Mehr in die Richtung dort,« schrie sie. »Wo ist der Liegeplatz?« wollte er wissen. »Mehr in die Richtung dort,« schrie sie wieder und war sich offensichtlich nicht darüber klar, daß das Geräusch der Maschine, der Spritzschutz und der Wind dafür sorgten, daß er sie nicht verstand. Was der Mann am Ruder plante, war eindeutig: Ein schneller Aufschießer, bei dem die Strömung das Boot direkt neben dem nächsten Poller zum Stehen bringen sollte. Aber das schien seine Frau auf dem Vordeck nicht zu wissen. Bei all dem Geschrei und Hin und Her verpaßten sie den Liegeplatz und mußten noch zweimal anlaufen, bis es endlich klappte. Zu dem Zeitpunkt war uns das gegenseitige Anschreien der beiden schon so peinlich geworden, daß wir uns mit unseren Drinks unter Deck verzogen.

Als ich eine Stunde später im Duschraum des Clubhauses stand, kam die betreffende Dame hereinspaziert. »Ich gebe es auf,« schimpfte sie. »Das war das letzte Mal, daß ich auf diesem verdammten Boot war. Nie erzählt er mir, was er vorhat, und dann schreit er mich an, bis ich völlig erledigt bin. Und zu Hause hält er mir dann stundenlang vor, ich hätte ihn auf dem Boot wie einen Dummkopf aussehen lassen.« Auch ihr war das ganze Durcheinander peinlich. »Warum kann der alte Bailey seine 12m-Yacht jedes Mal ohne jedes Geschrei und Getue an den Liegeplatz segeln?« wollte sie wissen.

Ich wußte, wovon sie sprach. Ich hatte beobachtet, wie der alte

Bailey seine *News Boy* zwischen den eng aneinander liegenden Schiffen in Newport Beach hindurchgesegelt hatte. Ich kannte ein paar Crews, die auch unter den schwierigsten Umständen ruhig und gelassen blieben. Die Schlüssel dazu sind Kommunikation, gute Planung, Kooperation und jede Menge Übung.

Das erste Glied in jeder Kommunikationskette heißt, daß alle an Bord die gleiche Sprache sprechen. Das mag abgedroschen klingen, aber wenn man die kleine Genua an einem Tag als Lappen und am nächsten als Genua bezeichnet, kommt die Person auf dem Vordeck nur durcheinander. All das geht zurück auf die Tage der alten Großsegler, in denen jede Leine, jedes Segel und jedes Fall eine eigene, unverwechselbare Bezeichnung und an Bord aller Schiffe einen unverwechselbaren Platz hatte. Das ist keine Frage der Tradition, sondern der präzisen Kommunikation und der Forderung, daß ein Matrose an Bord eines beliebigen Schiffes gehen und sofort seine Arbeit aufnehmen konnte. Damals wußte jeder Seemann, wo immer er auch seine Ausbildung bekommen hatte, was eine Groß-Untermarsbrasse war und wo sie auf der Nagelbank belegt war. Ob bei Flaute oder bei Sturm, es gab daher keine Entschuldigung für Mißverstehen. An Bord einer viel kleineren Tourenyacht sind diese Bezeichnungen genau so wichtig, wenn nicht noch wichtiger, weil die Besatzung nicht so groß ist. Ein Fehler wird dann nicht von einem anderen Besatzungsmitglied wieder gutgemacht, der vielleicht genau verstanden hat, was gemeint war.

Die altmodisch klingenden Begriffe Backbord und Steuerbord, vorn und achtern, sind nach wie vor am besten für alle Kommunikationsvorgänge an Bord. Links und rechts sorgen nur für Verwirrung. Wenn einer an der Pinne steht und dem anderen auf dem Vordeck die Anweisung gibt, die Festmacheleine an der linken Klampe zu belegen, wessen linke Seite ist dann gemeint? Die des Rudergängers, der nach vorn schaut, oder die desjenigen auf dem Vordeck, der achteraus blickt? Alle an Bord sollten diese Bezeichnungen so verinnerlichen, daß sie ihnen in Fleisch und Blut übergehen. Als Hilfe dabei können rote Markierungen auf der Backbordseite und grüne Zeichen auf der Steuerbordseite des Bootes und des Cockpits dienen. Wichtig ist nur, daß man darüber spricht. Dann ist der erste Schritt auf dem Weg zu reibungslos verlaufenden Segelmanövern getan.

Als nächstes kommt eine Besprechung vor jedem einzelnen Manöver. Wer auch immer das Sagen hat, sollte genau erläutern, was er plant und wer zu welchem Zeitpunkt was zu tun hat. Auch nach sechzehn Jahren gemeinsamen Segelns besprechen Larry und ich uns jedes Mal, wenn wir bereit sind abzulegen und wenn wir einen Liege-

spätere Kommunikation effizienter, sondern stellt auch sicher, daß alle bereit sind.

John und Ellie, zwei Freunde von uns, wollten einmal auf einen einmonatigen Törn gehen. Sie hatten gerade die letzten Vorräte an Bord gebracht, und John machte sich daran, die Segelkleider abzunehmen und das Deck zu klarieren. Ellie war derweil damit beschäftigt, die letzten Einkäufe in der Bilge, unter Sitzbänken und hinter den Kissen in der Koje zu verstauen. Sie hatten es eilig, weil sie sich in Catalina mit Freunden treffen wollten. Vielleicht war das der Grund dafür, daß John beschloß, ohne vorherige Besprechung die Segel zu setzen und abzulegen. Er vergewisserte sich nicht einmal, daß Ellie seinen Ruf »Alles klar? Ich lege ab« auch gehört hatte. John war gerade von der Festmacheboje klar, als ihm einfiel, daß er die Fockschoten vergessen hatte. Er raste den Niedergang hinunter, versuchte noch zu stoppen, aber es war schon zu spät. Er trat an den aufgenommenen Bodenbrettern vorbei und stand bis zu den Waden in sieben Dutzend zerbrochenen Eiern. Es braucht wohl nicht betont zu werden, daß dieser erste Tag für die beiden gelaufen war.

In schwierigen Situationen wie etwa beim Auslaufen aus einer überfüllten Marina sollte man jeden Teil des Manövers genau erläutern und dann jedes Crewmitglied seinen Zuständigkeitsbereich überprüfen lassen. Sind die Fockschoten richtig geführt? Liegt der Bootshaken bereit? Können die Festmacheleinen frei laufen? Die Zeit für eine solche Überprüfung vor dem Manöver muß man sich einfach nehmen. Das einzige Mal, bei dem wir diese Regel nicht beachteten, endete bei mir mit einem Beinbruch, und das nach elf Jahren gemeinsamen Segelns. Wir wollten unbedingt rechtzeitig zum Ansegeln in unserem eigenen Yachtclub (West Vancouver Yacht Club) sein. Am Liegeplatz des Royal Yacht Club hatte sich eine Menge Freunde und Bekannte eingefunden, um sich von uns zu verabschieden. Einige halfen beim Anschlagen der Segel, andere warfen die Festmacheleinen los. Statt uns also zu besprechen und schnell alles zu überprüfen, hißte ich die Genua und ging nach achtern an die Pinne, nachdem wir vom Kai klar waren. Alles schien wunderbar zu laufen, bis wir nach etwa 200 m eine Wende fahren mußten. Larry holte mit aller Kraft die Genua dicht. Aber irgend jemand hatte nicht gewußt, wie man einen Palstek richtig steckt. Die Schot löste sich vom Segel, und Larry fiel rückwärts in das Cockpit, landete auf meinem Bein und verschaffte mir einen schönen sauberen Wadenbeinbruch. Schuld daran trugen wir beide, weil wir uns nicht die Zeit genommen hatten, uns zu besprechen und das laufende Gut zu überprüfen.

Wenn die Crew das geplante Manöver noch nie gefahren hat oder

oder Ankerplatz anlaufen. Ein derartiger Kriegsrat macht nicht nur die wenn beispielsweise starke Strömung herrscht oder der Wind dauernd umspringt, macht man erst mal einen Probeanlauf. An dem vorgesehenen Liegeplatz vorbeilaufen. Die Position von Pollern und Klampen feststellen und darauf achten, daß genügend Raum für das Schiff vorhanden ist. Mit der Crew über alles sprechen, was Probleme bereiten könnte. Anschließend in freies Wasser zurücksegeln und das Festmachgeschirr überprüfen. Larry hätte beispeilsweise der *Seraffyn* einen häßlichen Kratzer ersparen können, wenn er vor dem Anlegen an der Mole in Brindisi einen Probeanlauf gemacht hätte. Dann hätte er wahrscheinlich das vorstehende Rohr bemerkt und sich selbst auch ein paar blaue Flecken erspart.

Es ist offensichtlich, daß all diese Anregungen auf einen Skipper abzielen, der gleichzeitig Befehlshaber und Sündenbock ist. Das mag undemokratisch erscheinen, aber auf einem Segelboot funktioniert die Demokratie nicht. Wir haben das Chaos erlebt, das ausbricht, wenn sich vier oder fünf erfahrene Skipper auf ein und demselben Boot wiederfinden. Alle wollen Befehle erteilen, keiner will sie entgegennehmen. Das führt zu Fehlern und Wutanfällen. Wenn also nicht schon jemand an Bord diese Position innehat, wählt man den Skipper jeweils für einen Tag oder einen Törn. Larry und ich wechseln uns ab, und zwar in beinahe jedem Hafen. Dadurch teilen wir uns die Verantwortung, und ich bekomme die Möglichkeit, meine Entscheidungskraft zu verbessern.

Die Tatsache, daß man zufällig gerade nicht Skipper ist, bedeutet jedoch nicht, daß man keine Verantwortung für die Sicherheit des Bootes und den reibungslosen Ablauf der Segelmanöver hat. In der Besprechung vor dem Manöver muß man deshalb alles erwähnen, was hilfreich sein könnte, seien es die Windwellen vor einer aufziehenden Bö, das nicht belegte Fall oder die teilweise ausgepackten Vorräte unter Deck. Auch der erfahrenste Skipper hat es schwer, wirklich alles zur Kenntnis zu nehmen, was an Deck, unter Deck und voraus vor sich geht.

Vor dem eigentlichen Manöver muß jeder an Bord wissen, daß er die gegebenen Kommandos zu bestätigen hat, damit der Skipper weiß, daß sie ausgeführt worden sind. Sicher, es scheint eine Formalität zu sein, die entsprechenden Kommandos beispielsweise mit »Anker kommt auf« oder »Vorleine ist klar« zu bestätigen. Aber nur so weiß jeder an Bord, was vor sich geht. Auf einem windigen Vordeck überhört man leicht etwas. Wenn die Maschine läuft, ist das Bestätigen der Kommandos noch wichtiger. Daran denken, daß sie im Cockpit lauter ist als auf dem Vordeck. Keine Scheu davor haben, laut zu schreien; beim

Manövrieren unter Maschine am besten noch zusätzliche Handsignale verabreden. Doch ob Handsignale oder Kommandos – beide müssen bestätigt werden. Das ist immer noch weitaus besser als eine lautstarke Auseinandersetzung als Folge eines aufgrund eines überhörten Kommandos mißglückten Manövers.

Das Bestätigen von Kommandos ist bei Larry und mir einer der größten Schwachpunkte. Ich hasse es zu schreien. Er hört mich dann manchmal nicht und geht davon aus, daß alles in Ordnung ist. Die britische Kriegsmarine hielt dieses Bestätigen von Kommandos und Befehlen für so wichtig, daß jeder Mann, der sich nicht daran hielt, drei Tage Arrest bekam. Eine Tourenyacht ist kein Kriegsschiff, aber die Zusammenarbeit aller Crewmitglieder macht das Leben auf beengtem Raum und in gefährlichen Situationen sicherer und angenehmer.

Die Hälfte der Freude am Segeln ist das anschließende Gespräch über Beinaheunfälle oder geglückte Manöver. Das ist ein wichtiger Teil des Vorgangs, im Team segeln zu lernen. Sobald das Lachen vorüber ist, kann eine sorgfältige Analyse der Rolle des einzelnen Crewmitglieds bei einem Beinaheunfall dazu beitragen, es beim nächsten Mal besser zu machen. Bei einer unserer peinlichsten Vorstellungen schob ich zunächst Larry die ganze Schuld zu. An einem sonnigen Maisonntag machten wir im Solent mit gesetztem Spinnaker bei 15 kn Wind und 4 kn Strömung fast 10 kn. Unmittelbar voraus lag der Cowes mit einer Sandbank, die uns den Weg versperrte. Wir konnten schon die Ferngläser auf der Veranda des Gebaudes der Royal Yacht Squadron in der Sonne blinken sehen. »Denen wollen wir es mal zeigen,« meinte Larry. »Du gehst an die Pinne, ich gebe dir das Spinnakerfall nach achtern. Wenn wir dann genau querab vom Clubhaus sind, holen wir den Spi hinter dem Großsegel nieder, halsen und machen einen Aufschießer in den Fluß hinein. Alles klar?«

»Hört sich toll an,« antwortete ich und führte den Spinnaker-Achterholer so, daß er frei laufen konnte. Das Fall nahm ich, ohne hinzusehen. Larry ging nach vorn. Das Clubhaus war etwa 400 m recht querab, als er rief:»Fall fieren!« Ich gehorchte.»Fall fieren!« ertönte es noch lauter. Ich fierte.»Fier das verdammte Fall!« schrie Larry. Während die Sandbank immer näher kam, blickte ich nach oben, um zu sehen, was los war. »Larry, das Großsegel kommt herunter.« Nun, wir machten eine Patenthalse, zogen die Köpfe ein und legten an diesem Tag nicht bei der Royal Yacht Squadron an. Bei der Analyse später wurde mir dann klar, daß ich genau so viel Schuld gehabt hatte wie Larry. Kein Fall der *Seraffyn* glich dem anderen. Das Spinnakerfall war etwas dünner als das Großfall. Wenn ich meinen Teil der Arbeit ernst genommen hätte, hätte ich mir die Leine angesehen und den

Unterschied bemerkt. Zum richtigen Umgang mit dem Boot gehört eben, daß jeder an Bord nicht nur an seine eigenen Aufgaben denkt.

Eine Erfahrung, die ich in zweiundzwanzig Jahren mit verschiedenen Crews auf Überführungstörns und bei Regatten gemacht habe, ist die, daß nur wenige Frauen in der Lage sind, psychisch mit dem gelegentlichen Anschreien fertig zu werden, das untrennbar mit jedem physischen Sport verbunden ist. Wenn diese Frauen nicht schon in der Schule Mannschaftssport betrieben haben, sind sie möglicherweise noch nie von jemandem angeschrien worden, der dabei aber doch nur auf den psychischen Druck der jeweiligen Situation, auf die momentane Anspannung reagiert und nicht den Mitspieler meint. Bei einem Einführungskurs in Karate hörte ich voller Überraschung, daß wir tatsächlich schreien sollten, um die hinter den einzelnen Bewegungen steckende Kraft zu vergrößern. Der Schrei sollte Spannungen freisetzen und die ganze Kraft auf ein Ziel richten. Die Männer in der Gruppe hatten keinerlei Schwierigkeiten dabei. Wir Frauen hingegen mußten getrennt erst einmal das Schreien üben, um unseren angeborenen Widerwillen gegen aggressive Laute zu überwinden. Ich kam schließlich so weit, daß es mir richtig gefiel, einmal nach Herzenslust Lärm machen zu können. Der nächste Schritt war, dieses Problem des Anschreiens entpersonalisieren zu lernen. Ich achtete bewußt darauf, wie die Männer auf Rennyachten, in Fußballmannschaften und beim Volleyballspiel am Strand sich beschimpften und beleidigten, um dann zehn Minuten später lachend zusammen ein Bier zu trinken. Auch unter reinen Frauenbesatzungen auf Rennyachten war dieses durch Anspannung verursachte Anschreien zu hören. Doch als Frau meines Segelpartners stand ich gelegentlich kurz vor den Tränen oder der offenen Rebellion, wenn Larry mir bei einer Regatta mit seiner Bootsmannsmaatenstimme zuschrie: »Verdammt noch mal, häng dich rein, hol den Sch...niederholer dicht!« Zum Glück bemerkte er dann meist, wie ich mich versteifte und mir der Ärger ins Gesicht stieg, und entschärfte die potentielle Krise mit den Worten: »Nimm es nicht persönlich, sieh nur zu, daß das Boot in Bewegung bleibt!« Schließlich kam ich so weit, daß ich dieses Anschreien mit einem Lachen abschütteln konnte. »Reg dich ab, du Macho-Puter mit deinem geschwollenen Kamm,« schrie ich eines Tages zurück. Larry grinste mich an. Die ganze Crew lachte lauthals, und ich war auf dem Weg, mich mit diesem unerfreulichsten Aspekt des Segelns abzufinden.

Wie sehr man auch zusammen übt, wie sorgfältig man auch darauf achtet, die Manöver zu planen und die Kommandos zu bestätigen, es wird genügend passieren, um noch zwei Hinweise zum Schluß zu rechtfertigen. Leben ohne Spannungen an Bord ist nur möglich, wenn man ein Gefühl für die Verhältnismäßigkeit der Mittel bewahrt und seinen Sinn für Humor verfeinert. Wenn plötzlich eine Wirbelströmung auftritt und der Tagesskipper die Nock des gerade neu lackierten Klüverbaums am Pier um einen Zentimeter verkürzt, wenn der Partner auf den Steg springt, auf einem Fischkopf ausrutscht und die Klampe verfehlt, so daß das Boot einen dreißig Zentimeter langen Kratzer erhält, gilt es immer daran zu denken, daß Segeln Sport und Spaß sein soll und daß sich ein Boot immer mit etwas Lack und Spachtelmasse reparieren läßt. Die einzigen Katastrophen, die es wert sind, daß man länger als einen Abend darüber spricht, sind Verletzungen und Wutausbrüche, die dazu führen, daß Ehepartner nicht mehr miteinander segeln wollen. Wer daran arbeitet, das Segeln als Sport und Spaß aufzufassen, wer lernt, zu planen und miteinander zu sprechen, und sich an seinen Sinn für Humor erinnert, bevor es zu spät ist, wird vielleicht feststellen, daß sich diese Regeln auch auf andere Lebensbereiche anwenden lassen.

21
Schreiben und Segeln – zahlt sich das aus?

Ich kann mir keinen freieren, den Bedürfnissen und dem gemächlichen Tempo des Fahrtensegelns besser angepaßten Beruf vorstellen als das Schreiben. Alles was man braucht, sind Papier und Bleistift, gelegentlich eine Schreibmaschine und eine einfache Spiegelreflexkamera. Das Leben als Fahrtensegler verschafft einem die Freizeit und Ruhe, die man als Schriftsteller braucht, um nachzudenken, Pläne zu machen, Entwürfe zu schreiben, und, wenn man Erfolg hat, das zusätzliche Geld zu verdienen, mit dem man dann wieder auf Fahrt gehen kann, um Neues zu erleben und wieder darüber zu schreiben. Wer also neue Tips und Tricks kennt, wer etwas Neues zu dem uralten Thema Seemannschaft beitragen kann und wer etwas Einzigartiges auf See erlebt hat, der hat die ausgezeichnete Chance, als segelnder Autor ein paar Mark nebenher zu verdienen.

Doch vorher sollte er sich noch etwas über die Realitäten anhören, wie wir sie aus vierzehn Jahren mit über zweihundert verkauften Artikeln und sieben Büchern über das Hochseesegeln kennengelernt haben.

Vor einigen Jahren besuchten wir zwei größere amerikanische Segelzeitschriften. Bei beiden zeigten uns die Redakteure Stapel von unverlangt eingesandten Manuskripten, die darauf warteten, gelesen zu werden. Die Erfolgsquote dieser Manuskripte war bei beiden Zeitschriften identisch. Der eine Redakteur erklärte: »Wir bekommen etwa 50 Manuskripte in der Woche; davon weisen wir 46 zurück, kaufen zwei so, wie sie sind, und bitten die Autoren der letzten beiden, ihre Artikel umzuschreiben und zu erweitern oder, wenn uns ihr Stil gefällt, das Thema aber in der letzten Zeit schon behandelt worden ist, über etwas anderes zu schreiben.«

Einem potentiellen Autoren mag diese Ablehnungsquote erschrekkend hoch erscheinen. Wenn man sie aber einmal mit dem Verhältnis zwischen denjenigen, die davon träumen, auf Fahrt zu gehen, und denjenigen, die es tatsächlich schaffen, vergleicht, stellt man fest, daß man mit dem Bruch mit dem Leben an Land eine weitaus höhere Hürde überwunden hat als die, der man sich als Schriftsteller gegenübersieht. Es gibt nur eine relativ kleine Anzahl von Fahrtenseglern, die motiviert genug sind, sich die Zeit zum Schreiben zu nehmen. Es ist ja schließlich auch viel einfacher, sich mit den tagtäglichen Freuden und Leiden des Segelns zu begnügen, als Zeit für ein Unternehmen zu opfern, von dem man nicht weiß, ob es sich auszahlt. Der gleiche Redakteur erzählte mir, daß weniger als die Hälfte der unverlangt eingesandten Manuskripte von Leuten stammten, die tatsächlich unterwegs waren. Er sagte:»Ich träume selbst davon, eines Tages auf Fahrt zu gehen, und schenke sicherlich den Artikeln von Seglern, die gerade in irgendeinem exotischen Hafen sind, mehr Aufmerksamkeit als einem Manuskript, dessen Absender in Norfolk, Virginia, wohnt.«

Ein anderer Redakteur meinte:»Wir brauchen immer neue Autoren. Was wir aber noch mehr brauchen, sind neue Lösungsmöglichkeiten für altbekannte Probleme.« Viele Redakteure sagten, sie hätten lieber gute Ideen klar und deutlich von Leuten dargestellt, die ihr Thema kennen, als Artikel, die in einem umfassenderen, literarischen Sinne gut geschrieben seien. Patience Wales vom *Sail Magazine* meinte, potentielle Autoren sollten vor dem Einsenden eines Artikels mindestens sechs neuere Ausgaben der betreffenden Zeitschrift lesen, um deren Ziele und Einstellung kennenzulernen.»Gegen einen Freiumschlag bekommen sie dann unsere Kurzbroschüre mit Hinweisen zu Manuskriptform und Photos.«

Vor vierzehn Jahren erklärte uns Monk Farnham, damals Redakteur bei *Boating Magazine*:»Wenn ein Vorschoter über die Arbeit auf dem Vordeck schreibt und aus dem Manuskript deutlich wird, daß er Erfahrung hat, kaufen wir seinen Artikel. Wir erwarten nicht, daß er wie Hemingway schreibt. Dann würde ihm nämlich niemand Glauben schenken.« Monk sagte weiter, das Erfolgsgeheimnis für segelnde Autoren liege darin, über Themen aus der Praxis zu schreiben.

Len Barton, der in Südkalifornien auf seinem kleinen Kutter lebte, erhielt für seine beiden ersten Artikel zwei Schecks, erster Versuch, keine Ablehnung, keine Verzögerung. Seine Themen: Tips zum Aufkreuzen mit einer Tourenyacht und der Bau einer Schublade für die

Navigationsausrüstung, komplett mit Zeichnungen und gestochen scharfen Photos.

Auch Maureen Fassbough fand sofort einen Absatzmarkt für ihren ersten Artikel. Sie schrieb über die Betreuung eines zweijährigen Kindes in der Enge eines Achteinhalbmeterbootes, auf dem sie und ihr Mann wohnten, während sie sich das Geld für den nächsten Törn verdienten. Beigelegt hatte sie sechs oder acht Aufnahmen von einem glücklichen Kind an Bord.

Photos sind der zweite Schlüssel zum Erfolg als segelnder Autor. Wer keine außergewöhnliche Geschichte wie etwa die der Crew einer 9m-Yacht, die in einem Hurrikan die Besatzung eines sinkenden Schoners rettete, erzählen kann, bekommt seinen Artikel wahrscheinlich zurück, wenn er keine Photos oder Zeichnungen beilegt. Photos wecken die Aufmerksamkeit, sie helfen beim Verkauf der Zeitschrift, und sie helfen beim Verkauf des Artikels.

Damit sie im Druck gut herauskommen, müssen die Photos gestochen scharf sein. SW-Aufnahmen sollten glänzend und mindestens 13×18 cm groß sein. Farbdias sind noch besser, weil sie wahlweise farbig oder schwarzweiß wiedergegeben werden können. Farbabzüge stehen bei den Zeitschriften an letzter Stelle, weil sie sich nicht gut reproduzieren lassen.

Bei einigen unserer Artikel haben wir den Verkauf bestimmt den Photos zu verdanken, denn ein Redakteur, der einen fünfundvierzig Zentimeter hohen Stapel Manuskripte vor sich hat, reagiert genau wie der Leser vor einem Zeitungsstand, d.h., er blättert die Manuskripte erst mal durch. Wenn er ein Photo sieht, das seine Aufmerksamkeit erregt, befaßt er sich wahrscheinlich genauer und vielleicht in besserer Stimmung mit dem Artikel. Deshalb verfassen wir immer sehr kurze Anschreiben mit nur drei oder vier Zeilen Hintergrundinformationen und legen unser bestes Photo oben auf das Manuskript.

Auf diese Weise präsentiert, wird der Artikel selbst zu seinem besten Verkäufer. Er kommt griffbereit auf den Tisch des Redakteurs und steigert dadurch dessen Bereitschaft, ihn zu kaufen. Wenn eine Reihe guter Photos beiliegt, braucht das Manuskript jetzt nur noch gut lesbar zu sein.

Wer keine Sachartikel schreiben will, kann mit derselben Methode versuchen, seine Erlebnisschilderungen zu verkaufen. Gute Photos mitschicken, und zwar nicht nur von Ort, Booten und deren Besatzungen, sondern auch von Details der im Artikel erwähnten Boote. Gute Karten beilegen und die Beschreibung von speziellen Manövern mit einer deutlichen Zeichnung ergänzen. Wir lasen kürzlich die interessante Geschichte zweier Yachten, die hinter einem Riff bei den Salo-

Abb. 21.1 Diese Aufnahme diente ursprünglich als Illustration für einen Artikel über den Kauf von Vorräten. Sie kam auf die Titelseite der Zeitschrift *Cruising World* und brachte uns vierhundert Dollar ein. Damit konnten wir gut und gern noch ein paar zusätzliche Vorräte anschaffen.

mon-Inseln gesunken waren. Die Beschreibung der erfolgreichen Rettungsaktion verwirrte mich, denn die Autorin hatte sich in bezug auf Windrichtung, Richtung des Tiefwassers und Lage der Anker nicht klar ausgedrückt. Eine Zeichnung hätte die Sache einfacher gemacht.

Auch wenn man als Autor vielleicht nur am Fluß der Schilderung interessiert ist, muß man daran denken, daß die meisten Leser daraus etwas zu lernen versuchen; deshalb möglichst viele sachliche Informationen wie Abmessungen, Stärken und ähnliches einbringen. In einer sehr aufregenden Schilderung über das einzige Boot, das das Wüten des Hurrikans Issac im Hafen von Neiafu, Tonga, überstand, fehlte beispielsweise jegliche Angabe zu dem Ankergeschirr, das der Autor selbst und die Besatzungen der siebenundzwanzig anderen Boote verwendet hatte. Es hieß nur »Ankerleinen und -ketten rissen«, der Grund wurde nicht deutlich. Später erfuhren wir, daß Ankerleinen und -ketten gerissen waren, weil sie eng um Korallenköpfe gewunden waren. Sechs oder acht Sätze zur technischen Seite hätten aus diesem Katastrophenbericht das gemacht, was die Zeitschriftenredakteure am dringendsten brauchen – eine aufregende Schilderung, aus der gleichzeitig zu entnehmen gewesen wäre, wie man das Segeln sicherer macht.

In den besten Erlebnisschilderungen dürfen Emotionen nicht fehlen.

Gefühle wie Angst, übermäßige Freude, Sorge, Wut und Ärger sollten dem Leser nicht verschwiegen werden. Je mehr davon in der Geschichte enthalten ist, desto größer ist die Chance, daß sie angenommen wird. Auch neue Erfahrungen im Hinblick auf Seemannschaft oder die Beziehungen an Bord eines schwimmenden Heims sollten Erwähnung finden. Wenn die besten Erlebnisschilderungen auch die negative Seite dieser Art zu leben – die Kälte, die nasse Langeweile einer langen Nacht auf Wache, die Angst vor einer stürmischen Überfahrt – zum Inhalt haben, so reflektieren sie doch auch über die Tatsache, daß es doch ein sehr glücklicher Umstand ist, frei genug zu sein, um auf einem kleinen Boot die Welt zu erkunden. Vielleicht ist es dieses Gefühl, es gut getroffen zu haben, das mich immer wieder Erlebnisschilderungen schreiben läßt, obwohl sich unsere Sachartikel und -bücher weitaus besser verkaufen. Ich fühle irgendwie den Drang, die Schätze – Freunde, Erinnerungen, neue Ideen, neue Ziele – mit anderen zu teilen, damit auch sie zum ersten Schritt ermutigt werden, weil sie wissen, daß der Traum Wahrheit werden kann.

Eine Geschichte im Logbuch-Stil zu verkaufen ist fast unmöglich. Man kann möglicherweise den einen oder anderen Absatz aus dem Logbuch als Nachweis dafür unterbringen, wie man ein bestimmtes außergewöhnliches Erlebnis festgehalten hat, aber bei allem, was darüber hinausgeht, holt der Redakteur unweigerlich einen seiner vervielfältigten Ablehnungsbescheide aus der Schublade. Die einzige Ausnahme, die ich von dieser Regel kenne, stammte von einer Frau, die hübsche Aquarelle in ihr Logbuch gemalt und dazu in einer fast kalligraphischen Schrift ihre Gedanken und Gefühle festgehalten hatte. Auch Humor ist ein Mittel, die Hürden des Verkaufs eines Artikels zu überwinden. Die Redakteure brauchen eine Unterbrechung im täglichen Einerlei des Bürolebens. Wenn man sie zum Lachen bringt, bringt man wahrscheinlich auch den Artikel an den Mann.

Kurze Artikel mit neuesten Nachrichten sind eine andere Möglichkeit, die Aufmerksam der Redaktion zu erregen. Die meisten Yachtzeitschriften haben mehrere Seiten mit kurz und knapp geschriebenen Nachrichten, die für einen breiten Leserkreis interessant sind. Eine oder zwei Schwarzweißaufnahmen beilegen. Wenn man erst mal ein halbes Dutzend solcher Nachrichtenartikel eingeschickt hat, erinnert sich der Redakteur beim ersten längeren Artikel an den Namen und betrachtet ihn wohlwollender. Wer das Glück hat, zur richtigen Zeit am richtigen Ort zu sein, und entweder sehr gute Photos vorlegen oder den einzigen Augenzeugenbericht über ein Ereignis schreiben kann, sollte sich nicht scheuen, mit der Zeitschrift über einen angemessenen

Preis zu verhandeln. Ein Angehöriger der US-Küstenwache machte mal von einem Seenotrettungskreuzer aus Aufnahmen von einem Schoner, der in einem Sturm kenterte. Diese Photos brachten ihm ein Spitzenhonorar ein, weil er ein Spitzenhonorar verlangt hatte.

Wer es sich zum Ziel gesetzt hat, das Geld für das Fahrtensegeln durch Schreiben zu verdienen, muß daran denken, daß er neue Erlebnisse braucht, neue Fahrtziele und neue zwischenmenschliche Beziehungen. Man braucht nicht gleich so weit zu gehen wie Deborah Shapiro, die in wundervollen Schilderungen beschreibt, wie sie bei der Erkundung der Antarktis unter Segeln ihre Furcht überwindet, muß aber die vielbefahrenen Routen wie die Weltumsegelung Richtung Westen mit den größeren Zwischenzielen Panama, Marquesas und Tahiti verlassen, um mit Erlebnisschilderungen Erfolg zu haben. Das gilt besonders dann, wenn man sich noch einen Namen als Autor

Abb. 21.2 Stimmungsphotos nicht vergessen

machen muß. Außerdem muß man mindestens fünfzig Prozent der Zeit fern anderer Fahrtensegler vebringen, weil gute Geschichten die Würze der Begegnung mit Land und Leuten brauchen.

Auch für denjenigen, der in Sachartikeln seine Stärke sieht, gilt, daß sich um so mehr neue Ideen, über die man schreiben kann, auftun, je mehr man segelt und je häufiger man ungewöhnliche Gegenden erkundet. Wir selbst haben beispielsweise einige der besten Tips, die nicht nur unser eigenes Schiff effizienter machten, sondern auch die Grundlage für gute Artikel abgaben, abseits der normalen Segelreviere erhalten. Je breiter die Palette der seglerischen Erfahrungen und Erlebnisse ist, desto selbstbewußter kann man schreiben und desto mehr sind die Redakteure an dem interessiert, was man zu sagen hat.

Viele potentielle und tatsächliche Fahrtensegler erzählen uns ihre Ideen, die, wie wir wissen, für Zeitschriften interessant wären; doch gleichzeitig machen sich diese Leute Sorgen im Hinblick auf die technische Seite des Schreibens. Dabei ist das das geringste Problem.

Zweizeilig beschriebene Seiten mit gut bemessenem Rand geben dem Redakteur ausreichend Platz zum Arbeiten. Er muß Rechtschreibung und Grammatik verbessern und braucht Platz für Anweisungen im Hinblick auf Satz und Layout. Zweieinhalb Zentimeter Rand auf beiden Seiten sind daher das Minimum. Handschriftliche Manuskripte haben nur dann eine Chance, wenn der Text oder die beigelegten Photos wirklich außergewöhnlich sind.

Nicht von nur begrenzten Fertigkeiten im Maschineschreiben abschrecken lassen. Niemand erwartet Perfektion. Tippfehler deutlich von Hand korrigieren. Jede Seite des Manuskripts und jedes Photo mit Namen und Anschrift versehen. Darauf achten, daß die Anschrift für die Zeit von vier oder fünf Monaten nach dem Einsenden des Artikels gelten muß. Ich habe auf Tahiti und Samoa in den Büros der Hafenkapitäne Briefe von Zeitschriften gesehen, deren Empfänger längst weitergesegelt waren.

Das Manuskript mit »Rechte für die Erstveröffentlichung« kennzeichnen. Das bedeutet, daß die Zeitschrift den Artikel als erste und nur einmal drucken darf, und könnte sich als sehr wichtig erweisen, wenn man das Schreiben zur Haupteinnahmequelle machen will. In diesem Fall kann man den Artikel dann nämlich noch an Zeitschriften in anderen Ländern verkaufen. Vorsicht bei Zeitschriften, die die Weltrechte wollen. Das könnte Verzicht auf viel Geld bedeuten. Einer unserer besten Artikel, eine Photostudie über Ruder, ging an sieben verschiedene Zeitschriften. Hätten wir beim ersten Mal auf alle Rechte verzichtet, hätte der Artikel uns nur ein Drittel dessen eingebracht, was wir tatsächlich daran verdienten. Dasselbe gilt für Photos.

238

Keine Voranfragen an die Zeitschriften richten. Die Redakteure mögen solche Erkundigungen nicht, es sei denn, sie kennen den betreffenden Autor bereits. Leute, die großartige Briefe schreiben, können ihre Idee leider häufig nicht über die Länge eines Artikels durchhalten, erklärte man uns. Den Artikel zu Papier bringen, einsenden und abwarten.

Das ist das Schwerste an der ganzen Sache. Die meisten Redakteure brauchen sechs oder acht Wochen, um zu einer endgültigen Entscheidung über einen neuen Artikel zu kommen. In einer Zeitschriftenredaktion gibt es niemanden, der nur die Aufgabe hat, unverlangt eingesandte Manuskripte zu lesen. Ein Artikel kommt entweder zu dem Redakteur, der an diesem Thema am ehesten interessiert ist, oder wird mehreren Redakteuren zur Stellungnahme vorgelegt. Am Ende läuft das darauf hinaus, daß der eine oder andere Redakteur zusätzlich zu seiner normalen Arbeit jeden Monat noch mehrere solcher unverlangt eingesandten Manuskripte lesen muß. Viele kleinere Zeitschriften haben vielleicht nur zwei Redakteure, die nicht nur die regelmäßige monatliche Ausgabe zusammenstellen, sondern auch noch Artikel für künftige Ausgaben planen und schreiben müssen. Für unverlangt eingesandte Manuskripte bleibt dann wahrscheinlich nur der Feierabend zu Hause. Auf diese Weise können durchaus vier oder fünf Monate vergehen, bis man weiß, ob man Erfolg gehabt hat. Wenn der Artikel dann abgelehnt wird, beginnt der ganze Vorgang bei einer anderen Zeitschrift wieder von vorn.

Als wir mit der *Seraffyn* in Europa waren, erhielten wir oft erst sieben oder acht Monate nach dem Absenden eines Artikels unseren Scheck. Man muß eben Optimist bleiben. Auf der anderen Seite kann man ruhig eine Postkarte mit einer Nachfrage hinterherschicken, wenn man drei Monate lang nichts gehört hat. Möglicherweise ist ja mit der Post etwas schiefgelaufen oder, wie es uns einmal passiert ist, die Rücksendeadresse war nicht richtig. Außerdem ringt sich der Redakteur auf die Nachfrage hin dann vielleicht schneller zu einer Entscheidung durch.

Und jetzt die alles entscheidende Frage: Kann man mit dem Schreiben genügend verdienen, um das Geld für eine gute Kamera, Entwicklung der Photos und Porto lohnenswert erscheinen zu lassen? In unserem zweiten Jahr als freie Autoren kamen wir mit zwölf Artikeln auf zweitausendvierhundert Dollar und fühlten uns dabei wie die absoluten Gewinner, weil wir fast zwei Drittel unseres gesamten Budgets einfach damit verdient hatten, daß wir uns an regnerischen Tagen hingesetzt und ein paar unserer Erfahrungen und Erlebnisse niedergeschrieben hatten. Als wir die *Taleisin* bauten, schrieb ich fünf Tage in der Woche täglich vier Stunden. Larry brachte weitere acht oder zehn Stunden in der Woche ein. Zusammen kamen wir auf achttausend Dollar im Jahr. Auf die Stunde umgerechnet, ist das nicht viel, aber es ermöglichte es uns, zu Hause zu arbeiten, so daß ich immer zur Verfügung stand, um beispielsweise das Ende einer Planke zu halten oder Larry sonstwie zu unterstützen, während er unser neues schwimmendes Heim baute.

Für Segler auf Fahrt sind diese zweitausendvierhundert bis, wenn man willens ist, produktiv zu sein, achttausend Dollar ein ungeheurer Vorteil, wenn man sparsam mit dem Geld umgeht. Wir kennen weitaus mehr Segler mit kleineren, billigeren Schiffen, die erfolgreich segeln und schreiben, als Leute am teureren Ende der Skala. Das hat einen ganz einfachen Grund. Wenn man sich mit einem Artikel für fünfhundert Dollar eineinhalb Monate Freiheit erkaufen kann, erscheint einem das Opfer, sich eine Woche lang jeden Morgen an den Tisch setzen und schreiben zu müssen, nicht so schlimm, als wenn man mit derselben Arbeit nur das Geld für einen halben Monat auf einem teureren Boot verdient.

Ein zusätzlicher Gewinn beim Schreiben, der unserer Meinung nach vielleicht noch viel wertvoller ist als das Geld, ist die neue Dimension, die unser Leben dadurch erhält. Auch nach zweiundzwanzig Jahren gemeinsamen Segelns gehen uns die Diskussionsthemen nie aus. Unsere Artikel sorgen für dauernd wechselnden Gesprächsstoff. Ohne das Schreiben hätte das Segeln vielleicht schon nach vier oder fünf Jahren an Reiz verloren. Wir erlebten ein paar ganz besondere Tage und lernten einige sehr interessante Menschen kennen, weil wir für unsere Artikel recherchierten und photographierten, statt uns auf die faule Haut zu legen.

Als auf Malta einmal der Wind mit Stärke sieben, in Böen acht, blies, hätten wir bestimmt drei Tage hintereinander in der Gastwirtschaft gesessen und mit anderen Seglern die immer gleichen Geschichten ausgetauscht, wenn Larry nicht auf die Idee gekommen wäre, eine Art Photogeschichte über Ruder zu machen. So kam es, daß wir mit der Kamera in der Hand durch ein Winterlager liefen, in dem mehr als zweihundert Boote aufgepallt waren. Wir verschossen zwei Filme und wurden zudem noch von einem alten Malteken zu sich nach Hause eingeladen, wo wir heiße Schokolade tranken und mit den Kindern spielten. Die Photos führten zu einem Artikel, der neunhundert Dollar einbrachte. Als wir Jahre später die Fahrt von Japan nach Kanada machten, von der wir wußten, daß sie mindestens fünfundvierzig Tage dauern würde, benutzte ich das Schreiben dazu, der Langeweile eines Törns bei kaltem Wetter zu entfliehen. Die meisten Wachen bei Nacht verbrachte ich damit, meine Gedanken niederzuschreiben. Eine oder zwei Stunden am Nachmittag war damit ausgefüllt, daß ich Larry das Geschriebene vorlas, das er dann mit seinen Kommentaren und Vorstellungen ergänzte. Bei der Ankunft in Victoria hatte ich dreihundert Seiten geschrieben, aus denen bald mehrere Artikel und später ein Buch wurden. Ohne das Schreiben wäre mir dieser lange Törn sicherlich bald auf die Nerven gegangen.

Artikel zu schreiben, die schließlich die Grundlage für ein Buch ergeben, ist eine altbewährte Methode, derer sich schon viele Autoren bedient haben. Ich halte sie auch für die einfachste Möglichkeit, in die magische Welt des Bücherschreibens vorzudringen. Es ist nicht nur weniger abschreckend, ein Buch fertigstellen zu müssen, das mit den gesammelten Artikeln schon halb geschrieben ist, auch die Verlage investieren eher Geld in einen Autor, der durch den Verkauf seiner Artikel bereits bewiesen hat, daß Interesse an seinen Ideen vorhanden ist. Außerdem schätzen die Verlage die kostenlose Werbung bei den Lesern, denen der Autor von seinen Artikeln her bekannt ist.

Bücher sind allerdings schwerer zu verkaufen als Artikel, und es dauert viel länger, bis das Geld hereinkommt. Unser erstes Buch kam 1976 heraus. Bis heute (Frühjahr 1986) haben wir dafür 16410 Dollar erhalten, ein hübsches Sümmchen für jede Fahrtenseglerkasse. Wir schrieben das Manuskript allerdings schon 1974, so daß die Einkünfte über einen Zeitraum von zwölf Jahren verteilt werden müssen, und die ersten Tantiemen kamen erst 1977 herein. Dieses erste Buch war eine Kombination aus Erlebnisschilderung und Sachbuch und lief sehr gut. Unsere späteren Bücher mit Erlebnisschilderungen erreichten nur halb so hohe Verkaufszahlen wie unser *Handbuch für Fahrtensegler*, ein reines Sachbuch.

Über die Tantiemen aus unseren Büchern können wir uns insgesamt nicht beklagen, zumal wir immer noch darüber begeistert sind, daß überhaupt ein Verlag sich bereitfand, unseren Namen auf den Einband eines Buches drucken zu lassen. Wir haben aber die Erfahrung gemacht, daß man vier oder fünf Bücher und weiterhin Artikel schreiben muß, wenn daraus ein nennenswerter Beitrag zur Finanzierung des Segelns werden soll. Nur wenige freiberufliche Segelautoren kommen auf den Stundenlohn beispielsweise eines Handwerkers oder Facharbeiters. Aber ich kenne keinen anderen Beruf, der sich für ein Leben als Fahrtensegler besser eignet.

Man braucht als freier Schriftsteller keine Arbeitserlaubnis. Wer sonst kann seinen Beruf in einem Waschsalon, unter einem Banyan-Baum oder nachts auf Wache ausüben? Wichtiger noch als das Geld ist in gewisser Weise der Stolz, das eigene Werk gedruckt zu sehen. Man schlägt seine beliebteste Zeitschrift auf, und da sind sie: Die eigenen Photos, der eigene Name, die eigenen Worte. Und eines schönen Nachmittags sitzt man auf seinem Schiff, und es kommt jemand vorbei und sagt:»Hallo, ich habe eure Vorschläge ausprobiert. Funktioniert großartig. Danke.« Und man strahlt. Das Strahlen scheint nicht nachzulassen. Wir spüren es immer wieder, wenn wir andere Segler kennenlernen, denen etwas gefallen hat, was von uns stammt.

Wer es wirklich mit dem Schreiben versuchen will, sollte sich die Fragen der Einheimischen und anderer Segler über sein Boot anhören. Wenn mehr als ein halbes Dutzend Leute dasselbe fragen, ist das Thema für den ersten Artikel gefunden. Anschließend die Kamera nehmen und einen Film verknipsen. Schließlich sitzt der Leser ja nicht auf dem Boot, wenn er den Artikel liest.

Den Artikel mit Sätzen einleiten, die die Aufmerksamkeit des Lesers fesseln. Das Manuskript einem ersten Test bei Freunden und Segelkameraden unterziehen und ihre Kommentare berücksichtigen. Was in der eigenen Vorstellung völlig klar sein mag, kommt geschrieben möglicherweise nicht richtig über. Das Manuskript anschließend gegebenenfalls überarbeiten und sauber abtippen.

Das Schreiben ist ein Glücksspiel, aber ein Glücksspiel, das sich weitaus häufiger auszahlt, als man erwartet. Segelzeitschriften brauchen interessantes Material, und schreibende Segler wenden sich lukrativeren Dingen zu oder hören mit dem Segeln auf, so daß sie nicht mehr dazulernen und ihre Artikel schal werden, während in den Zeitschriften die Werbung einen immer größeren Raum einnimmt. Der Verlag braucht mindestens vierzig Prozent Redaktionsteil, sonst fühlen sich die Leser betrogen. Das Potential ist also vorhanden.

Wenn man mit dem freiberuflichen Schreiben keine zu hohen Erwartungen verknüpft, kann eine Investition von wenigen Stunden, die man sonst vielleicht mit gelangweiltem Abwarten einer Schlechtwetterperiode im Hafen verbringt, wundervolle Zinsen tragen, und zwar für die Fahrtenkasse und das Selbstwertgefühl.

22
Die Photos zum Artikel

Nichts trägt besser zum Verkauf von Artikeln an Zeitschriften bei als gute, scharfe, informative und gefällige Photos. Ein billiger Photoapparat mit Patronen recht im Notfall aus. Wer aber ernsthaft versucht, aus dem Schreiben eine stetige Einkommensquelle zu machen, kommt nicht umhin, sich eine gute Kleinbildkamera zu kaufen.

Unsere erste Kamera war eine Nikonus II-Unterwasserkamera mit 35mm-Objektiv. Für Photos zur Illustration von Sachartikeln und für Decksaufnahmen bei Sturm und Regen war sie in Ordnung. Sie brachte uns ein paar hübsche Erinnerungsphotos ein, solange wir sie mitnahmen. Doch als es mit dem Schreiben ernster wurde, kauften wir zwei gebrauchte Nikkormat-Spiegelreflexgehäuse und drei Nikon-Objektive von 28 mm bis 200 mm (im letzten Jahr kam noch ein Zoomobjektiv mit 35-105 mm Brennweite hinzu). Anschließend machten wir die Erfahrung, daß wir mindestens einen Film verknipsen mußten, um mit Sicherheit zwei oder drei verwertbare Aufnahmen zu bekommen.

Die meisten Spitzenphotographen halten ein gutes Photo pro Film für eine normale Erfolgsquote. Ein Redakteur der Zeitschrift *National Geographic* erklärte uns, ihre Photographen kämen im Schnitt auf eine hochwertige Aufnahme bei sechs Filmen. Daß unser Schnitt etwas besser ist, liegt an den weitaus geringeren Ansprüchen der Segelzeitschriften und an der Tatsache, daß viele unserer Aufnahmen technische Details zeigen und wir die Lichtverhältnisse und den Inhalt der Photos bestimmen können.

Wir übten zunächst mit Schwarzweißfilmen, von denen wir billige Probeabzüge machen lassen konnten, aus denen dann diejenigen Bilder ausgewählt wurden, von denen wir einen Abzug haben wollten. Später gingen wir dann zu Kodachrome-Diafilmen mit 64 ASA über.

Wenn man sich erst einmal mit den Grundlagen des Photographierens und mit der Kamera an sich vertraut gemacht hat, besteht das größte Problem darin, die Kamera im richtigen Moment dabeizuhaben. Kameras sind nicht nur sperrig, sondern geraten beispielsweise bei Fahrten über einen windigen Ankerplatz auch leicht in Gefahr. Salzwassergischt und – wenn das Dinghi kentert – ein Tauchbad sind eine ständige Bedrohung für diese nicht unerhebliche Investition. Mit einer wasserdichten Kamera ist dieses Problem zum Teil gelöst. Auf der *Seraffyn* lag die Nikonus II ständig im Cockpit, bei Regen, Sonnenschein, Sturm und Flaute. Sie erwies sich als erstaunlich robust. Weil sie immer zur Hand war, dachten wir dauernd daran, Aufnahmen zu machen. Heute haben wir eine Nikonus V, eine technisch anspruchsvollere Kamera mit automatischer Belichtung. Sie ist nicht so robust und wird deshalb an einem geschützten Platz verstaut. Ich nehme an, wir verpassen so manche gute Aufnahme, weil wir nicht an die Kamera denken. Zum Tauchen und zu Spaziergängen am Strand nehmen wir sie jedoch gern mit. Weil sie jedoch keine Wechselobjektive hat, benutzen wir die Nikkormat-Kameras weitaus öfter.

Diese nicht wasserfesten Kameras ungefährdet an Land zu bringen und dort auch zu behalten war ein Problem. Larry mußte lange überlegen, wie sie handlich und trocken zu halten waren und vor Diebstahl geschützt werden konnten. Die Lösung war ganz einfach. Er nahm einen meiner großen rechteckigen Vorratsbehälter aus Plastik und klebte die Styroporverpackung der Kameras hinein, in der sich ja bereits die richtigen Ausschnitte befanden und die zudem noch den Auftrieb vergrößerte. In die Seiten bohrte er jeweils ein Loch mit 5 mm Durchmesser für kleine Bronzeschrauben und Unterlegscheiben in Silikondichtmasse. An den Schrauben wurde ein zweieinhalb Zentimeter breiter Nylongurt befestigt. Zwei Stunden, nachdem er mit der Arbeit begonnen hatte, besaßen wir eine wasserdichte Kameratasche, die jetzt schon zwölf Jahre lang hält. Sie faßt zwei Gehäuse, drei Objektive, Putztücher für die Objektive und vier Reservefilme. Die Tasche liegt immer griffbereit in der Lotsenkoje. Da keine Rostgefahr besteht, kann sie auch an feuchten Tagen im Cockpit liegen. Außerdem können wir die Kameras auf diese Weise ungefährdet im Dinghi mit an Land nehmen.

Das Schöne an dieser Kameraausrüstung ist ihr unprofessionelles Aussehen. Niemand vermutet in dem abgegriffenen Plastikbehälter teure Kameras, die ein Dieb problemlos beim nächsten Hehler absetzen könnte. Als wir den Behälter einmal in einem Restaurant auf Sri Lanka vergessen hatten und im Laufschritt zurückkamen, hörten wir: »Sie haben Ihre Butterbrotdose liegen gelassen, hier ist sie.« Für

Abb. 21.3 Ja, ich arbeite noch mit einer manuellen Schreibmaschine (Aufnahme: Bob Greiser)

längere Landausflüge kommt der Behälter in einen Beutel mit Reißverschluß.

Mit der Unterwasserkamera und der Spiegelreflexausrüstung haben wir die richtige Kombination. Wenn wir speziell unterwegs sind, um Aufnahmen zu machen, nehmen wir die schwereren SLR-Kameras mit. Die Unterwasserkamera begleitet uns beispielsweise zu einem Picknick am Strand, oder einer Fahrt mit dem Rad um die Insel oder einem Spaziergang um den Hafen.

Wir haben gelernt, nicht aus jeder Aufnahme das perfekte Photo machen zu wollen. Wir brauchen jede Menge Film für Schnappschüsse von interessanten Beschlägen an anderen Booten. Diese Schnappschüsse ergeben großartige Illustrationsphotos – Photos, die zeigen, wie jemand seine Baumstütze angebracht hat oder wie defekte Ausrüstungsteile aussehen. Man braucht dafür keine komplizierte Kamera, aber man braucht eine Kamera, wenn das richtige Objekt auftaucht.

TEIL V

Seemannschaft

Die Seemannschaft beruht darauf, daß man weiß, wie Gefahren zu erkennen sind, und anschließend lernt, die oft langweilig offensichtlichen Maßnahmen zu ergreifen, um diese Gefahren zu vermeiden. Das Wissen, daß ein in der falschen Situation verwendeter Webeleinstek sich genau dann bekneifen könnte, wenn man schnell eine Leine loswerfen muß, um einer Kollision aus dem Weg zu gehen, das Wissen, daß ein fehlender Splint den Verlust des gesamten Riggs zur Folge haben kann, das Erkennen einer Wolkenformation als Vorläufer einer sich schnell verschlechternden Wetterentwicklung, bei der man auf Legerwall geraten könnte – all diese kleinen unzusammenhängenden Dinge sind Teile des Gesamtbildes, deren man sich bewußt sein muß, um gefahrlos zur See zu fahren. Im folgenden Teil geht es um diese endlosen Einzelheiten, die in ihrer Ganzheit das seemännische Können ausmachen. Es geht weiterhin um die Tatsache, daß wir alle aufnahmefähig bleiben und lernen müssen, jederzeit an die Regeln der Seemannschaft zu denken, die wir benötigen, um dieses erregendste und fairste aller Spiele zu gewinnen. Ich bezeichne es als das fairste aller Spiele, weil es meines Wissens das einzige ist, bei dem man mit Erfahrung, Planung und Voraussicht die Gewinnaussichten so beeinflussen kann, daß eine sechsundneunzigprozentige Chance besteht, als Sieger daraus hervorzugehen.

Der folgende Leserbrief erschien im Frühjahr 1983 in der kalifornischen Zeitschrift *Latitude 38*:

Die erste Regel der Seemannschaft
Der Mensch, der in der Stadt lebt und arbeitet, entwickelt die Fertigkeiten, die es ihm gestatten, in dieser Stadt zu überleben. Wenn diese Fertigkeiten gut genug sind, hat er vielleicht eines Tages ausreichend Geld, um sich ein Boot zu kaufen. Wenn er das Boot hat, wird er dazu neigen, damit auf dieselbe Weise umzugehen wie mit seinem Auto, seinem Haus oder seiner Wohnung in der Stadt. Nur wenige Menschen scheinen zu wissen, daß sie ganz neue Fertigkeiten benötigen, um auf See zu überleben. Vielleicht sollte man besser sagen, sie benötigen ein neues Bewußtsein.

Wenn ein Mensch fliegen lernt, erfährt er als erstes, daß er mit seinem Flugzeug vollkommen sicher ist, solange das Flugzeug sich vom Land fernhält. Dasselbe gilt für ein Boot. Die größte Gefahr lauert in Landnähe. Die erste Regel für den Seemann lautet deshalb: Vorsicht vor dem Land.

Und genau hier beginnt der Übergang, denn der Landbewohner glaubt, daß Land Sicherheit bedeutet. Wenn er zum Seemann geworden ist, betrachtet er das Land hingegen mit Mißtrauen, weil er weiß, daß es sein Feind ist, und in dessen Nähe wird er immer auf der Hut sein. Der Seemann betrachtet die Welt mit anderen Augen. Deshalb muß der Landbewohner seine Augen für die See umstellen.

Paul Stead
Sausalito, California

Korallenriffe – die Fliegen-falle des Seglers

»Bitte vier oder fünf Kokosnüsse öffnen und als Futter für die Hühner neben die Veranda legen. Die Machete hängt an der Wand neben den Büchern.« Während ich diesen Zettel an der Veranda des verlassenen Hauses auf einer verlassenen Insel am Rande eines normalerweise unbewohnten Atolls las, versuchte mein Bewußtsein, das unaufhörliche Rauschen der Brandung und des Windes, Erinnnerungen an die wütende See in nur knapp 300 m Entfernung, zu unterdrücken. Hier war ich auf Anchorage Island, Suworow, dem Zufluchtsort, an dem der neuseeländische Einsiedler und Schriftsteller Tom Neal sechzehn Jahre lang Einsamkeit und Zufriedenheit gefunden hatte. Das nächste bewohnte Stück Land lag vierhundert Meilen entfernt. Der Zettel, die gut bestückte Bücherei, die gekehrten Pfade und das saubere Haus wirkten nach der stürmischen Überfahrt von Bora Bora aus wie Balsam. Auch ich wollte mich in diesen Ort verlieben und ihn ein kleines bißchen besser verlassen, wie es schon die beinahe zweihundert Fahrtensegler in den acht Jahren nach Tom Neals Tod getan hatten. Ich verbrachte einen Teil des Nachmittags damit, ihre Namen in den sorgfältig eingeschlagenen Gästebüchern nachzulesen, die eine Art Geschichte dieses einzigartigen Ortes darstellten. Kurz darauf kam ein französisches Ehepaar den Pfad von der Lagune herauf, und wir saßen eine Zeitlang in ruhiger Gemeinschaft und tranken kühles Regenwasser, während die Franzosen ihre Kanister aus einem der sechs 750-l-Auffangbehälter füllten. »Das hier ist das Allerhöchste für Fahrtensegler«, meinte einer. »Hierhin kommt man nur, wenn man einen Ozean überquert. Der schönste Ort im Pazifik!«

An diesem Nachmittag war ich völlig einer Meinung mit ihm. Während Larry und ich an den sieben anderen Yachten zwischen dem Ufer und der *Taleisin* vorbeiruderten, sprachen wir über den Wunsch, den wir und auch alle anderen, die wir hier auf Suworow getroffen hatten, verspürt hatten, nämlich, an diesem zauberhaften Ort einmal völlig allein zu sein. Aber hier war eine wahrhaft internationale Gruppe von Franzosen, Amerikanern, Deutschen, Australiern und Belgiern auf acht Yachten versammelt, und alle hatten ihre eigene Geschichte zu erzählen.»Außerdem,« erinnerte Larry mich,»außerdem gibt es innerhalb des Atolls noch mehrere andere Stellen, wo man ankern kann, so daß wir nur vier Meilen nach Osten oder Westen zu segeln brauchen, um völlig allein zu sein.«

Erst ein paar Tage später, als der unaufhörlich mit 22 – 28 kn aus Osten wehende Passat etwas auffrischte und leicht nach Süden drehte, begann der Charme Suworows ein wenig nachzulassen. Wie so oft im Südpazifik konnte aus diesem Ankerplatz eine Wasserversion der Blume namens Venusfliegenfalle werden. Eine Winddrehung um dreißig Grad, plötzliche Sturmböen aus Süden ließen dieses kleine Stückchen Himmel für Segler oft zu einem Abbild der Hölle werden. Larry war es, der unsere Gedanken über unsere Fahrten seit der Abfahrt aus Mexiko schließlich auf den Punkt brachte.»Manche Leute bezeichnen diese Route von den Marquesas über die Tuamotu- und Gesellschafts-Inseln und weiter nach Osten als »Milchmannstour«. Ich kann dem nicht beipflichten. Sie mag ja einfach sein, fast immer vor dem Wind. Die Luft ist warm, das Wasser ist warm, sogar *wir* bekommen hier etwas an die Angel. Aber sobald man in die Nähe der Atolle und Inseln kommt, sind die Anforderungen an Seemannschaft und Navigation höher als irgendwo sonst, wo wir gewesen sind. Die Riffe, die Strömungen, die fehlenden Navigationshilfen, die schlechten Ankerplätze all das bedeutet ständige Sorge. Und wenn man dann aus irgend einem Grund nach Hause muß, heißt das, daß man gegen denselben Passat anknüppeln muß, vor dem man auf dem Hinweg so ruhig gelaufen ist. Das erinnert mich irgendwie an das, was unser alter Freund Gordon Yates zu sagen pflegte: `Wer keine Angst hat, kennt einfach die Tatsachen nicht.« Doch dann zauberten springende Fische und die Aufforderung unserer neuen französischen Freunde, zum Tauchen mitzukommen, ein Lächeln auf sein Gesicht:»Aber das Tauchen hier…«

Korallenriffe haben auch erfahrene Segler immer schon nervös gemacht. Auch die modernste elektronische Navigationsausrüstung hat Handelsschiffe nicht davor bewahrt, auf die steile Klippe aufzulaufen, die ein Korallenriff für den Unvorsichtigen darstellt. Es gibt kein

Abb. 23.1 Wrack auf dem Riff bei Suworow

Flacherwerden des Wassers, keine allmähliche Veränderung im Wellengang, denn die meisten dieser Atolle ragen steil aus Tiefen von 600 m und mehr auf. Schlimmer noch, die meisten Riffe sind nur bei Niedrigwasser zu sehen, es sei denn, es hat sich eine sandige Insel gebildet, auf der Bäume wachsen. Dann kann man als aufmerksamer Segler die Baumkronen aus sechs oder acht Meilen Entfernung ausmachen. Ansonsten ist ein Korallenriff oft aus einer Meile Entfernung nicht zu sehen. Nachts bemerkt man es erst, wenn man schon in der Brandung steckt. Wenn man dazu eine Tatsache nimmt, die wir aus eigener Anschauung kennen, daß nämlich die normale Strömung in Riffnähe oft zunimmt und die Richtung ändert, dann versteht man, warum beispielsweise die Segelanweisungen der britischen Admiralität der Navigation zwischen Korallenriffen mehrere Seiten widmen.

Wir hatten gezögert, die Tuamotu-Inseln anzulaufen, eine Gruppe von Dutzenden von Atollen, deren Name »Gefährlicher Archipel« bedeutet. Dort waren, wie wir wußten, schon mehrere professionelle Überführungsskipper in Schwierigkeiten geraten, und zwar auch mit stark motorisierten Yachten. Wir hatten eine Route geplant, die uns von den hohen vulkanischen Marquesas im Abstand von fünfzig bis sechzig Meilen an diesen Atollen vorbei zur 900 m hohen Vulkaninsel Tahiti bringen sollte. Doch dann hatten wir Frank Corser kennengelernt, der als Fahrtensegler vor fünfzehn Jahren den Verlockungen des Südpazifiks erlegen war und jetzt ein winziges Hotel in Taiohae Bay auf

251

Nuku Hiva besaß. Frank hatte die Tuamotu-Inselgruppe schon ein Dutzendmal unter Segeln durchquert. Er meinte, wir würden es bedauern, wenn wir uns nicht zumindest ein Atoll ansähen, und gab uns auch gleich die richtigen Tips zum Anlaufen der Inselgruppe:»Den Kurs so legen, daß er mit Strömung von querab nach Luv führt. Die Inseln aus Nordosten anlaufen, um bei schlechten Bedingungen auf Raumschotskurs nach Norden ablaufen und von der gesamten Inselgruppe freikommen zu können. Erst nach genauer Positionsbestimmung und nur an sonnigen Tagen näher als zehn Meilen an das betreffende Atoll herangehen. Nicht um jeden Preis versuchen, in die Lagune zu gelangen.«

Wir hörten auf seinen Rat und wählten Rangiroa, eines der nördlichsten Atolle, zum Ziel. Drei Tage vor dem voraussichtlichen Landfall begannen wir, Sternhöhenmessungen zu üben, um unser Können wieder aufzupolieren. Am Abend vor dem Landfall bargen wir die Segel, um bestmögliche Bedingungen für das Abendbesteck zu bekommen. Wir stellten eine Vorberechnung der Höhen- und Seitenwinkel der sieben hellsten Sterne an, und Larry zeigte mir anschließend ein Besteck, auf dem sich fünf Standlinien innerhalb einer Viertelmeile kreuzten.»Auch unter Berücksichtigung des dicken Bleistifts bin ich mir sicher, daß wir uns vierzig Meilen nordnordöstlich von Rangiroa befinden. Es sind noch zehn Stunden bis zum Morgengrauen und wir machen fünfeinhalb Knoten Fahrt,« sagte er.»Wollen wir bis 0200 h weitersegeln und dann beiliegen oder lieber jetzt beiliegen und um 0300 h weitersegeln?« Nach längerem Abwägen des Für und Wider beschlossen wir, an Ort und Stelle beizuliegen. Als ich am nächsten Morgen die Baumwipfel der nördlichsten Inseln zwei Stunden früher als erwartet erblickte, war ich froh, vierzig Meilen draußen geblieben zu sein. Die Strömung hatte uns mit eindreiviertel Knoten zehn Meilen in südöstlicher Richtung auf das Riff zu versetzt, obwohl die Karten eine genau östliche Strömung von weniger als einem halben Knoten zeigten. Glen, ein Neuseeländer auf einer kuttergetakelten H28, den wir später auf Rangiroa trafen, hatte den anderen Weg gewählt. Er hatte in der gleichen Nacht im Abstand von zehn Meilen von der Insel beigedreht und sich hingelegt, um noch ein paar Stunden zu schlafen. Als sein Wecker klingelte, waren die Brecher nur noch eine Viertelmeile entfernt. Mit seinen eigenen Worten:»Nur zehn Minuten länger geschlafen, und ich hätte auf dem Riff gesessen.«

Der erste Landfall auf einem Atoll hatte unser Selbstvertrauen gesteigert, und als wir Suworow anliefen, hatten wir uns schon völlig daran gewöhnt, uns von der Küste freizuhalten, bis wir die Position bestimmt hatten und das Atoll bei Tageslicht anlaufen konnten. In dieser Zeit trafen wir Dutzende von Seglern, die uns erklärten: Wenn ihr SatNav hättet, bräuchtet ihr euch um all diese Riffe überhaupt keine Sorgen zu machen. Außerdem lernten wir mehrere frisch gebackene Fahrtensegler kennen, die auf den Besuch bestimmter Atolle verzichteten, weil ihre SatNav-Anlage nicht funktionierte.* So sehr uns diese magischen kleinen Kästen auch faszinierten, fünf Zwischenfälle in der Zeit, in der wir dort waren, erinnerten uns an den Hinweis, den die Hersteller in den jeweiligen Bedienungsanleitungen gegeben hatten: Dieses Gerät ist eine reine Navigationshilfe. Zwei Yachten wurden beschädigt, als sie nach Einbruch der Dunkelheit mit Hilfe von SatNav-Bestecken näher als vier Meilen an die Riffe herangingen. Während sie beiliegend auf das Tageslicht warteten, verrichtete die Strömung ihr schmutziges Geschäft. Eine andere Familie setzte ihr Schiff gegen das Riff vor Ahe, als sie trotz Böen und Regen mit einem SatNav-Besteck in die Durchfahrt einlief. Zum Glück lief das Schiff auf der Luvseite auf und wurde nur leicht beschädigt. Eine vierte Yacht wurde schwer demoliert, als der Skipper mit einem SatNav-Besteck bei böigem Wetter in der Durchfahrt zu einer der Cook-Inseln gegen einen Korallenausläufer lief, der in das Fahrwasser hineinragte. In zweien dieser Fälle hatte ein Abstand von vier Stunden zwischen den Satellitendurchgängen bestanden. Zwischen diesen Durchgängen muß der Koppelrechner vom Skipper mit Informationen gefüttert werden. Dabei wurden offensichtlich Strömungsgeschwindigkeiten und -richtungen eingegeben, die falsch gemessen worden waren.

Der Skipper einer großen Charteryacht erzählte mir, er habe sich über sein gerade repariertes SatNav-Gerät ziemlich aufgeregt, als er es in Cooks Bay auf Moorea in Betrieb genommen habe. Nach der Anzeige habe er sich dabei auf einem Berg in drei Kilometern Entfernung befunden. Bei einem sorgfältigen Blick auf die Karte habe sich dann gezeigt, daß Moorea falsch eingezeichnet gewesen sei. Viele Inseln und Atolle im Südpazifik liegen leicht östlich oder westlich ihrer in den Karten verzeichneten Position, weil die Mehrheit aller gebräuchlichen Karten noch aus einer Zeit stammt, in der es noch nicht so einfach war, den genauen Längengrad zu bestimmen. Ein Blick auf die Anmerkungen auf der Karte enthüllt zumeist eventuelle Abweichungen. Doch wenn man das Kleingedruckte übersieht, könnte man mit SatNav Probleme bekommen.

*Unser Interesse an Satellitennavigation ließ nach, als bei einer Befragung von fünfzig Sat-Nav-Besitzern in Polynesien im Jahre 1985 herauskam, daß fünfzig Prozent der Geräte aus verschiedenen Gründen nicht funktionierten.

Das Schlimmste an SatNav ist unserer Meinung nach, daß manche Segler sie als Ersatz für die astronomische Navigation betrachten. In einer bekannten amerikanischen Zeitschrift fand sich vor einiger Zeit mal die Zuschrift des Eigners einer 14m-Ketsch, der gerade ein Jahr lang im Pazifik gewesen war. Er schrieb:»Die Satellitennavigation hat Sextanten überflüssig gemacht.« Diese Meinung wurde auch von mehreren Skippern vertreten, die wir unterwegs trafen. Für uns hört sich das an, als würde man sagen:»Ich habe einen Außenborder für mein Dinghi, die Riemen brauche ich jetzt nicht mehr.« Die wundersame SatNav-Ausrüstung bietet eine großartige Möglichkeit, die eigenen Berechnungen zu bestätigen und Vertrauen in seine eigenen Himmelsbeobachtungen zu gewinnen, aber sie ist kein Ersatz dafür. Wir würden sogar so weit gehen, zu behaupten, daß der Skipper, der das Navigieren mit dem Sextanten nicht lernt und übt und sich nur auf SatNav verläßt, das Leben seiner Crew aufs Spiel setzt.

Ein extremes Beispiel des Vertrauens auf elektronische Navigationshilfen konnten wir ein paar Tage, nachdem wir vor Suworow vor Anker gegangen waren, beobachten. Spätnachmittags ankerte eine große Ketsch aus Neuseeland ein paar hundert Meter von uns entfernt. Die Crew setzte das Schlauchboot aus, belud es mit einem Haufen Gerät und zischte in Richtung Durchfahrt davon. Wir dachten bald nicht mehr daran, weil ein paar Freunde zu Kaffee und Kuchen an Bord kamen. Einige Zeit nach Einbruch der Dunkelheit bemerkte einer von uns im Westen ein Licht am Horizont. Es schien dem Atoll gefährlich nahe zu kommen. Dann waren Grün, Rot und Weiß zu sehen, woran wir erkannten, daß es sich um die Positionslichter eines Segelbootes handelte. Das Licht bewegte sich weiter nach Osten und verschwand hinter Anchorage Island. Gemeinsam mit unseren sechs Gästen atmeten wir erleichtert auf. Es hatte so ausgesehen, als sei das Segelboot dem nach Norden vorstoßenden Teil des Atolls gefährlich nahe gekommen. Als wir später in unsere Dinghis stiegen, um bei anderen Freunden zu Abend zu essen, sahen wir erstaunt die Lichter des Schiffes, das trotz des bewölkten, mondlosen Himmels und trotz der Korallenköpfe in der Mitte des Hauptfahrwassers in die Durchfahrt einlief und an der früher eingetroffenen Ketsch festmachte. Benoit, unser Gastgeber, lachte und meinte:»Wie hättet ihr das wohl ohne Maschine gemacht?« Wir antworteten:»Wir hätten das nicht einmal in Erwägung gezogen.« Später wurde uns klar, daß die Tatsache, daß wir keine Maschine hatten, uns dazu zwang, uns viel stärker möglicher Gefahren bewußt zu sein. Vielleicht hatte sie das Kreuzen zwischen den Korallenriffen auch sicherer gemacht, weil wir uns daran gewöhnt hatten, geduldig zu sein und auf ideale Bedingungen zu warten, bevor wir näher an Land herangingen oder in Durchfahrten einliefen. Das war für uns zwanzig Jahre lang die Regel gewesen, wie wir auch meist unsere Ankerplätze so gewählt hatten, daß wir uns schnell davonmachen konnten, wenn das Boot in Gefahr war, und wie wir in der Regel immer einen Plan A, einen Plan B und gelegentlich einen Plan C für den Fall gehabt hatten, daß der Wind umschlug oder die Bedingungen sich änderten.

Die ganze Geschichte erfuhren wir, als wir dem Skipper der Ketsch halfen, die Leuchtbojen zu suchen, die er für seine Bekannten ausgesetzt hatte. »Sie hatten von Samoa aus sechs Tage lang gegen den 25-kn-Passat angeknüppelt und wollten mal eine Nacht richtig schlafen,« erzählte er uns. »Wir hatten die ganze Zeit in Funkkontakt gestanden, und sie hatten gefragt, ob ich sie nicht in das Atoll lotsen könnte. Ich konnte nicht gut ablehnen. Bei der Ankunft überprüfte ich deshalb das Fahrwasser und beschloß, zwei Lichter als Leitmarken zu setzen, sie dann mit dem Radar in die richtige Position zu lotsen, von wo aus sie dann auf mein Ankerlicht als letzte Leitmarke zuhalten konnten. Ich hatte ein tragbares Funkgerät im Dinghi, meine Crew am Radargerät stand mit allen in Funkkontakt. Auf dem Radarschirm waren das Riff und das Boot deutlich auszumachen. Es hat richtig Spaß gemacht, die Lichter auszusetzen und die Peilungen zu berechnen.« Zwei Tage später beim Kaffee war er sich nicht mehr so sicher: »Die mußten mir wirklich vertrauen, mir und meinem Radar. Wenn man richtig darüber nachdenkt, haben sie ihr Boot und ihr Leben in die Hände meiner Elektronik gelegt, und das bei weniger als 100 m Abstand von einer 3 m hohen Brandung in einer dunklen stürmischen Nacht.« Wir konnten durchaus nachvollziehen, daß es Spaß gemacht hatte, dieses Manöver zu planen und durchzuführen. Aber wir stimmten dem Skipper zu, daß es ein unnötiges Risiko gewesen war, da niemand an Bord krank oder verletzt gewesen war. »Wenn sie zwölf Stunden gewartet hätten, hätten sie am nächsten Morgen ohne jede Gefahr in die Lagune einlaufen konnen,« war sein abschließender Kommentar.

Eine meiner Hauptsorgen angesichts der Atolle und Lagunen der riffumsäumten Inseln Polynesiens war es gewesen, die Durchfahrten zu finden. In Rangiroa, wo die Durchfahrt von zwei Sandinseln mit Kirchen als Leitmarken begrenzt wird, gab es keine Probleme, aber was war mit Orten wie Tahaa, wo die Durchfahrt nur aus einer Lücke im Korallensaum bestand und mehr als eine Meile vom Land entfernt war? Diese Sorge verflüchtigte sich schnell, als wir ein Dutzend verschiedene Atolle und Lagunen besucht hatten. Zunächst halfen uns die ausgezeichneten Seezeichen in Französisch Polynesien, Selbstvertrauen zu gewinnen, und bis wir das unbefeuerte Suworow erreichten, würden wir mit Sicherheit in der Lage sein, eine Laguneneinfahrt an dem unterschiedlichen Wellengang, dem Kräuseln der Brecher an den beiden Riffenden, der glatteren Dünung im der Durchfahrt und den Farbänderungen zu erkennen. Zur Gedächtnisauffrischung schlugen wir immer mal wieder in unseren Büchern nach, um uns im Hinblick auf die Farben und Formen der Fahrwasserbefeuerung und -betonnung Sicherheit zu verschaffen. Die Betonnung änderte sich vom Lateralsystem in den französischen Gebieten über das amerikanische System in Samoa bis zum britischen System mit roten Markierungen an Backbord im Bereich um Tonga.

Das schwierigste Problem war, in welche Richtung die Strömung in den Durchfahrten setzen würde. In ganz Französisch Polynesien und dem mittleren Pazifik beträgt der Gezeitenunterschied weniger als 35 cm. Wellen und Dünung beeinflußten das Ausmaß und die Richtung der Strömung oft mehr als der tägliche Gezeitenwechsel. Auch die Lagunengröße und das Verhältnis zwischen nackten und sand- oder landbedeckten Riffanteilen bestimmten die Wassermenge, die durch die schmalen Durchfahrten in die offene See zu fließen versuchte. In den Segelhandbüchern für den Pazifik steht eine komplizierte Formel, bei der wir mit Hilfe von Mondaufgang und Gezeitentabelle berechnen konnten, wann wir Stillwasser antreffen würden, um durch die Durchfahrt nach Rangiroa zu segeln. Wir kamen zur richtigen Zeit (nach Segelhandbuch) vor bei Einfahrt bei Tiputa an und erblickten spektakuläre überbrechende Seen, in denen, man glaubt es kaum, Delphine von Kamm zu Kamm sprangen. Die Strömung lief definitiv ab, und zwar mit einer Geschwindigkeit, die, wie wir später erfuhren, bis zu neun Knoten betragen kann. Wir segelten sechs Meilen weiter nach Westen, da wir uns an den Rat des Kapitäns eines Handelsschoners erinnerten, den wir auf den Marquesas kennengelernt hatten: »Mond über dem Kopf, Mond unter den Füßen, freie Fahrt!« Wir konsultierten die Mondaufgangs- und Monduntergangstabellen im nautischen Jahrbuch, lagen vor der Durchfahrt bei, sahen, wie sich die überbrechenden Seen beruhigten, und genau, wie er vorhergesagt hatte, hörte das Ablaufen des Wasser auf, als sich nach dem Jahrbuch der Mond genau unter unseren Füßen befand, d.h., in der Mitte zwischen Aufgang und Untergang. Wir konnten bei völlig ruhigem Wasser in die Lagune segeln.

Mehrere Tage lang beobachteten wir die überbrechenden Seen, die reißende Strömung und die springenden Delphine in den Durchfahrten von Rangiroa und lernten dabei, die Strömungsrichtung zu bestimmen. Wenn die überbrechenden Seen im engsten Teil der Durchfahrt auftraten, herrschte auflaufendes Wasser. Bei überbrechenden Seen unmittelbar außerhalb der Durchfahrt, dort, wo das Riff steil in die Tiefe des

Meeres abfiel, lief das Wasser ab. Innerhalb der Lagune brachen die Seen nur selten über, wie stark die Strömung auch war.

In den Lagunen von Atollen war die Strömung eine Viertelmeile hinter der Durchfahrt kaum noch zu spüren, während sie innerhalb der Riffe hoher Inseln teilweise recht heftig war. Etwa eine Meile hinter der Einfahrt von Huahine und dann wieder fünf Meilen hinter der Riffdurchfahrt an einer abgeschiedenen Stelle hinter Bora Bora rauschte die Strömung mit vier Knoten an uns vorbei, während wir vor Anker lagen. In beiden Fällen trieben heftige Winterstürme zweitausend Meilen südlich von uns eine große südöstliche Dünung über den niedrigen Südrand der Lagunen. Als bei Niedrigwasser das Riff auf der Südseite der Lagune aus dem Wasser ragte, floß weniger Wasser in die Lagune, und die Strömung ließ nach. Doch bei Hochwasser stürzten riesige Wassermassen über das Riff, die natürlich nur einen Abfluß hatten, nämlich die schmale Durchfahrt. Vier Tage hintereinander herrschte kein einziges Mal Stillwasser bzw. auflaufendes Wasser. In solchen Zeiten ist es natürlich schwer, wenn nicht sogar unmöglich, in eine Lagune hineinzukommen.

Das Navigieren innerhalb von Korallenatollen und Lagunen scheint trügerisch einfach zu sein. Das Riff als natürlicher Wellenbrecher beruhigt auch die stärkste Dünung, so daß auf der Innenseite des Riffs auch bei rauhestem Wetter allenfalls eine kleine Windsee entsteht. Das Fehlen der Dünung bedeutet, daß allenfalls Farbe und Stolz Schaden erleiden, wenn man mit einem Korallenkopf kollidiert. Das wunderbar klare Wasser ließ Fahrten innen an den Riffen entlang zu einer meiner beliebtesten Beschäftigungen werden. Wie in allen Führern geraten wurde, segelten wir, wenn die Sonne ein gutes Stück über der Kimm und hinter uns stand. Wir probierten es mit polarisierten Sonnenbrillen, die aber nicht unbedingt erforderlich waren, um zwischen dem Dunkelblau des Tiefwassers, dem Türkis flachteren Wassers und dem Braun der Korallenköpfe zu unterscheiden. Ich war gelegentlich äußerst überrascht, wenn Korallenköpfe, die meinem Gefühl nach nur knapp unter unserem Kiel waren, sich in Wirklichkeit sechs Meter unter uns befanden.

Eine Reihe von Webeleinen, auf denen wir bis zu den Salingen hätten aufentern können, wäre zwar schön gewesen, aber wenn wir uns auf das Lümmellager am Mast stellten, konnten wir weit genug nach vorn sehen, um mit der mäßigen Fahrt von zweieinhalb bis drei Knoten zwischen den nicht auf der Karte verzeichneten Korallenköpfen von Suworow zu segeln. Unser einziges Mißgeschick erlebten wir ausgerechnet in der relativ gut betonnten Lagune von Raiatea. Wegen der schönen neuen Karte, die wir an Bord hatten, wegen der Tonnen und

Feuer, die voraus zu sehen waren, hatten wir nicht daran gedacht, vom Lümmellager oder vom Vordeck aus Ausguck zu halten und waren weitergesegelt, obwohl die Sonne hinter einer Wolke verschwand. Dabei liefen wir mit zwei Knoten gegen einen Korallenkopf. Ihre achteinhalb Tonnen hielten die *Taleisin* in Bewegung, eine harte Drehung nach Backbord brachte uns in tieferes Wasser zurück, und zwei Stunden Arbeit mit Hammer und Spachtelmasse beseitigten acht Monate später die Folgen unseres Fehlverhaltens. Der Ankerplatz, den wir kurz darauf fanden, abgeschieden, schön zum Tauchen, tiefer fester Sand für den Anker in nur knapp 4 m Tiefe und fast rundum geschützt, ließ uns die momentane Beklemmung beim Aufprall auf die Korallen schnell vergessen.

Wenn es um das Ankern zwischen den Atollen und Inseln im Südpazifik geht, verspüre ich in der Erinnerung dauernde Besorgnis und nur selten ein Gefühl völliger Sicherheit. Von Mexiko bis nach Neuseeland trafen wir nur an vier Stellen Häfen mit Rundumschutz und gutem Ankergrund an. Mit Ausnahme dreier kleiner Yachthäfen in Französisch Polynesien mußten wir uns wie in Suworow mit Ankerplätzen zufrieden geben, die nur über hundertachtzig Grad Schutz boten. Der Passat weht außerhalb der Hurrikansaison zwar erstaunlich konstant, kann aber durchaus von normal ONO oder O plötzlich auf SO oder gar S umspringen. Dieses Umspringen auf Süd ist in den meisten Atollen unangenehm, weil der Wind dann recht frisch sein kann und diese Richtung unter Umständen bis zu drei Wochen beibehält. Daran erinnerten auch die Sturmläden an allen nach Süden zeigenden Fenstern in dem bezaubernden Ferienort Kia Ora auf Rangiroa. Etwa neunzig Prozent der besten Ankerplätze in den Atollen der Tuamotu-Inseln und auf Suworow liegen im nördlichen Bereich. Bei Südwind werden sie zu gefährlichen Leeküsten. Das gegenüberliegende Riff, das oft zehn oder fünfzehn Meilen entfernt ist, fängt die Meeresdünung auf, aber es kann sich innerhalb von Minuten eine starke Windsee entwickeln. Bei Tageslicht und guter Sicht ist das nur unangenehm. Man holt den Anker auf und nimmt Kurs auf die See oder die andere Seite der Lagune und sucht sich dort einen neuen Ankerplatz. Doch wenn der Wind nachts umspringt (und die Nacht ist in den Tropen wegen der Äquatornähe mindestens neun Stunden lang), sitzt man in der Falle. Mit Ausnahme des Haupthafens Papeete und mit Ortskenntnis in der Nähe der größeren Orte auf Rangiroa und Bora Bora gibt es in Polynesien nur ganz wenige Riffgebiete, in denen man sich nachts gefahrlos bewegen kann. Selbst bei Tag kann dieses plötzliche Umspringen des Windes mehr als nur unangenehm sein, wenn man keinen perfekten Ankerplatz hat, weil sich die Ankerkette dann beim Schwojen des Bootes unter überhängenden Korallen verfangen kann. Wenn man dann nicht tauchen kann oder will, bleibt einem nichts anderes übrig, als die Kette oder Leine zu bebojen und später, wenn sich das Wetter beruhigt hat, zurückzukommen und das Ankergeschirr wieder einzuholen.

In Korallengebieten einen guten Platz zum Ankern zu finden ist immer ein Problem. Man muß lange suchen, um bei Wassertiefen von weniger als 18 m ein vollkommen korallenfreies Fleckchen Sand zu finden. Man kann sich also entweder für das Flachwasser entscheiden, den Anker ausbringen und hoffen, daß der Wind nicht dreht, einen Heckanker ausbringen oder in Wassertiefen von 25–35 m ankern, wo es weitaus weniger Korallenköpfe gibt. All diese Möglichkeiten haben ihre Nachteile.

Wir fanden in Polynesien an mehreren Stellen freien Sandgrund zum Ankern. In allen Fällen lohnte sich die Zeit, die wir mit der Suche verbracht hatte. Statt des schrecklichen Geräusches, mit dem sich die Kette an den Korallen die Zinkschicht abschliff, hörten wir nur das sanfte Säuseln der Kette auf Sand. Um diesen Frieden zu bekommen, mußten wir allerdings häufig in einer Entfernung von mehr als einer Meile zum nächsten Dorf ankern. Aber das zusätzliche Rudern oder die Montage des Außenborders am Dinghi war die Mühe wert. Außerdem lagen wir auf diese Weise meist näher an den besten Tauchrevieren. Wir trafen allerdings auch ein paar Stellen an, an denen der korallenfreie Sandgrund hätte zur Falle werden können. Dort bestand der Sand nur aus einer dünnen Schicht über einer abgestorbenen Koralle. Deshalb paßten wir in der Regel genau auf, ob der Anker sich richtig eingrub, oder tauchten, um die Sandtiefe zu prüfen.

An zweiter Stelle stand in der Regel das tiefe Wasser. Vor den hohen Inseln Polynesiens spülen die Flüsse Sand und Lehm in die Einschnitte in der Küstenlinie, und dort ist bei Wassertiefen von mehr als 25 m meist guter Ankergrund ohne Korallen anzutreffen. Ich machte mir angesichts der Möglichkeit, daß der Anker unklar kam, zwar Sorgen darüber, wie wir bei 28 m Wassertiefe unser Geschirr mit 84 m Kette plus 15 m Nylonleine wieder einholen sollten, doch an zwei Dutzend Ankerplätzen in Polynesien, Tonga und hinter Anchorage Island in Suworow kam es nie vor, daß bei solchen Wassertiefen Korallen auftraten oder die Kette schleifende Geräusche übertrug.

Als wir uns in die Abgeschiedenheit von Bird Island am östlichsten Rand von Suworow begaben, bereitete die dritte Möglichkeit, nämlich das Ausrichten in einer korallenfreien Sandallee mittels eines Heckankers, uns gewisse Probleme. Eine der Eigenarten von Suworow zwang uns, eine neue Lösung zu suchen. Wir ließen die *Taleisin* in der größten

Sandallee, die wir finden konnten, langsam vom Buganker forttreiben. An Backbord und Steuerbord stiegen im Abstand von weniger als 45 m massige Korallenköpfe bis an die Wasseroberfläche empor, ein weiterer lag knapp 50 m achteraus. Larry setzte die Taucherbrille auf und sprang über Bord, um den leichten Heckanker von Hand so zu setzen, daß er nicht in den Korallen unklar kommen konnte. Bevor ich mich umdrehen konnte, war er wieder aus dem Wasser heraus. Ich blickte in die Richtung, in der er zeigte, und zählte mehr als ein halbes Dutzend Haie von bis zu 2 m Länge, die unter unserem Kiel schwammen. »Ich bin mir nicht sicher, ob ich den Heckanker ausbringen will, wenn ich möglicherweise tauchen muß, um ihn wieder an Bord zu bekommen,« meinte Larry. »Aber wir können das Boot auch nicht schwojen lassen, weil ich dann dasselbe Problem habe, wenn die Bugankerkette unklar kommt.« Wir fanden eine Lösung, bei der wir uns die Korallen zunutze machten. Larry brachte den Heckanker mit dem Dinghi zu dem Korallenkopf hinter uns und hakte ihn dort in eine Spalte ein. Dann arrangierte er die Kette so, daß sie auf der rauhen Oberfläche des Korallenkopfes lag.

Beim Ankern in Bereich von Korallenköpfen ist weder die Ankerkette noch die Ankerleine eine perfekte Lösung. Eine Leine ist in Minutenschnelle durchgescheuert, wenn sie bei einer Winddrehung an den Korallen schamfilt. Ankerleinen müssen deshalb bebojt werden, damit sie vom Grund freibleiben. Um die Leine im erforderlichen Verhältnis von sieben zu eins ausstecken zu können, muß man mehrere Bojen an Bord haben. Eine Kette braucht nicht so lang zu sein, ein Verhältnis von fünf zu eins reicht in gut geschützten Gewässern über 6 m Tiefe aus. Aber wenn das Boot schwojt und die Kette sich um einen Korallenkopf wickelt, so daß sie absolut keine Lose mehr hat, kann eine etwa 1 m hohe Welle eine Zehntonnenyacht so hart einrucken lassen, daß auch die beste 5mm-Kette bricht. Mehr Kette auszustecken löst das Problem auch nur, bis auch sie an einem der überall vorhandenen Korallenköpfe unklar kommt. Ein Segler, der eines Nachts in eine solche Situation geraten war, hatte die zusätzlich ausgesteckte Kette bebojt, so daß sie nicht auf den korallenübersäten Grund sinken konnte. Seine Lösung fand sich zusammen mit den handschriftlichen Berichten von sieben glücklosen Fahrtenseglern, die in einer Augustnacht des Jahres 1983 auf die Innenseite des Riffs um das Suworow-Atoll getrieben waren, auf einem Zettel am schwarzen Brett von Suworow. Fünf dieser Boote konnten schließlich geborgen und repariert werden und die Fahrt fortsetzen. Zwei waren zu stark beschädigt. Sechs dieser Boote hatten in der betreffenden Nacht vor Ankerleinen gelegen und zwei vor Ankerketten, als der normale Passat plötzlich auf

Süd drehte und auffrischte. Die Windsee und die Wellen hatten innerhalb kürzester Zeit Höhen von zwei Metern erreicht. Bis auf das Boot, dessen Eigner seine Kette bebojt hatte, waren alle auf das Riff getrieben worden, weil die Ankertrossen brachen. Unter diese Berichte hatte ein späterer Suworow-Besucher geschrieben:»Warum sind die nicht auf die offene See hinausgegangen?«

Die Andeutung einer Winddrehung, eine WWV-Meldung, daß sich unserem Gebiet eine Front mit Sturmböen aus südlicher Richtung näherte, ein leichter Fall des Barometers ließen uns das faszinierende Suworow schnell verlassen. Wir hatten nur eine Woche dort verbracht, sehnten uns aber nach einem rundum geschützten Ankerplatz mit festem Grund und ohne Korallen, um nach insgesamt fünf Monaten mit nur halbwegs sicherem Ankern wieder einmal entspannen zu können. In Pago Pago, siebenhundert Meilen weiter westlich, war all das zu finden. Sechs Stunden, nachdem wir die Segel gesetzt hatten, begann der verstärkte Passat langsam rechtszudrehen, bis er genau aus Süden kam und wir bei Einbruch der Dunkelheit mit gereeften Segeln schnelle Fahrt mit halbem Wind auf Raumschotskurs machten. Wir waren ernstlich besorgt um unsere Freunde in der Venusfliegenfalle namens Suworow.

In den zwei Wochen, in denen wir uns auf Pago Pago ausruhten und neu verproviantierten, trafen mehrere von den acht Booten von Anchorage Island ein. Die meisten waren nur noch in der ersten unruhigen Nacht geblieben, in der der Wind zum ersten Mal seit drei Monaten auf Süd gedreht und eine bis zu 1 m hohe Windsee den bislang so traumhaften tropischen Hafen in eine nervenaufreibende Hölle verwandelt hatte. Die beiden unerfahrensten Skipper waren noch drei Tage länger geblieben, weil sie den 35kn-Wind außerhalb des Atolls noch mehr gefürchtet hatten als den Teufel in der Lagune. Als sie in Pago Pago eintrafen, waren sie erschöpft und verängstigt und hatten von allem die Nase voll.

Jetzt, da die *Taleisin* vier Meilen flußaufwärts von der Mündung im weichen Lehm eines Flußbettes in Neuseeland vor Anker liegt, blicken wir auf Suworow als einen der Höhepunkte unserer Fahrten im Südpazifik zurück. Wir vermissen das wunderbar klare Wasser, die Tage, in denen man als Kleidung nichts anderes brauchte als den leichten Paro, um zum Abendessen korrekt gekleidet zu sein. Ich weiß jetzt aber auch, warum sich so viele Segler im Südpazifik auf die Hurrikansaison freuen. Die dauernde Wachsamkeit, die zwischen den Korallenriffen Polynesiens erforderlich ist, wirkt letzten Endes zermürbend. Die Aussicht, einen sicheren Ankerplatz zu finden, einmal nicht daran denken zu müssen, daß der Anker schleift und die Kette an Korallen schamfilt, nicht zwischen Korallenriffen navigieren zu müssen und einmal über das nachdenken zu können, was man gesehen und erlebt hat, all das macht die fünf- oder sechsmonatige Pause in der Sicherheit von Pago Pago, Suva, Neiafu oder, wie in unserem Fall, südlich des Zyklongürtels in Neuseeland oder Australien zu einer willkommenen Erholung.

P.S. Zum Nachteil der Mehrheit aller Fahrtensegler scheinen einige wenige Leute vergessen zu haben, daß Suworow nicht nur Teil des Staates Cook Islands, sondern auch Naturschutzgebiet ist. Mehrere haben versucht, sich dort niederzulassen, andere sind länger als die erlaubten acht bis zehn Tage dort geblieben und haben Hunderte von Vogeleiern verspeist. Ein Sprecher der Regierung der Cook Islands teilte mit, daß Untersuchungsbeamte auf der Insel einen Segler antrafen, in dessen Gefriertruhe sich zweihundert Hummer befanden, die er dort gefangen hatte. Aus diesem Grund campierten Ende 1985 bis zum Beginn der Hurrikansaison Beamte auf Anchorage Island, die dafür sorgten, daß Besucher nicht länger als drei Tage blieben. Diese Beamten sind jetzt nicht mehr dort, und der Beauftragte für die Cook-Inseln in Neuseeland erklärte uns: »Wenn ein Segler zwei Monate im voraus um Genehmigung nachsucht oder zunächst in Rarotonga oder Aitutaki einklariert, wird ein Besuch auf Suworow in der Regel erlaubt.«

24
»Eine Kleinigkeit«

»Kluge Menschen lernen aus den Fehlern anderer Leute, durchschnittliche Menschen lernen aus ihren eigenen Fehlern, Dummköpfe lernen nie.« Dieses Sprichwort kam mir in den Sinn, während ich mich krampfhaft in der klammen Koje festhielt; mir war schwindelig vor Kopfschmerzen und Seekrankheit, und ich versuchte eine Rechtfertigung für das lausigste Essen zu finden, das ich jemals auf See serviert hatte. Ich dachte an den Eintopf, den ich vor dem Auslaufen hätte zubereiten sollen. Ich versuchte, nicht an die gut drei Liter zu denken, die unseren gesamten Frischwasservorrat darstellten, und die Leinen aus dem Gedächtnis zu verdrängen, die die Ruderhacke und das Ruder des schwer mitgenommenen Bootes hielten, das wir von Turtle Bay aus nach Norden für eine Frau überführten, deren Probleme weitaus größer waren als meine. Als Larry herunterkam und fragte, ob ich in der Lage sei, meine Wache zu übernehmen, wollte ich ihm klarmachen, daß ich in die Kategorie Dummköpfe gehörte. »Sei nicht zu hart zu dir selbst,« antwortete er. »Das hier ist etwas anderes als unsere normalen Überführungsjobs. Wir bringen das Schiff nach Hause und haben dadurch ein paar weitere Lektionen gelernt.«

Er hatte recht damit, daß dieser Job etwas anderes war. Ich war bei zehn Überführungstörns Larrys Maat und Koch gewesen, und in allen Fällen hatte die zu überführende Yacht nicht weiter als eine Meile vom wohlgefüllten Werkzeugschapp der *Seraffyn* entfernt oder in einem richtigen Yachthafen mit allen Einrichtungen gelegen. Dadurch hatten wir das Schiff nach einer eingehenden Besichtigung immer gut vorbereiten und ausrüsten können. Nicht jedoch hier. Die *Matani Vahini*, eine slupgetakelte Mariner 39, war ausgeraubt worden. Es hatte einen Mord an Bord gegeben, und das Schiff war auf die Felsen an der Einfahrt nach Puerto San Bartolomé gelaufen, einem der unzugänglichsten Flecken an der Westküste Niederkaliforniens, 330 sm südlich von San Diego (mehr dazu im nächsten Kapitel). Turtle Bay, ein Dorf mit dreitausend Einwohnern, lag an der Hafeneinfahrt, und nach dem, was wir von früheren Überführungstörns wußten, gab es dort nur Tortilla, Bier und Diesel in ausreichenden Mengen. In der Nähe des Dorfes lag eine kleine Einrichtung der Marine, und die Offiziere hatten sich bereit erklärt, das Schiff zu bewachen, nachdem man es von den Felsen geborgen hatte. Wir kannten die wohlmeinende, aber irgendwie gleichgültige Einstellung der mexikanische Marine gegenüber Yachten und wußten, daß der Ankerplatz, an dem die *Matani Vahini* vor nur einem Anker lag, nach Süden offen war, und daß die Hurrikansaison offiziell in sechs Tagen begann. Als sich daher herausstellte, daß wir als einzige Überführungscrew bereit waren, das Boot zu übernehmen, beschlossen wir, es nach Norden zu bringen, obwohl wir gerade seit drei Wochen mit der ersten See-Erprobung der *Taleisin* außerhalb ihres Heimathafens beschäftigt waren.

»Das ist doch nur ein Drei- oder Viertagestörn, eine Kleinigkeit,« meinte Larry. »Zusätzlich noch drei Tage, um hinzukommen und das Schiff vorzubereiten, ergibt eine Woche. Was bedeutet das schon für uns?« Es hatte Larry echt mitgenommen, als er hörte, daß Marlene Pugh allein mit zwei Leichen in San Diego angekommen war, selbst verletzt und völlig mittellos. Ihr Boot war nicht versichert und befand sich in einer prekären Lage. »Wenn du jemals in einer solchen Lage wärst, könnte ich nur hoffen, daß dir jemand hilft.« Ich konnte und kann ihm auch heute noch nicht widersprechen, aber seine Schätzung in bezug auf die Überführungszeit und auf die Hinfahrt lag weit daneben, und ich mußte immer wieder an seine Worte »eine Kleinigkeit« denken.

Alle Überführungen haben ein Problem gemeinsam, nämlich, daß der Skipper Dokumente benötigt, die die Hafenbehörden auf beiden Seiten des Törns zufriedenstellen. Der Schiffseigner muß dem Überführungsskipper die Verfügungsgewalt über das Schiff übertragen, gleichzeitig aber das Eigentum an dem Schiff behalten. Der Überführungsskipper muß sicher sein, jederzeit beweisen zu können, daß er das Schiff nicht gestohlen hat. Normalerweise fertigt der Eigner zu diesem Zweck ein Schreiben aus, in dem steht, wer der Skipper ist, wie die Route etwa verlaufen soll und wie lange die Überführung ungefähr dauern wird. Dazu kommen dann Kopien der Schiffspapiere. Im Hinblick auf die *Matani Vahini* mußten wir sicherstellen, daß wir makellose Papiere hatten, weil wir wußten, daß das Boot vom Gericht in Santa Rosalia, zweihundert Meilen von Turtle Bay entfernt, wo die Mörder auf ihre Verhandlung warteten, an die Kette gelegt worden war und daß wir es in Turtle Bay mit nachgeordneten Marinevertretern zu tun haben würden, die besonders vorsichtig sein würden, weil sie wegen der fehlenden Telephonverbindungen keinen Kontakt mit ihren Vorgesetzten aufnehmen konnten. Dieses Bemühen um die richtigen Papiere lehrte uns schließlich zwei wichtige Lektionen.

Marlenes Anwalt erklärte uns, er sei jederzeit bereit, uns bei den Papieren zu helfen, nur gebe es da insofern ein kleines technisches Problem, als die *Matani Vahini* nicht Marlene gehöre, sondern Teil des Nachlasses ihres verstorbenen Mannes sei. Beim Kauf des Bootes sei die Registrierung nur auf den Namen Bob Pugh erfolgt, und weil er Kinder aus erster Ehe habe, enthalte Bobs Testament die relativ häufig anzutreffende Klausel, daß sein Vermögen nur dann an Marlene übergehe, wenn sie ihn um mindestens hundertzwanzig Tage überlebe. Bei dem Gedanken an das komplizierte Erbschaftsrecht rief ich das amerikanische Konsulat in Tijuana an, das Marlene von Anfang an zu helfen versucht hatte. In einem Dutzend Gespräche zeigte sich schließlich eine Lösung, von der wir hofften, daß sie funktionieren würde. Wir würden eine Kopie des Testaments, die Heiratsurkunde von Marlene und Bob, eine Erklärung ihres Anwalts und des Geschäftsführers ihrer Bank mit dem Inhalt, daß die beiden zum Zeitpunkt des Vorfalls noch verheiratet gewesen seien, sowie die Schiffspapiere und eine Vollmacht vorlegen, nach der wir die *Matani Vahini* übernehmen konnten. Das Konsulat wollte dann auf Spanisch ein Schreiben aufsetzen, in dem die obigen Unterlagen inhaltlich und formal beschrieben wurden und

---

Vollmacht

Hiermit übertrage ich, Lawrence F. Pardey, Eigner des Schiffes *Taleisin*, registriert in Victoria, Kanada, unter der Nummer 802991 mit 7,46 Registertonnen, für den Fall meiner Abwesenheit, meines Todes oder meiner Rechtsunfähigkeit aufgrund von Krankheit alle Rechte als Kapitän des besagten Schiffes auf meine Frau Mary Lin Pardey. Sie soll berechtigt sein, das besagte Schiff zu betreiben und zu führen, Vorkehrungen zu dessen Überführung und Einlagerung zu treffen und gegebenenfalls einen anderen kompetenten Kapitän anzuheuern. Ihr Name soll in diesem Fall auf allen gesetzlichen Dokumenten, die sich auf das Schiff und dessen Betrieb beziehen, als Ersatz für den meinigen gelten.

Datum:
Unterschrift:
Lawrence F. Pardey
Zeuge:

Abb. 24.1

darum gebeten wurde, uns zu gestatten, das Boot vorzubereiten und auszurüsten und, nach Freigabe durch das Gericht, loszusegeln. Der Rechtsberater des Konsulats meinte dazu:»All das wäre unnötig gewesen, wenn Mrs. Pugh ein Schriftstück besessen hätte, das sie im Falle des Todes oder der Abwesenheit ihres Mannes zum gesetzlichen Kapitän des Schiffes gemacht hätte.« Lektion Nr. 1: Meine Dokumentenmappe auf der *Taleisin* wird bald ein weiteres Schriftstück enthalten (siehe Abb. 24.1).

Lektion Nr. 2 folgte eine Woche später, als wir schließlich zum Gericht in Santa Rosalia durchgedrungen waren und erfahren hatten, daß das Boot nicht mehr als Beweismittel gebraucht werde. Wir riefen den amerikanischen Vizekonsul in Tijuana an und erklärten ihm, wir seien montags um elf Uhr im Konsulat und bräuchten die Papiere. »Das geht nicht,« lautete die sofortige Antwort. Die *Matani Vahini* lag jetzt schon drei Wochen in der ungeschützten Bucht, und neunhundert Meilen südlich von ihr tobte der erste Hurrikan der Saison. Wir hatten keine Zeit mehr zu verschwenden. Nach einem halben Dutzend Anrufe war meine Geduld erschöpft, und ich griff zu einem Trick, den mir der amerikanische Konsul auf Malta verraten hatte:»Wenn gar nichts mehr hilft, muß man mit seinem Senator winken. Kein Angestellter des Staates möchte einen negativen Vermerk im Notizbuch eines Senators.«

»Ich kenne keine Senatoren,« hatte ich damals protestiert.

Doch der Konsul hatte darauf bestanden:»Suchen Sie sich einen Senator aus, schlagen Sie die Anschrift seines Büros in Washinton nach und benutzen Sie diesen Namen immer dann, wenn amerikanische Bürokraten im Ausland vergessen, daß sie dazu da sind, amerikanischen Staatsbürgern zu helfen.« Bei meinem siebten Anruf im Konsulat in Tijuana erinnerte ich mich an diesen Tip. Und siehe da, eine Stunde, bevor wir sie brauchten, waren die Papiere auf Spanisch getippt, notariell beglaubigt und gesiegelt und vervielfältigt.

In den zehn Tagen, in denen ich mich mit dem Papierkram herumgeschlagen hatte, war Larry damit beschäftigt gewesen, den genauen Zustand der *Matani Vahini* festzustellen. Wir wußten, daß Ruder und Ruderhacke schwer beschädigt worden waren, als sie auf den Felsen gesessen hatte. Larry versuchte, über das lokale Amateurfunknetz Segler in oder bei Turtle Bay zu finden, aber außer guten Wünschen und gutgemeinten Ratschlägen waren wir auch nach vier Tagen der Antwort noch nicht näher gekommen. Dann schlug Hank Durant, ein Bekannter aus San Diego, der als Skipper auf Sportangleryachten arbeitete, vor, wir sollten es doch mal mit dem Einseitenband-Funknetz versuchen, das von den Tankstellen für die Sportanglerboote betrieben wurde. Das ist ein kommerzielles Funknetz, über das Charteryachten mit dem Vercharterer in Verbindung stehen und Proviantübernahme, Crewwechsel und ähnliches absprechen. Larry rief die Tankstelle in Newport Beach an und erfuhr innerhalb von vierundzwanzig Stunden, daß Mike Hope, ein Überführungsskipper auf dem Weg nach Norden, einen Abstecher nach Turtle Bay machen und die *Matani Vahini* untersuchen würde.

Am nächsten Tag erhielt Larry per Telephon seinen Bericht. Er hatte sich doch tatsächlich seine Taucherausrüstung angezogen und das Unterwasserschiff inspiziert, die Maschine laufen lassen und die Ausrüstung aufgelistet, die er an Bord vorgefunden hatte. Die Professionalität der Funknetzbetreiber und Mikes Großzügigkeit beeindruckten uns, der Bericht allerdings war niederschmetternd. Das Boot war nicht bewacht. Mike war eine Stunde an Bord gewesen, ohne daß ihn jemand angesprochen hatte. Die Ruderhacke hatte einen durchgehenden Riß, so daß sich das Ruder unten mit wenig Druck nach beiden Seiten bewegen ließ. Einbrecher waren an Bord gewesen. Es waren weder Riemen oder Außenborder für das Dinghi noch Funkgerät, Notausrüstung oder Rettungswesten vorhanden. Dieser Bericht verhalf uns zu einer der besten Entscheidungen in der ganzen Angelegenheit.

Wir haben immer darauf geachtet, uns für Überführungen die Crewmitglieder selbst auszusuchen, und zwar Leute, die wußten, daß so etwas Arbeit und kein Vergnügen ist. Doch als Marlene erwähnte, daß Bobs vierundzwanzigjähriger Sohn Bruce, der eine Saison lang auf einem Fischerboot in Alaska gearbeitet hatte, gern eine Fahrt mit dem letzten Heim seines Vaters unternehmen würde, beschlossen Larry und ich, unsere Regel zu brechen. Bruce Pugh sollte sich nicht nur trotz der Tatsache, daß er zum ersten Mal auf einer Hochseeyacht fuhr, als hart arbeitendes Crewmitglied erweisen, seine Anwesenheit bedeutete auch, daß wir nicht würden erklären müssen, wo all die fehlende Ausrüstung der *Matani Vahini* geblieben war.

An einem sonnigen Montagmorgen machten wir drei uns also mit dem Taxi von Tijuana aus auf den Weg, die erforderlichen Papiere in der Hand, den Sextanten der *Taleisin*, einen Kurzwellenempfänger, Kompaß, Navigationsunterlagen und Schlafsäcke im Auto verstaut und Reparaturausrüstung, Karten, eine tragbare Selbststeueranlage und Ölzeug im Kofferraum. Zwei Stunden später und um sechzig Dollar ärmer erreichten wir Ensenada, um feststellen zu müssen, wie abgelegen Turtle Bay sein konnte. Die beiden wöchentlichen Flüge für die dortige Konservenfabrik waren in diesem Monat gestrichen worden. Wir hatten jetzt drei Möglichkeiten: Zehn Tage zu warten, für sechshundert Dollar ein Flugzeug zu chartern oder eine achtstündige Busfahrt nach Guerro Negro in Kauf zu nehmen und zu hoffen, dort ein Taxi zu bekommen, das uns hundertfünfzig Kilometer durch die Wüste nach Turtle Bay brachte.

Wir entschieden uns für den anscheinend schnellsten und billigsten Weg und saßen zwei Tage später wieder, umgeben von unserer Ausrüstung, in einem mexikanischen Taxi, während der Fahrer zusätzlichen Treibstoff, zwei Reservereifen und einen Beifahrer an Bord nahm. Als es kurz nach neun Uhr in die schwarze Wüstennacht hinausging, begann ein Höllentrip, an dessen Ende wir um Mitternacht mit zwei geplatzten Reifen und zwei platten Reservereifen mitten in der Visciano-Wüste festsaßen. Wir verbrachten eine unruhige Nacht mit dem Versuch, in dem staubigen Taxi etwas Schlaf zu finden, und hofften, daß der Fahrer recht hatte mit seiner Behauptung, es werde bald jemand vorbeikommen. Als dann um zehn Uhr am nächsten Morgen der Jagdaufseher auftauchte und uns die letzten fünfzig Kilometer nach Turtle Bay mitnahm, waren wir überzeugt, den schlimmsten Teil dieses Überführungsjobs hinter uns zu haben.

Trotz ihres mitgenommenen Aussehens wirkte die *Matani Vahini*, die knapp dreihundert Meter vom Ufer entfernt lag, mit dem Versprechen auf eine heiße Dusche wie der Himmel auf Erden. Ein Fischer bot sich an, uns hinauszurudern, und je näher wir kamen, desto deutlicher wurde, daß wir mit unseren Vermutungen richtig gelegen hatten. Trotz des Marlene gegebenen Versprechens hatte die Marine nach ein oder zwei Tagen jegliches Interesse an der Bewachung des Bootes verloren. Es war offensichtlich, daß Boote ohne Fender längsseits gegangen waren und einiges fehlte. Wir waren bei hellstem Sonnenschein eine Stunde an Bord, bevor ein Wachposten mit Maschinenpistole auftauchte und wissen wollte, was mir da machten. Die Lektion, die wir daraus für die Zukunft ableiteten, lautete, daß man trotz aller Versprechen der örtlichen Behörden immer ganz gezielt jemanden beauftragen muß, der die Verantwortung trägt und nach Leistung bezahlt wird. Sicher wäre ein junger Mann aus dem Dorf bereit gewesen, an Bord zu schlafen; seine Bezahlung hätte weitaus weniger gekostet als die gestohlene Ausrüstung.

Während ich unter Deck eine genaue Bestandsaufnahme machte, sah Larry sich das Unterwasserschiff an. Sein Bericht war ermutigender als meiner. Das einzige Leck im Rumpf der *Matani Vahini* war ein fünfzehn Zentimeter langer Riß oberhalb der Wasserlinie, der sich mit der an Bord befindlichen Spachtelmasse schnell beheben ließ. Die Unterseite des Bleikiels sah aus, als habe ein Hund daran herumgeknabbert, doch das war nach Larrys Meinung kein Problem. Er war

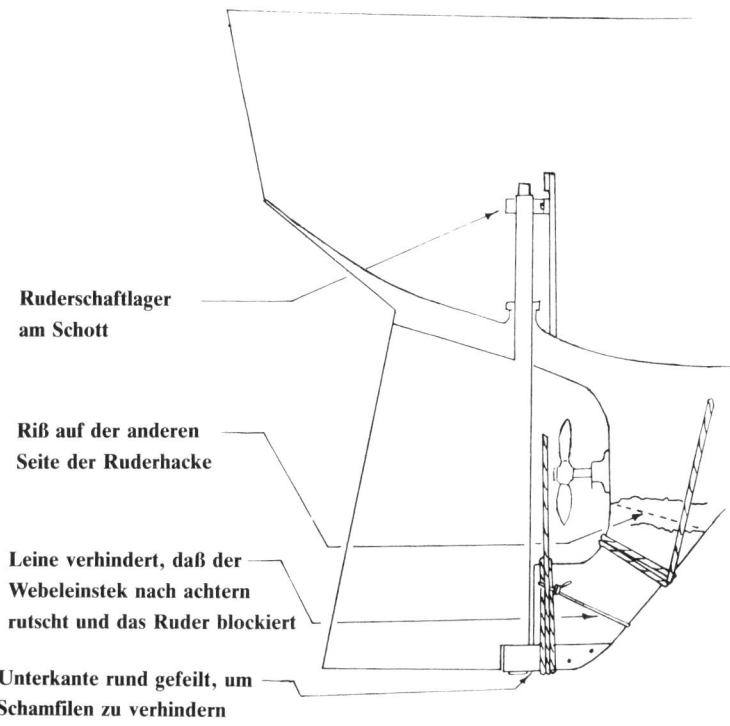

**Ruderschaftlager
am Schott**

**Riß auf der anderen
Seite der Ruderhacke**

**Leine verhindert, daß der
Webeleinstek nach achtern
rutscht und das Ruder blockiert**

**Unterkante rund gefeilt, um
Schamfilen zu verhindern**

Abb. 24.2

überrascht, was das Blei alles ausgehalten hatte. »Das weiche Metall
hat einen Großteil der Stöße aufgefangen und damit das Boot wahrscheinlich vor dem Leckschlagen bewahrt,« sagte er. »Wenn das Schiff
erst mal aus dem Wasser ist, dürfte die Reparatur relativ einfach sein.«
Das einzige echte Problem waren Ruder und Ruderhacke.

Wie Mike Hope schon gesagt hatte, war die Ruderhacke unmittelbar
unter dem Wellenlager gebrochen. Zum Glück verlief die Bruchstelle
spiralförmig, so daß der untere Teil der Ruderhacke auf der Backbordseite noch von einem etwa siebeneinhalb Zentimeter breiten Streifen
GFK am Rumpf gehalten wurde. Eine weitere Überprüfung im Boot
ergab, daß das Ruder nicht nur von der Öse am Ende der Ruderhacke
und von der Stopfbuchse gehalten wurde, sondern auch noch am
Schott unter der Achterkoje gelagert war. »Das Lager macht das
untere nahezu überflüssig, weil der Ruderschaft 5 cm dick und massiv
ist,« erläuterte Larry Bruce und mir. »Wir könnten das Schiff wahrscheinlich auch ohne Ruderhacke nach Hause bringen. Nur, wenn sie
unterwegs abbricht, könnte sie das Ruder blockieren oder in den

Propeller geraten. Deshalb müssen wir uns irgend etwas ausdenken, das sie über dreihundert Meilen an Ort und Stelle hält.« Die Lösung erschien offensichtlich, nachdem die Arbeit am nächsten Morgen beendet war. Larry lieh sich an Land etwas Werkzeug, legte Maske und Schnorchel an und riggte die Ruderhacke wie einen Mast, nur umgekehrt. Zunächst feilte er eine halbrunde Nut in den Hielingbeschlag der Hacke, dann steckte er einen Webeleinstek um die Hacke (Abb. 24.2 und 24.3).

Er führte beidseits eine Leine, die in einem Stück Feuerwehrschlauch als Schamfilschutz steckte, von der Ruderhacke durch die Umlenkrollen zu den Schotwinschen an Deck. Dann holten wir die Leinen dicht, bis sie praktisch wie Unterwasserwanten wirkten. Mittels zweier weiterer Leinen unterhalb des Wellenlagers riggte Larry dann noch einen Satz Mittelwanten. Bruce und ich holten alle vier Leinen gleichmäßig dicht, bis sich die Ruderhacke absolut nicht mehr bewegte, so sehr Larry auch daran zog und zerrte. Ein Test am Steuerrad zeigte, daß das Ruder sich frei bewegen ließ. Larry kletterte zufrieden aus dem vierzehn Grad kalten Wasser und begab sich unter die heiße Dusche.

An Deck und im Vorratsraum sahen wir uns anderen Problemen gegenüber. Es war nicht nur jede einzelne Konservendose und jede Rolle Toilettenpapier fortgekommen, auch der größte Teil des Werkzeugs, der Ersatzteile, der Festmacheleinen und der Bettwäsche war verschwunden. Vorhanden waren noch fünf Schlauchschellen, ein paar Hämmer und Bohrer, drei Kissenbezüge, zwei Putzlappen, Töpfe, Schüsseln und zwölf Dosen Gewürze. Wir wußten, daß Marlene ihre Lebensmittelvorräte den Seglern angeboten hatte, die ihr in den Tagen nach dem Vorfall geholfen hatten, doch der Rest war definitiv gestohlen worden.

Zum Glück war Jim Kirby, der Eigner der 15m-Ketsch *Mile High*, gut genug ausgestattet, um uns ein Sortiment Schraubendreher, Schraubenschlüssel und Gripzangen zu überlassen. Rich und Shaun Tempesta von der *Orcas* luden uns abends zum Essen ein und teilten ihre mageren Vorräte an Fleisch in Dosen, Obst und Erdnußbutter mit uns, da sie wußten, daß es schwer werden würde, in den winzigen Läden des Dorfes überhaupt etwas zu bekommen.

Larrys Bemerkung von der Kleinigkeit ging mir durch den Kopf, als ich den zweiten Morgen in Turtle Bay mit dem Versuch zubrachte, Grundnahrungsmittel, ein paar Handtücher und sonstige Kleinigkeiten zu kaufen. Viel Glück hatte ich dabei nicht. Der Fleischer hatte kein Fleisch, der Ofen des Bäckers war eine Woche zuvor eingestürzt, so daß es auch kein Brot gab. Eine Tour durch alle Läden des Dorfes

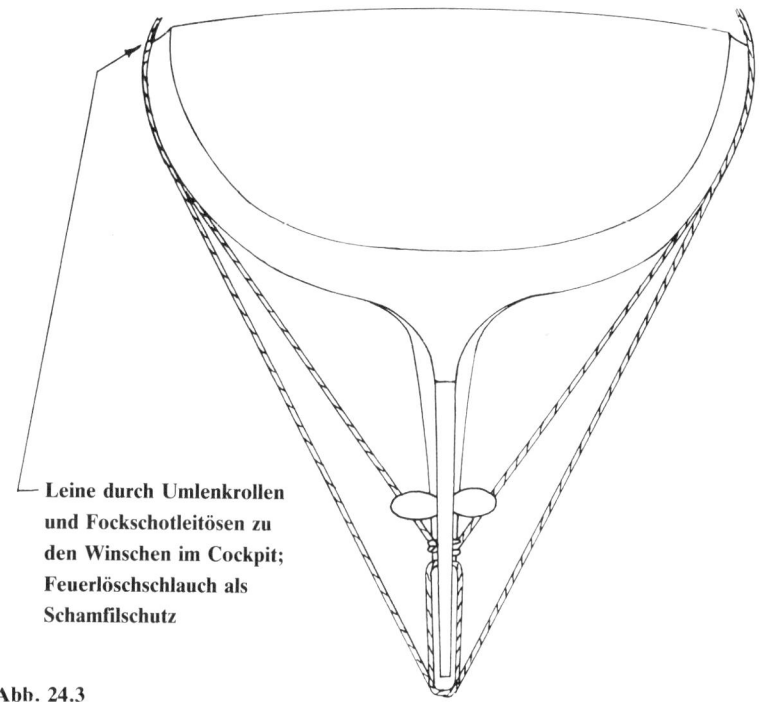

Leine durch Umlenkrollen
und Fockschotleitösen zu
den Winschen im Cockpit;
Feuerlöschschlauch als
Schamfilschutz

Abb. 24.3

erbrachte Tortillas, tiefgefrorene Hähnchenschenkel, Schinken in
Dosen, Eier, Tomaten, Kartoffeln und Zwiebeln, so daß wir zwar nicht
gut, aber ausreichend zu essen haben würden. In einem Friseurgeschäft
konnte ich zwei Taschenlampen und zwei Handtücher auftreiben. Es
gab auch alkoholfreie Getränke und Bier, von dem ich für jeden von
uns jeweils zwei Flaschen pro Tag für fünf Tage kaufte, da ich annahm,
das sei ausreichend bemessen für einen langsamen Törn.

Als ich mit den Sachen zum Schiff zurückkam, war Bruce damit
beschäftigt, einen Zentimeter Wüstensand vom Deck zu spülen, während der Mexikaner, den wir angeheuert hatten, den fünf Monate alten
Bewuchs vom Unterwasserschiff abkratzte.

Larry beschäftigte sich mit der Maschine; er wechselte die Treibstoff-
filter, verdrahtete die Selbststeueranlage, überprüfte die Einstellung
der Maschine, die Schlauch- und Kabelanschlüsse. Ich hatte kaum
ausgepackt, als eine Barkasse längsseits ging und man uns erklärte, der
Kommandant der Marineeinrichtung wolle uns sprechen. Ich konnte es
kaum glauben, als wir die Einrichtung schon nach einer Stunde wieder
verließen, und zwar mit den Papieren, in denen auf Spanisch stand,

271

daß wir mit der *Matani Vahini* auslaufen konnten. In nur fünfzehn Stunden passiert doch sonst in Mexiko gar nichts! Diese nahezu wundersame Freigabe trug möglicherweise zu den späteren Problemen bei, aber das ist vielleicht auch nur eine nachträgliche Einsicht, weil ein oder zwei weitere Tage im Hafen wahrscheinlich nichts geändert hätten. Doch als Larry hörte, daß wir offiziell auslaufen durften, meinte er:»Am besten noch heute nachmittag. Ich will nach Hause. Das Wetter scheint sich zu halten, und der Hurrikan achthundert Meilen im Süden sorgt vielleicht dafür, daß wir etwas Südwind bekommen.« Ich kann mich nicht erinnern, etwas dagegen gehabt zu haben. Ich glaube, ich fragte noch nach Treibstoff und Wasser. Larry wiederholte, was Marlene uns vor der Abfahrt aus San Diego erzählt hatte, daß nämlich Treibstoff- und Wassertanks eine Stunde, bevor die Mörder an Bord gekommen seien, gefüllt worden waren. Larry prüfte die Treibstofftanks mit einem Peilstab nach und sagte:»Die Wassertanks fassen neunhundert Liter, und dreihundertvierzig Liter Treibstoff sind drin. Marlene meinte, das reiche für dreihundertvierzig Meilen unter Maschine.«

Also lichteten wir nur achtundzwanzig Stunden nach der Ankunft in Turtle Bay den Anker. Die erste halbe Stunde verbrachten wir damit, den Kompaß der *Matani Vahini* an den Leuchtfeuern und hervorstechenden Landmarken dieses Außenpostens der Wüste auszurichten, dann ging es mit dem letzten Tageslicht auf See hinaus, wie es die Pughs vor drei Wochen auch geplant hatten.

Sechsunddreißig Stunden später begannen wir, alte Lektionen neu zu lernen. Wir hatten sofort nach dem Anbordgehen die drei Wassertanks des Schiffes voneinander getrennt und den Steuerbordtank zur eisernen Reserve bestimmt. Als der Backbordtank zwölf Stunden nach der Abfahrt von Turtle Bay kein Wasser mehr von sich gab, stellte ich ein paar überschlägige Berechnungen an, nach denen für die Säuberung der *Matani Vahini* und das Duschen etwa dreihundert Liter gebraucht worden waren, zumal wenn man berücksichtigte, daß die Leute, die Marlene nach dem schrecklichen Vorfall geholfen hatten, auch die Blutlachen beseitigt hatten. Von daher kam es schon ein wenig überraschend, daß der Backbordtank am nächsten Tag leer war. Der 227-Liter-Reservetank begann zu spucken, als knapp vier Liter Wasser in den daruntergehaltenen Plastikbehälter gelaufen waren, den ich aus einer plötzlichen Eingebung heraus als Notration beiseite stellen wollte. Wir suchten alle Behälter zusammen, die wir finden konnten, und konnten insgesamt knapp zehn Liter Wasser aus den Tanks pumpen, indem wir das Schiff erst auf die Backbord- und dann auf die Steuerbordseite legten. Zusammen mit den alkoholfreien

Getränken und dem Bier ergab das etwa vierzehn Liter Flüssigkeit für weitere zweihundertvierzig Meilen, eine wahrlich unangenehme Überraschung angesichts der gegebenen Umstände. Der stürmische Nordwestwind und die kabbelige See bedeuteten, daß wir mit ganz dicht geholtem Großsegel unter Maschine laufen und zwischen den einzelnen Schlägen den Kompaßkurs um etwa siebzig Grad ändern mußten. Unser loxodromischer Kurs führte genau gegenan, die Fahrt durchs Wasser betrug weniger als vier Knoten. Wenn wir die Maschine über tausendvierhundert Touren drehen ließen, überhitzte sie sich. Bei dieser Geschwindigkeit mußten wir mindestens dreieinhalb Tage länger rechnen. Das bedeutete pro Person und Tag gut einen Liter Flüssigkeit. Fünf Tassen Flüssigkeit zum Trinken, Kochen und Zähneputzen. Dann frischte der Wind weiter auf.

Die Wetterberichte, die wir über Kurzwelle hereinbekamen, hatten etwas Ominöses an sich. Der Hurrikan, der vor zwei Tagen noch so weit im Süden gewesen war, hatte eine Drehung nach Norden gemacht und beeinflußte das Hoch, das im Frühjahr über dieser Küste herrschte. Die nordwestlichen Winde begannen zuzunehmen, bis die *Matani Vahini* ihr ungerefftes Großsegel nicht mehr tragen konnte. Das 150-Prozent-Vorsegel war viel zu groß, um damit hoch am Wind motorsegeln zu können. Ein kleineres Vorsegel war nicht an Bord. Der Wind frischte auf über dreißig Knoten auf, und wir liefen weiter mit gerefftem Großsegel, die Maschine bei höchstens tausendvierhundert Umdrehungen, Fahrt durchs Wasser nur noch drei Knoten. Und ich wurde seekrank. Larry glaubt, wenn ich seekrank werde, ist das ein Zeichen dafür, daß ich mir Sorgen mache, und als er an diesem zweiten Abend an meiner Koje saß, mußte ich ihm zustimmen. Auch er war besorgt. »Wenn wir genügend Wasser hätten, wäre das alles kein Problem. Wir könnten beiliegen und den Sturm abwettern; wir haben ausreichend Seeraum.« Seine Worte ließen mich noch wütender auf mich selbst werden. Warum hatte ich nicht an mein Versprechen gedacht, niemals auf einen Törn zu gehen, ohne unmittelbar vor dem Segelsetzen die Tanks aufzufüllen? Larrys Hinweis, daß ich doch versucht hätte, den Füllstand der Tanks zu überprüfen, linderte mein Schuldgefühl nicht. Der Sturm hielt nur vierundzwanzig Stunden an; anschließend drehte der Wind, bis wir auf Raumschotskurs mit halbem Wind unter Großsegel und Fock laufen konnten. Es war ein großartiges Gefühl, die Fock zu entrollen, doch als der Wind schwächer wurde und schließlich ganz einschlief, hatten wir wieder einmal allen Grund, mit den Gegebenheiten einer Rollreffvorrichtung unzufrieden zu sein. Die Fock der *Matani Vahini* ließ sich zwar aufrollen und wieder entrollen, aber nicht bergen. Als ich zu murren begann, erinnerte

Larry mich: »Selbst wenn wir das Segel herunterbekämen – wir haben sowieso kein anderes, das wir statt dessen setzen könnten.«

Nach vier Tagen befanden wir uns bei fast völliger Windstille und einer sich langsam beruhigenden See achtzig Meilen südlich von San Diego und versuchten, mit einem stark unterbesegelten Boot, für dessen Maschine kein Treibstoff mehr vorhanden war, Höhe zu laufen. Damit hatten wir wiederum zwei Lektionen neu gelernt. Nummer eins, man darf sich nicht allein auf die Maschine verlassen, und Nummer zwei, die vier Kanister im Cockpit, die die letzten achtzig Liter Treibstoff enthalten sollten, waren leer gewesen. Wären wir in Turtle Bay an den Pier gegangen, um Wasser aufzunehmen, hätten wir die Kanister mit Sicherheit auch überprüft und füllen lassen.

Den größten Teil des fünften Tages segelten wir langsam nach Norden; wir aßen das letzte frische Gemüse und horteten den letzten privaten Liter Wasser. Schließlich erblickten wir einen mexikanischen Schlepper, der in Bereitschaft lag, während ein Tanker Öl für das riesige Kraftwerk zwanzig Meilen südlich der Grenze entlud. Wir drehten bei und erhielten sofort Hilfe, vierzig Liter Diesel und zwanzig Liter Wasser. Daraus ergab sich dann die letzte Lektion auf einer Fahrt, die wir so schnell nicht vergessen werden. Während Bruce und ich in der Fünfknotenbrise weitersegelten, quälte Larry sich fluchend im Maschinenraum ab und versuchte sich an die richtige Reihenfolge beim Entlüften eines Perkins-Diesels zu erinnern. Als die Maschine nach dem zehnten Versuch endlich stotternd zum Leben erwachte, schwor Larry sich wieder einmal: »Nie wieder gehe ich ohne Werkstatthandbuch auf einen Überführungstörn.«

Und so versuchten wir, Entschuldigungen gegenüber uns selbst und wahrscheinlich auch gegenüber Bruce zu finden, während wir dem Ende eines Jobs entgegenmotorten, der fast drei Wochen gedauert hatte. Oberflächlich gesehen, war die Überführung ein Erfolg gewesen. Wir hatten die schwer mitgenommene *Matani Vahini* ohne weitere Schäden sicher nach Hause gebracht. Sie sah besser aus als damals, als wir sie zum ersten Mal zu Gesicht bekommen hatten. Larrys Unterwasserrigg hatte prima gehalten. Aber hinter diesem Erfolgsgefühl steckte das Bewußtsein, Fehler gemacht zu haben, Fehler, die mit ein bißchen Pech ernsthafte Konsequenzen hätten haben können. Während wir in den Hafen von San Diego einliefen und daran dachten, daß es bis zum Abendessen mit Steaks und kalten Getränken nur noch zwei Stunden waren, blickte ich auf die ruhige See hinter uns und rief mir ins Gedächtnis, daß jedes Mal, wenn man ausläuft, die Aussicht besteht, in einen Sturm zu geraten, und – was noch wichtiger ist – daß es so etwas wie eine Kleinigkeit auf See nicht gibt.

25
Mord in Turtle Bay

»Das Traurigste an der ganzen Sache war, daß all das nichts zu tun hatte mit dem Fahrtensegeln oder mit Mexiko und den Mexikanern; wir waren einfach nur zur falschen Zeit am falschen Ort,« erklärte uns Marlene Pugh, als wir ihr die *Matani Vahini* zurückgebracht hatten. »Ich fürchte, daß andere Leute die Mexikaner oder das Fahrtensegeln als solches dafür verantwortlich machen; dabei hätte dasselbe doch überall auf der Welt passieren können.«

Die einundfünfzigjährige Marlene und ihr vierundfünfzigjähriger Mann Bob waren gemeinsam fünf Jahre lang im Pazifik gewesen. Sie waren anschließend nach Nordkalifornien zurückgekehrt und hatten über eine Leasingfirma in der Karibik, die auch das Verchartern übernahm, ein anderes Boot gekauft, um den Kontakt mit dem geliebten Fahrtensegeln nicht zu verlieren. Als das 12m-Schiff mit Mittelcockpit voll bezahlt war, waren sie auf die Jungfern-Inseln geflogen, um es von dort nach Kalifornien zu überführen und zu verkaufen, weil es sich für das Langzeitsegeln, von dem die Pughs träumten, nicht eignete. Es war schon fast Mai, als sie zusammen mit den letzten Fahrtenseglern der Saison, die wegen der nahenden Hurrikansaison nach Norden wollten, in die Turtle Bay einliefen.

Sie kamen am späten Freitagabend an und wollten am nächsten Morgen noch schnell einkaufen und für die letzten dreihundertdreißig Seemeilen in der nahezu konstanten Nordwestdünung bei nordwestlichen Winden bis nach San Diego volltanken. Am Abend sollte es dann weitergehen, um die leichteren Nachtwinde auf dem Weg nach Norden auszunutzen.

Alles verlief nach Plan, bis Bob um etwa sechzehn Uhr am Samstag beschloß, mit dem Dinghi noch Motoröl zu holen. Sein Außenborder spuckte und gab schließlich den Geist auf. Zwei Mexikaner in einem

Schlauchboot kamen längsseits und boten ihre Hilfe an. Bob konnte nicht wissen, daß die beiden in einer verzweifelten Lage waren und das Schlauchboot gestohlen hatten. Späteren Berichten zufolge waren sie schon auf einer anderen amerikanischen Yacht, der *Anak*, gewesen. Dort hatten sie mit dem Eigner Bob Kavani getrunken und waren mit ihm in einen Streit geraten, der sich zu einem Kampf auswuchs. Der Amerikaner hatte einen Messerstich abbekommen und war gestorben. Die beiden Mexikaner, von denen einer von den amerikanischen Behörden zur Fahndung ausgeschrieben war, hatten gewußt, daß es über Land kaum ein Entkommen gab. Sie hatten versucht, die Maschine der Yacht zu starten, aber den Schalter nicht gefunden. Als sie Bob ihre Hilfe anboten, waren sie bereits entschlossen, eine andere Yacht zu stehlen.

Bob bat darum, zur *Matani Vahini* zurückgeschleppt zu werden. Die Mexikaner erklärten sich dazu bereit, erzwangen sich Zugang an Deck und begannen ein fünfundvierzigminütiges Terrorregime, bei dem sie Bob vor Marlenes Augen folterten, weil sie sich mehr erhofften als die zweihundert Dollar Bargeld, die die Pughs an Bord hatten. Außerdem meinten sie, als Amerikaner hätten die Pughs bestimmt eine Waffe, und obwohl Bob und Marlene versuchten, sie vom Gegenteil zu überzeugen, und ihnen sogar das Schiff anboten, falls sie freigelassen würden, wendeten die Mexikaner weiterhin körperliche Gewalt an und drohten Marlene mit Vergewaltigung. So kamen sie schließlich an die Pistole, die hinter einem Paneel in der Kajüte versteckt war. Schließlich wollten sie auslaufen. Marlene versuchte das Auslaufen zu verzögern, weil sie hoffte, daß vielleicht jemand von den anderen amerikanischen Yachten in der offenen Bucht von Land zurückkäme. Die Mexikaner banden den schwer verwundeten Bob unter Deck fest und halfen Marlene, das Dinghi an Bord zu hieven. Da sah Marlene, wie am Ufer ein Boot ablegte. Sie stieß das Dinghi gegen ihre Peiniger, sprang über Bord und schwamm auf das Boot zu. Die Mexikaner zwangen Bob an Deck, wo er die Maschine startete. Sie schnitten die Ankerleine der *Matani Vahini* durch und nahmen Kurs auf die offene See, während Marlenes Retter zur nächsten Yacht ruderten und über UKW-Kanal 16 Warnungen absetzten.

Die *Meshach*, einer großer amerikanischer Trimaran, hörte die Nachricht bei der Einfahrt in die Bucht und nahm die Verfolgung auf. Die Mexikaner begannen, mit der Pistole zu schießen, und wurden dadurch abgelenkt. Die *Matani Vahini* lief mit voller Kraft auf die Felsen auf. Als das erste Boot, ein mexikanisches Fischerboot, eintraf, waren die Mörder schon zu Fuß geflohen. Bob Pugh lag blutend und nur halb bei Bewußtsein im Cockpit. Er wurde mit vierzehn Messerstichen in die kleine Klinik am Ort gebracht. Als er zwölf Stunden später starb, stellte man fest, daß die eigentliche Todesursache eine Kugel am Gehirn gewesen war, eine Kugel aus seiner eigenen Waffc.

Der Vorschoter der *Anak* hatte den Nachmittag im Café verbracht und fand seinen Skipper Bob Kavani bei der Rückkehr an Bord tot auf. Bei der Polizei hörte er Marlenes Geschichte. Da er die Mexikaner gesehen hatte, konnte er Marlene Beschreibung bestätigen. In einem Dorf mit nur dreitausend Einwohnern waren die Mörder leicht zu finden. Die Polizei verhaftete sie in ihren Häusern. Innerhalb von zwei Wochen standen sie vor Gericht und wurden nach unseren letzten Informationen zu je fünfunddreißig Jahren Gefängnis verurteilt.

Die *Matani Vahini* wurde in den Hafen zurückgeschleppt, und da sie nicht leck war, ließ man sie dort vor ihrem Reserveanker mit dem Versprechen liegen, ein Auge auf sie zu werfen, bis Marlene jemanden schickte, um sie abzuholen. Nach zwei Tagen charterte Marlene ein kleines Flugzeug und flog mit den Leichen ihres Mannes und Bob Kavanis nach San Diego. Von dort aus ging sie nach Redding, um sich im Krankenhaus behandeln zu lassen, die Beerdigungen zu organisieren und zu versuchen, ihr Leben wieder in den Griff zu bekommen.

26
Pechvögel

Wir waren vom Pech verfolgt, eine andere Erklärung konnte ich nicht finden. Wie sonst war es möglich, daß wir bei derart perfekten Segelbedingungen Probleme hatten? Das Wetter in Tonga war warm und sonnig, der Wind stetig, das Wasser voller Leben und, am besten von allem, die Menschen so erfreut, Besuch zu haben, daß wir uns mehr wie lang vermißte Verwandte als wie die Touristen vorkamen, die wir ja eigentlich waren. Doch wie eine schwarze Wolke hing über all den Freuden die Besorgnis über scheinbar unerklärliche Navigationsfehler.

Uns hat es immer Spaß gemacht, mit einfachen Hilfsmitteln vorsichtig und genau zu navigieren. Wir müssen gelegentlich beiliegen, um noch eine zusätzliche Sextantbeobachtung zu machen oder die Strömung nachzumessen. Aber in der Regel stimmen unsere Bestecke, und es gibt wenig unangenehme Überraschungen, wenig Momente der Beklemmung – nur das Gefühl, wie nach dem Lehrbuch gearbeitet zu haben. Nach zwanzig Jahren gemeinsamen Segelns ist daraus eine angenehme Routine geworden. Larry macht die astronomische Navigation, während ich für die terrestrische Navigation zuständig bin. Soweit ich mich erinnere, haben wir nur sehr selten navigatorische Überraschungen erlebt, bevor wir uns von Niuatoputapu, dem nördlichsten Punkt Tongas aus, auf den Törn durch die dreihundert Meilen lange Kette aus Inseln, Untiefen und Riffen begaben, aus denen dieses kleine Königreich besteht. Doch auf dem Weg durch die Vava'u- und die Ha'apai-Gruppe, die Nomuka-Inseln und dann in Richtung auf Tongatapu häuften sich die Navigationsfehler – erst waren sie wie kleine lästige Stechmücken, schließlich dann wie furchterregende Wespen.

Beim ersten Mal waren wir nur leicht verwundert, daß wir bis auf sechs Meter an einen Korallenkopf herangerieten, als wir uns zum

Ankern in das Lee von Ha'ano Island vorarbeiteten. Wir schoben die Schuld daran auf ungenaue Karten und Korallenwuchs. Doch die Fehler wurden immer häufiger, bis nach etwa drei Wochen der größte Fehler eine erschreckende Kettenreaktion in Gang setzte, wie sie den meisten größeren Zwischenfällen vorauszugehen pflegt. Nach sechzig Seemeilen auf Raumschotskurs durch rauhe See bei 35 kn Wind mußten wir überrascht und schockiert feststellen, daß wir das Ansteuerungsfeuer von Tongatapu um mehr als fünf Meilen verfehlt hatten. Wir befanden uns in Lee der Riffe, von denen wir uns freihalten mußten, es wurde langsam spät, und wir mußten mit Sturmbesegelung gegen zweieinhalb Meter hohe Seen anlaufen. Die Riffe lenkten die Seen ab, so daß sie auf dem einen Schlag hoch am Wind fast von querab, auf dem anderen hingegen nahezu von vorn kamen. Die *Taleisin* stampfte und kämpfte, Seen rauschten über ihr Vordeck, während wir versuchten, noch vor Einbruch der Dunkelheit in den Bereich der Richtfeuer für die Großschiffahrt zu gelangen. Wir schafften es gerade noch, hatten aber noch zwölf Meilen zwischen Riffen und Gefahrenstellen hindurch vor uns, bis die relative Ruhe des Ankerplatzes vor Nuku'alofa erreicht war. Als wir dann die Schoten fierten, um die erste Tonne zu passieren, bemerkte Larry plötzlich, daß das Vordeck zu leer aussah. Es dauerte ein paar Minuten, bis wir glauben konnten, daß sich beim Gegenanlaufen die Verzurrung des Klüvers gelöst hatte und das Segel über Bord gespült worden war. Zurückzusegeln hatte in der Dunkelheit keinen Zweck, zumal das Segel wahrscheinlich wie ein Stein gesunken war.

Der Verlust dieses teuren, neununddreißig Quadratmeter großen Segels, das erst zwei Jahre alt war, versetzte unserem Ego einen noch größeren Schlag als die Tatsache, daß wir auf den sechzig Seemeilen so weit nach Lee vom Kurs abgekommen waren. Und es stand uns noch eine weitere unangenehme Überraschung bevor.

Schon bald, nachdem wir begonnen hatten, in dem neun Meilen langen Hafen aufzukreuzen, verloren wir die Orientierung. Die letzte Leuchttonne im Fahrwasser für die Großschiffahrt war achteraus noch zu sehen, aber wir konnten nichts Verläßliches für eine Kreuzpeilung entdecken. Nach einem halben Dutzend langer Schläge, sagte ich: »Larry, ich möchte vor Anker gehen. Ich habe ein ungutes Gefühl angesichts meiner Kompaßpeilungen. Ich glaube, wir sind zu nahe an den Riffen.« Wir drehten bei und ich versuchte, die Richtfeuer und die Feuer auf den Riffen, die vier Meilen voraus sein sollten, gegen die Lichter am Ufer auszumachen. Aber irgendwie schien alles keinen Sinn zu ergeben. Dann versuchte Larry, unsere Position zu bestimmen. Aber wir konnten beide nicht feststellen, wie nahe wir uns an den

Riffen befanden, die in dieser dunklen stürmischen Nacht zwischen uns und dem Ankerplatz lagen. Wir waren beide der Meinung, es sei wohl am besten, vor Anker zu gehen, solange wir noch genügend Wasser unter dem Kiel hatten. Im Licht unserer großen Taschenlampe zeigten sich im Umkreis von dreihundert Metern keine Gefahrenstellen.

Riffe vier Meilen in Luv von uns beruhigten die Dünung; wir brachten bei 90 cm Windsee und 17 Faden Wassertiefe den Anker aus und warteten auf den Morgen. Die Nacht war nicht gerade angenehm, aber wir waren zumindest in Sicherheit. Ich weiß noch, daß ich mich über Larry ärgerte, weil er sofort in seiner Koje einschlief, während ich die halbe Nacht lang wach lag und überlegte, was wir falsch gemacht hatten.

Am nächsten Morgen segelten wir problemlos zum Ankerplatz vor der tonganischen Hauptstadt, wo wir dann eine Woche lang blieben, in der wir unsere seelischen Wunden leckten, unsere Navigation überprüften, nach Fehlern in Larrys Berechnungen und den von mir auf der Karte abgesetzten Kursen suchten und schließlich zu dem Schluß kamen: »Wir müssen eben einfach vorsichtiger sein und weiter nach Luv bleiben.« Trotzdem blieben eine gewisse Unsicherheit und das Gefühl zurück, als sei unser Leben etwas durcheinandergeraten.

Nachdem wir Proviant an Bord genommen, ein paar Nächte tief und fest geschlafen und noch den Durchzug eines Frontensystems abgewartet hatten, liefen wir wieder aus. Einen Sturmklüver hatten wir uns vorher von David und Doreen Samuelson von der *Swan 2* geliehen, die ebenfalls nach Neuseeland unterwegs waren. Innerhalb von zwei Stunden nach dem Lichten des Ankers erwies sich meine terrestrische Navigation schon wieder als falsch. Die Fehler häuften sich derart, daß wir in einem Bereich, in dem tiefes klares Wasser anzutreffen sein sollte, plötzlich eine Drehung um hundertachtzig Grad machen mußten, um nicht auf Korallen aufzulaufen. Larrys Vertrauen in meine Navigationskünste war schwer erschüttert, meins allerdings auch. Wir fanden die richtigen Fahrwassermarkierungen wieder und konnten uns freimachen. Ich schimpfte innerlich mit mir selbst, zweifelte an meiner Kompetenz und versuchte, Ausreden für die Fehler zu finden. Zwei Stunden lang überlegte ich, was ich Larry sagen konnte, wie ich mich entschuldigen und sein Vertrauen wiedergewinnen sollte. Dann entzündete sich an einer simplen Meinungsverschiedenheit ein Streit, der mein Problem löste.

Zwei Meilen westlich von Tongatapu und auf der direkten Route von dieser Insel zum Minerva-Riff befindet sich das gefährliche Duff-Riff, unser Wendepunkt auf dem Weg zur Bay of Islands in Neuseeland. Dort brechen sich die Wellen auch bei ruhigstem Wetter in einem

Abb. 26.1 Lin mit dem Handpeilkompaß der *Taleisin* (Photo: Bruce Laybourne)

Schauspiel, das meilenweit zu sehen ist. Wir liefen unter Spinnaker bei einer sehr leichten Brise auf einem Kurs, der in eineinhalb Meilen Entfernung am Duff-Riff vorbeiführen sollte. Ich machte gerade etwas zu essen, als Larry rief: »Wir müssen halsen, das Riff ist weniger als eine Meile entfernt, und ich habe das Gefühl, wir werden darauf zuversetzt.« Ich ging an Deck, um ihm zu helfen und sagte: »Für mich sind das eher zwei Meilen.« Nach einigem Hin und Her erklärte ich dann: »Okay, ich nehme ein paar Peilungen und zeige es dir.« Meine Peilungen mit dem gleichen Handpeilkompaß, den wir seit sieben Jahren benutzten, ergaben, daß das Riff über zwei Meilen südlich von uns lag. Larry beharrte auf seiner Meinung, das Riff sei zu nahe – zum Glück. »Du achtest auf den Steuerkompaß und nennst mir die Peilung, wenn Riff und Achterstag in Linie stehen. Dann gehe *ich* nach unten und setze die Position ab!« Seine Peilungen unterschieden sich um volle sieben Grad von meinen. Wir waren nur noch eineinviertel Meilen von dem brodelnden Wasser entfernt, ein Abstand, der gerade noch reichte. Aber langsam begann uns das sprichwörtliche Licht aufzugehen. Ich nahm den Handpeilkompaß und peilte an der Kajüt-seite, der Rückseite der Kajüte und der Längsschifflinie der *Taleisin* entlang, während Larry mir die entsprechenden Werte vom Steuerkompaß zurief. Jede einzelne Peilung lag um mindestens fünf bis sieben Grad daneben. Wir hatten den Steuerkompaß in zwei Jahren See-Erprobung und Fahrtensegeln zweimal kompensiert, den Handpeilkompaß aber die ganze Zeit, in der wir ihn besaßen, immer nur flüchtig anhand der Peilungen mit dem Steuerkompaß überprüft. Eine Überprüfung anhand von Peilungen fester Landmarken hatte nie stattgefunden.

Ich holte die Seekarten heraus, die wir seit der Abfahrt von Vava'u benutzt hatten. Sämtliche Probleme, die wir unterwegs gehabt hatten, waren auf die Ablenkung des Handpeilkompasses zurückzuführen. Auf dem Weg in Lee von Ha'ana hatten wir einen unverwechselbaren Berg angepeilt; die korrekte Peilung versetzte uns mitten auf ein unter Wasser befindliches Korallenriff, das auf der Karte eindeutig verzeichnet war. Als wir uns von Nomuka aus bei Sturm auf den Sechzigmeilen-Törn nach Tongatapu begeben hatten, hatten wir mehrere kleine Inseln angepeilt und außerdem ein Mittagsbesteck genommen, um in Verbindung mit der Peilung einer Insel im Nordosten von uns den genauen Kurs für die letzten dreißig Meilen zu bestimmen, auf denen wir keine Landsicht haben würden. Alle Bestecke hatten gezeigt, daß wir nach Osten versetzt wurden. Bei der Neuberechnung dieser Bestecke zeigte sich, daß keinerlei Versetzung stattgefunden hatte; im Gegenteil, wir hätten einen Kurs setzen sollen, der fünf Grad höher am Wind lag. Wenn diese Ablenkung in die entgegengesetzte Richtung geführt hätte, wären wir direkt in ein Gebiet mit unmarkierten Untiefen und Brechern gelaufen. Wir hatten mit dem Handpeilkompaß die Richtfeuer in der großen Bucht von Nuku'alofa zu lokalisieren versucht, sie jedoch wegen des Fehlers an den falschen Stellen gesucht. Und so ging es weiter, während ich langsam wieder Vertrauen in meine terrestrische und Larrys astronomische Navigation gewann.

Als ich Larry die Gründe für all den Ärger aufzeigte, fragte er: »Haben wir den Handpeilkompaß nicht auch letztes Jahr benutzt, als wir nachts in die Bucht von Santa Maria einliefen?« Wir stellten die Nachtpeilungen zusammen, die wir an der Küste Niederkaliforniens genommen hatten, und mir wurde nachträglich noch ganz schlecht bei dem Gedanken, daß wir völlig ahnungslos nur wenige Meter an Felsen oder Riffen vorbeigesegelt waren. Aber wir konnten uns an keinerlei navigatorische Überraschungen in Mexiko erinnern. Als wir dann über das letzte Jahr sprachen, wurde uns auf einmal klar, daß der Handpeilkompaß seine Schachtel seit zehn Monaten nicht mehr verlassen hatte. Vieleicht lag es am Alter, an der tropischen Hitze oder an den Metallgegenständen in seiner unmittelbaren Nähe. Auf jeden Fall hatte der Handpeilkompaß in dieser Zeit seine Genauigkeit eingebüßt.

So steht jetzt eine neue Position auf der Einkaufsliste für Neuseeland und der Übersicht für die regelmäßigen Wartungsarbeiten. Welchen Handpeilkompaß wir auch kaufen, er wird zweimal im Jahr überprüft.

Ich ärgerte mich darüber, wegen einer ziemlich offensichtlichen Sache einen guten Klüver verloren zu haben, doch Larry erinnert mich immer wieder daran, daß daran nicht der Kompaß schuld war, sondern die von der Sonnenstrahlung geschwächten Beschlagzeisinge. »Außerdem solltest du froh sein, daß wir so glimpflich davongekommen sind,« sagt er. »Die Sache hätte uns weit mehr kosten können, nämlich unser Boot.«

Ein paar Tage nach der Ankunft in Neuseeland besuchten wir die Firma Trans-Pacific Marine Limited, den größten Instrumenten- und Kartenlieferanten für Großschiffe in Auckland. Auf meine Frage, warum ein Handpeilkompaß plötzlich fehlerhafte Anzeigen liefern könne, hörten sich die Fachleute erst einmal an, was ich zum Alter des Instruments, zu der Tatsache, daß es zweimal auf den hölzernen Kajütboden gefallen war, und zu dem einen Jahr in den Tropen zu sagen hatte. Diese Geräte sind ziemlich robust, hieß es dann. Vielleicht bringen Sie den Kompaß mal vorbei, damit wir ihn uns ansehen können. Conny McCann, eine Fahrtenseglerin, die jetzt als Kartenkorrektorin und Assistentin des Kompaßspezialisten arbeitet, stellte plötzlich eine Frage, die mich aufhorchen ließ: »Der Kompaß ist doch für die südliche Hemisphäre kompensiert?« Ich dachte, sie scherzte, extra für die südliche Hemisphäre kompensiert? Das hatte ich ja noch nie gehört. Doch um meine Zweifel zu zerstreuen, zeigte sie mir mehrere Kompasse verschiedener Hersteller, die alle ein Etikett mit der Aufschrift »Für die südliche Hemisphäre kompensiert« trugen. Anschließend holte sie noch ein Buch aus der Schublade und bewies es mir schriftlich. Dort hieß es: *Inklinationswinkel* – außer auf dem magnetischen Äquator liegt eine frei bewegliche Magnetnadel in der Ebene des magnetischen Meridians, ist aber gegen die Horizontalebene geneigt. Diese Neigung, der sogenannte Inklinationswinkel, ist auf der Nordhalbkugel positiv; dort ist die Nordspitze der Nadel nach unten gerichtet. Auf der Südhalbkugel hingegen ist der Winkel negativ; dort zeigt die Nadelspitze aufwärts.

Mit einfachen Worten, sobald man die Südhalbkugel erreicht, versucht der aus dem Norden stammende Kompaß praktisch, sein Inneres nach außen zu stülpen. »Wenn Sie sich einmal Ihren Steuerkompaß ansehen,« fuhr Connie fort, »werden Sie feststellen, daß die Rose um zehn oder fünfzehn Grad nach Süden geneigt ist. In einem frei aufgehängten Kesselkompaß ist diese Neigung kein Problem, weil die Rose sich trotzdem noch frei drehen kann. In einem flachen Handpeilkompaß jedoch stößt sie an den Seiten an und schleppt nach. Damit sie sich wieder frei bewegt, kann man den Kompaß abwinkeln, aber dann ist er schlecht abzulesen und ergibt ungenaue Werte.«

Connie erläuterte weiter:»Ein Kompaß für die nördliche Hemisphäre, der längere Zeit südlich des Äquators benutzt werden soll, muß kompensiert werden, weil sonst das Lager ungleichmäßig verschleißen kann. Südlich von vierzig Grad ist der Kompaß durch das erforderliche Abwinkeln kaum noch abzulesen. Segler von der Südhalbkugel, die über den Äquator hinaus nach Norden segeln, haben dasselbe Problem, nur umgekehrt. Deshalb empfehlen wir zum Fahrtensegeln kompensierbare Kompasse.«

Bei einem nicht versiegelten Kompaß, also einem Gerät, bei dem das Oberteil von Schrauben gehalten wird oder die beiden Kesselhälften miteinander verschraubt sind, kann man die Kompaßrose herausnehmen und vom Kompensierer neu magnetisieren lassen. Bei Handpeilkompassen hat man die Wahl zwischen einem Instrument mit größerem Schwimmkessel oder zwei kleineren Geräten, die jeweils für die betreffende Hemisphäre kompensiert sind.

»Aber,« so erklärten mir Captain Oates und der Kompensierer auf meine Bitte um Bestätigung dieser Informationen,»daran denken, daß beim Handpeilkompaß genau so oft wie beim Steuerkompaß die Ablenkung durch zwei Vollkreise über Backbord und Steuerbord kontrolliert werden muß. Er darf dabei nicht in die Nähe des Steuerkompasses kommen. Elektronische Geräte, magnetische Felder von Generatoren und anderen Magneten, Stöße, Alter und falsche Aufbewahrung – all das kann dazu führen, daß sich die Kompaßablenkung ändert.«

TEIL VI

Vor Anker

Obwohl die Fertigkeiten, die man benötigt, um einen Ankerplatz zu wählen, die relative Sicherheit dieses Ankerplatz zu beurteilen und die jeweils passende Ausrüstung für eine Vielzahl von Situationen beim Ankern an Bord zu haben, sämtlich Teil der Seemannschaft sind, haben wir uns aus drei Gründen dafür entschieden, die folgenden Kapitel über das Thema Ankern getrennt zu behandeln. Erstens erlitten in der Saison 1982/83 im Pazifik über einhundertfünfzig Tourenyachten größere Schäden, während sie beispielsweise vor Cabo San Lucas, Tahiti und Neiafu vor Anker lagen. Alle Betroffenen zeigten sich bei einem späteren Gespräch überrascht über die Windstärken, die Seen und die sonstigen Probleme in Revieren, von denen sie sich sturmfreies Segeln versprochen hatten. Alle erklärten uns, sie hätten nachträglich irgend etwas irgendwie anders gemacht. Nach unseren Erfahrungen ist kein einziges Segelrevier vor Stürmen gefeit, und es werden weitaus mehr Boote vor Anker als auf See beschädigt. Zweitens bittet man uns häufig um Empfehlungen im Hinblick auf einen bestimmten Ankertyp und setzt dabei stillschweigend voraus, daß sich der eine Anker besser und der andere schlechter zum Fahrtensegeln eignet. Dabei ist jeder Anker doch nur Teil des ganzen Systems aus Ausrüstung und Techniken, das man braucht, um nachts ruhig schlafen zu können. Und drittens verbringt man beim Fahrtensegeln neunzig Prozent seiner Zeit vor Anker. Wie erfolgreich man dabei ist, sicher zu ankern, wie leicht man mit dem Ankergeschirr umgehen kann – all das könnte ausschlaggebend sein für das Wohlgefühl, die Zufriedenheit und die Sicherheit des gesamten Lebens als Fahrtensegler.

Was geschah in Cabo San Lucas?

Der vertraute Sandstrand und das kahle Vorgebirge von Cabo Falso waren nach sechs Stunden in der Enge eines kleinen Flugzeugs eine willkommene Abwechslung. Larry und ich zeigten abwechselnd auf die Landmarken, die wir von unseren Törns und Überführungen an der öden, trockenen Küste von Niederkalifornien kannten. Als die goldfarbenen Felsen an der Spitze der Halbinsel unter uns verschwanden, bemerkte ich, daß Larry einen verträumten Blick bekam; er dachte wohl an die party-ähnliche Atmosphäre in dem kleinen mexikanischen Dorf, das sich in ein kleines Tal in den Hügeln hinter der halbmondförmigen Reede von Cabo San Lucas schmiegte.

Geschützt vor dem vorherrschenden Nordwestwind und erwärmt von einer fast tropischen Sonne lag das Wasser heute klar und blau unter uns. Aus 300 m Höhe erkannten wir zwei Dutzend Sportfischeryachten von fünfzehn bis achtzehn Meter, die an ihren Winterplätzen in knapp 300 m Entfernung vom Sandstrand lagen. Zwischen ihnen verstreut lagen weitere zwei Dutzend Segelboote, und ich stellte mir vor, wie die *Taleisin* eines Tages mitten unter ihnen liegen würde, das Deck in Sonnenlicht getaucht. Dann, beim Näherkommen, bot sich mir ein Anblick, bei dem sich mir der Magen umdrehte. Der normalerweise saubere, cremefarbene Strand sah aus wie eine Müllkippe für zerbrochene und weggeworfene Boote. Holz, helle GFK-Teile, Segelfetzen, verdrehte Masten und mindestens zwölf zerschlagene, aber noch erkennbare Boote lagen in den verrücktesten Winkeln auf fast zwei Kilometern Sand nur dreißig Meter von den strohgedeckten Cafés entfernt, in denen wir einst gesessen und beobachtet hatten, wie die

Abb. 27.1

Schatten des späten Nachmittags auf ruhig vor Anker liegenden Booten spielten. Mir kamen die Tränen, als ich auf die zerschlagenen Überreste so vieler Träume hinunterblickte. Meine erste Reaktion war: »Was sagt man diesen armen Menschen nur?«

Doch zwei Stunden später sprach Betty Bower von dem 8,5m-Kutter *Vagabundo*, der im Sand auf der Seite lag, einen Satz, den wir im Verlauf der beiden nächsten Tage mindestens noch ein dutzendmal hörten: »Jeder von uns hat den einen Wunsch, daß alle Welt erfährt, was hier in Cabo San Lucas wirklich passiert ist.«

Es ist unschwer zu verstehen, daß Cabo San Lucas ein beliebter Weihnachtstreffpunkt für Segler von der Pazifikküste geworden ist. Die meisten Fahrtensegler, die zum Teil sogar aus Alaska kommen, sind in den Sommermonaten gemütlich in Richtung auf die mexikanische Grenze nach Süden gesegelt. In San Diego haben sie sich gesammelt und auf das Ende der mexikanischen Hurrikansaison Ende Oktober gewartet. Wie ein Schwarm Vögel fliehen sie dann vor den ersten kalten Winternächten nach Süden, um ihre Schiffe und ihr Können an der öden Küste Niederkaliforniens zu erproben. Dort bietet nur ein halbes Dutzend Vorgebirge etwas Schutz vor der unaufhörlichen Pazifikdünung, nur in zwei kleinen Häfen kann man an dieser siebenhundertzwanzig Seemeilen langen verlassenen Küste das Nötigste kaufen.

Wenn diese Fahrtensegler um das Kap in die erstaunlich warme schöne Bucht einlaufen, die südländischen Cafés und hübschen Hotels am Strand sehen und bis spät in die Nacht den Sound von Disco-Musik hören, verfallen sie in den Geist des mañana, entspannen sich und verschieben die Weiterfahrt auf den nächsten oder übernächsten Tag. Als wir 1969 zum ersten Mal diese party-ähnliche Atmosphäre erlebten, lagen außer uns nur drei andere Tourenyachten 300 m vom Ufer entfernt vor Anker, den Bug seewärts gerichtet, das Heck von Heckankern gehalten, während vierzehn große Sportfischeryachten an permanenten Festmachebojen in siebenundzwanzig bis dreißig Meter tiefem Wasser schwojten. Trotz seines Charmes, des Reichtums an Meeresfrüchten, der niedrigen Preise, des süßen Frischwassers und der hübschen Cafés ist das Kap ein schwieriger Ankerplatz. Dort, wo sich das Nachtleben abspielt, fällt das Ufer schnell in einen tiefen Meeresgraben ab. Als Segler hat man deshalb zwei Möglichkeiten, nämlich zum einen, eine Meile die Küste hinunter eine Viertelmeile vom Ufer entfernt in acht Faden Wasser zu ankern, und zum zweiten, einen Platz direkt vor den Cafés und Hotels zu suchen. Am 6. Dezember 1982 hatten sich fast sechzig Boote eingefunden. Statt in einer einzigen Reihe festzumachen und die Buganker in 27 m tiefem Wasser auszubringen, lagen Sportfischeryachten und Segelboote kreuz und quer durcheinander in vier Reihen (Abb. 27.2), die innerste weniger als 35 m vom Sandstrand entfernt. Manche Boote, darunter auch Bernard Moitessiers glänzend rote Stahlyacht *Joshua* hatten nur 23 m Abstand vom Ufer, ihre Heckanker saßen direkt in den 15 cm hohen Mini-Brechern des auflaufenden Wassers.

Das warme ruhige Wetter ließ die Erinnerung an den stürmischen Pazifik verblassen. Es entwickelte sich ein reges Party-Leben, immer neue Bekanntschaften wurden geschlossen. Das Amateurfunknetz summte vor Plänen für Angelausflüge und Einkaufstouren. Der Waschsalon in der Stadt war der zentrale Treffpunkt, an dem davon gesprochen wurde, im Januar endlich den Sprung in das richtige Fahrtensegeln zu wagen, nach Tahiti oder Panama. Es ist nicht erstaunlich, daß an diesem ruhigen Montagmorgen niemand um 05.30 h den Wetterbericht für die Hochsee hörte. Nur jemand, der auf See hinausgehen wollte, hätte sich für eine nicht jahreszeitgemäße Kaltfront dreihundert Meilen weiter westlich interessiert. Am Dienstag, dem 6. Dezember, schlossen sich zwei weitere Tourenyachten der Flotte am Kap an. Beide Crews beklagten sich über schwere Dünung und unbeständigen Wind auf der Fahrt nach Süden an der Halbinsel entlang. Auf einem Boot war die Maschine ausgefallen. Mehreren Leuten war aufgefallen, daß die Crew das Schiff geschickt unter Segel in die Bucht

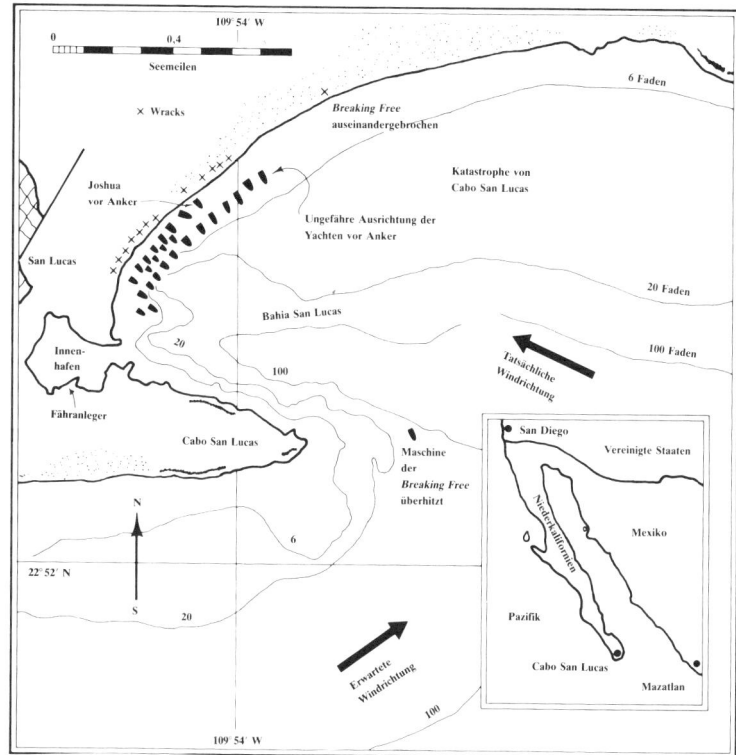

Abb. 27.2

gebracht hatte. Diese Yacht ankerte einsam in einem freien Bereich etwa eine halbe Meile von der Flotte entfernt.

Auch am Mittwochmorgen war niemand um 05.30 h wach, um den Wetterbericht zu hören. Nur eine Person erwähnte, daß zwischen dem 6. Dezember und dem Morgen des 8. Dezember das Barometer einiges gefallen sei. Von den neueren Seglern, mit denen ich sprach, hatten mehrere gar kein Barometer an Bord. Ich frage mich, ob überhaupt jemand einen Sturm erwartet hätte, selbst wenn er das Fallen des Barometers bemerkt und die Warnungen vor einer größeren Störung gehört hätte, deren Zentrum dreihundert Meilen nördlich von Cabo San Lucas und hundert Meilen auf See lag und die sich mit sechs Knoten vorwärts bewegte. Der Durchmesser des Sturms um das Zentrum betrug nur zweihundert Meilen; nach dem Morgenwetterbericht sollte der Wind aus Südwest wehen. In der Regel lenken die Warmwasserströmungen am Kap jeden Wintersturm vom Land ab.

289

Um neun Uhr war es schon wärmer als normal und zudem schwül. Aber der Himmel war klar, das Wasser in der Bucht bewegte sich kaum, und in den Cafés herrschte geschäftiges Treiben von Seglern, Bewohnern des eine halbe Meile landeinwärts gelegenen Campingplatzes und Hotelgästen.

Um elf Uhr beendete der Skipper einer großen Sportfischeryacht eine kleinere Reparatur an seiner Maschine und machte einen entsprechenden Eintrag im Logbuch. Dazu vermerkte er die Barometeranzeige und sagte zu seinen Leuten:»Das sind 5 mm weniger als heute morgen. Da entwickelt sich was.«

Fünfundvierzig Minuten später zogen Wolken über der Bucht auf, und fast ohne Vorwarnung fielen Böen mit vierzig Knoten aus Südwesten ein, die anschließend auf Südosten drehten. Der Horizont verschwand hinter einem dichten Regenvorhang, es bildete sich eine neunzig Zentimeter hohe Windsee. Drei Segelboote begannen vor Anker zu treiben. Die Böen hielten knapp fünfzehn Minuten an, und die Wolken verzogen sich wieder. Mark Lewis von dem 21m-Schoner *Elias Mann* lachte bei der Erinnerung daran stillvergrnügt in sich hinein.»Uns hat es Spaß gemacht. Hier unten regnet es doch nie, und da war das eine schöne Abwechslung.« Die meisten anderen Segler taten die Böen mehr oder weniger mit einem Achselzucken ab:»Ein Zufall. Die Hurrikansaison liegt mehr als einen Monat zurück. In diesem Monat kann es hier gar kein schlechtes Wetter mehr geben.«

Die drei Boote wurden wieder verankert. Der eine Eigner versuchte, im bereits überfüllten Innenhafen unterzukommen; man warnte ihn jedoch, daß die 75 m lange Autofähre vom Festland an diesem Abend kommen werde. Er befolgte diese Warnung, weil er in einem der Hotels die Photos gesehen hatte, auf denen gezeigt war, welche Schäden die Fähre beim Manövrieren anrichten konnte – entmastete Tourenyachten, zerdrückte Barkassen.

Irgendwann während der Siesta trafen sich drei erfahrene Skipper, die hier schon seit zehn oder zwölf Jahren auf Sportfischeryachten fuhren, im ausgefallensten Café am Strand auf ein Bier.»Eines Tages gibt es hier eine echte Katastrophe,« meinte einer von ihnen.»Hier ankern einfach zu viele Schiffe auf zu kleinem Raum. Die liegen doch zum Teil nicht mal 15 m auseinander. Außerdem taugt der Ankergrund so nah am Ufer nichts. Der letzte Hurrikan hat dort jede Menge lockeren Sand angehäuft.«

Susan Mitchell von dem 18m-Schoner *White Cloud* ist eine begeisterte Amateurfunkerin. Um 16.00 h sprach sie mit dem Skipper einer Sportfischeryacht, die sich auf halbem Wege zwischen Cabo San Lucas und Magdalena Bay befand. Er berichtete, daß sein Wetter-Fax hundert Meilen auf See zwischen San Diego und Cabo San Lucas ein Schlechtwettergebiet mit Wind in Sturmstärke aus Südwest zeige. Zur normalen Zeit um 16.30 h gab Susan diese Warnung an alle weiter, die zuhörten. Irgend jemand, der sich eingeschaltet hatte, meinte dazu, das Kap biete guten Schutz vor Südwestwind.

Betty Bower von der *Vagabundo* beobachtete, wie ein 9m-Boot wenige Minuten nach der Warnung die Segel setzte und bei mäßigem WSW-Wind auslief. Sie erinnerte sich daran, daß es genau das Boot war, das am Tage zuvor mit ausgefallener Maschine eingelaufen war. Betty bemerkte den niedrigen Barometerstand, meinte aber:»Tiefer als bei dem Weststurm vor drei Wochen steht das Barometer auch nicht. Außerdem gilt dieser Monat hier am Kap als ungefährlich.« Als dann innerhalb von dreißig Minuten nach dem Auslaufen des einsamen Segelbootes Wolken aufzogen und der Wind auffrischte und auf Südost drehte, sagten Betty und ihr Mann Richard nur das, was wir auch von den anderen Befragten hörten:»Wahrscheinlich wieder Böen wie heute mittag.«

In der nächsten Stunde wehte es böig aus Süd bis Südost, und als Bill Peterson um 18.30 h beschloß, doch für alle Fälle lieber auf seinen 11m-Kutter *Kama* zurückzukehren, hatte er schon schwer zu kämpfen, um sein Dinghi durch die Wellen zu bekommen, die sich mittlerweile am gesamten Strand mit 1,20 m Höhe brachen.»Es war schon fast dunkel, als ich die *Kama* erreichte, und ich war naß bis auf die Haut. Die *Kama* war äußerst unruhig, aber meine Vorschoterin Linda machte sich keine allzu großen Gedanken darüber.«

Niemand sah mit eigenen Augen, wie Bernard Moitessiers rote Ketsch auf den Strand auflief. Die *Joshua* hatte am nächsten zum Ufer gelegen, auf Bernards übliche Weise festgemacht mit einer Leine zum Ufer, die aber nicht zu einem Baum führte, sondern zu einem Anker, der direkt in der Brandung lag. Irgend wann zwischen 18.30 h und 19.30 h meldete jemand, daß sie auf der Seite in der Brandung lag, die jetzt schnell höher wurde, bis die Wellen gegen 20.00 h, gepeitscht von Wind mit 25 kn, Höhen von drei bis dreieinhalb Metern erreichten. Susan Mitchell meldete die Lage der *Joshua* jedem, der sein Gerät eingestellt hatte, und fügte hinzu:»Die Seen, die hier vorbeilaufen, sind zweieinhalb Meter hoch, der Sturm erreicht fünfzig Knoten.« Gelegentlich fegten Regenböen über die verängstigte Flotte hinweg, und bei jeder neuen Bö hieß es: Das muß der Höhepunkt sein. Bald ist es vorbei.

Die Besatzung der 17m-Yawl *Severance* beschloß um 20.00 h auszulaufen. Charley Beasley sen. war am Ruder. Er steckte eine Boje an die Heckankerleine, während seine beiden Söhne Charley jun. und

Vince nach vorn gingen, um den Buganker aufzuholen.»Wir meinten, den Heckanker einzuholen sei zwecklos. Wir wollten einfach am nächsten Tag wiederkommen,« erzählte Charles sen. Er warf die Boje mitsamt dem Tampen der Leine über Bord und bekam eine Vorahnung von dem Schlimmsten, das den Yachten nahe am Ufer passieren sollte. Die Nylonleine wollte nicht untergehen. Die *Severance* riß an ihrem Buganker, als die zweieinhalb Meter hohe Dünung den Bug steigen ließ; durch die Kraft des mit vierzig Knoten wehenden Windes brach der Anker aus. Charley stellte die Maschine ab, damit die treibende Heckankerleine nicht in den Propeller geriet.»Ankerkette kurzstag holen,« schrie er durch das Heulen von Wind und See. Zuerst kam das Boot der von Heckankerleine frei, doch als die Kette kurzstag kam, begann es zu treiben, bis das Heck wieder über der Leine stand.»Da fehlte nicht mehr viel,« erzählte uns der 25jährige Charles jun. später. »Die Seen rauschten vorbei, der Anker wollte ausbrechen, die Maschine war wegen der Ankerleine abgestellt. Wenn der Propeller unklar kam, saßen wir in der Tinte, denn zum Manövrieren unter Segeln war nicht genügend Raum vorhanden.« Schließlich sank die Heckankerleine doch noch, und die *Severance* konnte mit Maschinenhilfe freikommen und Kurs auf die offene See nehmen, bis sie Raum zum Beiliegen hatte.»Beim nächsten Mal holen wir die Heckankerleine dicht und schneiden sie durch, damit sie weiter zurückschnellt,« erklärte Charles jun. später.

Gegen 22.00 h liefen 3 m hohe Seen über den Ankerplatz, deren Kämme über die Decks aller Boote hereinbrachen, die weniger als hundert Meter vom Ufer entfernt waren. Wenigstens zehn weitere Crews versuchten, ihre Schiffe in offenes Wasser zu bringen. Das Ehepaar auf der *Vixon*, einer Challenger 41, war erst am Tag vorher eingetroffen. Sie hatten nicht mehr viel Treibstoff und Wasser an Bord, hatten aber beschlossen, noch ein paar Tage auszuspannen, bevor sie zu schwer zu erreichende Tankstelle anliefen. Trotz eines Krängungswinkels von fünfunddreißig Grad zögerten sie mit dem Auslaufen. Der Anker hielt gut, das Schiff war mit am weitesten von der Brandung entfernt. Da krängte es in einer Bö oder durch eine brechende See plötzlich ohne jede Vorwarnung so stark, daß die 25 mm dicke Ankerleine aus der Lippklampe rutschte. Unglaublich schnell riß sie den Bugkorb ab, schamfilte an den übrig gebliebenen scharfen Kanten und riß wie ein sprödes altes Gummiband. Die beiden schnitten die Heckankerleine durch und segelten mit Maschinenhilfe aus der Bucht heraus. Als ihnen dreißig Minuten später der Sprit ausging, segelten sie nach La Paz weiter. Als sie vier Tage später in der Hoffnung zurückkehrten, ihre beiden Anker und das Dinghi wiederzufinden, erklärten

Abb. 27.3

sie uns: »Zwei Dinge haben wir gelernt. Erstens muß sich die Führungsklampe für die Ankerleine möglichst rundum schließen lassen. Wenn die Leine in der Klampe geblieben wäre, hätten wir wahrscheinlich überhaupt keine Probleme bekommen. Und zweitens – und das ist noch wichtiger – sofort nach der Ankunft im Hafen Wasser und Treibstoff fassen, damit man sofort, wenn es nötig erscheint, auslaufen kann.«

Die Crew des Schoners *Elias Mann* hatte ein anderes Problem. Der Eigner, der nach Seattle geflogen war, um zur Geburt ihres ersten Kindes bei seiner Frau zu sein, hatte den ausdrücklichen Befehl gegeben, das Schiff bis zu seiner Rückkehr nicht von der Stelle zu bewegen. Der vorübergehende Skipper Joe Daubenberger, ein erfahrener Regattasegler, hatte alles so ziemlich unter Kontrolle, bis der schwere Nachbau eines Neufundlandschoner an seiner Kette kurzstag zu kommen begann. Als das Schiff stampfte und sich aufbäumte, sprang die Kette aus dem Kattdavit und drohte auszubrechen und das Vorschiff zu verwüsten. Joe und seine Viermanncrew versuchten daher, eine 20mm-Leine als Stoßdämpfer anzubringen. Sie steckten die Leine mit einem Rollstek unmittelbar vor der Führungsklampe an die Kette, fierten die Leine um 9m und die Kette um 12 m und belegten die Leine an der Beting. Sie hielt knapp zehn Minuten, bevor sie wie Bindfaden riß. Joe und die Crew steckten jetzt vier Nylonleinen an die Kette und führten sie nach achtern zu vier Winschen im Cockpit, mit denen sie sie gleichmäßig dicht holten. Durch die zusätzliche Länge erhielt das Nylon den erforderlichen Reck, und alles schien wieder in Ordnung zu sein. Die Crew machte das Deck seeklar, eine Maßnahme, die sich um 22.15 h auszahlte. Die Seen, die bis dahin etwa 150 m hinter dem Schiff gebrochen waren, änderten plötzlich ihr Verhalten. Sie brachen jetzt direkt am Bug und legten den Schoner fast quer. Nahezu gleichzeitig verlor ein anderes Boot seinen Anker und knallte gegen die *Elias Mann*.

Joe wartete keine Minute länger. Seine Crew bebojte die Heckankerleine und arbeitete wie die Wilden, um die Ankerkette zu kappen. Beim Heulen des Windes, beim Brechen der Seen und angesichts der anderen Boote, die vier bis fünf Meter hochgeschleudert wurden, um anschließend dreihundert Meter achteraus auf das Ufer zu knallen, bekam niemand mit, wie und wodurch das Klüverbackstag riß. Die Maschine arbeitete zuverlässig, und die Crew heimste höchstes Lob ein, als der Eigner ein paar Tage danach eintraf, um den Schaden zu begutachten. Als echte Seeleute waren sie zurückgekehrt, um das Ankergeschirr zu bergen, das sie in dieser stürmischen Nacht zurückgelassen hatten.

Die Crew der *Breaking Free* hatte weitaus weniger Glück. Joe Pikus und seine Frau Donna, die Eigner dieser ketschgetakelten Force 50, wußten, daß sie nicht genügend Erfahrung besaßen, um allein mit dem Boot fertig zu werden. Deshalb hatten sie zwei Freunde mit Segelerfahrung gebeten, auf den ersten Abschnitt des Törns mitzukommen. Außerdem hatten sie noch einen weiteren erfahrenen Segler angeheuert. Der war leider gerade auf einem anderen Boot, als der Sturm begann. Er versuchte es mit einem geliehenen Schlauchboot, kam aber gegen die Seen nicht an. Auch die männliche Hälfte des befreundeten Ehepaares war nicht an Bord. Joe, Donna und ihre Freundin gaben ihr Bestes. Sie ließen die Maschine laufen, um das Ankergeschirr zu entlasten. Sofort bei Ausbruch des Sturms hatten sie auszulaufen versucht, aber den Anker nicht lichten können, weil ein später eingetroffenes 9m-Schiff direkt über ihrem Ankergeschirr lag. Da der Anker aber zu halten schien, beschloß die kleine Crew der *Breaking Free*, noch etwas zu warten. Da überhitzte sich die Maschine. »Ich leuchtete mit der Taschenlampe ins Wasser, aber dort schien nur noch Sand zu sein,« erzählte uns die Freundin Phoebe Law später. Joe reinigte den Filter und brachte die Maschine wieder zum Laufen. Das geschah noch zweimal, bevor eine plötzliche Welle das Schiff quer zu den Seen drehte. Die nächste See knallte so hart gegen das Boot, daß das elektrische Ankerspill aus dem Deck gerissen wurde und sich im Bugkorb verfing. »Das war der Augenblick, in dem wir das Ankergeschirr kappten und ausliefen.« Sie mogelten sich an den vor Anker treibenden Booten vorbei und bekamen auch keine Leine in den Propeller, ließen aber die Kleider auf den Segeln, damit die Segel in den Sturmböen von fünfundvierzig bis fünfzig Knoten nicht ausflatterten. Sie waren bereits eine Dreiviertelmeile vom Ufer entfernt, als die Maschine wieder heißlief. Dieses Mal war es zu spät. Die *Breaking Free* wurde ein gutes Stück abseits des Mittelpunkt der Tragödie auf den Strand getrieben und nur zwölf Meter von den Felsen entfernt in kleine Stücke zerschlagen. Die verängstigte Crew erreichte das Ufer und begab sich klatschnaß, aber unverletzt auf den Eineinhalbkilometer-Marsch durch den weichen Sand in Richtung auf die Reihe aus Autoscheinwerfern, die mittlerweile die Boote beleuchteten, die näher am Dorf von der Brandung zerschlagen wurden. Die *Breaking Free* war nicht versichert, als einzige Besitztümer retteten ihre Eigner ihre Geldbörsen und die Kleidung, die sie auf dem Leibe trugen.

Linda Gervasoni, die mit Bill Peterson auf dessen 11m-Kutter *Kama* fuhr, erzählte, sie sei ein wenig ärgerlich geworden, als andere Segler versucht hätten, in einem Abstand von weniger als 45 m von ihnen vor Anker zu gehen.»Bill ruderte dann immer hinüber und erklärte den Skippern, daß wir zuerst dagewesen seien. Auf diese Weise waren wir mitten in der Flotte praktisch allein.«*

Bill hatte einen 23 kg schweren Pflugscharanker an 30 m Kette und 30 m Nylonleine gesetzt. Nach den Böen am Mittag brachte er zusätzlich einen 20 kg schweren Northill- an Kette und Leine und um 18.30 h einen weiteren kleineren Pflugscharanker aus. Als der Sturm dann rückzudrehen begann, holte er den Heckanker ein, damit das Boot in dem freien Raum, den er sich verschafft hatte, ungehindert schwojen konnte.»Ich machte mir trotzdem noch Sorgen und war bereit, alle Anker zu slippen und unter Segeln oder Maschine auszulaufen. Vorsorglich hatte ich die Leinen verdoppelt und bebojt,« erzählte er uns. Trotzdem wurde noch ein Boot gegen die *Kama* getrieben, als seine Ankerleine riß, und verbog eine Saling. In der nächsten Sekunde lag es schon in der Brandung.»Luvwärts von mir lag eine Hans Christian 38.

---

*In einem einschlägigen Gerichtsurteil heißt es dazu unter anderem: Ein Wasserfahrzeug bzw. seine Besatzung handelt unrechtmäßig, wenn es... (8) so nahe an einem vor Anker liegenden Wasserfahrzeug vor Anker geht, daß es beim Schwojen mit diesem kollidieren kann, und wenn es (9) den Liegeplatz nicht wechselt, wenn es einem anderen Wasserfahrzeug vor Anker gefährlich nahe kommt. Außerdem muß das zuerst ankernde Wasserfahrzeug das zuletzt ankernde Wasserfahrzeug darauf hinweisen, daß der Liegeplatz des letzteren zu nahe an dem Liegeplatz des ersteren liegt.
Es ist unter Seglern seit langer Zeit gute Sitte, daß das erste Boot alle nachfolgenden bitten darf, ihm genügend Raum nicht nur zum Schwojen, sondern auch zum sicheren Ablegen zu lassen. Insofern hat Bill Peterson vielleicht ein paar Leute, die nach ihm eintrafen, verärgert, dafür aber sein Schiff gerettet.

Sie zerrte an ihren Ankern, weil Wind und Wellen fast von querab kamen. Ich schrie ihnen zu, die Heckankerleine zu kappen, was sie schließlich auch taten. Danach lag das Schiff relativ ruhig vor seinen beiden großen Pflugscharankern.« Raum zum Schwojen war nicht genug, um die *Sea Wren* von Jerry und Gail Sieren zu retten. Nach den Böen am Mittag hatten die beiden beschlossen, in einem freieren Bereich weiter die Küste hinunter zu ankern. Sie hatten zwei Buganker unten, einen 14 kg schweren Danforth und einen 20 kg schweren Pflugscharanker, beide an 15 m Kette und nach Jerrys Einschätzung ausreichend Leine für einen Winkel von etwa dreißig Grad zum Wasser, wenn das Boot das Ende seines Schwojbogens erreichte. »Als es schlimmer wurde, kappten wir die Heckankerleine, warfen die Maschine an und steuerten so, daß die Belastung gleichmäßig auf beide Anker verteilt wurde. Gegen 20.30 h begannen die Wellen dann direkt vor dem Boot zu brechen. Eine erwischte uns von der Seite, und die Arme des Ruderquadranten brachen,« erzählte Jerry. »Jetzt hätten wir nicht einmal mehr auslaufen können, wenn wir es gewollt hätten.« Gegen 23.00 h sahen sie, wie die *Jolena*, ein 10m-Kutter, offensichtlich ohne Probleme auslief. Dann versuchte es die *Amola II*, eine Cal 40, unter Maschine, doch der Propeller kam in einer der vielen Leinen unklar, die im Wasser trieben. Die Crew hißte eine Sturmfock und das stark gereffte Großsegel und erreichte die Sicherheit der offenen See. Die Crew der *Sea Wren* konnte in der Zwischenzeit nur warten und beten, doch um 23.30 war die Leine am Pflugscharanker durchgescheuert, das Boot begann zu treiben. Minuten später lag es am Strand, zerschlagen von Brechern, die, nach nahezu übereinstimmender Aussage, gegen Mitternacht fast fünfeinhalb Meter Höhe erreichten.

Erstaunlicherweise gab es die einzige Verletzung auf einem Boot, das den Ankerplatz auf dem Höhepunkt des Sturms um Mitternacht verließ. Das Ehepaar auf der *June Eighth*, einer Endeavor 37, hatte gerade den Buganker gelichtet, als eine See über das Deck hereinbrach. Sie erwischte den Mann, der vorn in der Nähe des Bugspriets war, und spülte ihn über das halbe Deck gegen einen Ventilator. Die Frau kam mit Maschinenhilfe frei und konnte das gebrochene Bein ihres Mannes am nächsten Tag in La Paz schienen lassen.

An Bord der *Ayorama*, einer Endurance 36, sah es von Anfang an schlecht aus. Kurz nach Beginn des Sturms kam der Propeller in der Heckankerleine unklar. Grant Nicholas, der Eigner, meinte, er wäre unter Segel ausgelaufen, hätte aber nicht genügend Raum gehabt, weil andere Boote in gut 15 m Abstand vor Anker gelegen hätten. Dann befreite sich die Genua, die in einem Sack mit Reißverschluß am

Vorstag gesessen hatte. Sie stieg halb am Vorstag in die Höhe, füllte sich und drehte das Schiff quer zu Wind und Wellen; es begann vor dem Buganker zu treiben, bis es in der Brandung zermalmt wurde.

Susan und Paul Mitchell waren sich drei Stunden lang ziemlich sicher, daß sie als nächste ihr Schiff verlieren würden. Sie hatten knapp hundert Meter vom Ufer entfernt ihren 30 kg schweren Hauptanker an 38 m 10mm-Kette in 10 m tiefem Wasser gesetzt. Zwischen ihrem Schoner und dem Ufer ankerte eine weitere Reihe von Booten, die um Mitternacht fast alle in der Brandung zerschlagen wurden. Susan und Paul sahen mit Schrecken, daß ihre *White Cloud* den Brechern immer näher kam, und erkannten schließlich, daß sie nicht trieben. Ihr Anker hielt, aber jedesmal, wenn eine Welle den Bug in einem Winkel steigen ließ, der nach Angaben von Beobachtern am Strand bis zu fünfundvierzig Grad betrug, rauschten wieder ein paar Glieder mehr aus der Führungsklampe aus. »Wir brachten unseren 34 kg schweren Danforth-Anker an Leine aus, und als wir weit genug getrieben waren, daß der die Belastung übernehmen konnte, trieb die *White Cloud* nicht mehr weiter. Wir waren aber nur noch knapp dreißig Meter vom Ufer entfernt, als am Donnerstagmorgen um 01.00 h der Wind nachzulassen und das Barometer zu steigen begann. Dann schien ein riesiger Regenguß die Seen zu besänftigen, und wir konnten aufatmen. Wir wußten, daß wir einfach nur Glück gehabt hatten. Wir hätten uns um 20.00 h der *Severance* anschließen sollen. Unser Bugspriet ist gebrochen, die Maschine überhitzt. Aber wir haben unser Schiff schließlich noch.«

Bei Tagesanbruch waren die Seen nur noch sechzig bis neunzig Zentimeter hoch. Der Himmel begann aufzuklaren, und der Anker-

Abb. 27.4

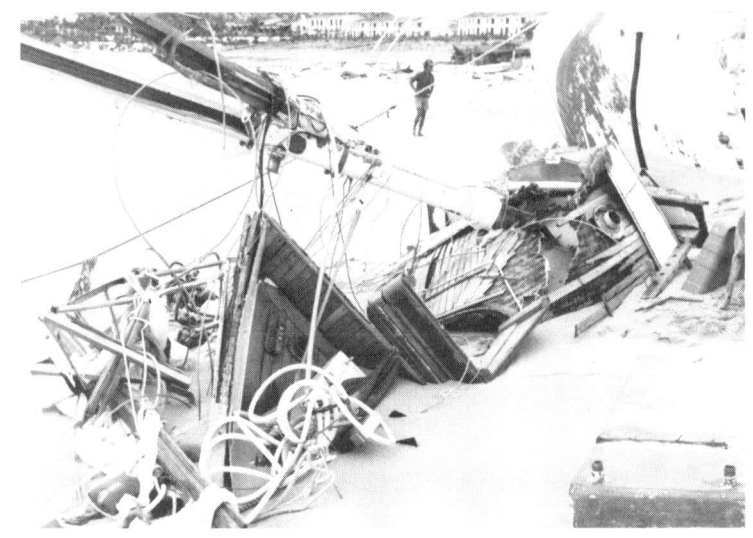

Abb. 27.5

platz sah aus wie leer. Zweiundzwanzig von den Sportfischeryachten, die an Festmachebojen in 27 m tiefem Wasser gelegen hatten, befanden sich noch an Ort und Stelle. Zwei Sportfischeryachten lagen im Innenhafen, in den sie gelaufen waren, nachdem sie in der Nacht ein Segelboot gerettet hatten. Sechs Segelschiffe lagen noch vor Anker, und ein paar andere waren am Horizont zu erkennen, wo sie nach einer stürmischen Nacht auf See mit Windgeschwindigkeiten zwischen fünfzig und siebzig Knoten und bis zu 6 m hohen Wellen zurückkehrten. Am Strand lagen die Überreste von siebenundzwanzig großen Yachten zerschlagen zwischen einem Dutzend offener Sportanglerboote und einem weiteren Dutzend kleinerer Yachten. Die mexikanischen Dorfbewohner, so arm sie auch waren, kamen sofort und boten den Seglern, die sich benommen in den Cafés am Strand drängten, Kleidung, Unterkunft und warme Mahlzeiten an. Die Behörden schickten ein Dutzend Soldaten, die am Strand patrouillieren und Plünderer fernhalten sollten. Sie nahmen am ersten Tag drei Leute fest, alles amerikanische Touristen aus Wohnmobilen, die direkt hinter den Dünen geparkt waren.

Die Eigner zweier Boote, die dermaßen zerschlagen waren, daß es nichts mehr zu identifizieren und zu bergen gab, flogen mit dem ersten Flug nach Hause. Diejenigen, die blieben, um vielleicht etwas von ihrem Traum zu retten, hatten mit verständlichen, aber frustrierenden

Abb. 27.6

bürokratischen Hindernissen zu kämpfen. Man verbot ihnen, irgend
etwas zu verkaufen oder zu verschenken, ohne vorher Einfuhrzoll
darauf zu bezahlen. Außerdem durften sie Cabo San Lucas nicht eher
verlassen, als der Strand von allem Wrackgut gesäubert war. Die
Behörden stellten Lastkraftwagen zur Verfügung, und die Einheimischen boten bereitwillig ihre Hilfe bei der Beseitigung der zerschlage-

Abb. 27.7

299

nen Stücke kaum noch erkennbarer Rümpfe und Kajüten an. Trotzdem war das eine freudlose und öde Aufgabe für Leute wie beispielsweise Joe und Donna Pikus, die kein einziges Stück finden konnten, das sich als ihr Eigentum identifizieren ließ.

Als wir fünf Tage nach dem Sturm am Strand entlang gingen, zeigte sich das abschließende Ausmaß der Katastrophe. Fünf Schiffe waren noch zu bergen, nämlich die eingedrückte *Joshua*, der aufwendig gebaute Kutter *Vagabundo* (Abb. 27.8) und die gleichermaßen auf-

Abb. 27.8

Abb. 27.9

wendige Olson 40 *Notorious* (Abb. 27.9). Die *Grace* (Abb. 27.10), eine Omega 44, deren Heckankerleine in den Propeller geraten war und die langsam mit dem Bug voraus durch die Brandung auf den Strand gelaufen war, lag mit dem Unterwasserschiff gegen die brechenden Wellen bei Hochwasser und war unbeschädigt. Das letzte intakte Schiff, die Cabot 36 *Dancing Bear*, wurde noch vor unserer Abreise wieder flottgemacht.

Zwölf andere Schiffe waren noch zu erkennen, lohnten aber keinen Instandsetzungsversuch mehr oder versanken im Sand der Flußmündung am oberen Ende der Bucht, wo kein schweres Gerät zum Bergen eingesetzt werden konnte. Mehrere weniger aufwendig konstruierte Boote waren unmittelbar hinter dem Bereich, wo die zusätzlichen GFK-Lagen für die Bolzen endeten, aufgerissen. Sechs andere große Yachten waren nicht mehr wiederzuerkennen, sechs weitere wurden vermißt. Von den siebenundzwanzig großen Yachten, die durch die Brandung an Land getrieben waren, waren nur zehn versichert. Das war das Schlimmste an dem ganzen Erlebnis. Wir saßen da und mußten mit anhören, wie Leute, die in geschenkte T-Shirts mit der Aufschrift »Welcome to Cabo San Lucas« gekleidet waren, sich darüber klar zu werden versuchten, was sie tun sollten. Eine Frau in den Fünfzigern, Eignerin eines nicht versicherten Bootes, von dem keine Spur mehr zu finden war, schlug das wohl traurigste Kapitel auf, als sie sagte: »Nach Hause? Wie denn? Wir haben unser Haus verkauft, um auf Fahrt zu gehen.«

Abb. 27.10

28
Seglers Lamento

»Ich war blöd, einfach blöd.« Diesen Satz wiederholte Bernard Moitessier immer wieder, während wir im Sand hinter dem Rumpf seiner zerschlagenen Stahlketsch *Joshua* saßen. Um uns herum sahen ein halbes Dutzend Freiwillige nach und nach ein, daß sie gegen den Sand und das Wasser im Rumpf, das immer wieder nachströmte, nicht ankamen. Der Benzinmotor der von dem Skipper einer Sportfischeryacht geliehenen nagelneuen Pumpe wollte nicht anspringen. Wenn ich mir das schmale Häufchen geborgener Dinge, das jetzt Bernards ganzen weltlichen Besitz darstellte, so ansah, konnte ich seine Niedergeschlagenheit verstehen, sein Zögern, sich an die Instandsetzung des Bootes zu begeben, das ihn zweimal um die Welt getragen und seinen Namen zu einem Synonym für den Mythos des Einhandsegelns gemacht hatte. Von der *Joshua* waren nur noch Rumpf und Deck übrig. Der Mast war in zwei verbogene Teile zerschlagen, der Bugspriet bog sich im Winkel von fünfundvierzig Grad, der Ruderkopf war abgerissen, die Maschine lag unter Tonnen von Sand begraben, die zerrissenen Segel lagen in Bündeln am Strand, auf nassem Reis, zerquetschtem Obst und durchweichten Jutebeuteln mit Walnüssen lagen Bücher, die auf das Vierfache ihrer normalen Größe aufgequollen waren.

Larry und ich hatten zum ersten Mal vor dreizehn Jahren von Bernard Moitessier gehört, als er in der Welt des Segelns für Verwirrung gesorgt hatte, indem er sich weigerte, die letzten fünftausend Meilen zu segeln, die ihm zum fast sicheren Sieg in der ersten Nonstop-Einhandregatta um die Welt und dem damit verbundenen Gewinn von fünfzehntausend Dollar fehlten. Er hatte die *Joshua* sechs Monate lang von England um das Kap der Guten Hoffnung, südlich an Australien vorbei und um Kap Hoorn getrieben und war dann eine Woche lang

Abb. 28.1

unmittelbar nördlich der Falkland-Inseln bekalmt worden. Er hatte Funkmeldungen über den unerklärlichen Tod eines seiner Konkurrenten aufgefangen und von dem Verschwinden zweier weiterer Schiffe gehört und wußte wahrscheinlich, daß er in Führung lag, doch es ging eine merkwürdige Wandlung in ihm vor, während sein Schiff absolut bewegungslos lag. Er erkannte, daß er auf See eigentlich nur seine Seelenruhe gesucht hatte. Er verließ den Kurs Richtung England und kämpfte weitere vier Monate gegen die ungünstigen Winde im winterlichen Südmeer an, um schließlich nach insgesamt zehn Monaten die Ruhe Tahitis zu erreichen. Seine Gründe versuchte er in einem Buch darzulegen, das in ganz Europa zum Bestseller wurde. Ich hatte sie aber nie ganz verstanden, bis wir Bernard vor eineinhalb Jahren in Kalifornien kennenlernten und er erklärte:»Segeln ist ein privates Erlebnis. Wenn ich nach England zurückgekehrt wäre, hätte die Presse mir dieses Erlebnis Stück auf Stück entrissen.«

Bernard blieb mit seiner zweiten Frau, seinem Sohn und der *Joshua* zehn Jahre in Französisch Polynesien. Er bebaute eine winzige Insel im Tuamotu-Archipel und lebte von den dahinschmelzenden Honoraren für seine Bücher, darunter auch das erste, in dem er den Anfang seiner seglerischen Laufbahn in Indochina, den Schiffbruch mit seinem ersten Boot auf einem Riff im Indischen Ozean, den Verlust seines zweiten Schiffes vor einer Insel der Karibik und die erste Fahrt mit seinem scheinbar unzerstörbaren Traumschiff beschrieb, der 11,5 m großen

Joshua, gebaut aus 5 mm dicken Stahlplatten und mit größter Einfachheit getakelt und ausgerüstet.

Anfang 1981 verließ Bernard, frustriert von der Politik und fasziniert von dem Bild, das amerikanische Segler von Kalifornien gemalt hatten, seine zweite Heimat Französisch Polynesien und begab sich auf einen Einhandtörn direkt nach San Francisco, wo er hoffte, seinen Segelfilm zeigen, Vorträge halten und sich in der Gemeinschaft von Fahrtenseglern wohlfühlen zu können, die seine emotionellen Bindungen an die offene See verstehen würden.

Leider machten ihm bürokratischer Ärger mit dem Visum und die nicht erwartete Notwendigkeit, wegen der Vorträge eine gewisse Publizität zu suchen, sehr zu schaffen. Er versuchte es mit Kursen über Seemannschaft an Bord der *Joshua*, doch obwohl die Teilnehmer durchaus zufrieden waren, meinten viele potentielle Teilnehmer, der Preis sei auch angesichts der Tatsache, daß Bernard ihnen seine Erfahrungen aus siebzigtausend Seemeilen vermitteln konnte, zu hoch für einen Tag an Bord eines festgemachten Schiffes. Aber Bernard wollte die Leinen der *Joshua* nicht loswerfen, denn – so erklärte er uns mit seinem starken französischen Akzent:»Ich bin ein Reisender, kein Segler. Wenn ich auslaufe, dann tue ich das nicht, um an denselben Ort zurückzukommen. Ich tue es, um einen Ozean zu überqueren, neues Land zu finden.«

Nach einem Jahr in Kalifornien setzte Bernard mit kaum mehr Geld als bei der Ankunft Kurs auf Mexiko.»Ich nahm einen zahlenden Passagier mit, den Schauspieler Klaus Kinski, um das nötige Geld zu bekommen. Es war gut, wieder unterwegs zu sein, gut, ein Land zu sehen, in dem das Leben normaler verläuft.«

Der Geist des mañana in Cabo San Lucas war nach den Menschenmassen, dem Nebel und der Kälte in Sausalito wie Balsam für seine Nerven. Bernard machte die *Joshua* mit dem Heck zum Strand nur 23 m von den sich kräuselnden Wellen fest, die auf dem goldenen Sand spielten. Andere Boote gingen ganz in der Nähe vor Anker, die Crews luden Bernard zu ihren geselligen Veranstaltungen ein.»Ich hätte meinem Instinkt trauen und auslaufen sollen, als das Wetter verrückt spielte. Aber ich war derart von anderen Booten eingekreist, daß das äußerst schwierig gewesen wäre.«

Der 25 kg schwere Pflugscharanker der *Joshua* an seiner schweren Kette hielt dem Sturm eine Stunde lang stand, doch um 19.00 h war es vorbei. Drei Meter hohe Wellen brachen direkt über dem Schiff und zogen den Anker durch den Sand, der erst vor drei Wochen bei einem Hurrikan aufgewühlt und gelockert worden war. Innerhalb weniger Minuten lag die *Joshua* auf der Seite in der Brandung, die Brecher

Abb. 28.2

schlugen auf ihren glänzend roten Rumpf ein.

Jetzt, fünf Tage danach, war Bernard nahezu begierig, seinen Kummer, seinen Schmerz und die Lektionen, die er gelernt hatte, anderen Menschen mitzuteilen. »Alles meine eigene Schuld. Ich habe nicht nachgedacht. Ich war es so leid, dauernd nachdenken zu müssen, um in den verrückten Staaten zu überleben. Als ich hier ankam, vergaß ich einfach zu denken. Ich hatte nicht mal die Segelanweisungen gelesen.«

Auf meine unvermeidliche Frage »Was nun?« zuckte der achtundfünfzigjährige Bernard nur mit den Achseln und sagte: »Auch wenn sich die *Joshua* wieder flottmachen ließe – ich bin zu alt, um sie wieder instand zu setzen. Außerdem ist sie zu groß für mich. Ich wünschte, ich hätte ein kleines einfaches Boot anstelle eines großen einfachen Schiffes. Nein, ich weiß nicht, was ich machen werde. Im Augenblick kann ich nur daran denken, daß ich ein kleines Boot brauche, um nach Frankreich zu kommen, wo man mich kennt.«

Er blickte zu den Mexikanern hinüber, die sich durch das Wrack wühlten, und murmelte: »Ich habe nie erlebt, daß der Wind so schnell Brecher verursachte. Die haben sich nicht aufgebaut, die waren einfach da.«

Bernards Niedergeschlagenheit nahm Larry und mich mit, und wir erörterten bis spät in die Nacht eventuelle Möglichkeiten, die *Joshua* zu bergen. Am nächsten Morgen gab Bernard bekannt: »Ich muß die

Joshua um ihrer selbst willen retten. Sie muß wieder schwimmen.« Da ihm die zweitausend Dollar fehlten, die er gebraucht hätte, um die einzige große Bergungspumpe, die es gab, zu mieten, überschrieb er die Überreste der *Joshua* an Reto Filli, einen jungen Schweizer von einem anderen Boot, der ihm in den vergangenen Tagen geholfen hatte.

Als wir drei Tage später wieder zu Hause in Kalifornien waren und das Bild der Verwüstung aus unseren Köpfen zu verdrängen versuchten, rief Barry Poole, ein Amateurfunker, an und teilte uns mit:»Die *Joshua* ist wieder flott. Sie liegt im Innenhafen.«

Die *Joshua* wird die hohe See wiedersehen mit einem Eigner, der sie hoffentlich genau so liebt wie Bernard.

29
Die technische Seite
der Katastrophe

Ein Dutzend Lektionen wartete in Cabo San Lucas auf uns. Man hatte uns erzählt, wie bei neunundzwanzig Segelschiffen das Ankergeschirr nicht gehalten hatte, doch als wir fünf Tage nach der Unheilsnacht eintrafen, waren wir psychisch völlig unvorbereitet auf den Anblick der zerschlagenen Rümpfe, der wie Brezeln verbogenen Masten und der unter Schock stehenden Menschen, die zusehen mußten, wie die Überreste ihrer Träume in passende Stücke zersägt wurden, um anschließend abtransportiert zu werden. Wir brauchten fast einen Monat, um all die Geschichten von Enttäuschungen und verlorenen Träumen aus dem Bewußtsein zu verdrängen. Schließlich erinnerten wir uns an ein Gespräch, das eine Woche vor dem Flug nach Cabo San Lucas stattgefunden hatte.

»Das ist ja das große Problem im Schiffsbaugeschäft, es ist zu klein! Selbst der größte Hersteller von Schiffsbeschlägen ist winzig im Vergleich zu den Firmen in anderen Industriezweigen,« hatte ein Freund von uns gesagt, während wir mit einem Dutzend anderer Segler in unserem Wohnzimmer saßen. Vorher hatten wir uns darüber beklagt, daß es so schwierig sei, die richtige Ausrüstung für Hochsee-Tourenyachten zu bekommen. »Was sind denn schon vier- oder fünftausend Ruderanlagen im Vergleich zu einer Million Vergaser?« fuhr er fort. »Die Hersteller von Schiffsausrüstungen können es sich nicht leisten, ausgeklügeltes Testgerät anzuschaffen. Sie können nur den Versuch machen, die zerstörerische Kraft von Stürmen und brechenden Wellen abzuschätzen. Das ist nicht wie in der Auto-Industrie, wo schnell mal ein Dutzend Autos zu Schrott gefahren werden, um festzustellen, ob die Bremsen auch unter widrigen Umständen funktionieren. Die Schiffbauingenieure mögen sich bei der Berechnung der theoretischen Bruchlasten noch so anstrengen, es ist der Kunde, der das Produkt erprobt, und genau dieser Kunde tut in der Regel alles, um eine Beanspruchung seiner Ausrüstung bis zur Bruchlast zu vermeiden. Aus diesem Grunde ist es kaum möglich, echte Erfahrungswerte zu bekommen.«

»Ich glaube, dasselbe kann man von Seglern sagen,« warf einer unserer Gäste ein. »Sie haben sich in der Theorie alle zurechtgelegt, was sie in diesem oder jenem Notfall tun würden, bekommen aber kaum einmal die Gelegenheit, diese Pläne auf Schwachstellen hin zu überprüfen.«

In Cabo San Lucas waren von den Booten, die in der dunklen stürmischen Nacht auf den Strand gesetzt worden waren, einundzwanzig bis zur Zerstörung geprüft worden. Wenigstens zwanzig weitere Schiffe waren der Brandung entkommen, wobei jedoch die Ausrüstung zum Teil geprüft wurde, bis sie versagte. Die von dem fünfstündigen Sturm aufgeworfenen Dreimeterseen waren in die offene Reede gelaufen und hatten die Notfallpläne vieler Segler auf die Probe gestellt. Manche hatten funktioniert, andere nicht. In den Tagen danach war der trümmerübersäte Strand dann zum Prüfgelände für all diejenigen geworden, die die noch intakten Boote zu bergen versucht hatten. Als wir unsere Aufzeichnungen über zwanzig Stunden Interviews am Strand durchblätterten und uns anschließend die Hunderte von Photos ansahen, wurde uns klar, daß die Prüfungen hier nicht unter kontrollierten Bedingungen stattgefunden hatten, so daß jede Überlegung von dem Gedanken ausgehen mußte, daß die einwirkenden Kräfte weitaus größer als normal waren, daß die Boote Belastungen ausgesetzt waren, denen sie nie hätten ausgesetzt werden dürfen, daß die Schiffe in 3 m hohen Brechern gegeneinandergeschleudert wurden und daß die Segler unter einer fürchterlichen psychischen Anspannung gehandelt hatten. Doch unter Berücksichtigung dieser Einschränkungen war zu sehen, daß es in Cabo Mißerfolge und Erfolge gegeben hatte, die aufzeigenswert sind, weil Schiffe nur selten bis zur Zerstörung geprüft werden können.

LIPPKLAMPEN

Zweifellos waren die Lippklampen eines der schwächsten Glieder in den Ankersystemen nicht nur der Boote, die an Land geworfen wurden, sondern auch derjenigen, die auf das offene Meer entkamen oder den Sturm vor Anker abwettern konnten. Wenige Minuten nach der Ankunft in Cabo sahen wir einen Mann, der eine Edelstahl-Lippklampe in der Hand trug, die um fast hundertachtzig Grad verdreht war (Abb. 29.1). Er hoffte, in dem kleinen Dorf jemanden zu finden, der sie richten konnte. Die Klampe war aus 3 mm dickem Stahlblech geschweißt und hatte sich verdreht, als sie durch das Stampfen des Bootes auf Zug belastet wurde. Das war geschehen, als der Wind vierzig Knoten und die See gut einen Meter Höhe erreicht hatten. Zu seinem Glück hatte es der Eigner des Bootes geschafft auszulaufen, ohne in den vielen treibenden Leinen unklar zu kommen.

Nur sehr wenige unter den drei Dutzend verbogenen Lippklampen, die wir zu sehen bekamen, waren auf Beanspruchung von der Seite

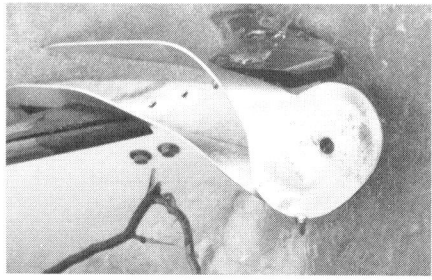

Abb. 29.1

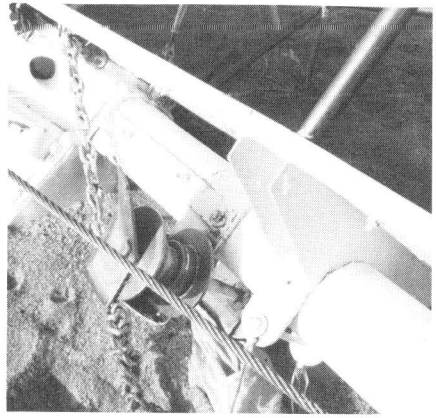

Abb. 29.2

309

ausgelegt (Abb. 29.2); dabei kann eine solche Beanspruchung sehr groß werden, wenn das Schiff vor zwei Ankern liegt. Im Falle von Cabo San Lucas, wo der Wind drehte, bis er genau von querab kam, war sie sogar noch ausgeprägter. Eine Möglichkeit, die Festigkeit gegen seitliche Beanspruchung zu erhöhen, ist eine Art Verriegelung wie etwa ein Bolzen, der von außen durch die obere Lippe der Klampe in das Gehäuse geschraubt wird. Dadurch wird jede Belastung auf den ganzen Beschlag verteilt. Diese Verriegelung sorgt dann auch dafür, daß die Ankertrosse nicht aus der Klampe springt. Das war übrigens der zweitgrößte Schwachpunkt. Nur eines der Schiffe, die als Wracks am Strand lagen, hatte eine Vorrichtung, die die Kette in der Lippklampe hielt. Mehrere Leute hatten ihr Ankergeschirr eingebüßt, weil die Nylontrosse aus der Klampe gesprungen und entweder an scharfen Kanten neben der Klampe oder an Ausrüstungsteilen durchgescheuert worden war, die sie selbst losgerissen hatte, als das Boot in den 3 m hohen Seen stampfte. Drei Segler, die Ankerketten verwendeten, aber keinen Haltebolzen an der Lippklampe hatten, beschrieben ihre Befürchtungen, daß die Kette freikommen könnte.»Ich hätte meine Hand verlieren können, wenn die Kette freigekommen wäre, während ich damit beschäftigt war,« meinte der eine.

Das letzte Problem in Hinsicht auf die Lippklampen waren deren scharfe Kanten. Mehrere Boote gingen verloren, weil die Ankerleinen an Metall schamfilten, das sich ganz glatt anfühlte, aber mit einem zu kleinen Radius abgerundet war. Diesem Problem kann man nur dadurch entgehen, daß man die Lippen der Klampe aufweitet oder sich ein Gußstück anfertigen läßt, dessen Lippen überall dort, wo die Leine schamfilen könnte, mit einem großen Radius abgerundet sind.

Es ist nicht erstaunlich, daß es im Handel kaum Lippklampen gibt, die für sämtliche bei Sturm auftretenden Beanspruchungen ausgelegt sind. Bei jedem Boot liegen die Probleme etwas anders. Bugspriet, Bugkorb und Vorstag sind im Weg. Bronzeklampen, bei denen die Kanten leichter abgerundet werden können, müssen praktisch nach Maß gefertigt werden, so daß Klampen aus Edelstahl kostengünstiger zu sein scheinen. Pech für den Hochseesegler ist nur, daß auch sie eigentlich maßgeschneidert werden müssen, um gute Dienste zu leisten. Damit sind wir wieder bei dem Hauptproblem im Yachtbau. Beschläge, die für jeden Bootstyp genau geeignet sind, lassen sich nicht in Mengen herstellen. Um eine perfekte Lippklampe zu bekommen muß man eine Menge Geld ausgeben. Aber die Kosten sind möglicherweise klein im Verhältnis zur Alternative, wie zu viele Leute in Cabo San Lucas schmerzlich erfahren mußten.

KETTE ODER LEINE?

Die Frage nach der richtigen Ankertrosse für so extreme Bedingungen wie in Cabo San Lucas schien von allen, die davongekommen waren, einmütig beantwortet zu werden: Kette. Über zwanzig Eigner beklagten sich über durchgescheuerte Ankerleinen, während trotz zunächst anderslautender Meldungen keine einzige Ankerkette riß (bei einer Motoryacht brach die Kette, doch wie wir hörten, war sie schlecht instand gehalten und zu schwach; auf einem anderen Boot ging der Schäkel zwischen Kette und Anker auf). Auf der anderen Seite gab es mit Ketten ganz spezielle Probleme. Auf der Ketsch *Wind Dancer*, einer Globe 46, gab es keine Rückhaltevorrichtung an der Lippklampe und keine Möglichkeit, die Kette am Ankerspill zu sichern. Auf dem Höhepunkt des Sturms sprang die Kette aus der Führung und riß das Ankerspill aus dem Deck. Das Boot war ein Totalverlust.

Das zweite Problem mit den Ketten war es, sie loszuwerden, als es Zeit wurde auszulaufen. Da die Boote so nahe beieinander lagen, mußten die Skipper meist feststellen, daß ihr Ankergeschirr sich unter anderen Schiffen befand. In der Regel entschieden sie sich dann, Anker und Kette zurückzulassen und später wieder abzuholen. »Versuch mal, eine 8mm-Kette mit einer Bügelsäge zu durchtrennen, wenn das Schiff wie ein wildes Pferd bockt und du vor lauter Regen und Dunkelheit nicht die Hand vor den Augen erkennst,« schimpfte ein

Abb. 29.3

Skipper, mit dem wir in einem der Cafés am trümmerübersäten Strand saßen. Als ich ihm den kleinen Trick erläutert hatte, den uns ein Motoryachtbesitzer gezeigt hatte, eilte er sofort zu seinem Schiff:»Das mache ich jetzt sofort.«

Wir stecken ein schweres Nylonende an das bordseitige Ende der Kette und belegen es an einem stabilen Punkt im Kettenkasten mit zwei Rundtörns und einem halben Schlag, so daß es sich auch unter Zug lösen läßt. Wenn es an der Zeit ist, kann man so die Kette bebojen und das Nylonende kappen oder den Knoten lösen.

Wir sprachen darüber auch mit Richard Spindler, Redakteur bei der kalifornischen Segelzeitschrift *Latitude 38*, der nach Cabo gekommen war, um sein Boot zu übernehmen und sich aus purem Zufall mitten in einer bedeutenden Story wiedergefunden hatte. Als wir unsere Aufzeichnungen verglichen, meinte er:»Das ist eine gute Lösung, um die Kette schnell loszuwerden, und das Nylonende ist eine prima Kettenbremse, wenn man die Kette ganz ausstecken kann. Aber hier war einfach nicht genügend Raum dafür. Ich werde aber für alle Fälle zwei oder drei 1o m lange Nylonenden als Kettenbremsen an Bord nehmen.« Am besten steckt man das Ende mit einem Rollstek an die Kette. Um die erforderliche Federwirkung zu erzielen, steckt man gleichzeitig 3 m Kette und 3 m Nylonleine aus. Anschließend belegt man das Nylonende und steckt weitere 3 m Kette aus, die dann eine Bucht bilden.

ANKER

Besonders interessierte uns die Feststellung, welcher Ankertyp am besten gehalten hatte. Aus den Gesprächen mit nahezu gleich vielen Eignern, die ihre Boote verloren hatten, und Skippern, die den Sturm abgewettert hatten oder ausgelaufen waren, ließ sich nicht ableiten, welcher Typ am besten war. Was hingegen eine Rolle gespielt hatte, war das Gewicht. Die Boote, die die Brecher vor Anker überstanden, hatten im Verhältnis zu den Herstellerempfehlungen überdimensioniertes Ankergeschirr benutzt. Die Broenmans auf ihrer 10,3m-Slup *Kaskelot* überstanden die Nacht vor einem 16 kg schweren Pflugscharanker an 73 m 10mm-Kette. Empfohlen wird für ihr Boot ein 11,5 kg schwerer Pflugscharanker an 8mm-Kette. Die Burkhardts auf der *Magic Dream*, einer Valiant 40, verwendeten einen 20 kg schweren Bruce-Anker an 60 m Kette. Er hielt. In der Werbebroschüre für ihr Boot wurde ein 15kg-Anker empfohlen. Ein 38 kg schwerer Danforth-Anker in Verbindung mit einem 30 kg schweren Bruce-Anker hielt den

18m-Schoner *White Cloud* direkt an der Brandungslinie, wo die Brecher fünfeinhalb und der Seegang fast drei Meter Höhe erreichten. Die Hersteller scheinen in beiden Fällen der Meinung zu sein, daß jeweils einer dieser Anker bei Sturm für ein Schiff dieser Größe ausreicht. Ich sage scheinen, denn das Kleingedruckte in den Werbebroschüren für diese Anker enthält Hinweise, die so oder ähnlich lauten:»Die obigen Ankergrößen beziehen sich auf Windgeschwindigkeiten bis zu 60 mph (Meilen pro Stunde, nicht Knoten), einen gewissen Schutz vor der See, guten Ankergrund und ausreichend Trossenlänge für maximale Haltekraft.« So wie wir in Schweden erleben mußten, daß der 11 kg schwere Pflugscharanker der *Seraffyn* in einem völlig vor der See geschützten Hafen von 365×365 m, aber bei 90 kn Wind und 60 cm Seegang schlierte, so wird jeder Fahrtensegler eines Tages in eine Situation geraten, die weit über das hinausgeht, was die Ankerhersteller als Norm annehmen.

Eine der häufigsten Erklärungen, die wir in Cabo hörten, läßt sich mit den Worten des Eigners einer Endurance 36 zusammenfassen: »Mein Anker begann etwas zu schlieren, so daß ich die Maschine anwarf, um den Zug zu verringern. Kurz darauf schlierte er wieder, und fast umgehend kam der Propeller in der Lose in der Heckankerleine unklar. Das war dann das Ende.« Zu viele Segler mußten in Cabo San Lucas die traurige Erfahrung machen: Wenn der Anker erst einmal zu schlieren beginnt, wird die Chance, die offene See noch zu erreichen, weitaus kleiner.

ANKERSPILLS

Ein sehr unangenehmes Problem mit einem bestimmten elektrischen

Abb. 29.4

313

Ankerspill wurde in Cabo auf drastische Weise aufgezeigt. Wir sahen zwei Wracks, bei denen das gleiche Ankerspill aus dem Vordeck herausgerissen worden war und ein klaffendes Loch hinterlassen hatte. Auch auf der Ketsch *Breaking Free*, von der nichts mehr übrig geblieben war, war ein Ankerspill des gleichen Typs ausgerissen und hatte damit die Kette der Ereignisse bis zum katastrophalen Ende in Gang gesetzt. Bei einem genaueren Blick zeigte sich, daß durch die Ausfräsung, die erforderlich ist, um den Elektromotor unter dem Deck installieren zu können, die Dicke des Decks an den Montagestellen für das Spill weniger als 2 cm beträgt. Dieser Schwachpunkt ließe sich beseitigen, indem man von unten eine große Metallplatte unter dem Spill anbringt, die die angreifenden Kräfte gleichmäßig verteilt (Abb. 29.4).

MASCHINEN

Kein einziger unter den Befragten ließ etwas von Startschwierigkeiten mit der Maschine verlauten. Leider waren die Maschinen keine Lösung für ein im Grunde seemannschaftliches Problem. Die geringen Abstände zwischen den einzelnen Booten bedeuteten, daß das Manövrieren unter Motor mehr eine Sache des Glücks als des Könnens wurde, als sich die Seen aufbauten. Heckleinen, treibende Ankerleinen von anderen Booten und Dinghi-Vorleinen gerieten in die Propeller von mindestens zwanzig Booten und machten deren Maschinen nutzlos. Doch die Crew auf der *Amola II*, einer Cal 40, schaffte es auf dem Höhepunkt des Chaos, als viele Boote in der Brandung kenterten, unter Sturmfock und gerefftem Großsegel auszulaufen, nachdem der Propeller unklar gekommen war, und dieses Schiff hatte mehreren Berichten zufolge mit am nächsten zum Strand gelegen.

Aufgewirbelter Sand war eine zweite wesentliche Ursache für Maschinenausfall. Sieben Segler erzählten uns, daß ihre Maschinen großartig gelaufen seien, »bis das verdammte Ding heißlief und automatisch abschaltete. Der Salzwasserfilter war mit Sand verstopft.« Angesichts eines solchen Notfalls, wie er vielleicht einmal im Leben vorkommt, fragt man sich, warum es keine Möglichkeit gibt, die automatische Abschaltung zu übersteuern. Bei der *Breaking Free*, die schon fast auf offener See war, hätte eine manuelle Übersteuerung des Überhitzungsschalters der Crew kostbare Minuten verschafft, um die Segel zu setzen und damit vielleicht das Boot zu retten.

FUNKGERÄTE

Alle, mit denen Lin und ich sprachen, hatten ein UKW-Funkgerät, ein Amateurfunkgerät oder beides. Fünf Nächte nach dem Sturm fand ein Gespräch statt, an dem die Eigner von zwei gestrandeten Booten und von zwei Schiffen, die die Nacht überstanden hatten, teilnahmen. Im Hinblick auf die Funkgeräte herrschte allgemeine Übereinstimmung, daß sie vor dem Sturm schädlich, während des Sturms nutzlos, nach dem Sturm hingegen hilfreich gewesen seien. »Wir trafen keine eigenständigen Entscheidungen, als der Wind aus Südosten kam,« sagte der eine. »Statt dessen sprachen wir über Funk miteinander und fragten, ob der jeweilige Gesprächspartner auslaufen oder bleiben würde. Wir hätten jeder für sich entscheiden sollen, als wenn wir jeweils die einzigen am Ankerplatz gewesen wären. Wenn gleich zu Beginn des Sturms ein Dutzend Boote ausgelaufen wären, hätten sich die anderen wahrscheinlich angeschlossen, doch wir versicherten uns statt dessen gegenseitig, daß das Schlimmste wohl vorüber sei.« Dieser »Herdeninstinkt«, der durch die Gespräche über Funk noch gefördert wurde, schien der Schlüssel zu dem Geschehen gewesen zu sein. Als Lin die Leute einzeln fragte, ob sie geblieben wären, wenn sie die einzigen Segler hier gewesen wären, lautete die Antwort durchgehend: »Nein, aber als der und der meinte, das Ganze sei nicht so schlimm, beschloß ich, noch etwas abzuwarten.«

Auf dem Höhepunkt des Sturms, als alle paar Minuten ein Boot ans Ufer getrieben wurde, waren dauernd Hilferufe über Funk zu hören, wie Susan Mitchell von der *White Cloud* berichtete. »Aber wer war schon in der Lage, einem anderen eine Leine hinüberzuwerfen? Zu der Zeit steckten wir alle im selben Schlamassel.« Die einzige erfolgreiche Rettungsaktion ging nicht auf einen Hilferuf über Funk zurück, sondern darauf, daß ein vor Anker treibendes Segelboot mit einer großen Sportfischeryacht kollidierte, deren Skipper dadurch aufwachte, die Maschinen anließ, seinen Job und das Schiff riskierte und weniger als fünfzehn Meter vor dem Wellenbrecher am Fähranleger eine Leine auf das Segelboot hinüber brachte.

Als sich die See beruhigt hatte, erwiesen sich die Amateurfunkgeräte als nützliches Kommunikationsmittel. Susan Mitchell leitete über ihre Anlage auf dem Schoner Nachrichten weiter und arbeitete acht bis zehn Stunden am Tag, um Familienangehörige in den Staaten zu beruhigen, Kontakt mit Versicherungsgesellschaften aufzunehmen und dafür zu sorgen, daß den Betroffenen Geld überwiesen wurde.

SCHIFFSKONSTRUKTION

Wir befragten einen Versicherungsinspektor nach seinem allgemeinen Eindruck von den Booten, die durch die Brandung gekommen waren. »Wie kommt es, daß manche heil geblieben sind und andere völlig zertrümmert wurden?« wollten wir wissen. »In den meisten Fällen lag das schlicht und einfach an der Qualität, erklärte er. Außer dem Boot, das auseinanderbrach, als es mit Bernards Stahlschiff kollidierte, kamen die gut gebauten Boote heil durch die Brandung und die Billigkonstruktionen eben nicht. Beispielsweise das Wrack dort – die Schichten des Laminats lösen sich voneinander. Das dürfte eigentlich nicht passieren; offensichtlich hat der Hersteller mit dem Harz geknausert (Abb. 29.5 und 29.6). Und dort war die Verbindung zwischen Rumpf und Deck lausig ausgeführt. Nichts angeflanscht, das Deck

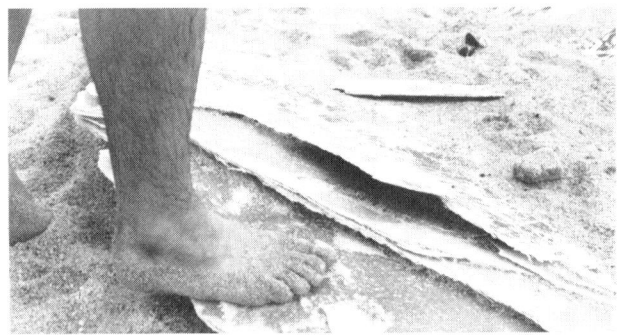

Abb. 29.5

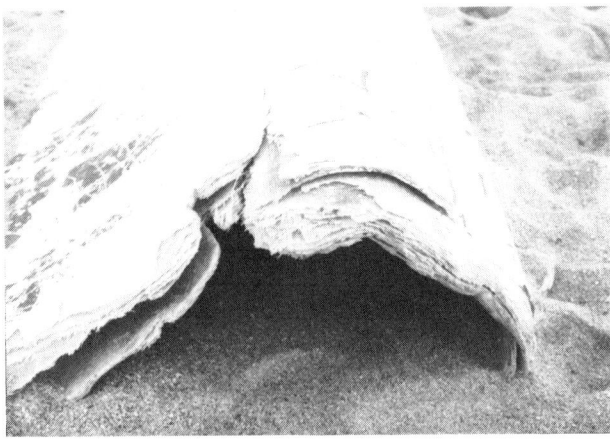

Abb. 29.6

einfach nur am Hirnholz des zur Verstärkung des Spiegels verwendeten Sperrholzes festgeschraubt. Es ist unglaublich, nichts als Holzschrauben und Kleber, um die lausige Verbindung zu kaschieren (Abb. 29.7). Das ist doch keine Art, ein Schiff zu bauen. Aber in den Billigwerften wird es leider zum Teil so gemacht.«

Bei einem Gang an den Booten entlang schienen sich seine Worte zu bestätigen. Bei den Schiffen, die am meisten gekostet hatten, sei es nach Gewicht berechnet oder nach Länge, gab es keine Frage hinsichtlich der Bergungswürdigkeit. Der 8,5 m lange Bristol Channel-Kutter, der 6,35 t wiegt und segelfertig, aber nicht ausgerüstet fast siebzigtausend Dollar kostet, verlor seinen Klüverbaum (Abb. 29.8), erlitt ansonsten aber nur einen leichten Riß im Rumpf. Die Olsen 40, die nur 4,5 t wiegt, kostet segelfertig hundertfünfunddreißigtausend Dollar. Sie erlitt nur eine leichte Delle am Bleikiel, aber keinerlei Schaden am Rumpf. Auch andere Boote wie die Cabot 36 und die stählerne *Joshua* gelten als teuer im Vergleich zu der mitgenommenen 11m-Yacht, einem beliebten Typ, der als perfekte Tourenyacht angepriesen wird, die 10,2 t wog und segelfertig nur siebzigtausend Dollar gekostet hatte, oder dem zerstörten 15m-Schiff, das ein Gewicht von 23,6 t gehabt und ab Werft im Fernen Osten hundertfünfundzwanzigtausend Dollar gekostet hatte.

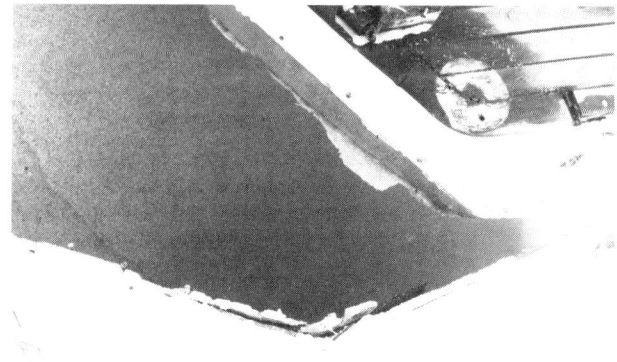

Abb. 29.7

317

CREW

Eine interessante Wechselbeziehung ließ sich zwischen der Schiffsgröße und der Anzahl der Crewmitglieder an Bord herstellen. Auf Segelbooten über 11 m bekamen zwei oder drei Mann Probleme, während Crews von vier bis sechs Mann mit dem Boot zurechtkamen und auslaufen oder vor Anker bleiben konnten. Unter den gestrandeten Booten waren auf einem 16,5m-Schiff niemand, auf einer 15m-Yacht drei und auf den restlichen zwanzig Booten zwischen 8m und 14 m jeweils eine oder zwei Personen an Bord. Von diesen Booten waren nur zwei kleiner als 10,5 m, neun länger als 12 m. Jerry Sieren, der seine 11m-Yacht verlor, brachte es auf den Punkt:»Ein Paar packt es in einem echten Notfall auf einem Schiff dieser Größe einfach nicht. Das Ankergeschirr ist zu schwer, die einwirkenden Kräfte sind die groß. Wir gehen wieder auf Fahrt, aber mit einer Yacht von höchstens 10 m.« Damit war unserer Meinung nach eine der wichtigsten Fragen angesprochen:»Kann in einer Notsituation das schwächste Crewmitglied (das wahrscheinlich eine Frau sein wird) mit dem Ankergeschirr fertig werden, während die Person am Ruder das Schiff unter Motor oder unter Segel freizubekommen versucht?«

Abb. 29.8

VERHALTEN IM NOTFALL

Unter dem Blickwinkel einer Erprobung gewannen bestimmte Fakten interessantere Aspekte. Die *Grace*, eine Omega 46, kam in einem Bereich, in dem andere Schiffe völlig zerstört wurden, fast ohne Beschädigung durch die Brandung. Ihr Eigner meinte später, das habe er wohl dem Heckanker zu verdanken. Als die Bugankerleine gerissen sei, sei das Boot schnell herumgeschwojt, bis es mit dem Heck zu Seen und Wind vor dem Heckanker gelegen habe. Dieser habe das Heck dann seewärts gehalten, als er durch den Sand schlierte. Sie lief mit dem Bug voraus auf, und der stärkste Teil des Bootes, der Kiel, zog praktisch eine tiefe Furche in den Sand, während die Wellen es immer höher auf den Strand schoben. Sie kam sanft auf dem Bauch zum Stillstand, das Deck zum Ufer geneigt.

Ein befreundeter Skipper, der Motoryachten überführte, erzählte uns einmal, er habe eine Sportfischeryacht wegen Maschinenausfall auf einen Sandstrand setzen müssen. Seine Beschreibung, wie er das Schiff durch die Brandung gebracht hatte, glich der Schilderung des Eigners der *Grace* fast aufs Haar. Wir hoffen zwar, daß wir unser Boot nie bei Sturm auf den Strand setzen müssen, werden uns diese Methode aber für alle Fälle vormerken.

Eine weitere Erfahrung war, daß das Deck des Schiffes strandwärts geneigt sein muß. Daß Bernard Moitessier seine *Joshua* letztendlich aufgab, lag hauptsächlich daran, daß die Bergungsanstrengungen jeden Tag dadurch zunichte gemacht wurden, daß das Hochwasser wieder so viel Sand und Wasser in den Rumpf spülte, wie drei Leute mit Eimern bei Niedrigwasser ausschöpfen konnten. Bernard dichtete zwar die Bullaugen ab, fand aber keine Möglichkeit, die Seen daran zu hindern, durch die provisorischen Lukenverschalungen in das Schiff einzudringen. Die Lage des Decks nach dem Stranden mag zwar zunächst dem Zufall überlassen sein, läßt sich gegebenenfalls aber mit relativ wenig Hilfe verändern. Wenn das Boot auf Sand strandet, steckt man als erstes eine Leine an das Großfall und belegt sie an einem Baum an Land oder am schwersten Anker, der dazu möglichst hoch am Strand liegen muß. Auf der anderen Seite holt man das Fall mit der Winsch dicht, um eine konstante Spannung zu erreichen, die dafür sorgt, daß das Schiff nicht immer wieder aufsetzt. Ich höre schon, wie jemand sagt:»Welcher arme Kerl denkt denn an so was, wenn sein Schiff spät nachts bei strömendem Regen in der Brandung liegt?« Aus persönlicher Erfahrung kann ich darauf (Gott sei Dank) keine Antwort geben, doch ich erinnere mich daran, wie wir vor einigen Jahren auf dem Weg von Ibiza nach Formentera nach einer Nacht, in der die Böen sechzig

Knoten erreichten, eine Tourenyacht hoch und trocken an einer Stelle sahen, auf die in der Nacht zuvor der Wind gestanden hatte. Wir lagen bei und ich pullte hinüber, um meine Hilfe anzubieten. Der glücklose Einhandsegler erklärte, er sei während einer Flaute auf der Fahrt von Malta eingeschlafen. Er habe das Großsegel stehen lassen, und die Böen hätten ihn erst geweckt, als das Boot sich schon ganz allein den Weg auf den einzigen Flecken Sand an der Südspitze Ibizas gesucht hatte. Er hatte es dann so gemacht, wie vorher beschrieben, wenn man davon absah, daß er die Ankerleine an ein paar Felsen hoch am Strand belegt und dann an das Fall gesteckt hatte, um das Boot mit dem Deck strandwärts zu halten. Anschließend hatte er die Seite seines zehn Jahre alten Holzschiffes mit Kissen aus der Koje gepolstert. Als das Boot drei Tage später freikam, hatte es nur ein paar Kratzer an der Seite und ein gebrochenes Ruder.

Sofortiges Handeln ist wichtig, weil man dadurch nicht nur weitere Schäden am Schiff verhindert, sondern auch etwas für den Schutz der persönlichen Ausrüstung sorgt. Die Crew der *Grace* ließ ihr Schiff keinen Augenblick unbewacht. Sie schlug direkt am Boot ihr Lager auf, markierte mit Seilen einen Sperrbereich und heuerte mexikanische Fischer an, die Wache standen, wenn sie das Schiff einmal allein lassen mußte. Auf diese Weise ging nichts verloren, und es wurde nichts gestohlen. Bei verschiedenen anderen Booten war das leider nicht der Fall. Obwohl die Behörden zum Schutz der unglücklichen Segler sofort Wachposten aufstellten, kam es zu Plünderungen, und zwar nicht nur

Abb. 29.9

auf den Booten am entfernten Ende des Strands, sondern praktisch in Sichtweite der bewaffneten Posten. Richard Bower (Abb. 29.9), der Eigner der *Vagabundo*, erzählte uns, er sei direkt nach dem Frühstück von dem Haus, in dem er untergekommen war, zum Schiff gegangen und habe einen Amerikaner erwischt, der in aller Ruhe in Rufweite des Wachpostens die Schotwinschen der *Vagabundo*, abmontierte. Bei der Festnahme habe der Wachposten ihm erklärt: »Er war ein Gringo und tat so, als sei er dazu berechtigt. Woher sollte ich das wissen?« In einer solchen Situation kann man seine Belange nur selbst schützen, und die Ausrüstung, die man dabei rettet, könnte den Unterschied ausmachen zwischen erneutem Segeln und endgültiger Aufgabe.

BERGUNG

Eine der traurigsten Lektionen war, daß es sich möglicherweise nicht auszahlt, Hilfsangebote anzunehmen, ohne vorher selbst genau überlegt zu haben. Die Eigner der *Ayorama*, einer nicht versicherten Endurance 36, die ohne Schäden an Rumpf und Takelage aufgelaufen war, machten den Fehler, das Angebot einer lokalen Baufirma anzunehmen, das Schiff mit dem Bulldozer bei Ebbe ins Wasser zu schieben. Dort sollte es dann bei Hochwasser aufschwimmen. Obwohl versucht wurde, den Rumpf mit alten Reifen zu schützen, übte der

Abb. 29.10

321

Bulldozer eine derartige Gewalt aus, daß sich das Deck verzog und der Rumpf so beschädigt wurde, daß das Schiff wohl als Totalverlust abgeschrieben werden mußte.

Ganz anders bei der *Dancing Bear*, einer Cabot 36, die die Brandung in gutem Zustand überstanden hatte. Ihre Bergung erfolgte unter den Adleraugen von Doc Ross, einem nahezu legendären Engländer, der in Cabo San Lucas lebt und als Zauberer in Sachen Reparaturen bekannt ist. Er mietete einen Löffelbagger, um einen Graben bis zu der Stelle auszuheben, an der die *Dancing Bear* gestrandet war. In diesen Graben rutschte das Boot hinein und richtete sich auf. Nun wurde rund um den Rumpf unterhalb der Wasserlinie eine Art Schleppgeschirr angebracht, das von Leinen, die an Deck führten, gehalten wurde. Bis das Wasser seinen Höchststand erreicht hatte, war der Graben bis auf zwanzig Zentimeter an die voraussichtliche Hochwasserlinie fertig. Ein großes Fischerboot lag bereit, um einen konstanten Zug auf das Schleppgeschirr auszuüben, wenn sich der Graben um die *Dancing Bear* mit Wasser füllte. Das Schiff schwamm auf, kam aber nicht völlig frei. Doc Ross ließ seine Mannschaft die Nacht hindurch weiterarbeiten, und beim nächsten Hochwasser kam das Schiff ohne weitere Schäden frei.

Bootseigner, die fern der Heimat mit einem versicherten Boot Schiffbruch erleiden, stehen vor der schwierigen Frage, ob sie das Boot abschreiben oder ob sie versuchen sollen, noch etwas von der darin steckenden Arbeit zu retten. Die Leistungen der Versicherung decken nur selten die Kosten und die Arbeitszeit, die man in die Ausrüstung gesteckt hat. Betty und Richard Bower mit ihrer *Vagabundo* standen vor einer besonders schwierigen Entscheidung. Sie hatten drei Jahre gebraucht, um das als Ausbausatz gekaufte Schiff fertigzustellen. Da der Kredit noch nicht abbezahlt war, würde das Geld von der Versicherung nicht ausreichen, um ein neues, voll ausgerüstetes Boot zu kaufen. »Außerdem will ich kein anderes Boot,« erklärte Richard, als wir uns den sechzig Zentimeter langen Riß im Rumpf, den gebrochenen Klüverbaum und Papageienbaum, das verschrammte Schanzkleid und das sandbedeckte Deck ansahen. »Ich habe dieses Boot hier gebaut. Ich will keine Inneneinrichtung, die jemand anders geplant hat, ich will nur dieses Boot.« Auf seine Frage, was wir machen würden, antworteten wir fast gleichzeitig mit Lee Washburn, dem Skipper einer Sportfischeryacht, der fast zwanzig Jahre Erfahrung am Kap nachweisen konnte: »Vor einer Entscheidung erst einmal nachschauen, wie der Rumpf auf der anderen Seite aussieht.« Richard konnte nicht so recht glauben, daß es so einfach sein würde, sein Boot am Strand aufzurichten, wie Lee und ich gesagt hatten, ließ es uns aber versuchen. Lee beaufsichtigte ein paar Freiwillige, die den Rumpf möglichst weitgehend von Sand befreiten und das Schiff auf der Strandseite unterhöhlten, um die Saugwirkung des nassen Sandes zu vermindern. Lee kletterte den geneigten Mast hinauf, um ein Fall einzuscheren, das als Zugleine dienen sollte, während ich das Rigg inspizierte. Mit Ausnahme des Achter- und des Vorstags war es intakt. Ein provisorisches Vorstag brachten wir am Vordersteven an. Da aber der Papageienbaum fehlte, mußten wir uns etwas einfallen lassen, um ein Achterstag zu bekommen. Wir entfernten den Auspuffschlauch der Maschine, befestigten eine Leine an der Spannschraube des Achterstags, führten sie durch das Luk der Hecklast und das Loch für den Auspuff wieder zur Spannschraube zurück und spannten sie. Ein Fahrzeug mit Allradantrieb sorgte für die nötige Kraft. Der Mast bog sich um nicht einmal fünfundzwanzig Zentimeter, als sich das Boot langsam aufrichtete. Das zurückgebliebene Loch wurde mit Sand aufgefüllt. Drei Stunden, nachdem die Idee in die Praxis umgesetzt war, stand die *Vagabundo* aufrecht, gehalten von Holzbalken, die wir uns von anderen Bootseignern geliehen hatten, die weniger Glück gehabt hatten. Jetzt war zu sehen, daß sie auf der Steuerbordseite nur kosmetische Schäden erlitten hatte.

Bei einem Rückblick auf die Vorfälle in Cabo San Lucas wurde uns die wichtigste Lektion klar, eine Lektion, die man nicht mit Photos oder Zeichnungen belegen kann. Mindestens zwölf Schiffe verließen den Ankerplatz. Eins lief um 17.00 h kurz nach den ersten Böen aus Südost aus, ein weiteres um 20.00, als der Seegang stärker wurde. Die restlichen ließen ihre Anker zurück, weil entweder die Leinen gerissen oder andere Boot vorbeigetrieben und Platz zum Manövrieren gemacht hatten. Als letztes Boot lief die Cal 40 um Mitternacht aus. Von all diesen Schiffen ging nur eines verloren, die *Breaking Free*, deren Maschine ausfiel, bevor die Crew die Segelkleider abnehmen konnte. Die entkommenen Boote berichteten von schweren Seen und Starkwind, der in den fünf Stunden bis zu 55 kn erreichte. Kein einziges meldete Bruch aus der Zeit, in der der Sturm abgewettert wurde, und alle Befragten sagten übereinstimmend: »Ich würde beim nächsten Mal wieder auslaufen, allerdings schon etwas früher.«

NACHBEMERKUNG ZUR KATASTROPHE VON CABO SAN LUCAS

In dem Jahr nach Weihnachten 82 erlebte die Fahrtenseglergemeinde, darunter auch einige Segler, die die Nacht von Cabo San Lucas mitgemacht hatten, zwei weitere ungewöhnliche Wettererscheinungen. Über den Inseln Tahitis wütete der erste Hurrikan seit sechzig Jahren und warf mehr als hundert Boote auf die Riffe und das Felsenufer von Maeva. Fünfzig davon mußten als Totalverlust abgeschrieben werden. Dann wurden in Neiafu über zwei Dutzend Tourenyachten schwer beschädigt, als der schlimmste Hurrikan seit dreißig Jahren mit bis zu hundertzwanzig Knoten über die korallenübersäte Bucht hinwegfegte.

Wir schreiben gegenwärtig das Jahr 1986, und die berüchtigte El-Niño-Strömung, die für diese ungewöhnlichen Stürme verantwortlich gemacht wird, hat nachgelassen. Überall in den Tropen scheint das Wetter sich normalisiert zu haben, doch die Lektionen aus der Saison 1982/83 sind noch nicht vergessen. Als wir in den vergangenen einein-halb Jahren die Orte dieser Katastrophen besuchten, dienten Schiff-steile dort als Dekoration in Restaurants oder lagen immer noch an den Stränden herum. Überall wurden aber auch Boote von ihren neuen einheimischen Eignern, die für ein paar hundert Dollar die Bergungs-rechte erworben hatten, nach und nach repariert. Wir trafen die Crews von fünf Booten, die in Cabo San Lucas gestrandet waren.

Bernard Moitessier war an Bord seiner neuen 9,5m-Stahlyacht am Pier von Papeete, als wir einliefen. Er hatte aus der ganzen Welt Geldge-schenke und sonstige Unterstützung erhalten, als seine Fangemeinde vom Verlust der *Joshua* erfahren hatte. Der kalifornische Bootsbauer Jim Hutton hatte seine Arbeitskraft zur Verfügung gestellt, und inner-halb eines Jahres war Bernard wieder flott.

Sein altes Schiff sahen wir in San Diego. Der neue Eigner wollte in spätestens zwei Jahren wieder auf Fahrt gehen.

Betty und Richard Bower brauchten acht Monate, um die Vaga-bundo in Cabo San Lucas zunächst notdürftig zu reparieren und dann in La Paz fertigzustellen. Sie kehrten auf dem Landweg nach Kanada zurück, um Geld zu verdienen, und konnten nach einem Jahr wieder für neun Monate die Leinen loswerfen.

Als wir in den Hafen von Moorea einliefen, trafen wir Dave und Olive Adams, die ihr Boot in Cabo verloren hatten, mit ihrer neuen Yacht *Meridian Passage*. Das Geld aus der Versicherung hatte es ihnen ermöglicht, schon zwei Jahre später wieder auf Fahrt zu gehen. Doch Olive meinte: Nach dieser schrecklichen Nacht habe ich mich beim Segeln nie wieder so richtig wohlgefühlt.

Jerry and Gail Stern, die in Cabo ihre *Sea Wren* verloren, kauften vom Geld aus der Versicherung ein Wohnmobil, gingen damit an Land auf Fahrt und hielten nach einem neuen Boot Ausschau. Zwei Jahre später waren sie wieder unter den Fahrtenseglern.

Von all den unversicherten Eignern, die außer Bernard Moitessier ihr Schiff verloren, hat es unseres Wissens bis heute nur einer geschafft, wieder auf Fahrt zu gehen. In Cabo San Lucas hatte die *Ayorama* noch wie ein Totalverlust ausgesehen. Doch Grant Nichols schaffte es mit harter Arbeit, sein Schiff zu bergen und im Verlauf von eineinhalb Jahren in Niederkalifornien wieder aufzubauen. Anschließend segelte er es nach Kanada zurück.

30
Ankergeschirr

Wir saßen zu acht eng beieinander, um uns herum wogte eine Party. Alle vierzig oder fünfzig Gäste hatten irgendwie mit dem Segeln zu tun – Konstrukteure, Ausrüstungshersteller, Regattasegler –, aber wir konzentrierten uns auf uns selbst, Langstreckensegler, die zufällig zur selben Zeit am selben Ort gelandet waren und alle innerhalb der nächsten Monate wieder auslaufen wollten. Zusammen konnten die vier Paare auf mehr als dreihunderttausend Seemeilen auf Booten zwischen 7,3 m und 19 m Deckslänge zurückblicken. Zwei Hauptthemen hielten uns zusammen, während die Party-Häppchen langsam weniger wurden und die anderen Gäste nach und nach verschwanden: Das ideale Segelrevier, eine Frage, die sich nicht beantworten läßt, und das ideale Ankergeschirr, ein Thema, bei dem wir uns alle acht, wenn schon nicht im Detail, so doch im Prinzip einig waren. Eine Woche danach trafen wir uns mit zwei anderen Ehepaaren, die ihre Boote für den ersten langen Törn ausrüsteten, und auch hier beherrschten diese beiden Themen die Diskussion – allerdings mit einem großen Unterschied. Während die erfahrenen Fahrtensegler über ihr Ankergeschirr als System gesprochen hatten, schienen die Neulinge nur an Ankern und Ankertypen interessiert zu sein.

Später in der Woche setzten Larry und ich uns zusammen, um alles das aufzuschreiben, was wir noch zur Vervollständigung der Ausrüstung der *Taleisin* benötigten. Dabei entwickelte sich ein besseres Verständnis für die Probleme von Neulingen. Anker, Kette, Spill, Lippklampen, Klampen, all das Geschirr, das wir nach unseren Erfahrungen benötigten, kam auf über viertausend Dollar. Auch bei vorsichtigstem Einkaufen, mit Tauschen und teilweise Eigenanfertigungen kamen wir beim Ankergeschirr noch über zweitausend Dollar und erhöhten das Ausrüstungsgewicht um rund 360 kg. Anders ausgedrückt, das Ankergeschirr machte fünf Prozent der Verdrängung aus. Bei einem Boot mit leichterer Verdrängung, sagen wir, etwa 5,4 t bei 9,75 m, was bei Serienschiffen eher normal ist, hätte sich dieses Gewicht auf sieben Prozent der Gesamtverdrängung erhöht.

Zum Glück bauten wir unser Boot selbst und konnten Teile dieses Ankergeschirrs direkt in die Konstruktion einfügen, Teile wie die Heckrolle, die Poller an Deck und die Baumstütze, die zum Festmachen dienen. Jeder, der eine Serienyacht kauft, muß die Arbeitskosten hinzurechnen, die er braucht, um ein Boot, das ursprünglich nur für das Küstensegeln vorgesehen ist, mit dem für eine Tourenyacht erforderlichen robusten und stabilen Ankergeschirr auszurüsten. Es verwundert nicht, daß viele dabei nach der leichtesten, billigsten und einfachsten Lösung suchen. Doch das kann der größte Fehler sein, den ein potentieller Segler überhaupt machen kann. Wenn der Anker nicht hält und das Boot verloren geht, ist das Geld von der Versicherung kein Ersatz für die verlorene Zeit und das verlorene Vertrauen der Crew.

Die folgende Aufstellung enthält das Geschirr der *Taleisin*, Geschirr, das unserer Meinung nach ein komplettes System ergibt, das natürlich für ausgedehnte Fahrten vorgesehen ist. Wer nur für vier Monate auf Fahrt gehen will und sich die Jahreszeiten sorgfältig aussucht, könnte wahrscheinlich bis zu dreißig Prozent Gewicht einsparen und auf Reserven verzichten, die weitab aller Segelzentren unerläßlich sind. Ich weiß, daß unser Reserveanker nicht absolut notwendig ist, aber er bedeutet, daß ein Verlust des normalen Ankers nicht so problematisch wäre. Wir müßten in diesem Fall nicht auf den unförmigen schweren Sturmanker zurückgreifen, bis wir einen neuen Anker kaufen könnten. Die mit Sternchen gekennzeichneten Teile werden im Anschluß an die Aufstellung noch kurz besprochen. Zwei Sternchen bedeuten, daß das betreffende Teil an anderer Stelle in diesem Buch behandelt wird.

		Gewicht (kg)
*Arbeitsanker	Pflugschar	16
Heckanker	Danforth 12 H	5,4
Reserveanker	Danforth 20 H	10
Sturmanker	Luke-Klappanker, 3-teilig	30 **
Dinghi-Anker	Northill-Klappanker	2,3
Hauptkette	84 m, 8 mm, hochfest	137 **
Bremse für Hauptkette	15 m Nylonleine, 16 mm	2,3 **
Kettenvorlauf, Buganker	9 m, 8 mm, hochfest	15
Bugankerleine	90 m Nylonleine, 16 mm	15,4
Kettenvorlauf, Heck	3 m B.B.B.-Kette, 7 mm	3,6
Heckankerleine	76 m Nylonleine, 13 mm	7,5
Dinghi-Ankerleine	18 m Nylonleine, 10 mm	0,9
*Ankerspill	Bronze, Zweigang	34
Ankerklüse		2,3
Klüse, Zweitanker		1,4
2 Lippklampen		6,4 **
Heckrolle		6,4 **
Festmacheklampen und		6,8
-poller		
*Bootshaken/Ketten- schrubber		1,4
*Riemen		41
*Lot	40 m, alle 5 Faden markiert,	5,4
	1,4 kg Blei	
Schamfilschutz		1,4
Schäkel, Wirbel,		
Ersatzkauschen und		
verzinkter Bändseldraht		7,7
Gesamt		359,6

*Unsere Anker erscheinen auf den ersten Blick im Verhältnis zu den Empfehlungen der Hersteller zwar zu groß zu sein, doch wenn man all das Kleingedruckte liest, sind sie das mit Sicherheit nicht. Die Ankerhersteller müssen bei ihren Empfehlungen die ganze Bandbreite von Seglern und Fischern berücksichtigen, an die sie ihre Anker verkaufen wollen. Nach Angaben der Firma Danforth gehen siebzig Prozent aller Anker an Fischer mit kleinen offenen Booten. Die Firma wäre daher nicht gut beraten, wenn sie ihre Empfehlungen auf den Bedarf von Hochseeseglern abstützen würde, die weniger als zwei Prozent ihres Kundenkreises ausmachen. Sie berücksichtigt das insofern, als sie darauf hinweist, daß die empfohlenen Größen für Windgeschwindigkeiten bis zu sechzig Meilen pro Stunde bei mäßigem Schutz vor der See gelten. Da man als Fahrtensegler nicht garantieren kann, daß man sich aus stärkerem Wind heraushält, muß man den Anker mindestens eine Nummer größer als vom Hersteller empfohlen kaufen.

*Ein Ankerspill ermöglicht nicht nur allen Crewmitglieder die Handhabung des Ankergeschirrs, sondern verhütet in Verbindung mit entsprechend angebrachten Klampen auch spätere Rückenbeschwerden aufgrund von hoher Beanspruchung. Für Ketten über 10 mm würden wir an erster Stelle ein hydraulisches und an zweiter Stelle ein elektrisches Ankerspill empfehlen.

*Ein festes Dinghi mit langen Riemen wird zum Teil des Systems Ankergeschirr, wenn man einen Anker ausbringen muß, um bei aufziehendem Sturm die Haltekraft zu vergrößern, einen zweiten Anker zu setzen, weil der erste schliert, oder an einem überfüllten Ankerplatz einen Heckanker auszubringen. In einer solchen Situation bleibt möglicherweise nicht genügend Zeit, um ein Schlauchboot aufzublasen oder den Außenborder zu montieren. Möglichst lange Riemen sind dann eine große Hilfe.

*Trotz der Tatsache, daß viele Segler sich bei der Wahl des Ankerplatzes auf ihr Echolot verlassen, braucht man eine Lotleine. Erstens bekommt man damit eine Probe vom Ankergrund, nach der man den passenden Anker auswählen kann, und zweiten kann man sie mit in das Dinghi nehmen, um ein verdächtiges Fahrwasser auszuloten oder die Umgebung des Bootes zu überprüfen, damit es bei einer Winddrehung nicht auf einen Felsen aufläuft oder in Flachwasser gerät.

Eine von Larrys neuesten Erfindungen ist ein Kettenschrubber, der am anderen Ende des Bootshakens befestigt wird. Er besteht aus zwei Toilettenbürsten, die zu einer Spirale verschlungen um die Kette gelegt werden. Einer von uns betätigt das Ankerspill, während der andere die Kette unmittelbar unter der Wasseroberfläche abschrubbt, damit kein Schmutz vom Grund an Deck gelangt. Besser ginge es nur noch mit einem Hochdruckreiniger.

Eric und Susan Hiscock, die weitaus länger als wir zur See gefahren sind, stellten uns die folgende Liste mit dem Bugankergeschirr ihrer drei Schiffe mit dem Namen *Wanderer* zur Verfügung:

Wanderer III, slupgetakelt. 9,2 m Lüa, 8,1 m LWL, 2,6 m Breite, 9 t Verdrängung. 16kg-Pflugscharanker an 82 m 8mm-Kette. Palle am Stevenlauf als Hilfe beim Lichten.
Wanderer IV, ketschgetakelt. 15 m Lüa, 12,2 m LWL, 3,8 m Breite, 22 t Verdrängung. Ursprünglich ein 27 kg schwerer Pflugscharanker, der bei einem Sturm schwer mitgenommen und durch einen 34kg-Pflugscharanker an 82 m 13mm-Kette ersetzt wurde. Elektrisches Ankerspill mit Reserve-Handkurbel.
Wanderer V, slupgetakelt. 12 m Lüa, 10,1 m LWL, 3,7 m Breite, 11 t Verdrängung. 27 kg schwerer Pflugscharanker an 73 m 10mm-Kette. Elektrisches Ankerspill mit Reserve-Handkurbel.
Die Buganker der Wanderer IV und V brauchten nicht an Deck gehoben zu werden, sondern blieben in den Führungsrollen. Natürlich hatten alle Schiffe Heckanker (Pflugschar) und Heckankerleinen mit 9 m Kettenvorlauf.

31
Die richtige Ankerkette

Ob man nun nur mit Kette oder mit einer Kombination aus Kette und Leine ankert – es gilt auf jeden Fall, die Glieder, die die Verbindung zwischen dem Boot und dem Anker herstellen, sorgfältig zu wählen und instand zu halten. Zum Glück für den Segler ist die Kette eins der wenigen Ausrüstungsteile, die in der Industrie weit verbreitet sind. Deshalb gibt es nicht nur Bestimmungen hinsichtlich der Prüfung und Bewertung, sondern auch einen ausreichenden Wettbewerb, der die Preise auf relativ bescheidener Höhe hält. Ja, die Preise höherwertiger Ketten sind im Verlauf der letzten zwanzig Jahre sogar gefallen, wenn man die Inflation berücksichtigt. Das liegt daran, daß die Industrie stärkere, leichtere Ketten verlangt, um die Sicherheit zu erhöhen. Weiterhin besteht seitens der Industrie die Forderung, daß die Ketten nicht nur verzinkt, sondern auch nachverzinkt werden müssen. Aus diesen Gründen ist die Instandhaltung der Ankerkette heute einfacher als 1968, als wir die *Seraffyn* ausrüsteten.

Damals hatten wir nur die Wahl zwischen einer BBB-Kette und einer langgliedrigen Kette. Die letztere wurde geprüft, indem man sie dem Doppelten der angegebenen Bruchlast aussetzte und dann jedes zwanzigste Glied inspizierte. BBB hingegen war eine kurzgliedrige Kette, d.h., mehr Glieder pro Längeneinheit, schwerer pro Längeneinheit und jedes Glied überprüft. Das ließ sie als Ankertrosse besser geeignet erscheinen, weil sie elastischer (mehr Nähte pro Längeneinheit) und stärker war, da sie sich wegen des geringeren Raumes zwischen den Gliedern weniger verwinden konnte und da sie aus einer festeren Legierung bestand. Auch die Tatsache, daß jedes Glied überprüft war, spielte für uns eine wichtige Rolle. Wir hörten damals, daß stärkere Ketten auf den Markt kommen sollten, stellten aber bei unseren Nachforschungen fest, daß sie fünf- bis achtmal so teuer wie BBB-Kette sein sollten. Deshalb blieben wir bei der *Seraffyn* bei BBB-Kette.

Da die *Taleisin* zwanzig Prozent länger war, von vorn eine um zwanzig Prozent höhere Windangriffsfläche hatte und fünfundsechzig Prozent schwerer war als die *Seraffyn*, wählten wir 10 mm dicke BBB-Kette für sie. Diese neue Kette war aber zu schwer für uns und ließ das Vorschiff auch zu tief eintauchen. Aus diesem Grund interessierten wir uns erneut für hochfeste Ketten und konnten erfreut feststellen, daß diese einst so teure Kette nur noch wenig mehr als BBB-Kette kostete, dabei aber die doppelte Belastbarkeit bei etwas niedrigerem Gewicht hatte. Das bedeutete, daß wir unsere neunzig Meter 10mm-BBB-Kette mit einem Gewicht von 223 kg und einer Belastbarkeit von 1250 kg gegen neunzig Meter hochfeste 8mm-Kette austauschen konnten, die nur 151 kg wog und bis 1770 kg belastbar war, d.h., rund fünfundzwanzig Prozent mehr Festigkeit bei einem Drittel Gewichtsersparnis bot. Uns war klar, daß wir damit zum Teil auf das gewichtsbedingte Durchhängen der Kette und die damit zusammenhängende Dämpfungswirkung verzichteten, doch wir rechneten damit, das durch Ausstecken von mehr Kette wettmachen zu können.

Tab. 31.1

Die Campbell-Ketten
System 3:
Ausgezeichnete Universalkette aus Karbonstahl in Standardqualität für Einsatzzwecke, bei denen kein hohes Festigkeit-Gewicht-Verhältnis gefordert ist. Diese elektrogeschweißte Kette wird häufig zum Schleppen, Halten und Holztransport eingesetzt. Für Hebevorrichtungen nicht geeignet. Mindestdehnung 15 %.
System 4:
Elektrogeschweißte Karbonstahlkette für viele Einsatzzwecke, bei denen ein höheres Festigkeit-Gewicht-Verhältnis erforderlich ist als bei System 3. Kann vergütet sein. Für Hebevorrichtungen nicht geeignet. Mindestdehnung 15 %.
System 7:
Kette aus hochhärtbarem Borstahl für höhere Festigkeit-Gewicht¡ Verhältnisse als System 4. Erfüllt die strengen Anforderungen des US-Verkehrsministeriums mit einer kleineren Kette, die leichter und einfacher zu handhaben ist. Für hebevorrichtungen nicht geeignet. Mindestdehnung 15 %.
System 8:
Diese festere Kette aus Legierungsstahl wird speziell für Hebevorrichtungen empfohlen. Sie ist vergütet und geprüft und bietet eine Kombination aus hoher Belastbarkeit und geringstem Gewicht. Mindestdehnung über 15 %.

Größe			Abmessungen		Mechanische Eigenschaften		Allgemeines	
Systemgröße	Handelsdurchmesser mm	Tats. Materiallänge mm	Innenlänge mm	Innen-Nummer mm	Belastbarkeit kg	Geprüft auf KN	Nutzungs-Index	Gewicht/10m kg (ca.)
3	4	3,96	22,61	7,33	170	3,3	17	3,3
3	5	5,53	24,13	10,16	340	6,7	18	6,2
3	7	7,14	25,40	12,70	567	11,1	17	10,8
3	8	8,71	27,94	12,70	862	16,9	18	15,7
3	10	10,31	31,24	15,75	1200	23,6	17	23,0
3	11	11,89	34,80	19,05	1590	31,1	16	32,1
3	13	13,49	39,12	20,07	2040	40,0	17	40,0
3	16	16,66	47,50	25,40	3130	61,4	17	61,7
3	20	19,84	53,85	28,45	4420	86,7	17	86,0
3	22	23,01	59,44	34,80	5160	101,2	14	114,5
4	7	7,14	20,07	10,16	1180	19,1	33	11,8
4	8	8,71	25,65	12,19	1770	28,5	35	16,4
4	10	10,31	29,21	14,73	2450	39,6	34	23,9
4	11	11,89	32,77	17,02	3270	52,9	33	32,2
4	13	13,49	36,32	19,30	4170	68,1	33	41,7
4	16	16,66	45,47	22,86	5220	86,7	28	61,3
4	20	19,84	56,13	27,94	7350	120,1	28	86,3
7	11	11,89	32,77	17,02	3970	77,8	41	31,5
7	13	13,00	39,37	18,29	5130	100,5	47	35,4
7	7	7,14	21,84	11,43	1430	28,0	42	11,1
7	8	8,71	25,65	11,68	2130	41,8	51	16,4
7	10	10,00	27,94	13,97	2990	58,7	44	22,3
8	5	5,53	17,53	7,62	1130	22,2	59	6,2
8	7	7,14	21,84	11,43	1860	36,5	55	11,1
8	8	8,00	23,88	11,68	2310	45,4	55	13,8
8	10	10,00	27,94	13,97	3310	64,9	49	22,3
8	13	13,00	39,37	18,29	5900	115,7	55	35,4
8	16	16,00	46,74	23,37	9210	180,6	52	58,7
8	20	20,00	55,88	27,69	13290	260,7	51	85,0
8	22	22,40	62,23	30,99	18100	355,0	53	111,5
8	25	25,40	71,12	35,56	23630	463,5	54	143,7
8	32	31,75	88,90	44,45	36920	724,1	53	227,0

Der Nutzungsindex bietet einen Vergleich für bestimmte Anwendungen. Je höher der Index, desto größer die Festigkeit im Verhältnis zum Gewicht.

*Achtung: Belastungsgrenze nicht überschreiten!

Tabelle mit freundlicher Genehmigung der Campbell Chain Division, McGraw-Edison Company

Wir nahmen Verbindung mit der Campbell Chain Company auf, einem der beiden großen Kettenhersteller in den Vereinigten Staaten. J.B. Anderson, der Leiter der Verkaufsabteilung, erklärte uns, die Werte für die Belastbarkeit seien für den sicheren Gebrauch angegeben und stellten keine Bruchlasten dar: Um die Bruchlast einer Kette zu bestimmen, muß man sie so lange belasten, bis sie tatsächlich bricht. Die Belastbarkeit im Gebrauch beträgt nur etwa ein Viertel der theoretischen Bruchlast. Die Prüfung der Ketten erfolgt mit dem Doppelten des Belastbarkeitswertes; anschließend wird jedes Glied auf Anzeichen für Risse und Dehnung inspiziert.

Es gibt zwei Möglichkeiten, nicht nur das richtige System, sondern auch die passende Größe innerhalb des System zu finden. Die erste besteht darin, daß man sich auf Booten umsieht, die hinsichtlich Gewicht, Länge und Windangriffsfläche vergleichbar sind und unter den verschiedensten Bedingungen keine Probleme beim Ankern bekommen haben, und dann eine vergleichbare Kette wählt. Die von dem Schiffbauingenier Jay Paris zusammengestellte Tab. 31.2 beruht auf Daten aus verschiedenen technischen Publikationen und auf den Angaben erfolgreicher Langzeitsegler. Sie vermittelt eine gute Vorstellung von der erforderlichen Kettengröße, wenn man jeweils von dem höheren Wert ausgeht (d.h., wenn das Boot 8,8 m lang ist und 7,7 t wiegt, wählt man die Kette nach dem Gewicht, und bei einem 11,5 m langen Boot mit nur 5,5 t geht man von der Länge aus. Die Angaben gelten für kurzgliedrige Ketten.

Tab. 31.2 Entscheidungshilfe für die Wahl der Kette

Länge des Bootes m	Gewicht des Bootes t	Stärke der Kette mm
7,5– 9,0	2,25– 4,50	7
9,0–10,5	4,50– 6,80	8
10,5–12,0	6,80– 9,00	10
12,0–13,5	9,00–13,50	11
13,5–15,0	13,50–22,50	13
15,0–18,0	22,50	14

Das Verhältnis zwischen Länge und Gewicht bildet nur einen Anhaltspunkt. Maßgebend ist die Zahl, die den größten Kettendurchmesser ergibt.

Zusammengestellt von Jay Paris, Schiffbauingenieur, Brunswick, Maine, nach Angaben von Chapman, Uffa Fox, Herreshoff, Eric Hiscock, James Ogg und Don Street.

Bei der zweiten Möglichkeit bedient man sich der Angriffsfläche, die das Boot dem Wind bietet, als wesentlichem Faktor bei der Wahl der Kette. Der American Boat and Yacht Council empfiehlt, daß die Kette eine Bruchlast haben sollte, die mindestens dem Fünffachen der normalen horizontalen Belastung entspricht, die das Schiff unter den Umständen ausübt, für die das Ankergeschirr gewählt wurde. Um diesen Wert zu ermitteln, muß man die Windangriffsfläche der Yacht vor Anker kennen. Dazu multipliziert man einfach die Bughöhe mit der größten Breite und addiert zwei Drittel für Mast, Takelage und Geschirr an Deck. Dazu kommt noch gegebenenfalls die Stirnfläche eines über die Bughöhe hinausragenden achterlichen Kajütaufbaus. Die so ermittelte Zahl wird verdoppelt, um die Wirkung des Gierens bei Wind von querab zu berücksichtigen. Unter dieser Quadratmeterzahl sucht man jetzt in Tab. 31.4 den erwarteten höchsten Winddruck auf und multipliziert diesen mit fünf; das ergibt dann die theoretische Bruchlast der Kette, die man für das Boot braucht.

Natürlich wird bei all diesen Berechnungen eine ausgesteckte Kettenlänge vom Fünffachen der Wassertiefe sowie einigermaßen Schutz vor Seegang vorausgesetzt, d.h., die freie Wasserfläche darf nicht mehr als eine halbe Meile lang sein. Im Idealfall möchten wir bei Sturm natürlich alle vor zwei Ankern liegen. Aber man geht doch besser davon aus, daß der Hauptanker (ob an Kette oder an Leine mit Kettenvorlauf) die Belastung durch Wind bis zu fünfundsiebzig Knoten auffängt, da in den Tropen durchaus Böen dieser Stärke auftreten können, wenn das Wetter ansonsten schön ist.

Tab. 31.3
Berechnung der Kettenstärke für die Taleisin mit Hilfe der Windangriffsfläche

Größte Breite	3,28 m	
Höchster Freibord am Bug	1,22 m	
3,28 m x 1,22 m		4,00 m^2
+ zwei Drittel		2,70 m^2
ergibt eine Windangriffsfläche von		6,70 m^2

	Bug im Wind	Giermaximum
	6,70 m^2	13,40 m^2
60 kn Wind	405 kg	810 kg Druck
80 kn Wind	708 kg	1416 kg
100 kn Wind	1029 kg	2058 kg

Die Kette sollte in der Lage sein, eine direkte Belastung in Höhe des Fünffachen des zu erwartenden maximalen Winddrucks aufzunehmen, wobei diese Zahl nicht über der Bruchlast der Kette liegen darf. Bei 60 kn Wind bräuchten wir eine Kette mit 4050 kg Bruchlast, bei 100 kn müßten es 10290 kg sein. Doch weil wir vor Anker noch nie länger anhaltenden Wind über 80 kn erlebt haben, haben wir uns für eine hochfeste 8mm-Kette mit 7075 kg Bruchlast entschieden (1416 kg bei 80 kn mal fünf ergibt 7080 kg).

Wenn die erforderliche Festigkeit der Kette erst einmal feststeht, geht es als nächstes um die Kosten und um die Fähigkeit von Boot und Crew, mit der Kette fertig zu werden. Dabei ist unter anderem auch zu berücksichtigen, daß Boote mit schlankem Bug bei einer besonders schweren Kette natürlich vorn sehr tief eintauchen. Der Eigner eines 19 m langen Leichtverdrängers berechnete die Windangriffsfläche und kam auf eine Kette mit 15880 kg Bruchlast. Eine entsprechende BBB-Kette hätte 20 mm stark sein müssen und pro zehn Meter 92 kg, bei neunzig Metern also 828 kg gewogen. Bei System 4-Kette reichten ihm 13 mm zu 41,6 kg je zehn Meter, insgesamt also rund 375 kg. Weil ihm Gewichtsersparnis wichtiger war als der Preis, ging er sogar noch einen Schritt weiter und nahm System 7-Kette, bei der er die gewünschte Bruchlast mit 11 mm Stärke und einem Gesamtgewicht von 288 kg erreichte. Auf diese Weise kam er auf eine Gewichtseinsparung von 540 kg, allerdings bei höheren Anschaffungs- und ggf. auch Wiederbeschaffungskosten.

Tab. 31.4 Winddruck in Kilogramm pro Quadratmeter

Stirnfläche m²	30 kn	60 kn	80 kn	100 kn
1	15	60	107	155
5	75	300	535	755
10	150	600	1070	1550
15	225	900	1605	2325
20	300	1200	2140	3100

Nach Angaben von Alain Gree, der sich in seinem Buch »Anchoring and Mooring« genauer mit diesen Druckwerten beschäftigt, sind die obigen Angaben dreißig Prozent größer als erforderlich. Er begründet das damit, daß die Zahlen für glatte Flächen berechnet sind, während die Flächen auf einem Boot gerundet sind oder konisch zulaufen. Er hat wahrscheinlich recht, sofern es sich um Alltagsboote mit voll aufgeklarten Decks handelt. Ich würde aber angesichts von an Deck verstautem Gerät, Kajütaufbauten, Takelage, Salingen usw. doch lieber mit diesen Zahlen rechnen.

Die Tabelle gilt für sechzig Prozent relative Luftfeuchtigkeit und 1013 mb Luftdruck. Bei höherem Luftdruck nimmt die Dichte zu, bei höheren Temperaturen und höherer Luftfeuchtigkeit nimmt sie ab. Bei einer gegebenen Windgeschwindigkeit ist der Windwiderstand an kalten trockenen Tagen minimal größer als an warmen feuchten Tagen.

Wenn wir erzählten, daß wir eine Kette mit höherer Festigkeit haben, mußten wir uns immer wieder anhören: Das wird euch leid tun, wenn ihr sie nachverzinken lassen müßt; dabei leidet die Vergütung, und die Kette ist anschließend nicht mehr so fest. Das begann uns Sorgen zu machen, als sich die ersten Verschleißerscheinungen an der Kette der *Taleisin* zeigten. Auf eine entsprechende Anfrage hin erfuhren wir jedoch, daß das Zink die Festigkeit der Kette um weniger als fünf Prozent der Bruchlast verringert und daß überschüssige Wärme beim Feuerverzinken die Vergütung einer Kette beeinträchtigen könne. Unsere System 4-Kette sei jedoch nicht vergütet, so daß das Feuerverzinken keine negativen Auswirkungen haben werde.

Wir können unsere hochfeste Kette also so oft nachverzinken lassen, wie es nötig ist. Unser Bekannter mit der System 7-Kette hat diese Möglichkeit nicht. Sie ist vergütet und kann nach Angaben des Hersteller zwei- oder dreimal nachverzinkt werden, wenn die Temperaturen dabei so niedrig gehalten werden, wie es eben geht. Danach verliert die Kette beträchtlich an Festigkeit.

Am besten läßt man die Kette nachverzinken, sobald sich an einer größeren Anzahl Glieder Rostspuren zeigen. Wenn man viel länger wartet, verliert die Kette durch Metallabrieb an Festigkeit, und das Nachverzinken wird teurer. In diesem frühen Stadium reicht noch ein Säurebad aus, um die Kette zum Nachverzinken vorzubereiten. Später muß sie sandgestrahlt oder abgebrannt werden, und das kostet zusätzliches Geld.   Der Galvanisierbetrieb sollte Erfahrung mit Ketten haben und entweder über eine Zentrifuge oder über eine Abschüttelvorrichtung verfügen, damit überschüssiges Zink entfernt werden kann, wenn die Kette aus dem Tauchbad gehoben wird, und die Kettenglieder nicht zusammenkleben. Wenn die Beschichtung zu klumpig ist und Kettenglieder zusammenkleben, kann die Zinkschicht abbrechen, wenn man die Kettenglieder voneinander löst. Durch Klumpen und Läufer kann sich die Kette in der Kettennuß festsetzen. Außerdem reißt man sich daran die Hände auf.

Wir müssen unsere Kette meist nach drei Jahren Fahrtensegeln nachverzinken lassen. Die Häufigkeit sinkt, wenn wir längere Zeit in Yachthäfen liegen, sie steigt, wenn wir in Gegenden mit Felsen und Korallen ankern. Singapur, Malta, Australien und fast alle westeuropäischen Länder gelten als gute Anlaufadressen zum Nachverzinken. Um das Leben der Kette zu verlängern, sollte man sie jedes Jahr umdrehen, d.h., das Ende aus dem Kettenkasten an den Anker stecken und umgekehrt. Der Kettenkasten muß einen vernünftigen Ablauf haben, damit die Kette nicht Monat auf Monat in einer Wasserpfütze liegt. Die Kettenrolle muß frei laufen, damit die Zinkschicht nicht abgerieben wird, wenn die Kette ausrauscht. Alle Stellen, an denen die Beschichtung durch Felskontakt abgescheuert ist, sofort mit Metallgrundierung oder Bleimennige ausbessern.

Nach fünf oder sechs Jahren intensiver Nutzung sollte man die Kette erneut prüfen lassen. Wir sahen auf Malta dem Prüfer zu, wie er unsere Kette in Abschnitten von 10 m in die Maschine spannte und dann mit dem Doppelten der Belastbarkeit auf Zug beanspruchte. Da er keine Dehnung der Glieder feststellen konnte, bescheinigte er uns, daß die Kette in Ordnung war.

Bei jedem Verdacht auf eine zu starke Beanspruchung sollte die Kette auf Dehnung überprüft werden. Dabei ist auf Risse in der Beschichtung und in der Nähe der Schweißnähte zu achten. Wenn die Kette nach einem Sturm im Kattdavit zu rutschen oder zu springen scheint, liegt der Verdacht auf Dehnung nahe. Beim ersten Anzeichen einer solchen Dehnung sollte die Kette ersetzt werden.

Nur Markenketten kaufen. Die Kette ist unterwegs die wichtigste Versicherung. Richtig gekauft und instand gehalten, hält sie so lange wie das Boot.

32
Heckankeranlagen

In San Diego findet jeder Fahrtensegler ein Plätzchen, seien es die üppig ausgestatteten Gastliegeplätze beim San Diego Yacht Club oder die freien Ankerplätze von Coronado. Das ist wahrscheinlich der Grund dafür, daß diese fünfzehn Meilen lange Bucht mit Seglern überfüllt zu sein schein, die auf dem Weg nach Mexiko und in den Südpazifik bzw. auf der Rückreise sind. Ein flüchtiger Blick auf ihr Ankergeschirr zeigt, daß diese Leute sich auf beide Reviere vorbereitet haben, Reviere, die bekannt sind für ihren Mangel an festen Anlegestellen und ihren Überfluß an korallenübersäten Reeden und Tiefwasserankerplätzen, die eine Herausforderung für das Können und das Geschirr eines jeden Seglers sind.

Als die See-Erprobung der *Taleisin* uns nach San Diego führte, war ich bei einem Ausflug mit dem Dinghi überrascht von der Vielfalt der Lösungen für Heckankeranlagen, die sich dem Auge dort darboten, und beschloß, eine entsprechende Photoserie zu machen.

Die Heckankeranlagen reichten von dem Minimum, das nach der IOR-Formel erlaubt ist, bis zum anderen Extrem auf einer Cal 46, die gerade aus Französisch Polynesien zurück war und an Bug und Heck Ankerkette, eine große Rolle und ein Ankerspill hatte. Irgendwo zwischen diesen beiden Extremen liegt eine sichere und zweckmäßige Heckankeranlage für den Segler, der regelmäßig über Nacht vor Anker gehen will.

Grundsätzlich gehört zu einer Heckankeranlage eine etwa 75 m lange Ankerleine, die sich schnell im Dinghi aufschießen läßt, wenn man beispielsweise in einem engen Hafenbecken einen zweiten Anker ausbringen muß. Dazu braucht man einen leichtgewichtigen Anker, etwa einen Danforth, der sich als Heckanker gut eignet, weil er im

Verhältnis zum Gewicht eine hohe Haltekraft hat und sich problemlos an einer Lipp- oder Rollenklampe verstauen läßt. Die Rollenklampe sollte sich in einer Linie mit einer Schotwinsch befinden, um den Anker ohne großen Kraftaufwand einholen zu können, und muß in der Lage sein, große seitlich angreifende Kräfte aufzunehmen. Zum Schluß sollte der Anker noch so verstaut sein, daß er jederzeit fallen kann.

Gute Seemannschaft ist zu neun Zehnteln Vorbereitung und zu einem Zehntel Anwendung, und mit der Erfahrung lernt man, daß man einen Heckanker braucht, um sich beispielsweise daran bei Grundberührung zu verholen oder um das Schiff daran zu hindern, zu schwojen und mit dem Bugankergeschirr an einem Unterwasserhindernis unklar zu kommen. Mit einem Heckanker kann man in den kleinen Häfen, wie sie im Mittelmeer zu finden sind, mit dem Bug zum Pier ankern, um das Ruder und die Selbststeueranlage zu schützen. Der Heckanker sorgt dafür, daß der Bug bei stärkerer Dünung auf offener Reede nicht zu tief eintaucht, und schließlich ist eine gute Rollklampe am Heck die Gewähr für nur minimales Schamfilen beim Schleppen eines anderen Bootes.

Abb. 32.1 zeigt das Minimum für das lokale Revier. Ankerkette und -leine werden hier wahrscheinlich in der Hecklast unter Segeln, Fendern und Festmacheleinen verstaut. Die Klampe hat scharfe Kanten, an denen die Ankerleine schamfilt. Ich würde die Innenseiten ausfeilen, bis sie etwa die Rundung des kleinen Fingers aufweisen. Bei Nylonankerleinen braucht man trozdem noch einen Schamfilschutz. Ich nehme dazu gern einen Plastikschlauch mit Gewebeverstärkung. Dieser Schlauch sitzt permanent über der Leine und wird mit gewachster dreikardeeliger Kabeljauleine gesichert (Abb. 32.2).

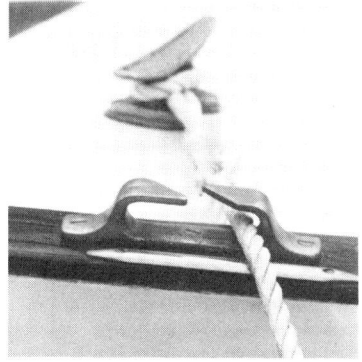

Abb. 32.1

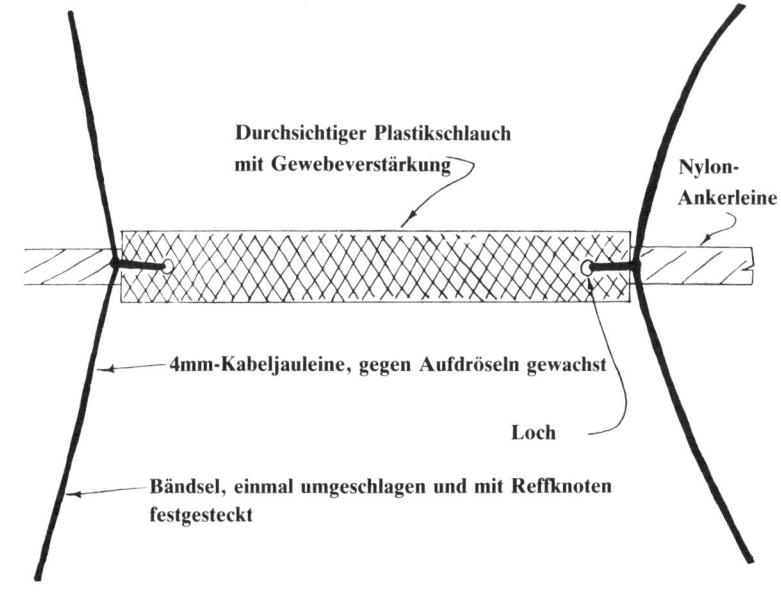

**Durchsichtiger Plastikschlauch
mit Gewebeverstärkung**

**Nylon-
Ankerleine**

4mm-Kabeljauleine, gegen Aufdröseln gewachst

Loch

**Bändsel, einmal umgeschlagen und mit Reffknoten
festgesteckt**

Abb. 32.2

Abb. 32.3 Diese geschlossene Klampe ist weniger zweckmäßig als
die in Abb. 32.1. Zum Ankern muß man entweder den Tampen der
Leine durchscheren oder den Anker vom Kettenvorlauf ab- und
anschließend wieder anschäkeln. Auf der anderen Seite kann die Leine
bei rauhen Bedingungen nicht aus der Klampe springen.

Abb. 32.4 Diese Anlage ist zweckmäßiger. Die Kette führt aus dem
Lüfter heraus über die Lippklampe zum Anker, der in einer Halterung
an der Heckreling ruht. Wenn Augspleiß und Schäkel nicht im Lüfter
unklar kommen, sollte der Anker im Bedarfsfall schnell fallen können.
Leine und Kettenvorlauf sollten unter Deck in Form einer Acht
ausgelegt werden. Der einzige Schwachpunkt dieses Systems besteht
darin, daß die Lippklampe auf die nur 20 mm dicke Heckreling
geschraubt ist.

Abb. 32.3

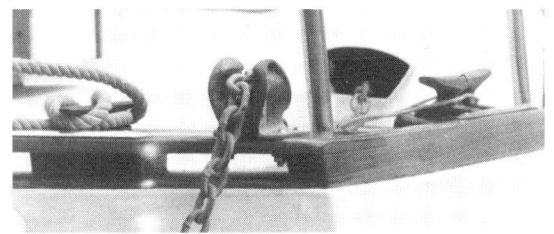

Abb. 32.4

Abb. 32.5

Abb. 32.6

Abb. 32.5 zeigt die gleiche Lippklampe, die hier aber über ein Zwischenstück bis ins Deck geschraubt ist, eine viel stabilere Angelegenheit. Die Klampe hat keine gefährlich scharfen Kanten. Es sollte jedoch ein Tampen oder ein Beschlagzeising herumgelegt werden, damit die Ankerleine bei Seegang nicht aus der Klampe springen kann.

Abb. 32.6 Die Lippen dieser Klampe sind nicht so hoch wie in Abb. 32.4. Bei Zug von der Seite könnte die Ankerleine aus der Klampe springen.

Abb. 32.7 Das ist dieselbe Lippklampe wie auf dem vorhergehenden Photo. Das hohe Cockpitsüll verhindert eine direkte Leinenführung zu einer Belegklampe oder Schotwinsch.

Abb. 32.7

Abb. 32.8

Abb. 32.9

Abb. 32.8 Eine modernere Ausführung, bei der ich allerdings zwei Probleme sehe: Die Ankerleine könnte ausspringen, und die vertikalen Bolzen scheinen nicht genügend Halt zu haben. Ein Metallstreifen von Bolzenkopf zu Bolzenkopf könnte diese Probleme beseitigen.

Abb. 32.9 Diese Rolle hat keine metallenen Wangen und keinen Rückhaltestift. Das reicht nur bei besten Ankerbedingungen. Außerdem sieht es so aus, als habe sich die Rolle auf der Welle festgefressen und dadurch die Schamfilspuren verursacht. Die provisorische Verzurrung an der Halterung der Selbststeueranlage soll offensichtlich seitliche Belastungen auffangen.

Abb. 32.10 Die Bronzerolle hier ist superstabil. Das Ankerspill ist anscheinend für Kette und Leine ausgelegt.

Abb. 32.11 Mit zwei zusätzlichen Löchern in den Wangen und entsprechenden Rückhaltestiften wäre dies eine hundertprozentige Anlage. Viele Boote mit beschnittenem Lateralplan liegen besser mit dem Heck zum Wind vor Anker. Aus diesem Grund ist das Heckankergeschirr genau so stabil wie das Bugankergeschirr. Bei Booten, die am besten mit dem Bug zum Wind ankern, braucht das Heckgeschirr nur zwei Drittel der Größe und Stabilität des Buggeschirrs zu haben.

Abb. 32.10

Abb. 32.11

Abb. 32.12

343

Abb. 32.12 Die Lippklampe auf diesem Achterdeck wird durch die feste Klampe dahinter nutzlos. Funktionieren könnte es, wenn die Klampe entfernt und die Lippklampe auf der Reling plaziert würde. Abb. 32.13 zeigt eine gute Lippklampe. Zu beachten sind die hohen Wangen und der Rückhaltestift. Abb. 32.14 und 32.15 sind zwei Ansichten eines vollen Heckankersystems. Der geschweißte Rückhaltebügel über der Rolle ist hinderlich, wenn man den Anker oder die Trosse abnehmen will.

Abb. 32.13

Abb. 32.14

Abb. 32.15

Abb. 32.16

Abb. 32.17

Abb. 32.18

Abb. 32.16 Eine einzigartige Lösung: Der Eigner des Bootes hat die Klüse als Halterung für Lippklampe und Rolle benutzt.

Abb. 32.17 Eine neuartige Methode zum Verstauen der Heckankerleine. Die Leine sollte abgedeckt werden, weil die Sonne dem Nylon schadet.

Abb. 32.18 Diese tragbare Ankeranlage auf Rädern war eine echte Entdeckung. Man beachte die Sorgleine und das unseemännisch aufgeschossene Tauwerk. In Verbindung mit einer tragbaren Lippklampe oder Kettenrolle wäre dieses System auf einem Glattdecker ungeheuer zweckmäßig.

Abb. 32.19 Lin schlug vor, ich sollte die Heckrolle in den Papageienbaum der *Taleisin* einbauen. Diese Rolle wird vom Achterstag und vom Stag des Papageienbaums gehalten. Seitlicher Zug wird vom Papageienbaum selbst aufgenommen.

Abb. 32.20 Der Anker läßt sich problemlos aufhieven, braucht aber Hilfe, wenn er fallen soll.

Abb. 32.21 Die nicht patentierte Bootsbremse der *Taleisin*. Die Ankerleine liegt in Achtform in der Schalkklampe. Sie führt unbehindert von der Winsch zur Heckrolle. Das hintere Ende der Schalkklampe ist eingekerbt, so daß die Leine angebracht bleiben kann. Der Tampen ist mit einem Rundtörn und zwei halben Schlägen um die Schotwinschhalterungen gelegt. Wenn wir den Heckanker zum Warpen benutzen, schäkeln wir normalerweise keinen Kettenvorlauf an. Wenn wir den Anker jedoch länger als eine Nacht unten lassen wollen, nehmen wir zehn Meter Kettenvorlauf als Schamfilschutz.

Abb. 32.19

Abb. 32.20

346

Das Schamfilen war auch ein Faktor, den es bei der Wahl des Material für die Heckrolle zu berücksichtigen galt. Metallrollen, die so angebracht werden, daß sie 4 mm seitliches Spiel und knapp 1 mm Spiel auf der Welle haben, sind sehr zuverlässig. Aber sie schlagen das Zink von der Kette, wenn sie ausrauscht. An den Kanten können außerdem Nylonleinen schamfilen. Auf der *Taleisin* versuche ich es jetzt mit locker sitzenden Delrin-Rollen (Nylon und Teflon). Da Delrin aufquillt, wenn es naß wird, habe ich 4 mm seitliches Spiel und 1,5 mm Spiel auf der Welle gelassen. Nach drei Jahren funktioniert die Rolle noch prima.

Abb. 32.21

Abb. 32.22

Abb. 32.22 Diese Aufnahme zeigt zwar einen Buganker, hat aber trotzdem eine wichtige Geschichte zu erzählen, da sie illustriert, was passieren kann, wenn die Trosse aus der Lippklampe springt. Wenn dabei Sturm herrscht, ist es sehr schwer, die Kette wieder in die Klampe zu bekommen, ohne sich an den Händen zu verletzen. Wenn eine Heckankerleine aus der Lippklampe springt, ist das Schamfilen das größte Problem. An den scharfen Kanten der Fußrelingsbeschläge scheuert sie sich dann möglicherweise in Sekundenschnelle durch. Heckanker lassen sich vielfach einsetzen, bringen aber auch eine potentielle Gefahr mit sich. Diese Gefahr zeigte sich auf dramatische Weise in Cabo San Lucas, wo sich etwa bei der Hälfte der achtundzwanzig gestrandeten Yachten Nylonleinen um die Propeller gewickelt hatten. Wir hörten immer wieder die gleiche Geschichte:»Mein Buganker begann zu schlieren, so daß ich die Maschine anließ. Peng, die lose gekommene Heckankerleine geriet in den Propeller, die Maschine wurde abgewürgt. Danach hatten wir keine Chance mehr.«

Eine Möglichkeit, dieser Gefahr aus dem Wege zu gehen, besteht darin, die nicht ausgesteckte Heckankerleine mit einem Webeleinstek um den Schalthebel zu legen. Bei aller Panik, daß der Anker schliert, denkt man dann wahrscheinlich doch daran, die Leine dicht zu holen und unter Spannung zu halten, damit sie nicht in den Propeller gerät und die Maschine nutzlos macht.

33
Das Ankerlicht – ein freundlicher Hinweis für andere Segler

Wir hatten zweieinhalb Tage auf See hinter uns, als das Feuer von Kap Lazzaro endlich in Sicht kam. Wir waren zehn Meilen weiter auf See, als es nötig gewesen wäre, weil wir vom Land abgehalten hatten, um die Strömung auszugleichen, die normalerweise auf die geschwungene Küstenlinie Niederkaliforniens setzt. So war es schon nach Mitternacht, als ich Larry weckte, um ihm zu sagen, daß wir aufgrund meiner Peilungen und des hellen Mondes, der sich in der Brandung am Fuß der Halbinsel vor der Bahia Santa Maria spiegelte, jetzt wohl einlaufen konnten. »Mit etwas Glück sind wir um 02.30 h am Ankerplatz und können zusammen in die Koje kriechen,« sagte ich, während er sich anzog und die Karte überprüfte. Larry kam an Deck, bestätigte meine Peilungen, und zusammen machten wir uns daran, mit raumem Wind in das ruhigere Wasser der Bucht einzulaufen.

Man hat immer ein merkwürdiges Gefühl, sei es Zweifel oder Vorsicht, wenn man nachts unter Land geht und dabei das einzige Seezeichen aus der Sicht verliert. Zehn Minuten lang war keinerlei Licht zu sehen; wir hörten nur das Rauschen der Brandung in Luv und besprachen, wie wir die Schläge durch die vier Meilen breite Bucht ansetzen wollten, um uns dann vorsichtig an den ruhigen Ankerplatz heranzutasten, den wir von mehreren früheren Besuchen kannten. Da tauchte plötzlich eines der schönsten Lichter auf, die ich kenne. Erst eins, dann zwei, schließlich waren es fünf kleine weiße Ankerlichter, die uns den Weg zu unserem Ziel wiesen und die Dunkelheit weniger bedrohlich erscheinen ließen. Doch nach dem nächsten Schlag mußten wir noch einen kleinen Schrecken erleben. Als wir uns bereit machten, die Segel zu bergen und den Anker fallen zu lassen, zeigte sich im Licht unserer starken Taschenlampe eine weitere Yacht in weniger als hundert Meter Entfernung. Dieses Boot hatte kein Ankerlicht, nichts wies auf sein Vorhandensein hin. Ich ärgerte mich ein wenig darüber. Doch Larry erinnerte mich daran, daß auf dem einsamen, unbeleuchteten Boot ja die Batterie leer oder das Petroleum ausgegangen sein konnte. »Außerdem sind wir mit Hilfe der anderen Ankerlichter fast eine Stunde früher am Ziel, als wir angenommen hatten.«

Auf dem weiteren Weg mit der *Taleisin* nach Süden und Westen wurden Boote ohne Ankerlicht eher die Regel als die Ausnahme. Als wir schließlich um Mitternacht in die Taihoe-Bucht von Nuku'Hiva einliefen, waren wir daher absolut nicht mehr überrascht, neun Tourenyachten aus vier verschiedenen Ländern ohne Ankerlicht anzutreffen.

Die Internationale Seestraßenordnung schreibt vor, daß alle Ankerlieger zwischen 7 m und 50 m Länge im vorderen Schiffsbereich ein Rundumlicht führen müssen, das so hoch angebracht ist, daß das Licht bei guter Sicht von allen Seiten auf zwei Meilen Entfernung zu sehen ist. Schiffe über 50 m müssen ein zweites Rundumlicht im Heckbereich setzen. Ausgenommen von der Pflicht, ein Ankerlicht zu zeigen, sind Boote unter 7 m, die außerhalb normal befahrbarer Gewässer und außerhalb schmaler Fahrrinnen ankern.

Die Zweimeilensicht ist leicht zu erreichen. Das Licht einer Normalkerze, also einer weißen Wachskerze mit normalem Docht, reicht in einer dunklen klaren Nacht eine Meile weit. Für die vorgeschriebenen zwei Meilen braucht man fünfeinhalb Normalkerzen. Diese Lichtstärke bekommt man mit einem Ankerlicht, das mit einer dioptrischen Linse und einer 5-Watt-Glühbirne oder einem 13 mm breiten Docht für Petroleum ausgestattet ist.

In überfüllten Ankerplätzen ist es wichtig, das Ankerlicht im Bugbereich zu setzen, wie es die Seestraßenordnung vorsieht. Da die meisten Schiffe vor dem Buganker liegen, kann ein einlaufender Skipper an der Position des Ankerlichts feststellen, ob die Boote im Wind, in der Strömung oder vor Bug- und Heckanker liegen. Außerdem hilft ihm das Ankerlicht, sich beim Manövrieren vom Ankergeschirr der anderen Boote freizuhalten.

In einigen Gewässern wird zwar auch ein Rundumlicht im Masttopp als Ankerlicht akzeptiert, doch die Erfahrung hat uns gelehrt, Eric Hiscock, dem Doyen aller umsichtigen Fahrtensegler, zuzustimmen, wenn er schreibt: »Auf kurze Entfernung fällt ein Topplicht oft nicht

Abb. 33.1 Lin setzt unser Ankerlicht, während wir im Hafen von Papeete darauf warten, einen Liegeplatz am Pier zugewiesen zu bekommen.

auf oder wirkt irreführend. Ich empfehle es daher nicht.« Auf der Jungfernfahrt der *Taleisin* mußten wir am Neujahrstag um Mitternacht mit fast 45 kn Gegenwind nach Cat Harbor auf Catalina Island einlaufen. Dort lagen über hundert Boote vor Anker, alle führten Lichter. Doch als wir uns zwischen ihnen durchmanövrierten, wären wir fast mit ein paar größeren Schiffen mit dunklem Rumpf kollidiert, deren Topplichter in achtzehn und mehr Meter Höhe von den Sternen nicht zu unterscheiden waren.

Ein weiterer Trugschluß ist, daß die Kajütbeleuchtung so hell ist, daß ein Ankerlicht erst erforderlich wird, wenn man zu Bett geht. Leider sind die Kajütlampen meist nur von querab zu sehen. Von vorn sieht man von einem einlaufenden Boot aus gar nichts, von achtern nur dann etwas, wenn der Niedergang auf dem vor Anker liegenden Boot offen ist.

Die meisten Segler führen ihre Ankerlichter zwar aus Höflichkeit und Rücksicht auf andere Segler, doch eines Tages könnten sich die gesetzlichen Vorschriften zur Lichterführung als noch wichtiger erweisen. Wenn nämlich ein Boot mit korrekter Lichterführung mit einer Yacht kollidiert, die kein Ankerlicht führt, haftet die Besatzung der letzteren nicht nur für die eigenen Schäden, sondern auch für die an dem fremden Boot. Ein solcher Fall passierte Anfang 1980 in mexikanischen Gewässern. Eine vor Anker liegende amerikanische Yacht wurde von einem mexikanischen Fischerboot gerammt. Der Amerikaner beschwerte sich bei den zuständigen Behörden und mußte erfahren, daß er selbst die Schuld daran trug; außerdem machte der Eigner des Fischerbootes für die Kollisionsschäden noch Pfandrechte geltend. Wenn man in einem solchen Fall noch einen Schritt weitergeht, könnte die Versicherung das fehlende Ankerlicht zudem zum Anlaß nehmen, die Schadensregelung zu verweigern.

Nicht alle Behörden richten sich buchstäblich nach der Ankerlichtvorschrift, aber auch dann könnte es zu einer drastischen Verkürzung des Segeltörns kommen. Ein junger Mann, den wir in Kalifornien kennengelernt hatten, erzählte uns seine Geschichte, als wir ihn in Papeete wiedertrafen. Er hatte Mitte 1984 in der Hauptbucht von Huahine in Französisch Polynesien in der Nähe mehrerer anderer Yachten (die sämtlich keine Ankerlichter führten) vor Anker gelegen und war von einem 75 m langen Frachter gerammt und entmastet worden. Daraufhin hatte er die Reederei aufgefordert, einen Teil der Kosten für einen neuen Mast zu übernehmen. Er zeigte sich beeindruckt von dem Sinn der Franzosen für Gerechtigkeit, der sich seiner Ansicht nach darin zeigte, daß das Gericht nach neun Monaten eine Schadensregelung vorschlug, nach der die Reederei ein Drittel seiner Kosten bezahlen sollte. Die Richter hatten anscheinend argumentiert, daß der Kapitän des Frachters gewußt hätte, daß dies ein beliebter Ankerplatz sei, und dementsprechend einen Scheinwerfer hatte einsetzen müssen. Doch zwei Drittel der Kosten mußte der junge Mann selbst tragen, weil er kein Ankerlicht geführt hatte, und das reichte aus, um seine Mittel derart zu reduzieren, daß er seinen Törn ein Jahr früher als geplant abbrechen mußte.

Hier in Französisch Polynesien werden Boote ohne Lichter nur selten mit Geldstrafen belegt, doch in vielen Ländern bekommt man beim Einlaufen die entsprechenden Bestimmungen ausgehändigt, in denen auch die entsprechenden Geldbußen aufgeführt sind.

Aber die Androhung von Geldbußen, das Haften am Buchstaben des Gesetzes erscheint uns ein weniger wichtiger Grund als die reine Zweckmäßigkeit und Annehmlichkeit, die ein Ankerlicht bietet. Kurz nach der Ankunft in der Taihoe Bay ruderten wir am frühen Abend zum Essen an Land. Wir waren noch mitten im Essen, als plötzlich eine schwere Regenbö über die Bucht fegte. Wie alle Segler machen auch wir uns dauernd Sorgen, daß der Anker schlieren könnte. Deshalb versuchten wir, die *Taleisin* auszumachen, sobald der Regen vorbei war. Das warm leuchtende Petroleumlicht zeigte uns, daß sie noch genau dort lag, wo wir sie verlassen hatten, eine Viertelmeile vom Ufer entfernt. Wir konnten uns entspannen und in aller Ruhe noch eine Tasse Tee trinken.

Das gleiche warme Licht dient als Leitfeuer, wenn es spät nachts an der Zeit ist, wieder an Bord zu gehen. Wir hatten einmal mit drei weiteren Paaren an Land Fisch gegrillt, den wir am selben Tag in der Nähe der Isla Partida in Niederkalifornien gespeert hatten. Wir waren müde und satt, das Feuer war niedergebrannt, und wir packten unsere Sachen zusammen, um die halbe Meile zu unseren Booten zu rudern. Keiner hatte bemerkt, wie dunkel die sternenlose Nacht geworden war. Zwei von uns hatten Ankerlichter gesetzt. Die beiden anderen Paare folgten uns und fuhren anschließend in die Richtung weiter, in der, wie wir wußten, in weniger als zweihundert Meter Entfernung zwei jetzt völlig unsichtbare Boote liegen mußten.

Eine weitere Nutzungsmöglichkeit für das Ankerlicht ergab sich immer dann, wenn wir unsere vorherige Yacht *Seraffyn* zurücklassen mußten, um Überführungen zu machen. Als eine Art vorbeugender Versicherung heuerten wir dann immer einen Wachmann an, der das Licht am Abend anzünden und am Morgen wieder löschen mußte. Jedes Mal, wenn wir von diesen Überführungstörns zurückkehrten, erzählte man uns, die *Seraffyn* habe nie verlassen ausgesehen, weil der Wachmann seiner Aufgabe nachgekommen war. Möglicherweise wurden dadurch sogar potentielle Diebe abgeschreckt.

Besonders bei Böen und rauhem Wetter kann das Ankerlicht eine Hilfe für die Nachbaryachten sein. Durch Anpeilen des Lichts können

Abb. 33.2 Unser Perko-Ankerlicht am Vorstag

353

sie feststellen, ob sie vielleicht vor Anker treiben oder anderen Booten zu nahe kommen. Ein Ankerlicht könnte auch eine Hilfe sein, wenn man nachts auslaufen muß, weil sich das Wetter verschlechtert. Wir befanden uns vor nicht allzu langer Zeit in einer solchen Situation. Wir hatten gesehen, wie zwei Boote unmittelbar vor Einbruch der Dunkelheit östlich von uns in der halbkreisförmigen Bahia San Gabriel vor Anker gegangen ware. Die Eigner setzten keine Ankerlichter, aber das schien zu diesem Zeitpunkt nicht so wichtig zu sein, weil andere Boote, die einliefen, nicht nur unser Licht, sondern auch die Lichter der *Gilpie* und der *Wild Spirit* sehen würden, die westlich von uns lagen. Sechs Stunden später hatte sich die Situation völlig gewandelt. Über den Bergen auf dem Festland vierzig Meilen westlich von uns zogen Gewitter auf. Der Donner und die Schwüle weckten uns, und obwohl sich über dem Ankerplatz kein Lüftchen regte, steckten wir ein Reff in das Großsegel, bereiteten das Vorsegel vor und holten die Kette kurzstag für den Fall, daß die Gewitterböen San Gabriel in eine ungeschützte Leeküste verwandelten. Dann warteten wir auslaufbereit ab und mußten plötzlich erkennen, daß die beiden Boote, die, wie wir wußten, knapp zweihundert Meter östlich von uns lagen, in der dunklen Nacht nicht zu sehen waren. Wenn wir auslaufen mußten, hieß das, daß wir auf Backbordbug auf die beiden beleuchteten Boote zuhalten oder eine Kollision mit den unbeleuchteten Yachten riskieren mußten.

Was man als Ankerlicht nimmt, hängt von der Art der Törns und der Batterieleistung ab. Wer nur einmal im Monat am Wochenende ein Ankerlicht benötigt, kommt wahrscheinlich mit einem Topplicht oder einem elektrischen Ankerlicht aus. Doch für längere Fahrten verbrauchen diese Lampen zu viel Strom aus der Batterie, und nur wenige

Abb. 33.3 Das Ankerlicht mit dem nachträglich eingebauten Innenzylinder. Zum Einbau nahmen wir die Zylinderhalterung einer Kajütlampe vom Typ Perko Junior und brachten sie am Brenner des Ankerlichts an. Anschließend kamen Zylinder der Standardkajütlampe darüber.

Segler sind bereit, jeden Tag im Hafen die Maschine laufen zu lassen oder einen Windgenerator aufzustellen, nur um ein Ankerlicht mit Strom zu versorgen. Deshalb werden die meisten Fahrtensegler auf Petroleumlampen oder Solarzellen zurückgreifen müssen.

Wir verwendeten Petroleumlampen elf Jahre lang auf der *Seraffyn* und haben sie jetzt seit eineinhalb Jahren auf der *Taleisin*. Da wir sämtliche Lampen mit Petroleum betreiben, haben wir zum Befüllen einen Schwerkrafttank, um nicht dauernd hinter einem Trichter hersuchen zu müssen. In einer kleinen Perko-Ankerlampe haben wir einen zusätzlichen Innenzylinder installiert. Ohne diesen Innenzylinder geht das Ankerlicht bei mehr als sechs Windstärken aus, mit Zylinder brennt es auch noch bei Stärke zehn, in Böen elf. Da eine 13 mm hohe Flamme bei 13 mm breitem Docht ausreichend Licht abgibt, um die Vorschrift einzuhalten, kommen wir mit einer Füllung bei Dauerbetrieb achtundzwanzig Stunden oder gut zwei Nächte aus. Die Lampe wird mit einem kurzen Tampen in gut 2 m Höhe mit einem Rollstek an das Vorstag gesteckt. So befindet sie sich oberhalb des aufgetuchten Großsegels und ist von allen Seiten sichtbar.

Elektrotechnisch versiertere Fahrtensegler verwenden solarbetriebene Ankerlichter, und wer auf dem Gebiet der Eletrotechnik zaubern kann, baut noch einen Sensor ein, der das Licht bei Sonnenuntergang ein- und bei Sonnenaufgang wieder abschaltet.

Abb. 33.4 In engen und von der Berufsschiffahrt genutzten Häfen setzen wir tagsüber einen aufblasbaren schwarzen Ball am Vorstag. Er dient als Hinweis darauf, daß das Boot keine Fahrt macht und bietet denselben gesetzlichen Schutz wie ein Ankerlicht bei Nacht.

Die reine Tatsache, jeden Abend ein Ankerlicht setzen zu müssen, scheint ja möglicherweise eine langweilige oder gar ärgerliche Sache zu sein, doch für uns bedeutet dieses Ritual am Ende eines Törns, am Ende eines Tages etwas Besonderes. Der Anker ist gefallen und hält, die Segel sind geborgen, die Positionslichter aus. Dann hängt Larry die Lampe auf, die irgendwie anzuzeigen scheint, daß alles in Ordnung ist, und wir setzen uns zu einem Cocktail zusammen und prosten auf den Beginn einer weiteren, sicheren und friedvollen gemeinsamen Nacht.

Sachwortverzeichnis

STANDARDWERKE FÜR KÜSTEN- UND HOCHSEESEGLER

Larry und Lin Pardey
Handbuch für Fahrtensegler
Aus der Erfahrung routinierter Skipper beschreibt dieses Segelhandbuch, was Fahrtensegler wissen müssen. Es vermittelt grundlegende Kenntnisse über Segeltechniken und Seemannschaft, über die Wahl von Boot und Gerät für risikolose Fahrten, über Ausrüstung, Pflege, Reparatur und Ausbau des Bootes, über Instandhaltung von stehendem und laufendem Gut, über Segeln ohne Maschinenhilfe u.v.a. Last not least bieten die Autoren jede Menge Tips und Tricks für all diejenigen, die auch mit schmalem Geldbeutel um die Welt segeln wollen – ein rundum perfekter Ratgeber für alle möglichen und unmöglichen Situationen.
312 Seiten, 110 Abb., gebunden,
39,– Best.-Nr. 50108

John Mellor
Das 1 x 1 des Segelns
Praxiswissen für Küstensegler – die Segelschule für kleine Yachten. Ein Ratgeber für jeden Segler.
202 Seiten, 160 Abb., geb.,
39,– Best.-Nr. 50118

Bernard Robin
Navy Survival-Handbuch
Überleben auf See: Tatsachenberichte und Überlebensmaßnahmen.
224 Seiten, 42 Zeichnungen und 28 Karten, broschiert,
28,– Best.-Nr. 50942

Hans G. Isenberg
Urlaub mit dem Trailerboot
Die Bootswahl und die schönsten Segelreviere.
240 Seiten, 179 Abb., davon 20 farbig, broschiert,
39,– Best.-Nr. 50105

Jimmy Cornell
Segelrouten der Weltmeere
Alles über Winde, Strömungen usw. in 300 wichtigen Segelregionen der Erde.
358 Seiten, 84 Karten, geb.,
59,– Best.-Nr. 50094

Änderungen vorbehalten

Der Verlag für Segeln